suhrkamp taschenbuch
wissenschaft 1340

Medien konstituieren Wirklichkeit, vermitteln als Realität, was Kommunikatoren beobachten und kommunizieren, erzeugen in kommunikativen Formen und Mustern menschlicher Rationalität, was als Geschehen in der Welt externalisiert wird. Medien und Kommunikation erweisen sich als Schlüsselfunktionen sozialer Wirklichkeitskonstruktion unter den Bedingungen kognitiver Autonomie. Kognition, Kommunikation, Medien und Kultur verschränken sich zu komplementären Momenten onto-, phylo- und soziogenetischer Prozesse, die wir verkörpern und deren Zeugen wir deshalb nicht sein können.

Die Kommunikations- und Medienwissenschaft hat die konstruktivistische Herausforderung in den letzten Jahren immer deutlicher angenommen. Sie hat in der Kommunikations- und Verstehenstheorie, in der Wirkungsforschung, in der Medien-, Kultur- und Systemtheorie, in der Journalistik und in der Diskussion um virtuelle Wirklichkeiten konstruktivistische Einsichten fruchtbar gemacht: Die Kommunikationsmodelle sind komplexer geworden. Der hermeneutisch geprägte Verstehensbegriff wird kognitiv-sozial entmystifiziert. Die Modelle der Medienwirkung werden multifaktoriell. Die Medien- und Kommunikationskultur gewinnt immer stärkere Implikationen für die Episteme, die Ethik, die soziale und politische Kultur. Die Virtualität auch der menschengenerierten Wirklichkeit kommt immer klarer zu Bewußtsein. Der Band versammelt repräsentative Beispiele nicht nur für diesen konstruktiven Dialog, sondern auch für die kritischen Stimmen, die ihn begleiten.

Literarische und künstlerische Arbeiten komplettieren den DELFIN in gewohnter Manier.

Konstruktivismus in der Medien- und Kommunikationswissenschaft

DELFIN 1997

Herausgegeben von
Gebhard Rusch und Siegfried J. Schmidt

Suhrkamp

Bibliografische Information der Deutschen Nationalbibliothek
Die Deutsche Nationalbibliothek verzeichnet diese Publikation
in der Deutschen Nationalbibliografie;
detaillierte bibliografische Daten sind im Internet über
http://dnb.d-nb.de abrufbar.

2. Auflage 2016

Erste Auflage 1999
suhrkamp taschenbuch wissenschaft 1340

Printed in Germany
Umschlag nach Entwürfen von
Willy Fleckhaus und Rolf Staudt
ISBN 978-3-518-28940-2

Inhalt

Gebhard Rusch
kommunikation der wirklichkeit der medien der wirklichkeit der kommunikation

Ein Vorwort

Konstruktivismus spielt in der Medien- und Kommunikationswissenschaft nicht erst seit dem umstrittenen Funkkolleg »Medien und Kommunikation« aus dem Jahre 1990 eine Rolle. Es gibt – und darauf macht vor allem R. Burkart in seinem Beitrag aufmerksam – in der Publizistik und Kommunikationswissenschaft schon seit längerem Ansätze, in denen die Konstruktivität von Rezeptionsprozessen (z. B. im Nutzenansatz, im Transaktionalen Ansatz) und in der Erstellung und Verbreitung von Nachrichten (z. B. Nachrichtenwert-Theorie, Gate-Keeper-Konzept, Two-Step-Flow-Ansatz etc.) deutlich gemacht wurde. So konnten denn Kritiker des Radikalen Konstruktivismus (wie z. B. U. Saxer, L. Hachmeister oder H. M. Kepplinger) mit Recht nach der Innovationsleistung dieses Programms für die eigene Disziplin fragen. Wie Kritiker aus anderen Disziplinen (wie z. B. der Psychologie und Philosophie) stellten auch sie weniger auf die Grundannahme kognitiver Konstruktivität ab, sondern vielmehr auf die Radikalität des hier vorgetragenen Konstruktivismus, d. h. konkret: auf die Begriffe der Konstruktion, den Gegensatz von Wirklichkeit und Realität, der Kommunikation ohne Informationsübertragung, des Wissens ohne Erkenntnis, der operationalen Geschlossenheit oder Informationsdichte (W. R. Ashby) selbstregelnder Systeme.

Solange Konstruktion als Selektion, Repräsentation, kognitive Nachbildung, emotionale oder parteiliche Tönung begriffen wird, hat das Konzept im Rahmen realistischer Epistemologien schon seit der Aufklärung nichts Anstößiges mehr. Hinter allen Selektionen und Einfärbungen bleibt die Realität, die objektive Tatsache, das Original, das Ereignis als solches postulierbar. Erst ein Konzept der Wirklichkeitskonstruktion im Sinne der kognitiven Verkörperung von Wirklichkeit (H. R. Maturana) als Leistung kognitiver Systeme, die in einem für sie kognitiv unerkennbaren Medium existieren, mobilisiert Widerspruch, weil Relativität und der Verlust objektiver Maßstäbe und Bezugsrahmen drohen. Wirklichkeitskonstruktion im radikal konstruktivistischen Sinne kognitiv autonom erzeugten Empfindens, Wahrnehmens und Wissens ist nämlich nicht als eine Art Autismus zu pathologisieren – und dadurch epistemologisch immunisierbar, sondern muß als kognitionsbiologisches Prinzip mit empirischem Anspruch betrachtet werden.

Wie die Kritik zeigt, ist es konstruktivistischen Ansätzen und Arbeiten im Bereich der Medien- und Kommunikationswissenschaft leider bisher nur unvollkommen gelungen, Medien und Kommunikation als Dinge und Vorgänge in unserer Wirklichkeit und als Gegenstände der Wissenschaften so zu thematisieren, daß ihre Konstruktion und ihr Funktionieren unter Bedingungen kognitiver Autonomie und sozialer Regulation hinreichend plausibel geworden wäre. Dabei mangelt es – wie B. Großmann in ihrem Beitrag zeigt – konstruktivistischer Medien- und Kommunikationsforschung weder an empirischen Untersuchungen noch an thematischer Breite. Sie hat Arbeiten zu bieten zur Rolle von Konventionen für literarische Rezeptionsprozesse (z. B. D. Meutsch), zur Struktur und Funktion kognitiver Schemata für TV-Genres (z. B. S. J. Schmidt, G. Rusch), zur Medienwirkungsforschung (z. B. K. Merten), zur TV-Werbung (z. B. S. J. Schmidt und B. Spieß), zum Journalismus als sozialem System (z. B. S. Weischenberg) und zur Kommunikation als elementarer Komponente sozialer Systeme (z. B. N. Luhmann). Diese Beispiele lassen aber auch Inkohärenzen im noch jungen konstruktivistischen Diskurs erkennen, die gerade im Bereich Medien und Kommunikation besonders hervortreten. So führt etwa die Anwendung gleicher systemtheoretischer Konzepte (z. B. Selbstorganisation, Autopoiese, operationale Geschlossenheit, Selbstreferentialität) in der Anwendung auf biologische Systeme (H. R. Maturana, H. v. Foerster, E. v. Glasersfeld) zu Konsequenzen, die mit ihrer Anwendung auf soziale Systeme (N. Luhmann) inkompatibel sind, z. B. in der Klärung des Verhältnisses von Kognition und Kommunikation, der Stellung des Individuums, des Kommunikations- und Medienbegriffs (der eine Diffusion durch Parsonssche Lesarten erfährt). Begriff und Konzeption des Konstruktivismus werden dadurch nicht präziser. Die so gewonnene Anschlußfähigkeit in Richtung einer soziologischen Komplettierung des kognitiven Konstruktivismus, die, wie z. B. die Arbeiten P. M. Hejls zeigen, auch kohärent möglich ist, verdankt sich lediglich der Parallelität systemtheoretischer Entwürfe, nicht systematischer Stringenz der Theorienkonstruktion.

St. Weber stellt in diesem Band Begriffe realistisch und konstruktivistisch verfahrenden Journalismus einander gegenüber, so als gäbe es im Rahmen eines konstruktivistischen Ansatzes überhaupt eine Alternative zu kognitiv-sozialer Konstruktivität. Mit explizitem Anschluß an N. Luhmann betrachtet Weber den (Siegener) medienwissenschaftlichen Konstruktivismus (kontra S.J. Schmidts Position des Konstruktivismus als Medientheorie) bloß als journalistische Strategie (Erfindung spektakulärer Ereignisse bzw. Verfälschung von Tatsachen). Ganz offenkundig hat er nicht bemerkt, daß kognitiv-soziale Konstruktivität tiefer reicht als die bewußte Manipulation von Sachverhalten. Begriff und Konzeption des Konstruktivismus werden dadurch nicht präziser, im Gegenteil.

Es gibt aber noch andere Hindernisse, die den Zugang zu konstruktivistischen Modellen von Kommunikation und Medien erschweren, z. B. die Komplexität des Ansatzes.

Im Rahmen konstruktivistischer Kommunikationstheorie kann man feststellen: wir sind kommunikative Wirklichkeit. Wir sind wirklich, weil wir kommunizieren. Wirklich ist, was kommuniziert werden kann. Das Descartessche Credo muß im Informationszeitalter soziokognitiv und H. v. Foersters Weiterungen fortsetzend modifiziert werden: *Wir kommunizieren, also sind wir.* Dabei ist die epistemologische Funktion der Kommunikation mindestens so alt wie die zwischenmenschliche Kommunikation selbst. Konstruktivistische Kommunikations- und Medientheorien, wie sie in Ansätzen H. v. Foerster und E. v. Glasersfeld, ausführlicher K. Krippendorff, N. Luhmann und Autoren dieses Bandes, z. B. S. J. Schmidt und G. Rusch, darstellen, betonen übereinstimmend die epistemologische Funktion der Kommunikation. Ebenso deutlich wie diese Übereinstimmungen sind jedoch Differenzen in der Bestimmung des Verhältnisses von Kognition und Kommunikation. Während für S.J. Schmidt und N. Luhmann Kognition und Kommunikation systemtheoretisch disjunkte Bereiche sind, die – nach Schmidt – erst durch Medien strukturell miteinander gekoppelt werden, ist in den übrigen Ansätzen Kommunikation als kognitive Operation bzw. Handlung konzipiert, ist Kommunikation eine Form von Kognition. Konstruktivistische

Positionen dieses Typs sind damit anschließbar an handlungstheoretische und interaktionistische Ansätze in der Medienwissenschaft und Soziologie (vgl. die Beiträge von M. Charlton und T. Sutter sowie R. Burkart).
Medien – von den natürlichen Sprachen bis zu E-Mail und Internet – sind nicht nur bevorzugte Vehikel der Wirklichkeitskonstruktion, sondern – je nach Kontext, kognitiven und sozialen Voraussetzungen, technologischen Standards etc. – auch Beschleuniger, Vervielfacher, Veränderer, Entgrenzer, Kanalisierer, Parallelisierer, Nivellierer und Behinderer von Kommunikation. Postmoderne Medientheorie bzw. Medienkritik von P. Virilio, J. Baudrillard, F. Kittler oder N. Bolz stilisiert Medien und Technologie einseitig als neue Megamacht, die nicht erst seit der Überwindung des Ost-West-Konflikts international politische Systeme und Volkswirtschaften für eigene politische und ökonomische Zwecke über die Köpfe, das Wissen, die Interessen und den Willen der Menschen hinweg finalisiert. An die Stelle der Debatte über Sozialtechnologie der siebziger Jahre ist die Beschwörung eines mediensystemtheoretischen Mythos getreten. Daß dieser Medienmythos sich der konsequenten Ausblendung des kommunikativen Alltagsgeschehens in der Individual- und Massenkommunikation, im Privat- und Berufsleben, in verschiedenen soziodemographischen Segmenten nachindustrieller Gesellschaften verdankt, wird leider zu selten bemerkt oder zu oft durch narratologische Rhetorik überdeckt.
Die postmodernen Multimedien und -mediensysteme verändern, wie B. Dotzler illustriert, Kommunikation und ihre Teilnehmer, stellen mit immer neuen Techniken, Formen und Möglichkeiten immer weitergehende Anforderungen an Kommunikatoren und Rezipienten, die – umgekehrt – im Rahmen der erweiterten, spezialisierten, individualisierten Nutzungsmöglichkeiten ihrerseits immer wieder modifizierte Anforderungen an Kommunikationsmittel, an Genres und Medientechnik (z. B. höhere Geschwindigkeiten in der Datenverarbeitung, Bedienungskomfort etc.) stellen. Stärker als die Medien(angebote und -produkte) steht heute der *Umgang der Menschen mit den Medien* – wie es E. Katz und D. Foulkes schon 1962 zum zentralen Anliegen des Uses and Gratification-Ansatzes gemacht hatten – im Vordergrund, ihre kognitiven und sozialen Nutzungsmöglichkeiten (vgl. den Beitrag von S. J. Schmidt sowie M. Charlton und T. Sutter, das Konzept der Funktionalisierung bei G. Rusch).

Veränderungen von Kommunikationsmitteln und Kommunikationsweisen korrelieren mit technologischer, sozialer und gesellschaftlicher Ausdifferenzierung. Abhängig von den Kommunikationsbedürfnissen und Anforderungen, die Kommunikatoren und Rezipienten in ihren verschiedenen Handlungsfeldern entwickeln, kann die Ausprägung von Kommunikationsformen (z. B. administrative, juristische, religiöse, wissenschaftliche, ästhetische, edukative, intime etc. Kommunikation) angesetzt werden, die für ihre Belange funktional adäquate Medien (Produkte und Genres) generieren. Kommunikationsformen als Kristallisationen kommunikativer Bedürfnisse, Anforderungen, Ziele und kommunikativer Handlungsoptionen in verschiedenen gesellschaftlichen Kontexten lassen Kommunikationsteilnehmer zweckdienliche, den Bedingungen adjustierte Medien kreieren, (um)gestalten und verwenden. Medien (als konventionalisierte Kommunikationsmittel) sind materiale *semiotische Komplemente kommunikativen Handelns*, Resultate und Gegenstände kommunikativer Operationsmodi. Unterstellt man den Primat der menschlichen Kommunikationsbedürfnisse, Ziele und Zwecke, dann bedeutet das für die Medienrezeption den Primat von Rezeptionsmodi wie z. B. Informieren oder Unterhalten, den Primat von informationeller und ästhetischer Rezeption. Stellt man weiter in Rechnung, daß Medienprodukte erst im Rezeptionsprozeß Identität durch Wahrnehmungen und deren Verarbeitung (zu Bedeutungsstrukturen oder Lesarten) gewinnen, so folgt, daß Medienprodukte eigentlich der Betätigung kommunikativer Handlungsmodi dienen (und nicht umgekehrt die kommunikative Kompetenz der Bedienung der Medien). Kommunikatoren und Rezipienten nehmen Medien für persönliche und soziale kommunikative Zwecke produktiv und rezeptiv in Anspruch. Sind die Medien auf diese Ansprüche zugeschnitten, passen sie in die Slots der Medienhandlungsstrukturen der Akteure, können diese ihre kommunikativen Ansprüche verwirklichen.

Wie die übrigen großen Errungenschaften des industriellen Zeitalters, der Kühlschrank, das Auto, das Flugzeug etc., so sind und werden auch die Medien immer mehr so etwas wie Gebrauchsgegenstände. Printmedien erleben diese Entmystifizierung oder auch Trivialisierung als Dissipation von Produkten, Formen und Funktionen seit Gutenberg, sie haben sich in spezialisierten Gebrauchsformen – z. B. als »Gebrauchsliteratur« – in alle Bereiche der menschlichen Kommunikation verbreitet. Längst ist auch das Telefon alltäglich und allgegenwärtig, die kommunikative Überwindung von Zeit- und Raumgrenzen ganz unspektakulär, eine technische Ressource, die genutzt wird wie jedes Handwerkszeug. Radio und Fernsehen sind schon lange keine Kultobjekte mehr, um die sich »Gemeinden« – wie noch um die Volksempfänger oder die ersten Fernsehgeräte in den Haushalten – versammeln würden. Homevideo, Recorder und Kameras haben das Fernsehen vollends entzaubert. Computerisierung und Digitalisierung binden elektronische Kommunikationsmedien in die Internet-Galaxis und den Cyberspace ein, in der sie noch verfügbarer, noch funktionalisierbarer, noch polyvalenter werden. Die Grenzen des Medienwachstums werden erst im Überfluß sichtbar: es sind die kontingenten Grenzen der menschlichen Kommunikationsbedürfnisse und Kommunikationsfähigkeiten.

Gebhard Rusch — Wiedenbrück im Oktober 1997

Oskar Pastior
Die Mädchen

In einem Seitentreppenhaus der Eremitage hing seit eh und yeti der Reigen alphabetisch aber schief: Arkadien Maladien Subsidien Melodien Kleinodien aus Vorderlydien bis Hinterindien, die wievielte Fassung.
Eine Mädchenrolle demnach. Spielt und tanzt matisse. Ihre Radien von Asia und Moesien drehn Rädchen und Däumchen (Daumier); Mätzchen und Wirbel um Speiche und Elle. Wird der Tugendmeder seine Stadien verlassen – oder virtuelle Statuen levkoien? Die Tutoren gar begonien? Paradiesische Mädchenlosigkeit? Alle Bilderstürmereien angesichts der Arien und Archen sind Lappalien. Telegenien hingegen machen senkrecht Ferien. In Belgien wechseln sie dem Balg die Felgen – Marginalien wie Schnäppchen, Rupien wie Dahlien im Wuschelkopf, leben sie gleichwohl kopiös in kleineren und größeren Klonien. Laien- und Leichenweihen kühlen ihr Hütchen. Andere Grazien bacchanalien in Austern und Forsythien. Berichtigen und schwichtigen. Kanalien Pressalien. Ziehn Galaxien durch Magnoelchen zu Anabolika. Mumien reiten ihre Bronchien in Kappadokien zu Tode. Manche Furchen furien. Leichte Arhythmien zeitigen Injurchen oder Veilchen. Melanchole Bögen (Bojen), die am Seelchen fresien, lurchen. Printprinzipien führen Zeßchen mit Ohrenzapfen. Andere protzen lässig.
Die Mädchenwelt im interluden Studium.
Die Mädchen im Speck.
Die Mädchenschelte und ihre Ingredienzien (Personalien Viktualien Arsenikalien Devotionalien Funeralien Kasualien Genitalien Saturnalien Formalnaturalien – kurz Valium und Archiveme).
Danubchen & Erynnchen.
Schotenspringen blau, und enzephal-mäh die Endivchen (apricot, von Drossenheit astral); Geranion Kapsunion, ein Anatolchen von Präliminarien.
So schnorcheln sie hin, die Neuen und die Alten – Redisfederwölkchen; es war ein alienables Streichen in einem Seitentreppenbau vor etlichen Äönchen, eine Art Mezzopatamien.

Brit Großmann
Der Einfluß des Radikalen Konstruktivismus auf die Kommunikationswissenschaft

In die Theorie und Praxis der Kommunikationswissenschaft haben im Anschluß an den Diskurs des Radikalen Konstruktivismus insbesondere konstruktivistische Weiterentwicklungen Eingang gefunden.[1] Der »ungefilterte« Radikale Konstruktivismus wurde kaum übernommen. So lassen sich eine Reihe von Positionen in der Kommunikationswissenschaft ausmachen, die in der Tradition konstruktivistischen Denkens stehen, sich jedoch explizit oder implizit vom Radikalen Konstruktivismus unterscheiden und theoretisch eher heterogenen Ursprungs sind.

Eine Folge der Auseinandersetzung mit den konstruktivistischen Ideen Glasersfelds, Foersters und Maturanas ist die Bestätigung und Festigung der zentralen Rolle des Individuums im Rahmen kommunikationswissenschaftlicher Forschung. Individuen werden in diesem Zusammenhang als kognitive Systeme verstanden, die ihre jeweils eigenen Wirklichkeitskonstruktionen entwickeln, zugleich jedoch von der Gesellschaft und den unterschiedlichen sozialen Systemen, in denen sie sich bewegen, beeinflußt werden. Kommunikation ist dabei als Instrument zur Ausbildung und Adjustierung der individuellen Wirklichkeitskonstruktion unabdingbar. Sie ermöglicht soziales Handeln und bestimmt insofern die Entwicklung der Gesellschaft mit. Dabei vermitteln insbesondere Massenmedien Informationsangebote zur Etablierung kollektiv akzeptierter Wirklichkeitskonstruktionen. Ein konstruktivistischer Ansatz beschränkt die Kommunikationswissenschaft also nicht auf interpersonelle Kommunikation oder psychische Prozesse. Er räumt jedoch der Wirklichkeitskonstruktion durch das Individuum eine herausragende Stellung ein.

1 Berücksichtigt wird in diesem Aufsatz vorrangig die Kommunikationswissenschaft in Deutschland. Siehe hierzu Schmidt 1987, 1992, 1994, 1996a, Luhmann 1990a, Merten/Schmidt/Weischenberg 1994. Neben den Arbeiten Ernst von Glasersfelds stellen vor allem die Überlegungen Heinz von Foersters und Maturanas die Basis der Weiterentwicklungen dar.

In diesem Aufsatz sollen verschiedene kommunikationswissenschaftliche Weiterentwicklungen des Radikalen Konstruktivismus vorgestellt werden. Von einer Beurteilung oder umfassenden Kritik der einzelnen Ansätze aus konstruktivistischer Perspektive wird jedoch weitgehend abgesehen. Vorangestellt ist eine einführende Skizze der Diskussion um den Radikalen Konstruktivismus.

Die Diskussion um den Radikalen Konstruktivismus

Einem breiteren kommunikationswissenschaftlichen Publikum wurde der Radikale Konstruktivismus bekannt durch das Funkkolleg »Medien und Kommunikation. Konstruktionen von Wirklichkeit«. Dort wurde der Versuch unternommen, in dreißig Studieneinheiten sowohl kommunikationswissenschaftliche Grundlagen als auch neuere Forschungsergebnisse in verständlicher Art und Weise einem nicht-kommunikationswissenschaftlichen Publikum zu vermitteln.[2] Die Kritik an diesem Funkkolleg und seinen Autoren ist zum einen formal-stilistischer Art: Die einzelnen Studieneinheiten und insbesondere die Hörfunksendungen seien qualitativ zu unterschiedlich, zu wissenschaftlich und dabei zu wenig an den eigenen Vorgaben orientiert gewesen. Zum anderen wird inhaltliche Kritik geübt: Es seien ausschließlich Extrempositionen berücksichtigt worden, den Bereich der unterhaltenden Kommunikationsangebote habe man vernachlässigt, die theoretischen Aspekte seien einseitig auf den Radikalen Konstruktivismus ausgerichtet gewesen, der Radikale Konstruktivismus sei ein verschleierter Marxismus, eine Ideologie im Deckmantel der Wissenschaft, er sei trivial und außerdem hätte weniger Radikalität dem Funkkolleg besser zu Gesicht gestanden.[3]

2 Am Institut für Publizistik der Westfälischen Wilhelms-Universität Münster wurde im Wintersemester 1990/1991 das Funkkolleg u. a. als Basistextsammlung für die Erstsemesterorientierungskurse verwendet. Siehe Deutsches Institut für Fernstudien der Universität Tübingen 1990/1991.

3 Vgl. Scheithauer 1990: 46, Sweerts-Sporck 1990: 6, Merkert 1991: 12, 1991a: 15, Mikos 1991: 44f., Boventer 1992: 158, 161, 165, Hachmeister 1992: 13, 16, Saxer 1992: 183, Luhmann 1994: 7.

Neben diesen zum Teil polemischen Vorwürfen wurde auch von einem kommunikationswissenschaftlichen Standpunkt aus Kritik geübt. Aufgrund der zentralen Rolle des Individuums bzw. der individuellen Wirklichkeitskonstruktion könnten im Radikalen Konstruktivismus bereits gewonnene Erkenntnisse über kommunikative Makrostrukturen nicht angemessen berücksichtigt werden.[4] Dieses Argument läßt konstruktivistische Weiterentwicklungen außer acht, die zwar für eine Berücksichtigung der Individuen plädieren,[5] jedoch immer wieder darauf hinweisen, daß die einzelnen Phänomene kognitiver, kommunikativer oder sozialer Art nicht aufeinander reduzierbar bzw. unabhängig voneinander erklärbar seien. Ein weiterer Vorwurf bezieht sich auf die Konzeption massenmedialer Kommunikation. Die Beziehung zwischen Massenkommunikationsmedien und Rezipienten sei nicht als kommunikatives Phänomen aufzufassen, sondern als ein Agieren verschiedener gesellschaftlicher Akteure vor einem Publikum.[6] Abgesehen davon, daß in der Kommunikationswissenschaft kein Konsens darüber besteht, daß massenmediale Kommunikation keine Kommunikation darstellt, gestattet es ein konstruktivistischer Ansatz durchaus, auch medial vermittelte Kommunikation zu erfassen oder ein heterogenes Publikum zu analysieren. Die Rolle der Massenmedien für die Viabilität der individuellen Wirklichkeitskonstruktion ist auch von einem konstruktivistischen Standpunkt aus nicht zu unterschätzen, denn Kommunikation über Massenmedien spielt eine zentrale Rolle in bezug auf die Orientierung der Gesellschaftsmitglieder und die Entwicklung der Gesellschaft.[7]

Zusammenfassend kann hinsichtlich der Kritik am Radikalen Konstruktivismus festgehalten werden, daß die Weiterentwicklungen konstruktivistischer Ansätze die vorgebrachten Argumente weitgehend entkräften. Bemerkenswert ist in diesem Zusammen-

4 Vgl. Bentele 1993: 160ff., Saxer 1993: 68f. Dieser Vorwurf kann als Variante des Reduktionismusarguments verstanden werden, daß alle Phänomene letztlich auf subjektive Wirklichkeitskonstruktionen zurückgeführt würden und somit dem Solipsismus Tür und Tor geöffnet wäre (vgl. Nüse/Groeben/Freitag/Schreier 1991: 86ff., Saxer 1992: 178f., Kepplinger 1993: 124f.).

5 In dieser Hinsicht bekannte Ausnahme ist Luhmann.

6 Vgl. Erbring 1993: 62f.

7 Vgl. Schmidt 1994: 83ff., Luhmann [2]1996: 153f.

hang, daß sich die Bezeichnung »Radikaler Konstruktivismus« als allgemeines Etikett für konstruktivistische Ansätze nicht durchgesetzt hat.[8] Auf die Diskussion, die außerhalb der Kommunikationswissenschaft über konstruktivistische Positionen geführt wird, kann an dieser Stelle nur ergänzend hingewiesen werden.[9] Im Anschluß an diese kurze Diskussionsskizze sollen einige Bereiche der Kommunikationswissenschaft vorgestellt werden, in denen explizit auf konstruktivistische Ansätze Bezug genommen wird bzw. in denen diese weiterentwickelt werden. Konstruktivistische Grundbegriffe, wie z. B. »Autopoiese« oder »Beobachter«, werden im folgenden ohne weitere Erläuterungen vorausgesetzt. Vorauszuschicken ist zudem, daß sich die meisten Arbeiten erst in einem Anfangs- oder Zwischenstadium befinden, von einer abgeschlossenen Entwicklung der konstruktivistisch orientierten Kommunikationswissenschaft also noch nicht gesprochen werden kann.

Folgeerscheinungen

Die Einflüsse konstruktivistischer Ideen auf die Kommunikationswissenschaft sind geprägt von der Diversifikation des Fachs. Es gibt so gut wie keine einheitliche theoretische Basis, an die die verschiedenen Zweige der Disziplin anknüpfen.[10] Und so sind auch die Reaktionen auf einen konstruktivistischen Ansatz sehr verschieden. Eine gewisse Verwandtschaft ist insbesondere in den

8 So bezeichnet z. B. Schmidt seine Position als »soziokulturellen Konstruktivismus« (1994: 47), Luhmann seinen Ansatz als »operativen Konstruktivismus« (²1996: 17) und Meyer seine Position als »internen, realistischen Konstruktivismus« (1994: 11). Das Gros der Wissenschaftler geht mit dem Etikett »Konstruktivismus« jedoch vorsichtig um.

9 Siehe dazu z. B. Wendel (1989, 1994), Nüse/Groeben/Freitag/Schreier (1991), Graf (1994,1994a) und seine Debatte mit Zitterbarth (1994) sowie die Auseinandersetzung um den Beitrag Gehrkes (1994), gegen dessen Vorwürfe sich Schmidt (1996), Rusch (1996), Barsch (1996) und Hejl (1996) zur Wehr setzen.

10 Vgl. z. B. Saxer 1993a. Einen Überblick über die Entwicklungen der deutschen Medienforschung gibt Güdler 1996, über die englischsprachige Kommunikationswissenschaft Beniger 1988, 1990.

Bereichen festgestellt worden, die sich schon vor der Diskussion um den Radikalen Konstruktivismus an systemtheoretischen bzw. kybernetischen Modellen orientiert haben. Insofern konnten konstruktivistische Ideen in bereits bestehende theoretische Ansätze integriert werden und Anstöße zu Weiterentwicklungen geben.
In Bereichen, die auch schon vor der konstruktivistischen Diskussion wegen ihrer übermäßig vereinfachenden Modelle kritisiert worden sind, erscheint es fraglich, ob ein konstruktivistischer Ansatz als Anstoß für eine Veränderung ausreicht. Dies betrifft insbesondere den ökonomisch orientierten Bereich, also die Werbewirkungsforschung oder die kommerzielle Publikumsforschung. Die Komplexität, die ein konstruktivistisches Kommunikationsmodell mit sich bringt – es müssen individuelle, soziale und kommunikative Aspekte berücksichtigt werden – führt zu Ergebnissen, die weniger gut präsentierbar sind, weil sie keine simplen, prognostizierbaren Ursache-Wirkungs-Beziehungen suggerieren.[11]
Im folgenden handelt es sich um eine exemplarische Betrachtung einzelner kommunikationswissenschaftlich relevanter Arbeiten, die konstruktivistische Ideen aufgenommen, integriert und zum Teil weiterentwickelt haben. Zur Orientierung wurden dabei einzelne Bereiche bestimmt, denen die besprochenen Arbeiten zugeordnet werden. Im einzelnen sind dies Theoriebildung, akteurbezogene Forschung, die nochmals unterteilt wird in rezipienten- und kommunikatorbezogene Ansätze, Medientheorie, Massenmedien als System und kommunikationstheoretische Überlegungen. Diese Einteilung des kommunikationswissenschaftlichen Feldes dient allein heuristischen Zwecken, und wie sich unten zeigen wird, sind ihre Grenzen eher fließend als überschneidungsfrei.[12]

11 Zur Kritik an diesen Modellen siehe Merten 1994: 324f.

12 Der kommunikationswissenschaftliche Bereich der Public Relations bzw. Öffentlichkeitsarbeit wurde nicht berücksichtigt. Die vorliegenden, konstruktivistisch motivierten Überlegungen weisen zwar auf die Möglichkeit der Anwendung konstruktivistischer Ideen auch in diesem Bereich hin (vgl. Merten/Westerbarkey 1994). Sie jedoch als theoretisch ausgearbeiteten, empirisch umsetzbaren Ansatz vorzustellen dürfte zu diesem Zeitpunkt noch verfrüht sein.

Vermutlich aufgrund der unterschiedlichen Facetten ihres Analyseobjekts, der menschlichen Kommunikation, tut sich die Kommunikationswissenschaft generell mit der Entwicklung einer allgemein akzeptierten theoretischen Basis schwer. Statt dessen sind es eher Wissenschaftler aus anderen Disziplinen, die sich mit dem Phänomen auf der Ebene der Theoriebildung auseinandergesetzt haben. Als bekanntester Vertreter dürfte der Soziologe Niklas Luhmann gelten, der in seine explizit als konstruktivistisch bezeichnete Theorie sozialer Systeme eine Kommunikationstheorie integriert hat. Aus der Kritik an dieser Theorie heraus sind zudem weitere Ansätze entwickelt worden. Zu nennen sind in diesem Zusammenhang die Arbeiten Meyers und Schmidts.

Luhmann distanziert sich deutlich von anderen konstruktivistischen Ansätzen, insbesondere vom Radikalen Konstruktivismus.[13] Er transformiert das Autopoiesekonzept Maturanas für seine eigene Theorie und weitet es auf Systeme jeglicher Art aus. Da er Kommunikation als System und somit als autopoietisch und geschlossen auffaßt, ist er gezwungen, die beteiligten Individuen in die Umwelt der Kommunikationssysteme zu verlagern. Das führt dazu, daß nur Kommunikation in der Lage ist, zu kommunizieren. Neben einer weiten Definition[14] konzipiert Luhmann Kommunikation als dreistellige Selektion mit den Komponenten Information, Mitteilung und Verstehen. Dabei sind die einzelnen Kommunikationseinheiten in der Regel zu Kommunikationsprozessen verknüpft und in Themen organisiert. Die verschiedenen Kommunikationsmedien dienen zudem dazu, das Problem der entstehenden Unwahrscheinlichkeit von Kommunikation zu lösen. Sprache steigert das Verstehen von Kommunikation, die »Verbreitungsmedien« Schrift, Druck und Funk steigern die Erreichbarkeit des Publikums, und die »symbolisch generalisierten Kommunikationsmedien« sollen den kommunikativen Erfolg sicherstellen.

Der zentrale Kritikpunkt anderer konstruktivistischer Wissen-

13 Vgl. Luhmann 1990: 511 f., 521 f. Siehe zum folgenden Luhmann [5]1994: 191 ff.

14 »Von Kommunikation kann man [...] nur sprechen, wenn die Änderung des Zustandes von Komplex A mit einer Änderung des Zustandes von Komplex B korrespondiert, obwohl beide Komplexe andere Möglichkeiten der Zustandsbestimmung hätten« (Luhmann [5]1994: 66).

schaftler, die sich u. a. mit dem Phänomen Kommunikation auseinandergesetzt haben, ist der Ausschluß der beteiligten Individuen aus dem Kommunikationssystem.[15] Wie Meyer in seiner Analyse der systemtheoretischen Grundlagen Luhmanns zeigt, basiert diese Konstruktion auf Fehlentscheidungen Luhmanns. Angeführt wird in diesem Zusammenhang der Entschluß, das Systemgrenzproblem nach dem Ausschlußprinzip zu lösen, und Luhmanns Interpretation des Autopoiesekonzepts Maturanas.[16] Außerdem ist die Beschreibung von Kommunikation als dreistellige Selektion empirisch nicht zutreffend, so daß Luhmanns Kommunikationstheorie nicht als »systemtheoretisch richtige Dekomposition der Kommunikation gelten«[17] kann. Meyer plädiert im Anschluß an eine Darstellung allgemein systemtheoretischer Grundlagen dafür, Kommunikation sehr wohl als System, jedoch nicht als geschlossen oder autopoietisch zu betrachten.[18]
Schmidt kritisiert neben der Positionierung der Individuen in die Umwelt des Kommunikationssystems die relativ unspezifizierte Betrachtung des Kommunikationsprozesses sowie der verschiedenen Kommunikationsvarianten. Luhmann thematisiert weder Einflüsse etwa von Geschlechter- oder Generationsverhältnissen auf Kommunikation, noch trifft er eine Unterscheidung zwischen medialer oder interpersonaler Kommunikation. Auch der Test, ob sich die Ausführungen Luhmanns auf den Bereich der Massenkommunikation übertragen lassen, fällt nach Schmidt negativ aus.[19] Problematisch erscheinen zudem einige Konzeptionen in Zusammenhang mit den symbolisch generalisierten Kommunikationsmedien.[20]

15 Siehe zum folgenden Schmidt 1994: 65 f. f., Meyer 1994: 18 f. f., Hejl 1986: 59 f. f.
16 Vgl. Meyer 1994: 273 f. Weitere Kritik an der Transformation des Autopoiesekonzepts üben Hejl (1986: 63 ff.) und Krüger (1993: 70 ff.).
17 Martens 1991: 637.
18 Vgl. Meyer 1994: 267.
19 Vgl. Schmidt 1994: 73 ff.
20 Angesprochen wird u. a. die singuläre binäre Codierung dieser Medien, die als Reduktion auf eine entscheidende Dichotomie empirischen Erfahrungen zuwider läuft (vgl. Schmidt 1994: 110 f. und mit Bezug auf Beobachteroperationen Knorr-Cetina 1992: 412 ff.). Intensiv auseinandergesetzt mit den symbolisch generalisierten Kommunikationsmedien hat sich zudem Künzler (1987), der zu dem Schluß kommt, daß

Nach Schmidt engagieren sich individuelle Akteure durch die Erstellung von Medienangeboten[21] in den jeweiligen sozialen Systemen. Kommunikation kann demnach nicht ohne Bezug zu Kognition verstanden werden et vice versa. Soziale Systeme bestehen zudem nicht ausschließlich aus Kommunikation, sondern setzen sich aus einer Reihe unterschiedlichster Systemkomponenten zusammen.[22]

Neben der »Doppelperspektivierung« von Kommunikation und Kognition unterstreicht Schmidt die Relevanz kollektiven Wissens. Er entwickelt im Anschluß an Feilke eine Konzeption von Common Sense, der erst die strukturelle Kopplung von Kommunikation und Kognition ermöglicht. Mit Bezug auf die thematische Organisation von Kommunikation entwirft er zudem ein Konzept symbolischer Ordnungen, die als kollektive Wissensbestände Teil des Common Sense sind und die Anschlußprozesse in den Systemen Kognition und Kommunikation regeln.[23] Schmidt tritt also mit seiner Verknüpfung von Kognition, Kommunikation und sozialen Phänomenen einer isolierten Analyse der einzelnen Komponenten entgegen und plädiert für eine Berücksichtigung der verschiedenen Systemebenen.

In der konstruktivistischen Betrachtung entpuppt sich Kommunikation als Komplex, bestehend aus kognitiven, kommunikativen und sozialen Systemen, die unterschiedlich strukturiert und organisiert sind und ohne Bezug aufeinander nur unzureichend analysiert werden können. Es wird zugleich deutlich, daß die theoretischen Ausarbeitungen sich zum Teil auf einem hohen Abstraktionsgrad bewegen, den es erst noch auf die jeweiligen empirischen Umstände zu beziehen gilt. Inwieweit sich die hier vorgestellten

sich aufgrund der Marginalisierung der Sprache Lücken im Medienkonzept auftun. Siehe dazu auch die Antwort Luhmanns, der die Vorwürfe von sich weist und sich ebenfalls für eine systemtheoretische Sprachtheorie ausspricht (1987: 468).

21 Medienangebote werden definiert als »alle mit Hilfe konventionalisierter Materialien (Kommunikationsmittel) produzierten Kommunikationsanlässe« (Schmidt 1991: 41).

22 Vgl. Schmidt 1994, Rusch 1991: 315f. Ähnlich argumentiert auch Meyer, wenn er Systeme definiert als »Einheiten, die mehrere voneinander differierende Einheiten mit mindestens einem identischen Bezugspunkt enthalten« (Meyer 1994: 103).

23 Vgl. Schmidt 1994: 94ff. und Feilke 1994.

kommunikationstheoretischen Ansätze auch tatsächlich in der Kommunikationswissenschaft werden durchsetzen können, ist zum jetzigen Zeitpunkt nicht absehbar. Angesichts der Debatte um den Radikalen Konstruktivismus scheinen jedoch bei einer Reihe von Wissenschaftlern Ressentiments gegenüber einer – wie auch immer konzipierten – konstruktivistischen Position zu bestehen.

Akteure

Im Rahmen der Kommunikationswissenschaft beschäftigen sich zwei Bereiche mit den Beziehungen zwischen Individuen und Medien: zum einen die Wirkungs- oder Publikumsforschung, zum anderen die Kommunikatorforschung. In beiden Bereichen war man bereits vor der Diskussion um konstruktivistische Ansätze zu der Erkenntnis gelangt, daß weder Journalisten mit ihrer Arbeit ein exaktes Abbild der Welt liefern können noch Rezipienten Medienprodukte im Sinne einer 1:1-Relation wahrnehmen. Insofern konnten konstruktivistische Überlegungen an bereits existierende Ansätze anschließen. Die getrennte Betrachtung von Produzenten und Konsumenten von Medienangeboten bleibt jedoch in der Regel bestehen. Eine Ausnahme stellt der von Schmidt und Rusch ausgearbeitete Ansatz der konstruktivistischen Mediengattungstheorie dar.[24] Es ist jedoch charakteristisch, daß es sich hierbei um Überlegungen handelt, die von einer konstruktivistischen Grundposition aus entwickelt wurden und nicht von einem traditionellen kommunikationswissenschaftlichen Standpunkt. Wie oben erwähnt, gewinnt für Konstruktivisten die Kommunikation als zentrales Bindeglied zwischen Individuen und Gesellschaft für konsensuelle Wirklichkeitskonstruktion Relevanz. Dies gilt insbesondere für die massenmediale Kommunikation, wobei trotz aller Differenzen vor allem die konsensuellen Grundlagen der beteiligten Individuen, also von Produzenten wie Konsumenten gleichermaßen, berücksichtigt werden müssen. Die konstruktivistische Mediengattungstheorie versucht dies.

Begründet durch die ausgewiesene konstruktivistische Basis wer-

24 Vgl. Schmidt 1987a, 1987b, Rusch 1987, 1987a, 1993, Schmidt/Weischenberg 1994.

den »Gattungen« aufgefaßt als kognitive Konzepte bzw. Schemata,[25] die Erwartungen, Handeln und Interagieren in und mit Medien organisieren.[26] Bisherige Ansätze im Bereich der Gattungstheorie, die von Universalien ausgingen bzw. empirische Beispiele anhand ihrer Merkmale zu Klassen zusammenfaßten, werden abgelehnt. Die kognitiven Konzepte zeichnen sich insbesondere dadurch aus, daß sie zur Bildung von Invarianten im sprachlichen und sozio-kulturellen Bereich führen, daß sie verschiedene kognitive Komponenten sowie medienbezogene Erwartungen, Handlungen und Interaktionen organisieren und daß sie in kognitive Netzwerke integriert werden können. Vom sozialen Standpunkt aus koordinieren sie die einzelnen individuellen Handlungen und stabilisieren die jeweiligen sozialen Systeme durch Bestätigung bzw. homogene Modifikation von Wirklichkeitsmodellen.[27] Da diese Konzeption weit über die Erfassung von Merkmalen einzelner Medienangebote hinausgeht und Erwartungen, Handeln und Interagieren mit Medien umfaßt, kann auch von Medienhandlungsschemata oder kurz von Medienschemata gesprochen werden.

Mit Blick auf die Mediennutzer lassen sich die Funktionen der Medienschemata wie folgt beschreiben: Im Rahmen der Erwartungen steuern sie a) die Frage nach dem Wirklichkeitsbezug sowie den kognitiven und emotionalen Nutzungsgratifikationen der Medienangebote, b) die Frage der Zuverlässigkeit resp. Glaubwürdigkeit der Kommunikatoren und c) die Frage nach der Art und Weise der Nutzung. Außerdem regeln die Schemata die Einteilung der Aussagen im Rahmen von Medienangeboten in unterschiedliche Kategorien wie Bericht, Appell, Reflexion, Spiel etc. Als

25 Gattungen sind »kognitive und kommunikative Schemata zum Zwecke der Konstruktion und intersubjektiven Festigung von Wirklichkeitsmodellen. Gattungen sind sozusagen Programme zur intersubjektiven Sinnkonstruktion und deren rekursiver (Selbst-)Bestätigung« (Schmidt/Weischenberg 1994: 216).

26 Medien werden von Rusch an anderer Stelle relativ allgemein definiert »als Kommunikationsmittel [...], wobei alle konventionalisierten Verhaltensformen, alle materiellen, sozialen, ökonomischen und symbolischen Faktoren, Objekte und Prozesse einbezogen sind, die in der gegenseitigen Orientierung der Individuen (innerhalb ihrer jeweiligen eigenen Kognitionsbereiche) eine Rolle spielen« (Rusch 1987: 238).

27 Vgl. Schmidt 1987a: 167, Rusch 1993: 291 f.

Orientierungshilfe bzw. als Erkennungsmerkmale dienen den Mediennutzern die wahrgenommenen Charakteristika der Medienangebote wie z. B. Themen, stilistische Verfahren oder technische Varianten der Darstellung. Die Produzenten nutzen wiederum diese Charakteristika, um bei den Mediennutzern unterschiedliche Erwartungsebenen ansprechen zu können.
Das Besondere dieser Medienschemata ist, daß sie in der Praxis als Universalien behandelt werden, obwohl sie tatsächlich individuelle Konstruktionen sind. Dies wird möglich, weil sie auf der Basis von relevanten Medienerfahrungen und erfolgreichen Kommunikationen entstehen.[28]
Die konstruktivistische Mediengattungstheorie eröffnet eine Reihe von Forschungsperspektiven. Da sie zunächst einmal keine Einschränkung hinsichtlich Medien, Akteuren oder sozialen Situationen macht, können z. B. sowohl inter- und intramediäre Vergleiche als auch verschiedene Handlungsrollen auf einer gemeinsamen theoretischen Grundlage zueinander in Beziehung gesetzt werden. Dies schließt weitere Differenzierungen in den jeweiligen Teilbereichen nicht aus. Außerdem stellt sich die Frage, inwieweit bereits gewonnene Ergebnisse aus dem Bereich der Publikums- und Kommunikatorforschung zu integrieren sind.[29]
Im Anschluß an diesen sowohl auf Rezipienten wie auch auf Kommunikatoren ausgerichteten Ansatz werden Arbeiten vorgestellt, die sich nur mit jeweils einer Gruppe beschäftigen. Hier handelt es sich um Konzeptionen, die zunächst in kommunikationswissenschaftlichen Zusammenhängen entwickelt und in die dann konstruktivistische Überlegungen integriert wurden.

Rezipienten

Beim Blick auf die historische Entwicklung wird deutlich, warum sich gerade im Bereich der Publikumsforschung Ansätze finden lassen, die zum großen Teil unabhängig von konstruktivistischen

28 Vgl. Rusch 1987: 253 ff.

29 Schmidt selbst macht darauf aufmerksam, daß die Gattungskonzepte nur in Zusammenhang mit ihrer Rolle im jeweiligen Mediensystem beobachtet werden sollten, wobei das Mediensystem seinerseits nur im Kontext der es umgebenden sozialen Systeme zu untersuchen sei (vgl. Schmidt 1987a: 181).

Überlegungen zu ähnlichen Ergebnissen gelangt sind.[30] Orientierte man sich in den Anfängen am behaviouristischen Stimulus-Response-Modell, sah man sich bald gezwungen, dieses um intervenierende Faktoren zu erweitern. Die Annahme von einer Allmacht der Medien bzw. Kommunikatoren wurde endgültig durch das Konzept des sogenannten »aktiven Publikums« abgelöst. Die Individuen rückten in den Mittelpunkt des Interesses. Nach anfänglicher Euphorie kam man jedoch bald zu der Erkenntnis, daß ohne eine Betrachtung der Kommunikationsmittel und -situationen eine ganze Reihe von Beobachtungen nicht erklärt werden konnten. Inzwischen hat sich die Berücksichtigung sowohl der Kommunikationsmedien bzw. ihrer Produkte als auch der individuellen und sozialen Variablen durchgesetzt.[31] Wie bereits erwähnt, ist die Ausgangsbasis konstruktivistischer Ansätze ähnlich zu konzipieren.
Im folgenden wird eine Arbeit vorgestellt, die sich direkt konstruktivistischer Ideen bedient. Dabei handelt es sich um das von Klaus Merten vorgestellte multivariate Wirkungsmodell.
Klaus Merten verbindet seine vorkonstruktivistische Kritik an der klassischen Wirkungsforschung mit Erkenntnissen konstruktivistischer Ansätze.[32] Kommunikation an sich stellt sich für ihn als situationsspezifischer, systemisch organisierter Prozeß dar, der zur Veränderung von Einstellung, Meinung und Wissen der Beteiligten führt und auf andere Kommunikationen zurückwirkt. Für die Publikumsforschung relevant sind dabei insbesondere die Selektionsprozesse auf unterschiedlichen Ebenen.[33] Da auch aus kon-

30 Für einen Überblick über die Wirkungsforschung siehe Schenk 1987. Neben den Einflüssen der Massenmedien auf einzelne Individuen gibt es zudem eine ganze Reihe von Ansätzen, die sich mit dem Verhältnis von Massenmedien und sozialen Phänomenen bzw. Gesellschaft auseinandergesetzt haben. Dazu gehört zum Beispiel die Agenda-Setting-Forschung, die Arbeiten zum Two- bzw. Multi-Step-Flow of Communication, die Diffusions- und Wissenkluftsforschung sowie der Ansatz der Schweigespirale und die Kultivierungsanalysen.

31 Als Beispiele für derartige Konzeptionen sind das dynamisch-transaktionale Modell (vgl. Früh 1991, Früh/Schönbach 1982, Schönbach/Früh 1984) und die handlungstheoretisch orientierte Wirkungsforschung zu nennen (vgl. Renckstorf 1989, Teichert 1972, 1973).

32 Siehe zum folgenden Merten 1994, 1995, 1995a. Merten nimmt dabei vor allem Bezug auf Maturana (vgl. Merten 1995a: 6 f.).

33 Im einzelnen sind dies organisatorische Bedingungen, Themenauswahl, Bewertungen des Kommunikators als taktische Instanz, Aufmerksam-

struktivistischer Perspektive Selektionen und reflexive Strukturen eine entscheidende Rolle spielen, sieht Merten hier einen Anknüpfungspunkt.

Aus diesen Überlegungen heraus entwickelt Merten über verschiedene Stufen hinweg ein transklassisches, multivariates oder auch konstruktivistisches Wirkungsmodell. Die einzelnen Faktoren, die es zu berücksichtigen gilt, sind:

- die Aussagen, die, distribuiert von einem Medium, die einzelnen Rezipienten erreichen,
- der interne Kontext der Rezipienten, bestehend aus allgemeinen Einstellungen, Erfahrungen, Interessen und allgemeinem Vorwissen,
- der externe Kontext, bestehend aus den situativen und sozialen Rahmenbedingungen der Rezeption,
- die konkreten Erwartungen und Erfahrungen mit dem jeweiligen Medium, die die Rezeption der Aussagen vorstrukturieren,
- das Feedback, das sich an das Medium richtet und u. U. zu inhaltlichen und formalen Veränderungen des Aussagenangebotes führen kann,
- die Veränderungen von Wissen und Einstellungen, die sich auf den internen Kontext und damit auch auf die Erwartungen hinsichtlich zukünftiger Medienangebote auswirken,
- der Einfluß des Rezipienten auf soziale Strukturen, der von seinem Medienkonsum beeinträchtigt wurde und der sich in Veränderungen des externen Kontextes bemerkbar machen kann. Diese Veränderungen können u. U. dazu führen, daß
- der Einfluß der sozialen Strukturen Veränderungen im Medium nach sich zieht.

Der Prozeß der Wirkungen von Medien ist demnach von einer Vielzahl von Faktoren abhängig, die an die empirische Überprüfung dieses Modells gesteigerte methodische und konzeptionelle Ansprüche stellen. Außerdem ist zu berücksichtigen, daß es aufgrund der reflexiven Strukturen des Wirkprozesses keine direkten Wirkungen geben kann. Die Tatsache, daß Wirkungen Wirkungen verändern, ist somit bei der Analyse einzubeziehen.

keit, kontextuelle Einflüsse der Rezeptionssituation, subjektive Präferenzen und intern vorhandene Erfahrungen und Wissensbestände (Merten 1994: 298 f.).

Da Merten selbst darauf hinweist, daß sich die konstruktivistische Wirkungsforschung in einem vorläufigen Stadium befindet,[34] seien ein paar ergänzende Anmerkungen hierzu erlaubt. Eine weitere Stärke konstruktivistischer Ansätze liegt in der Möglichkeit der Vernetzung bisher weitgehend getrennter Forschungsbereiche. Dies trifft auch im Bereich der Publikumsforschung zu. So liegen zum Beispiel für den von Merten relativ allgemein formulierten externen Kontext bereits einige Forschungsansätze vor, die sich in eine konstruktivistische Publikums- bzw. Wirkungsforschung integrieren lassen. Anzusprechen sind z. B. die sogenannten Cultural Studies, die sich mit kulturell bedingten Variablen der Mediennutzung auseinandersetzen, und die Reception Analysis, die sich mit der Erforschung individueller Rezeptionssituationen befassen.[35] Beide Forschungsrichtungen verstehen sich als Weiterentwicklungen des Uses and Gratifications-Approach und stellen aus dieser Tradition heraus das rezipierende Indiviuum in den Mittelpunkt. Im Rahmen der Cultural Studies liegt das Augenmerk dabei auf den Wechselwirkungen von sozialen bzw. kulturellen Strukturen und Medienkonsum,[36] während sich die Reception Analysis mit dem komplexen psychischen und sozialen Umfeld der einzelnen Rezipienten beschäftigt.[37]

34 Vgl. Merten 1995: 85.

35 Siehe einführend Schrøder 1987, Jensen 1988, Jensen/Rosengren 1990, Höijer/Nowak/Ross 1992. Wie so oft, wenn versucht wird, heterogene Forschungsprojekte zu kategorisieren, so gilt auch hier, daß die Grenzen fließend sind und die Zuordnungen nur in Ausnahmefällen von den Autoren selbst vorgenommen werden. Außerdem ist darauf hinzuweisen, daß die Vertreter dieser Ansätze anders als Merten sich nicht explizit auf konstruktivistische Überlegungen stützen oder sich mit ihnen auseinandersetzen.

36 Als Beispiel seien die Studien zu den Zusammenhängen von Familiensituation und Fernsehkonsum (vgl. Morley 1986, Lull 1988) und der Ansatz der interpretativen Gemeinschaften von Lindlof (1988) genannt.

37 Als Beispiel hierzu siehe Höijer 1990, 1992.

Ähnlich wie im Bereich der Publikumsforschung wurde auch im Bereich der Kommunikatorforschung bereits vor der konstruktivistischen Debatte systemtheoretisch argumentiert und von der Illusion der Abbildung von Realität bzw. Wahrheit Abstand genommen. Zu nennen sind hier insbesondere der Ansatz der Nachrichtenfaktoren und die Konzeption der Redaktion als System.[38] Durch den Konstruktivismus kann jedoch die Kommunikatorforschung mit anderen Bereichen der Kommunikationswissenschaft, insbesondere mit der Publikumsforschung, verbunden werden.[39] Im folgenden stelle ich deshalb beispielhaft die Überlegungen Weischenbergs vor, die sich explizit auf konstruktivistische Ideen beziehen und sich zum einen an die Mediengattungstheorie von Schmidt/Rusch anlehnen, zum anderen an systemtheoretische Überlegungen hinsichtlich des sozialen Systems Journalismus.[40] Die Medienschemata, die von Kommunikatoren eingesetzt werden, um den Wirklichkeitsbezug ihrer Produkte zu kennzeichnen, sind zum einen die Berichterstattungsmuster (Gesamtstrategien des Wirklichkeitsbezugs) und zum anderen die unterschiedlichen Darstellungsformen (Möglichkeiten der Gestaltung). Bei den Berichterstattungsmustern hat sich in modernen westlichen Gesellschaften die sogenannte »Objektive Berichterstattung« durchgesetzt, wobei Objektivität im konstruktivistischen Sinne als intersubjektive Vereinbarung über die Art und Weise der Wirklichkeitskonstruktion innerhalb des Systems Journalismus verstanden wird.[41] Kriterien für diese Art der Objektivität sind

38 Zu den Nachrichtenfaktoren siehe Galtung/Ruge 1965 und mit konstruktivistischem Einfluß Staab 1990. Zur Redaktion als soziales System siehe Rühl ²1979, allgemeiner auf Journalismus bezogen und in Anschluß an die funktional-strukturelle Systemtheorie Luhmanns Rühl 1980.

39 Vgl. Weischenberg 1994: 430.

40 Siehe zum folgenden Schmidt/Weischenberg 1994, Weischenberg 1992, 1994, 1995, 1995a.

41 Vgl. Schmidt/Weischenberg 1994: 228f. Zum System Journalismus siehe außerdem Weischenberg 1995: 110f. Haller stellt im Rahmen seiner Überlegungen zur Recherche und Nachrichtenproduktion ebenfalls eine Reihe von »konstruktivistisch begründeten Handwerksregeln« auf (vgl. 1994: 287f.).

Nützlichkeit, basierend auf den Orientierungsbedürfnissen der Rezipienten, und Glaubwürdigkeit. Beide Faktoren, Nützlichkeit und Glaubwürdigkeit, setzen sich aus verschiedenen anderen Faktoren zusammen, sie reduzieren Komplexität – und damit auch Unsicherheit.[42]

Zur Umsetzung der Objektiven Berichterstattung bilden Journalisten Schemata aus, bei deren Entstehung eine Reihe von unterschiedlichen Faktoren eine Rolle spielen. Im einzelnen sind dies Normenzusammenhänge (Mediensysteme), Strukturzusammenhänge (Medieninstitutionen), Funktionszusammenhänge (Medienaussagen) und Rollenzusammenhänge (Medienakteure).[43] Zu den Strukturzusammenhängen gehören die verschiedenen Organisationen, in denen die Kommunikatoren arbeiten. Diese Organisationen können jeweils als System verstanden werden, in das die Journalisten eingebunden sind und »das sich über einen permanenten Kommunikationsfluß ständig selbst reguliert und dafür sorgt, daß die Art der Nachrichtenselektion das System stabilisiert«.[44] Untersuchungen zum Rollenselbstverständnis der Kommunikatoren, das ebenso wie die Muster der Objektiven Berichterstattung zu den Funktionszusammenhängen gehört, haben ergeben, daß das Gros der Journalisten sich als »neutrale Berichterstatter«, »Wächter der Demokratie« oder »Kritiker an Mißständen« sieht. Diese Einschätzung in Kombination mit weiteren Merkmalen führt zu zwei Typen von Kommunikatoren: dem Anwalt und dem Unterhalter.[45] Bemerkenswert erscheint in diesem Zusammenhang, daß die meisten Journalisten ihre Tätigkeit nicht als wirklichkeitskonstruierend einstufen, sondern nach wie vor als realitätsabbildend.[46]

Neben den komplexen Abläufen im System Journalismus bestehen

42 Zur Nützlichkeit siehe Weischenberg 1995: 324 ff., zur Glaubwürdigkeit Weischenberg 1995: 293 ff. Als Negativbeispiele in puncto Glaubwürdigkeit führt Weischenberg die Barschelaffäre, Tschernobyl, Gladbeck oder den Golfkrieg an (vgl. 1995 293 f.). Zur Berichterstattung über den Golfkrieg siehe außerdem die konstruktivistische Interpretation von Gödde (1992).

43 Vgl. Weischenberg 1994: 431.

44 Weischenberg 1994: 440.

45 Vgl. Weischenberg 1994: 443, und ausführlich dazu Weischenberg/Löffelholz/Scholl 1996.

46 Vgl. Weischenberg 1995: 443.

auch zwischen Kommunikatoren und Rezipienten intersubjektive Vereinbarungen über die Formen und Muster der Medienangebote. Integriert in Medienschemata stabilisieren sie bei den Rezipienten Erwartungen hinsichtlich des Wirklichkeitsbezuges der Medienangebote, die mit den Kriterien der Objektiven Berichterstattung korrespondieren.[47] Die einzelnen Darstellungsformen, deren sich die Kommunikatoren im Nachrichtenjournalismus bedienen, sind im Bereich der Nachrichten die Meldung und der Bericht, im Bereich der Meinung der Kommentar und die Glosse und im Bereich der Unterhaltung die Reportage und das Feature. Die Grenzen zwischen den einzelnen Darstellungsformen sind dabei nicht stabil, sondern dynamisch und fließend.[48]
Die Skizze der Überlegungen Weischenbergs macht deutlich, daß die traditionellen Grenzen der Kommunikationswissenschaft immer mehr verwischen. Statt dessen gelangt man von fast jedem Standpunkt aus zu der individuellen Wirklichkeitskonstruktion, die sich der Kommunikation zur sozialen Orientierung bedient und auf die umgebenden sozialen Systeme verweist.

Medientheorie

Der Bereich der Medientheorie als Bereich, in dem die Besonderheiten und Gemeinsamkeiten einzelner Kommunikationsmedien in den Vordergrund rücken, kann im Vergleich zur Publikums- und Kommunikatorforschung als das Stiefkind der Kommunikationswissenschaft bezeichnet werden.[49] Insofern ist die Möglichkeit, konstruktivistische Überlegungen an bereits ausgearbeitete Ansätze anzuschließen, relativ stark eingegrenzt. Die im folgenden vorgestellten Überlegungen schließen auch weniger an Arbeiten aus der Kommunikationswissenschaft an als vielmehr an die »Unterscheidungsphilosophie«[50] Luhmanns.

47 Vgl. Schmidt/Weischenberg 1994: 229.
48 Vgl. Weischenberg 1994: 232ff.
49 Vgl. Faulstich 1991: 96ff. Ansätze, die diesem Bereich zugeordnet werden können, sind vergleichsweise rar (vgl. Gumbrecht/Pfeiffer 1988, Meyrowitz 1990, 1990a, Elsner/Gumbrecht/Müller/Spangenberg 1994) und oft von einer pessimistischen Einschätzung begleitet (Postman 1983, 1985, McLuhan 1968).
50 Schmidt 1994a: 20.

Von einem systemtheoretischen Standpunkt Luhmannscher Prägung aus hat sich Spangenberg mit massenmedialer – das heißt für ihn vor allem audiovisueller – Kommunikation befaßt.[51] Er geht in seinen Überlegungen davon aus, daß Aktualität als Attraktor der Zuschaueraufmerksamkeit heutzutage nicht mehr ausreicht, da die meisten Massenmedien ähnlich aktuell sind. Statt dessen gewinnt ein Phänomen an Relevanz, das in Anlehnung an Luhmanns symbolisch generalisierte Kommunikationsmedien als »generalisierte Kommunikationsqualitäten« bezeichnet wird. Entfalten können sich derartige Qualitäten aufgrund der speziellen massenmedialen Kommunikationssituation. Anders als in der interaktiven Kommunikation ist das Bewußtsein nicht dadurch belastet, daß es sich anderen Beteiligten gegenüber des Bestehens der Kommunikationssituation versichern muß.[52] Die Aufmerksamkeit kann vielmehr auf andere Dinge gerichtet werden, so zum Beispiel auf die Betrachtung von Wahrnehmung oder Beobachtungen, die parasitär oder der ursprünglichen Kommunikationsintention entgegengesetzt verlaufen können. Die Materialität der Kommunikation gewinnt für den rezipierenden Medienakteur einen neuen Stellenwert, oder um es in Spangenbergs Worten auszudrücken: Die Materialität wird für das Bewußtsein zum Medium, das für gänzlich andere Formkonstrukte zur Verfügung steht.[53] Die Kommunikationsqualitäten rücken die Formen der Medienangebote in den Vordergrund und führen dazu, daß eigenständige Wirklichkeitsbereiche ausgebildet werden, die weder durch funktional ausdifferenzierte Teilsysteme noch durch Interaktionssituationen körper-

51 Vgl. Spangenberg 1993, 1995. Er selbst weist auf die Nähe seines Ansatzes zur Publikumsforschung hin (vgl. 1993: 78). Da er sich jedoch in seinen Ausarbeitungen auf Kommunikation via audiovisuelle Medien und dabei insbesondere auf das Fernsehen bezieht, scheint eine Einordnung seines Ansatzes als medientheoretisch durchaus gerechtfertigt.

52 Eine ähnliche Argumentation findet sich im Rahmen handlungstheoretischer Ansätze (vgl. Teichert 1973: 367).

53 Vgl. Spangenberg 1993: 82. Die Begriffe »Medium« und »Form« stammen aus der Terminologie Luhmanns. »Die in einem *Medium* lose verbundenen Einheiten werden dabei als Grundlage für die Bildung von rigide gekoppelten *Formen* betrachtet, die sich *gegenüber* ihrem Medium und *in* ihrem Medium durchsetzen« (Spangenberg 1995: 41, Hervorhebungen im Original).

licher Kopräsenz erfaßt werden. Die Anregung der psychischen Systeme findet dabei vor allem auf der Wahrnehmungsebene statt: Wahrnehmungen werden semantisiert und dem Zeichenbestand der Kommunikation hinzugefügt. Durch diese neue Attraktivität der Formen sind den Massenmedien – und damit auch der Gesellschaft – neue Möglichkeiten der Faszination psychischer Systeme gegeben. Sie werden insbesondere von den Medienangeboten genutzt, die nicht auf der öffentlichen Agenda zu finden sind. Ein Problem sieht Spangenberg allerdings in der Verwischung der Realitätsgrenzen; er stellt angesichts der neuen Technologien die Frage, wie diese zunehmende Ununterscheidbarkeit von Bewußtsein und Fremdreferenz von Bewußtseinsinhalten beobachtet werden kann.[54]

Massenmedien als System

Die verschiedenen Versuche, Massenmedien als System zu beschreiben, können, ähnlich wie der Ansatz Spangenbergs, als konstruktivistische Arbeiten zweiter Generation betrachtet werden. Wenn sich die Autoren auf konstruktivistische Überlegungen beziehen, dann in der Regel in Zusammenhang mit der Theorie sozialer Systeme, die auf dem von Luhmann vertretenen »operativen Konstruktivismus« beruht. Im folgenden werden exemplarisch drei Ansätze vorgestellt, die, obgleich sie auf die gleiche theoretische Grundlage Bezug nehmen, zu z. T. unterschiedlichen Ergebnissen kommen. Im einzelnen handelt es sich um die Konzeptionen von Luhmann, Blöbaum und Marcinkowski.[55]
Bei der Darstellung der Massenmedien als funktional ausdifferenziertem System innerhalb einer modernen Gesellschaft stellt Luhmann vor allem den Aspekt der Realitätserzeugung in den Mittelpunkt: »Die Realität der Massenmedien ist die Realität der Beobachtung zweiter Ordnung.«[56] Unter Massenmedien sind dabei alle gesellschaftlichen Einrichtungen zu verstehen, die zur Verbreitung

54 Vgl. Spangenberg 1993: 90. Ähnlich äußert sich auch Schmidt in bezug auf die Dichotomie ± wirklich (1994: 279 ff.).
55 Eine Gegenüberstellung dieser und anderer Ansätze findet sich auch bei Görke/Kohring 1996. Siehe kritisch dazu auch Rühl 1996.
56 Luhmann 1995: 60. Siehe zum folgenden Luhmann 1995, ²1996.

von Kommunikation technische Vervielfältigungsmittel einsetzen und sich mit ihren Produkten an einen relativ unbestimmten Adressatenkreis wenden.[57] Innerhalb des Funktionssystems Massenmedien werden die Operationen durch den Anschluß von Kommunikation an Kommunikation, die bereits stattgefunden hat, bestimmt, der seinerseits wieder Bedarf für Kommunikation weckt. Es geht im Massenmediensystem nicht um die Abbildung einer »wirklichen« Realität, sondern allein um die Aufrechterhaltung des Systems durch Kommunikation.[58] Charakterisiert werden kann das System anhand seiner Funktion und Leistung, seiner Struktur und seines Codes.

Die Funktion des Systems der Massenmedien liegt in der Ermöglichung der Selbstbeobachtung der Gesellschaft. Durch die Beobachtung ihrer selbst wird der Gesellschaft eine Art Hintergrundrealität zur Verfügung gestellt, auf die sich andere gesellschaftliche Funktionssysteme beziehen können. Die Realität der Massenmedien ermöglicht das Bekanntsein des Bekanntseins und stellt insofern anderen Funktionssystemen Themen zur Kommunikation zur Verfügung. Die Leistung der Massenmedien für andere gesellschaftliche Funktionssysteme liegt somit in der Ermöglichung der gegenseitigen (und Selbst-)Beobachtung.[59]

Intern strukturiert ist das System der Massenmedien durch verschiedene Möglichkeiten der Realitätspräsentation, die dann wiederum von einzelnen Organisationen umgesetzt werden. Im einzelnen sind dies Nachrichten/Berichte, Werbung und Unterhaltung.[60] Dabei unterscheiden sich die einzelnen Bereiche außer durch ihre Themenzuständigkeit auch durch die differierenden Affinitäten zu anderen gesellschaftlichen Funktionssystemen und durch ihr Bild vom Individuum. Für die Kommunikation in diesen Bereichen gilt jedoch das gleiche wie für alle Kommunikation. Es liegt ihr ein systemspezifischer Zusammenhang der Kondensierung, Konfirmierung, Generalisierung und Schematisierung zugrunde, der sich in dem, worüber kommuniziert wird, so nicht wiederfinden läßt.[61]

57 Vgl. Luhmann 1995: 6.
58 Vgl. Luhmann 1995: 13.
59 Vgl. Luhmann 1995: 60ff., ²1996: 173 ff.
60 Luhmann weist ausdrücklich auf die Möglichkeit der Mischformen hin (vgl. Luhmann 1995: 24).
61 Vgl. Luhmann ²1996: 74 f.

Als Code des Systems der Massenmedien setzt Luhmann die Unterscheidung Information/Nichtinformation an.[62] Information wird dabei definiert als »irgendein Unterschied, der bei einem späteren Ereignis einen Unterschied ausmacht«.[63] Charakteristisch für diese Leitdifferenz ist ein Paradoxon, das sich auch bei der Unterscheidung alt/neu wiederfinden läßt. Eine neue Information ist in dem Moment, in dem sie von den Massenmedien verbreitet wird, eine alte. Insofern setzt sich das System der Massenmedien ständig selbst unter Druck, neue Informationen zu liefern. Hinzu kommt die Informativität von Nichtinformativität, die jedoch durch die Programmierung des Systems, die entscheidet, was informativ und was nichtinformativ ist, zufriedenstellend gehandhabt wird.
Neben dieser Konzeption des Systems der Massenmedien geht Luhmann kurz auf kognitive Schemata ein, die die Individuen aufgrund häufiger Irritationen durch Massenmedien entwickelt haben, und auf das Phänomen der Öffentlichkeit, das Luhmann als gesellschaftsinterne Umwelt aller Funktionssysteme und sozialen Bewegungen einstuft.[64]
Es ginge zu weit, hier die Kritik an der zugrundeliegenden Theorie sozialer Systeme zu referieren. Statt dessen soll auf einige Punkte eingegangen werden, die von einem kommunikationswissenschaftlichen Standpunkt aus Beachtung verdienen. Die Zuordnung der einzelnen Kommunikationsbeiträge zu den Bereichen Nachrichten/Berichte, Werbung und Unterhaltung wird bei Luhmann vom System der Massenmedien getroffen. Wie die Publikumsforschung jedoch gezeigt hat, bestimmt in der Regel das rezipierende Individuum, was als Unterhaltung, was als Information eingestuft wird. Es fehlen bei Luhmann Erklärungen bezüglich publikumsbezogener Einteilungen der Medienangebote. Außerdem läßt Luhmann die Entwicklungen im Bereich der sogenannten »Neuen Medien« außer acht. Dies ist insofern verwunderlich, als gerade Phänomene wie »virtuelle Welten« von den Massenmedien selbst genutzt werden und in die Realität der Massenmedien Einzug halten. Es stellt sich somit durchaus die Frage, welche Folgen eine Selbstbeobachtung

62 Vgl. Luhmann 1995: 15 ff.
63 Luhmann 1995: 19, der sich dabei auf Bateson bezieht.
64 Vgl. Luhmann ²1996: 183 ff.

der Gesellschaft haben könnte, die sich virtueller Welten bedient.[65]

Eine andere Konzeption, die sich auf der Basis der Luhmannschen Systemtheorie und der Differenzierungstheorie mit dem Phänomen der Massenmedien auseinandersetzt, liefert die Arbeit von Blöbaum.[66] Er zieht es allerdings vor, statt des Begriffs der Massenmedien, der zu stark auf die organisatorische Ebene verweise, den Begriff »Journalismus« zur Bezeichnung des Systems zu benutzen.[67] Schwerpunkt seiner Ausführungen ist die historische Entwicklung des Systems Journalismus. Sie ist durch gesellschaftliche Veränderungen zu erklären, in deren Verlauf sich traditionelle Deutungsmuster, die die Einheit der Gesellschaft manifestierten, aufzulösen begannen. Durch die Herstellung einer gemeinsamen Wissensbasis[68] übernimmt der Journalismus die Aufgabe, die Einheit der Gesellschaft stabil zu halten. Vor diesem Hintergrund ist es nicht erstaunlich, daß Blöbaum Journalismus konzipiert »als primär informationsorientiert, Unterhaltung ist in dieser Perspektive eine mögliche Zusatzleistung«.[69]

Die Funktion des sich ausdifferenzierenden Systems Journalismus ist als eine Verknüpfung bereits vorgelegter Beschreibungen zu verstehen. Sie besteht in der aktuellen Selektion und Vermittlung von Informationen zur öffentlichen Kommunikation.[70] Aktualität wird dabei konzipiert als Konstruktion des Journalismus, als Prozeß der sich aus den Beziehungen von Selektion, Vermittlung und Öffentlichkeit zusammensetzt. Selektion und Vermittlung sind zwei ähnliche Phänomene, die sich jedoch auf unterschiedliche Bereiche beziehen. Selektion ist als basale Operation in bezug auf

65 Schmidt deutet auf dieses Problem hin (vgl. Schmidt 1994: 278 ff.), Spangenberg ebenfalls (1993: 88 f.). Eine kritische Einschätzung der Luhmannschen Konzeption nimmt zudem Weischenberg vor (vgl. 1995: 108 f.).

66 Vgl. Blöbaum 1994.

67 Vgl. Blöbaum 1994: 82 ff.

68 Blöbaum verweist hier auf die »Realität der Massenmedien« Luhmanns (Blöbaum 1994: 259).

69 Blöbaum 1994: 278.

70 Blöbaum verweist auf andere Charakterisierungen der Funktion: als Thematisierung durch Rühl, als Dienstleistung für andere Systeme durch Weischenberg und als Orientierung angesichts einer komplexen Welt durch Luhmann (1994: 260 ff.)

Umweltereignisse zu verstehen, Vermittlung als Prozeß, der auf die Öffentlichkeit resp. das Publikum ausgerichtet ist. Information wird im Anschluß an die Überlegungen Luhmanns und Baeckers beschrieben als irgendein Unterschied, der bei einem späteren Ereignis einen Unterschied ausmacht bzw. als Umsetzung einer Umweltirritation in die Strukturen eines Systems.[71] Als entscheidender Faktor für die Entstehung, Funktion und Weiterentwicklung des Systems Journalismus ist schließlich das Phänomen der Öffentlichkeit aufzufassen. Als Medium, in dem sich der Journalismus als Formengeber betätigt, bedingen Öffentlichkeit und Journalismus einander und entwickeln sich gemeinsam.[72] Öffentlichkeit ist das Medium, auf das alle Kommunikationen ausgerichtet sind, sie ist der Raum, in dem sich die gesellschaftlichen Teilsysteme (selbst) beobachten können. Ihre Elemente (Ereignisse, Themen, Meinungen) sind lose gekoppelt und werden von gesellschaftlichen Funktionssystemen kommunikativ produziert. Wahrnehmbar ist das Medium Öffentlichkeit jedoch nur über die Form Journalismus.[73] Strenggenommen ist Öffentlichkeit somit eine Fiktion, die durch das System Journalismus aufrechterhalten wird.[74]

Die Leistung, die das Funktionssystem Journalismus für andere gesellschaftliche Funktionssysteme erbringt, liegt in der Bindung des Publikums an die anderen Funktionssysteme,[75] in der Möglichkeit der Eigenbetrachtung der Funktionssysteme und der Beobachtung der anderen Funktionssysteme durch den »Spiegel« des Journalismus.

Neben diesen Beziehungen des Journalismus zur Gesellschaft (Funktion) und zu den anderen Funktionssystemen (Leistung)

71 Vgl. Blöbaum 1994: 269.

72 Blöbaum benutzt hier die Unterscheidung Medium/Form wie Spangenberg im Sinne Luhmanns (vgl. Blöbaum 1994: 319ff.).

73 Blöbaum sieht sich in dieser engen Kopplung von Öffentlichkeit und Journalismus bestätigt durch andere Arbeiten. Er verweist u.a. auf Gerhards/Neidhardt (1991) und Klier (1990). Vgl. Blöbaum 1994: 321ff.

74 Vgl. Blöbaum 1994: 326.

75 An anderer Stelle spricht Blöbaum sogar davon, daß die Journalisten für die anderen Funktionssysteme das Publikum repräsentieren, der Journalist quasi als ideales Gesamtpublikum aufgefaßt werden könne (1994: 330).

ist die Struktur, bestehend aus Organisationen, Programmen und Rollen, bei der Beschreibung eines Gesellschaftssystems zu berücksichtigen.[76] Dabei sind die verschiedenen strukturellen Ebenen auf unterschiedliche Art und Weise miteinander verknüpft und bestimmen die weitere Differenzierung des Systems. Als Organisationen des Journalismus sind Massenmedien und einzelne Redaktionen auszumachen, die das System Journalismus an das ökonomische Gesellschaftssystem koppeln. Programme haben in gesellschaftlichen Funktionssystemen generell die Aufgabe, einzelnen Ereignissen einen Codewert zuzuordnen. Sie sind als Richtlinien zu verstehen, an denen sich die Operationen des Systems orientieren. Bezogen auf das System Journalismus lassen sich dabei fünf Programmvarianten erkennen: Ordnungsprogramme (Rubriken, Ressorts, Redaktionen als Organisationseinheiten), Darstellungsprogramme (Textformen, Techniken der Präsentation), Informationssammlungsprogramme, Selektionsprogramme und Prüfprogramme. Im Bereich der Rollen sind schließlich Leistungsrollen (Journalisten), Publikumsrollen (Rezipienten) und angekoppelte Rollen (z. B. Verleger) auszumachen.

Als Leitdifferenz bzw. als Code des Systems Journalismus setzt Blöbaum die gleiche Unterscheidung wie Luhmann an: informativ/nicht informativ.[77] Den Vorteil dieser Unterscheidung gegenüber anderen sieht er im höheren Abstraktionsgrad, den Unterscheidungen wie aktuell/nicht aktuell nicht erreichen würden. Außerdem wird ausdrücklich darauf verwiesen, daß der Code nichts über die tatsächlichen Abläufe im System aussagt. Er muß erst durch die Programme umgesetzt werden, die dann auch das Paradoxon der Informativität von Nichtinformativität lösen.

Angesichts des wachsenden Anteils unterhaltender Medienangebote erscheint die Einschätzung unterhaltender Produkte als bloße Zusatzleistungen des Journalismus fragwürdig. Zudem stellt sich die Frage, ob dann neben dem Funktionssystem Journalismus sich ein anderes, ebenfalls als autopoietisch zu konzipierendes Funktionssystem Unterhaltung entwickelt hat, das sich eventuell ähnlicher Organisationen, Rollen und Techniken bedient. Die Ausblendung unterhaltender Medienangebote ist insofern verwunder-

76 Siehe zum folgenden Blöbaum 1994: 277 ff.
77 Vgl. Blöbaum 1994: 272 ff.

lich, als gerade konstruktivistische Ansätze immer wieder auf deren Relevanz hingewiesen haben.[78] Außerdem beschränkt sich Blöbaum in seinen Ausführungen auf die Zeitung als Organisationsform.[79] Dies erklärt die Vernachlässigung unterhaltender Angebote, vor allem der elektronischen Medien, beschränkt jedoch die Aussagen Blöbaums auf das System des Nachrichtenjournalismus der Presse. Schließlich sei angemerkt, »wo Blöbaum [...] auf Luhmann rekurriert, handelt er sich dessen Probleme mit den Massenmedien ein; wo er sachkundig den Journalismus beschreibt, lassen sich [...] nur noch ›systemtheoretische Spurenelemente‹ lokalisieren«.[80]

Marcinkowski versucht mit seiner systemtheoretischen Beschreibung des Massenmediensystems der Frage nach den möglichen Steuerungsmechanismen durch das politische System nachzugehen. Letzteres interessiert hier nur am Rande, primär steht die Darstellung des massenmedialen oder, wie Marcinkowski sich ausdrückt, des publizistischen Funktionssystems einer Gesellschaft im Vordergrund. Publizistik als System stellt sich für Marcinkowski als Autopoiese des Veröffentlichens dar.[81] Seine Funktion liegt ähnlich wie bei Luhmann in der Ermöglichung der (Selbst-)Beobachtung der Gesellschaft. Dabei übernimmt das System zum einen die Aufgabe, die Komplexität der Welt durch Themenstrukturen zu reduzieren. Zum anderen ermöglicht es den einzelnen Funktionssystemen, sich gegenseitig und selbst zu beobachten. Funktioniert ein publizistisches System, so kommt es zur weiteren Ausdifferenzierung der Gesellschaft bei gleichzeitiger Ausweitung der Beobachtungsmöglichkeiten.[82]

Die Leistung des publizistischen Systems liegt insbesondere darin, die thematischen Beschränkungen der Kommunikation in anderen gesellschaftlichen Teilsystemen in Frage zu stellen. Es verknüpft die Themen anderer Systeme mit dem ihm spezifischen Code (öffentlich/nicht öffentlich) und stellt den anderen Systemen eine Effektivitätssteigerung der eigenen Codierung und damit eine erhöhte Wahrscheinlichkeit der Kommunikation in Aus-

78 Vgl. beispielsweise Luhmann 1995: 46ff., Schmidt 1994: 267ff.
79 Vgl. Blöbaum 1994: 13.
80 Weischenberg 1995: 108.
81 Vgl. Marcinkowski 1993: 150.
82 Vgl. Marcinkowski 1993:118 ff.

sicht.[83] Das publizistische System verfügt also über die größte Themenbandbreite und ist in der Lage, die von ihm aufgenommenen Themen, die zunächst aufgrund der Leitdifferenzen anderer Funktionssysteme zustande gekommen sind, durch das Prädikat der Veröffentlichung für Individuen attraktiv zu machen. Neben der Integration bereits vorhandener Themen werden jedoch auch eigene produziert und den anderen Funktionssystemen als Kommunikationsofferten angeboten.

Strukturiert wird das System durch seine Programme, die sich aus allen der Leitdifferenz untergeordneten Codes zusammensetzen.[84] Umgesetzt werden die Programme von publizistischen Organen, die im Subsystem Journalismus organisiert sind. Sie stellen Hilfen zur Verfügung, die auf Entscheidungsprämissen beruhen und z. B. formale und informelle Normen, Nachrichtenwerte, Rollenmuster oder technische Voraussetzungen umfassen können. Das geschlossene Subsystem Journalismus umgibt dabei als systeminterne Umwelt das Publikum. Kommunikatoren und Rezipienten sind somit gleichermaßen im System Publizistik eingebunden. Das Publikum ist jedoch nicht nur als systeminterne Umwelt für das Subsystem Journalismus von Interesse, sondern auch für die anderen Funktionssysteme. Der Ort, an dem entschieden wird, hinsichtlich welcher Leitdifferenz das publizistische Produkt beobachtet wird und somit welchem System die Kommunikation zugeordnet wird, ist das individuelle Bewußtsein. Marcinkowski räumt selbst ein, daß der hier bezogene systemtheoretische Standpunkt nicht in der Lage ist, diese Entscheidungsprozesse näher zu beleuchten.[85]

Marcinkowski ist zudem der einzige der drei hier besprochenen Autoren, der sich mit dem symbolisch generalisierten Kommunikationsmedium des funktional ausdifferenzierten Gesellschaftssystems der Massenmedien/des Journalismus/der Publizistik beschäftigt. Für ihn ist dies Öffentlichkeit bzw. Publizität mit dem dazugehörigen Code öffentlich/nicht öffentlich bzw. veröffentlicht/nicht veröffentlicht.[86] Durch die Unterstellung einer allge-

83 Vgl. Marcinkowski 1993: 143 ff.

84 Marcinkowski weist in diesem Zusammenhang auf die Nachrichtenfaktoren hin (1993: 69).

85 Vgl. Marcinkowski 1993: 136.

86 Vgl. Marcinkowski 1993: 39, zum Code 65 ff. Öffentlichkeit als Me-

meinen Bekanntheit wird zudem durch Öffentlichkeit ein gewisser Verbindlichkeitsdruck hergestellt, der zur Annahme der publizistischen Kommunikation motiviert. Wie oben bereits erwähnt, machen sich diese Eigenschaft auch andere Funktionssysteme zunutze, um den Annahmedruck für ihre Kommunikationen zu verstärken.
Fragen wirft hier nun zum einen der nicht eindeutig benannte Code auf. Dies verweist auf die Schwierigkeit, die komplexen Systemabläufe letztendlich in eine derart abstrakte Form zu bringen, daß sie auf eine dichotome Leitdifferenz reduziert werden können. Daneben bezieht sich Marcinkowski ähnlich wie Blöbaum in seinen Ausführungen verstärkt auf den Bereich der informativen Medienangebote. Unterhaltende Produkte werden kaum berücksichtigt. Auf Defizite dieser systemtheoretischen Konzeptionierung hinsichtlich der für die Kopplung der Funktionssysteme wesentlichen Abläufe im individuellen Bewußtsein hat Marcinkowski schließlich bereits selbst hingewiesen.

Kommunikationstheoretische Überlegungen

Neben Ansätzen, die sich mit einer Umsetzung konstruktivistischer Ideen in die praktische Forschungsarbeit beschäftigen, gibt es auch Reflexionen über die Bedeutung des Konstruktivismus für die Kommunikationstheorie. Vorgestellt werden im folgenden die Überlegungen Klaus Krippendorffs.[87]
Ähnlich wie Glasersfeld kommt auch Krippendorff zu dem Schluß, daß eine konstruktivistische Ausgangsposition zur Verantwortung der Individuen für ihre eigene Wirklichkeitskonstruktion führt.[88] Dies gilt insbesondere für Wissenschaftler, die in der Lage sein sollten, ihre Theorien letztlich der Gesellschaft gegenüber zu vertreten. Da Kommunikation im Rahmen konstruktivistischer Ansätze eine wichtige Rolle spielt, versteht Krippendorff einen

dium wird zudem unterschieden von einer real geformten Öffentlichkeit, die vom aktuellen Publikum gebildet wird.

87 Siehe Krippendorff 1989, 1989a, 1993, 1994. Zur Kritik an den Ausführungen Krippendorffs siehe Weischenberg 1995a: 49, Saxer 1993 und Erbring 1993.

88 Vgl. Glasersfeld 1981: 16f., Krippendorff 1989: 65f., 1989a: 76ff., 1994: 113.

konstruktivistischen Standpunkt auch als Herausforderung in kommunikationstheoretischer Hinsicht.[89] Anhand der Diskussion verschiedener Metaphern von Kommunikation verdeutlicht er die Konsequenzen einer konstruktivistischen Position. Metaphern und Modelle sind immer eine vereinfachte Darstellung tatsächlicher Sachverhalte. Sie können zwar das Verständnis erleichtern, ebenso aber auch zu vorschnellen Rückschlüssen auf die tatsächlichen Sachverhalte führen.[90] Das Fazit seiner Untersuchung von Metaphern der Kommunikation mündet in sechs Thesen:

- Kommunikation kann nicht mit einem Modell bzw. mit einer Metapher umschrieben werden. Vielmehr sind Modelle und Metaphern beeinflußt a) von der Kultur, in der sie entstehen und auf die sie ihrerseits wieder durch Gestaltung von Wirklichkeitsmodellen Einfluß nehmen, b) von der sich entwickelnden Technik und schließlich c) von der Konkurrenz zueinander.
- Kommunikation ist Teil der selbstkonstruierten Wirklichkeit, aus der wir nicht heraustreten können.
- Die individuellen Wirklichkeitskonstruktionen weisen das Merkmal der operationalen Geschlossenheit auf. Kommunikationsmodelle als Teile dieser Wirklichkeitskonstruktionen werden in der Regel so lange beibehalten, bis sie mit anderen Bereichen der Wirklichkeitskonstruktion kollidieren. Bis dahin erweisen sie sich als viabel, ohne daß dies Aussagen über die tatsächlichen Vorgänge der Kommunikation zuließe.
- Die Geschlossenheit der Wirklichkeitskonstruktionen führt nicht zum Solipsismus. Vielmehr erfordert Kommunikation die Konstruktion von Partnern, die ähnlich konzipiert werden wie die Selbstkonstruktion des Individuums. Außerdem müssen die Wirklichkeitskonstruktionen der beteiligten Individuen miteinander kompatibel sein, damit Kommunikation erfolgreich sein kann.
- Sprachgebrauch konstituiert soziale Wirklichkeiten. Dabei können Unstimmigkeiten, die sich durch den Sprachgebrauch er-

89 Vgl. Krippendorff 1989a: 94.

90 Als Beispiele führt Krippendorff an die Metaphern der Übertragung von Botschaften, des Containers, des Mitteilens von Gemeinsamkeiten, des Arguments als Krieg, des Kanals bzw. Flusses der Signale, der mathematischen Formel und der Kontrolle (vgl. Krippendorff 1994: 85 ff.).

geben, durchaus zum Abbruch von sozialen Kontakten führen, also auch das Ende einer gemeinsamen Wirklichkeitskonstruktion nach sich ziehen. In diesem Kontext ist zudem darauf aufmerksam zu machen, daß das Individuum für seine sprachlichen Äußerungen verantwortlich gemacht werden muß. Dies gilt ebenso für die Alltagskommunikation wie auch für wissenschaftliche Erkenntnisse.

- Kommunikation stabilisiert die Wechselwirkung von Kognition, Interaktion und Institutionen. Mit Blick auf diese Komponenten können Theorien der kommunikativen Kompetenz (Kognition), der Übertragung von Mustern (Interaktion) und Theorien kommunikativer Autorität (Institutionen) ausgemacht bzw. entwickelt werden.

Aus konstruktivistischer Sicht sollten kommunikationswissenschaftliche Modelle somit den Test der Viabilität bestehen, wobei insbesondere der Aspekt der Verantwortung des Wissenschaftlers für die Konsequenzen seines Modells im Rahmen sozialer Wirklichkeitskonstruktion hervorgehoben wird. Aus der Kritik an der bestehenden Situation heraus formuliert Krippendorff fünf Imperative für das wissenschaftliche Handeln, die sich wechselseitig aufeinander beziehen:[91] Der ästhetische Imperativ (construct your own reality to see) bezieht sich auf die Akzeptanz der Konzeption individueller Wirklichkeitskonstruktion auch im Rahmen wissenschaftlicher Arbeit. Konsequenz dieser Akzeptanz ist u. a. die Übernahme der Verantwortung für Technologie, Institutionen, Menschenbild und Wissen, die durch wissenschaftliches Arbeiten entworfen und entwickelt werden. Der empirische Imperativ (invent as many alternative constructions as you can and act to experience the constraints on their viability) fordert dazu auf, die Grenzen dessen, was nicht mehr im Bereich der Möglichkeiten der kognitiven Wirklichkeitskonstruktion liegt, auszuloten. Er unterstützt zudem das bereits angeführte Argument, im Rahmen der Kommunikation die individuellen Wirklichkeitskonstruktionen als komplementär zueinander zu betrachten. Der selbstreferentielle Imperativ (include yourself as constituent of your own constructions) verweist auf den Umstand, daß das wirklichkeitskonstruierende Individuum, also auch der Wissenschaftler, in der Wirklichkeit lebt, die er konstruiert. Mit Bezug auf wissenschaft-

91 Vgl. Krippendorff 1989a: 76 ff.

liche Kommunikation formuliert, heißt das: Kommunikationstheorien werden kommuniziert. Auswirkungen hat dieser Imperativ sowohl in methodischer als auch in konzeptioneller Hinsicht. Methodisch gesehen rücken statt starrer Zustände Operationen eines Prozesses ins Blickfeld. Konzeptionell unterstützt der selbstreferentielle Imperativ *»the liberation from unilateral external determinisms«*[92] sowie Autonomie und Selbstrealisation. Der ethische Imperativ (grant others that occur in your constructions the same autonomy you practice in constructing them) verweist weniger direkt auf die Produkte resp. die Wirklichkeitskonstruktionen der Wissenschaftler als vielmehr auf den Respekt, der anderen Individuen entgegengebracht werden sollte. Insofern hat er dann auch wieder Konsequenzen für die wissenschaftliche Arbeit. Der soziale Imperativ (in communication with others, maintain or expand the range of choices possible) schließlich unterstreicht nochmals die Bedeutung von Komplementarität für Wirklichkeitskonstruktionen im allgemeinen und Kommunikation im besonderen.

Fazit

Obgleich es sich hier nur um grobe Skizzen einzelner Ansätze handelt, so wird doch deutlich, in welcher Vielfalt konstruktivistische Anregungen in die Kommunikationswissenschaft Eingang gefunden haben. Der Einfluß ist dabei oft indirekter Natur und nicht immer gleichzusetzen mit der Akzeptanz und Übernahme einer radikal konstruktivistischen Argumentation. Dies gilt insbesondere für die Arbeit Luhmanns bzw. die Arbeiten, die an seine Theorie anschließen. Es ist jedoch durchaus anzunehmen, daß die Diskussion um den Radikalen Konstruktivismus jeden der obigen Ansätze beeinflußt hat, sei es durch Nachvollziehen und Weiterentwickeln der Argumentation oder durch Abgrenzung und Entwicklung eines eigenen Standpunktes. Ebenfalls deutlich geworden ist, daß die Diskussion um konstruktivistische Ideen bzw. Standpunkte auch innerhalb der Kommunikationswissenschaft noch keineswegs abgeschlossen oder ausgereizt ist. Vielmehr sind bestehende Lücken erkennbar geworden. So wird

92 Krippendorff 1989a: 86, Hervorhebung im Original.

sich insbesondere im Bereich der Empirie erst noch zeigen müssen, inwieweit konstruktivistische Forschung möglich ist und – ganz im Sinne eines konstruktivistischen Standpunktes – inwieweit theoretische Konzeptionen daraufhin verändert werden müssen. Erste Schritte in diese Richtung sind bereits unternommen worden.[93]

Neben den Anregungen zu weiteren Forschungen im Rahmen der Kommunikationswissenschaft eröffnen konstruktivistische Positionen die Möglichkeit zur Erweiterung interdisziplinärer Forschung auf einer gemeinsamen Grundlage.

Literatur

Barsch, Achim (1996), »Angst vor einem neuen Paradigma? Replik auf Ralph Gehrkes ›Was leistet der Radikale Konstruktivismus für die Literaturwissenschaft?‹«, in: *Deutsche Vierteljahres Schrift für Literaturwissenschaft und Geistesgeschichte* 70 (1996) 2, S. 313-321.

Beniger, James R. (1998), »Information and Communication. The New Convergence«, in: *Communication Research* 15 (1988) 2, S. 198-218.

– (1990), »Who Are the Most Important Theorists of Communication?«, in: *Communication Research*, 17 (1990) 5, S. 698-715.

Bentele, Günter (1993), »Wie wirklich ist die Medienwirklichkeit? Einige Anmerkungen zum Konstruktivismus und Realismus in der Kommunikationswissenschaft«, in: Günter Bentele/Manfred Rühl (Hg.), *Theorien öffentlicher Kommunikation*, München: Ölschläger, S. 152-171

Blöbaum, Bernd (1994), *Journalismus als soziales System.* Opladen: Westdeutscher Verlag.

Boventer, Herrmann (1992), »Der Journalist in Platons Höhle. Zur Kritik des Konstruktivismus«, in: *Communicatio Socialis* 25 (1992) 2, S. 157-167.

Deutsches Institut für Fernstudien der Universität Tübingen (Hg.) (1991/1992), *Funkkolleg Medien und Kommunikation. Konstruktionen von Wirklichkeit.* 12 Studienbriefe. Weinheim/Basel: Beltz.

Elsner, Monika/Hans Ulrich Gumbrecht/Thomas Müller/Peter M. Spangenberg (1994), »Zur Kulturgeschichte der Medien«, in: Klaus Merten/Siegfried J. Schmidt/Siegfried Weischenberg (Hg.), *Die Wirklichkeit der*

93 Das von Schmidt/Rusch vorgestellte Mediengattungskonzept (vgl. Rusch 1993, 1995) sowie einige Teile der Konzeption Weischenbergs (vgl. Weischenberg/Löffelholz/Scholl 1996) sind bereits operationalisiert und die Daten z. T. ausgewertet worden.

Medien. Eine Einführung in die Kommunikationswissenschaft. Opladen: Westdeutscher Verlag, S. 163-187.

Erbring, Lutz (1993), »Kommentar zu Klaus Krippendorff«, in: Günter Bentele/Manfred Rühl (Hg.), *Theorien öffentlicher Kommunikation.* München: Ölschläger, S. 59-64.

Faulstich, Werner (1991), *Medientheorien. Einführung und Überblick.* Göttingen: Vandenhoeck & Ruprecht.

Feilke, Helmuth (1994), *Common Sense-Kompetenz. Überlegungen zu einer Theorie des ›sympathischen‹ und ›natürlichen‹ Meinens und Verstehens.* Frankfurt am Main: Suhrkamp.

Früh, Werner (1991), *Medienwirkungen: Das Dynamisch-Transaktionale Modell.* Opladen: Westdeutscher Verlag.

– und Klaus Schönbach (1982), »Der dynamisch-transaktionale Ansatz. Ein neues Paradigma der Medienwirkungen«, in: *Publizistik* 27 (1982) 1-2, S. 74-88.

Galtung, Johan/Mari Holmboe Ruge (1965), »The Structure of Foreign News. The Presentation of the Congo, Cuba and the Cyprus Crisis in Four Norwegian Newspapers«, in: *Journal of Peace Research* (1965) 2, S. 64-91.

Gehrke, Ralph (1994), »Was leistet der Radikale Konstruktivismus für die Literaturwissenschaft«, in: *Deutsche Vierteljahres Schrift für Literaturwissenschaft und Geistesgeschichte* 68 (1994) 1, S. 170-188.

Gerhards, Jürgen/Friedhelm Neidhardt (1991), »Strukturen und Funktionen moderner Öffentlichkeit. Fragestellungen und Ansätze«, in: Stefan Müller-Dohm/Klaus Neumann-Braun (Hg.), *Öffentlichkeit – Kultur – Massenkommunikation.* Oldenburg: bis, S. 31-89.

Glasersfeld, Ernst von (1981), »Einführung in den Konstruktivismus«, in: Paul Watzlawick (Hg.), *Die erfundene Wirklichkeit. Wie wissen wir, was wir zu wissen glauben? Beiträge zum Konstruktivismus.* München: Piper, S. 16-38.

Gödde, Ralf (1992), »Radikaler Konstruktivismus und Journalismus. Die Berichterstattung über den Golfkrieg – Das Scheitern eines Wirklichkeitsmodells«, in: Gebhard Rusch/Siegfried J. Schmidt (Hg.), *Konstruktivismus: Geschichte und Anwendung. DELFIN 1992.* Frankfurt am Main: Suhrkamp, S. 269-288.

Görke, Alexander/Matthias Kohring (1996), »Unterschiede, die Unterschiede machen: Neue Theorieentwürfe zu Publizistik, Massenmedien und Journalismus«, in: *Publizistik* 41 (1996) 1, S. 15-31.

Güdler, Jürgen (1996), *Dynamik der Medienforschung. Eine szientometrische Analyse auf der Grundlage sozialwissenschaftlicher Fachdatenbanken.* Bonn: Informationszentrum Sozialwissenschaften.

Graf, Pedro (1994), »Gegen den Radikalen Konstruktivismus – für eine kritisch realistische Systemtheorie«, in: *Zeitschrift für systemische Therapie* 12 (1994) 1, S. 44-57.

– (1994a), »Taschenspielertricks, Physik und Postmoderne? Eine Antwort auf Zitterbarths ›unfrisierte‹ Gedanken zu meiner Konstruktivismuskritik«, in: *Zeitschrift für systemische Therapie* 12 (1994a) 2, S. 112-116.
Gumbrecht, Hans-Ulrich/K. Ludwig Pfeiffer (Hg.) (1988), *Materialität der Kommunikation.* Frankfurt am Main: Suhrkamp.
Hachmeister, Lutz (1992), »Das Gespenst des Radikalen Konstruktivismus. Zur Analyse des Funkkollegs »Medien und Kommunikation««, in: *Rundfunk und Fernsehen,* 40 (1992) 1, S. 5-21.
Haller, Michael (1994), »Recherche und Nachrichtenproduktion als Konstruktionsprozesse«, in: Klaus Merten/Siegfried J. Schmidt/Siegfried Weischenberg (Hg.), *Die Wirklichkeit der Medien. Eine Einführung in die Kommunikationswissenschaft.* Opladen: Westdeutscher Verlag, S. 277-290.
Hejl, Peter M. (1986), »Soziale Systeme: Körper oder Gehirne ohne Körper«, in: *DELFIN* VI (1986), S. 56-67.
– (1996), »Aufklärung oder Romantik?«, in: *Deutsche Vierteljahresschrift für Literaturwissenschaft und Geistesgeschichte* 70 (1996) 2, S. 298-312.
Höijer, Birgitta (1990), »Studying Viewers' Reception of Television Programms: Theoretical and Methodological Considerations«, in: *European Journal of Communication* 5 (1990) 1, S. 29-56.
– (1992), »Reception of Television Narration as a Socio-cognitive Process: A Schema-theoretical Outline«, in: *Poetics* 21 (1992), S. 283-304.
– und Kjel Nowak/Sven Ross (1992), »Reception of Television as a Cognitive and Cultural Process (REKK) «, in: *The Nordicom Review of Nordic Mass Communication Research* (1992) 1, S. 1-14.
Jensen, Klaus Bruhn (1988), »Answering the Question: What is Reception Analysis?«, in: *The Nordicom Review of Nordic Mass Communication Research* (1988) 1, S. 3-5.
– und Karl Erik Rosengren (1990), »Five Traditions in Search of the Audience«, in: *European Journal of Communication* 5 (1990) 2-3, S. 207-238.
Kepplinger, Hans Mathias (1993), »Erkenntnistheorie und Forschungspraxis des Konstruktivismus«, in: Günter Bentele/Manfred Rühl (Hg.), *Theorien öffentlicher Kommunikation.* München: Ölschläger, S. 118-125.
Knorr-Cetina, Karin (1992), »Zur Unterkomplexität der Differenzierungstheorie. Empirische Anfragen an die Systemtheorie«, in: *Zeitschrift für Soziologie* 21 (1992) 6, S. 406-419.
Klier, Peter (1990), *Im Dreieck von Demokratie, Öffentlichkeit und Massenmedien.* Berlin: Duncker & Humblot.
Krippendorff, Klaus (1989), »Eine häretische Kommunikation über Kommunikation über Kommunikation über Realität«, in: *DELFIN* XII (1989), S. 52-67.
– (1989a), »On the Ethics of Constructing Communication«, in: Brenda

Dervin/Lawrence Grossberg/Barbara O'Keefe/Ellen Wartella (Hg.), *Rethinking Communication*, Volume 1: *Paradigm Issues*. Newbury Park/London/New Delhi: Sage, S. 66-96.
– (1993), »Schritte zu einer konstruktivistischen Erkenntnistheorie der Massenkommunikation«, in: Günter Bentele/Manfred Rühl (Hg.), *Theorien öffentlicher Kommunikation*. München: Ölschläger, S. 19-51.
– (1994), »Der verschwundene Bote. Metaphern und Modelle der Kommunikation«, in: Klaus Merten/Siegfried J. Schmidt/Siegfried Weischenberg (Hg.), *Die Wirklichkeit der Medien. Eine Einführung in die Kommunikationswissenschaft*. Opladen: Westdeutscher Verlag, S. 79-113.
Krüger, Hans-Peter (1993), *Perspektivenwechsel. Autopoiese, Moderne und Postmoderne im kommunikationsorientierten Vergleich*. Berlin: Akademie Verlag.
Künzler, Jan (1987), »Grundlagenprobleme der Theorie symbolisch generalisierter Kommunikationsmedien bei Niklas Luhmann«, in: *Zeitschrift für Soziologie* 16 (1987) 5, S. 317-333.
Lindlof, Thomas R. (1988), »Media Audiences as Interpretive Communities«, in: *Communication Yearbook* 11 (1988), S. 81-107.
Luhmann, Niklas (1987), »Sprache und Kommunikationsmedien. Ein schiefgelaufener Vergleich«, in: *Zeitschrift für Soziologie* 16 (1987) 6, S. 467-468.
– (1990), *Die Wissenschaft der Gesellschaft*. Frankfurt am Main: Suhrkamp.
– (1990a), *Soziologische Aufklärung 5. Konstruktivistische Perspektiven*. Opladen: Westdeutscher Verlag.
– (1994), »Der ›Radikale Konstruktivismus‹ als Theorie der Massenmedien? Bemerkungen zu einer irreführenden Debatte«, in: *Communicatio Socialis* 27 (1994) 1, S. 7-12.
– ([5]1994), *Soziale Systeme*. Frankfurt am Main: Suhrkamp.
– (1995), *Die Realität der Massenmedien*. Opladen: Westdeutscher Verlag. (Nordrhein-Westfälische Akademie der Wissenschaften, Vorträge G333).
– ([2]1996), *Die Realität der Massenmedien*. Opladen: Westdeutscher Verlag.
Lull, James (Hg.) (1988), *WorldFamilies Watch Television*. Newbury Park/Beverly Hills/London/New Delhi: Sage.
Marcinkowski, Frank (1993), *Publizistik als autopoietisches System. Politik und Massenmedien. Eine systemtheoretische Analyse*. Opladen: Westdeutscher Verlag.
Martens, Will (1991), »Die Autopoiesis sozialer Systeme«, in: *Kölner Zeitschrift für Soziologie und Sozialpsychologie* 43 (1991) 4, S. 625-646.
McLuhan, Marshall (1968), *Die Gutenberg-Galaxis. Das Ende des Buchzeitalters*. Düsseldorf/Wien: Econ.
Merkert, Rainald (1991), »Warum so radikal? Zu den ersten zehn Studien-

einheiten des Funkkollegs Medien und Kommunikation«, in: *Funk-Korrespondenz* 39 (1991) 3, S. 11-13.
– (1991a), »Medien und Kommunikation. Einige Anmerkungen zum Abschluß des gleichnamigen Funkkollegs«, in: *Funk-Korrespondenz*, 39 (1991a) 28, S. 15-16.
Merten, Klaus (1994), »Wirkungen von Kommunikation«, in: Klaus Merten/Siegfried J. Schmidt/Siegfried Weischenberg (Hg.), *Die Wirklichkeit der Medien. Eine Einführung in die Kommunikationswissenschaft.* Opladen: Westdeutscher Verlag, S. 291-328.
– (1995), »Konstruktivismus in der Wirkungsforschung«, in: Siegfried J. Schmidt (Hg.), *Empirische Literatur- und Medienforschung. Beobachtet aus Anlaß des 10jährigen Bestehens des LUMIS-Instituts 1994.* Siegen: LUMIS, S. 72-86.
– (1995a), »Konstruktivismus als Theorie für die Kommunikationswissenschaft. Eine Einführung«, in: *MedienJournal* 19 (1995a) 4, S. 3-20.
– und Siegfried J. Schmidt/Siegfried Weischenberg (Hg.) (1994)« *Die Wirklichkeit der Medien. Eine Einführung in die Kommunikationswissenschaft.* Opladen: Westdeutscher Verlag.
– und Joachim Westerbarkey (1994), »Public Opinion und Public Relations«, in: Klaus Merten/Siegfried J. Schmidt/Siegfried Weischenberg (Hg.), *Die Wirklichkeit der Medien. Eine Einführung in die Kommunikationswissenschaft.* Opladen: Westdeutscher Verlag, S. 188-211.
Meyer, Benno (1994), *Analyse und Kritik der Grundlagen der Luhmannschen Theorie sozialer Systeme aus der Sicht der allgemeinen Systemtheorie.* Leipzig: Universität, Phil. Diss.
Meyrowitz, Joshua (1990), *Überall und nirgends dabei. Die Fernsehgesellschaft I.* Weinheim/Basel: Beltz.
– (1990a), *Wie Medien unsere Welt verändern. Die Fernsehgesellschaft II.* Weinheim/Basel: Beltz.
Mikos, Lothar (1991), »Ein Medium thematisiert sich selbst. Die Konstruktionen des Funkkollegs ›Medien und Kommunikation‹«, in: *Weiterbildung und Medien* (1991) 3, S. 44-45.
Morley, David (1986), *Family Television: Cultural Power and Domestic Leisure.* London: Comedia.
Nüse, Ralf/Norbert Groeben/Burkhard Freitag/Margit Schreier (1991), *Über die Erfindung/en des radikalen Konstruktivismus. Kritische Gegenargumente aus psychologischer Sicht.* Weinheim: Deutscher Studien Verlag.
Postman, Neil (1983), *Das Verschwinden der Kindheit.* Frankfurt am Main: Fischer.
– (1985), *Wir amüsieren uns zu Tode. Urteilsbildung im Zeitalter der Unterhaltungsindustrie.* Frankfurt am Main: Fischer.
Renckstorf, Karsten (1989), »Mediennutzung als soziales Handeln. Zur Entwicklung einer handlungstheoretischen Perspektive der empirischen

(Massen-)Kommunikationsforschung«, in: Max Kaase/Winfried Schulz (Hg.), *Massenkommunikation. Theorie, Methoden, Befunde*. Opladen: Westdeutscher Verlag, S. 314-336.

Rühl, Manfred (1980), *Journalismus und Gesellschaft. Bestandsaufnahme und Theorieentwurf*. Mainz: Hase und Koehler.

– ([2]1979), *Die Zeitungsredaktion als organisiertes soziales System*. Fribourg: Universitätsverlag.

– (1996), »Systemtheoretische Erkenntnisgrenzen. Zum Aufsatz von Alexander Görke und Matthias Kohring »Unterschiede, die Unterschiede machen. Neuere Theorieentwürfe zu Publizistik, Massenmedien und Journalismus«, in: *Publizistik* 41 (1996) 2, S. 225-227.

Rusch, Gebhard (1987), »Kognition, Mediennutzung, Gattungen«, in: *Siegener Periodicum zur Internationalen Empirischen Literaturwissenschaft* 6 (1987) 2, S. 227-272.

– (1987a), »Cognition, Media Use, Genres«, in: *Poetics* 16 (1987a) S. 431-469.

– (1991), »Zur Systemtheorie und Phänomenologie von Literatur. Eine holistische Perspektive«, in: *Siegener Periodicum zur Internationalen Empirischen Literaturwissenschaft* 10 (1991) 2, S. 305-339.

– (1993), »Fernsehgattungen in der Bundesrepublik Deutschland. Kognitive Strukturen im Handeln mit Medien«, in: Knut Hickethier (Hg.), *Institution, Technik und Programm. Rahmenaspekte der Programmgeschichte des Fernsehens*, München: Wilhelm Fink, S. 289-321.

– (1995), *Zur Genese kognitiver Fernsehnutzungs-Schemata. Entwicklung und Struktur von Gattungsschemata im Vorschulalter*. Siegen: LUMIS.

– (1996), »Konstruktivismus. Ein epistemologisches Selbstbild«, in: *Deutsche Vierteljahres Schrift für Literaturwissenschaft und Geistesgeschichte*, 70 (1996) 2, S. 322-345.

Saxer, Ulrich (1992), »Thesen zur Kritik des Konstruktivismus«, in: *Communicatio Socialis*, 25 (1992) 2, S. 178-183.

– (1993), »Fortschritt als Rückschritt? Konstruktivismus als Epistemologie einer Medientheorie«, in: Günter Bentele/Manfred Rühl (Hg.): *Theorien öffentlicher Kommunikation*. München: Ölschläger, S. 65-73.

– (1993a), »Basistheorien und Theorienbasis in der Kommunikationswissenschaft: Theorienchaos und Chaostheorie«, in: Günter Bentele/Manfred Rühl (Hg.): *Theorien öffentlicher Kommunikation*. München: Ölschläger, S. 175-187.

Scheithauer, Ingrid (1990), »Theorie-Diskussion«, in: *Journalist*, (1990) 5, S. 46-47.

Schenk, Michael (1987), *Medienwirkungsforschung*. Tübingen: Mohr.

Schmidt, Siegfried J. (Hg.) (1987), *Der Diskurs des Radikalen Konstruktivismus*. Frankfurt am Main: Suhrkamp.

– (1987a), »Skizzen einer konstruktivistischen Mediengattungstheorie«, in: *Siegener Periodicum zur Internationalen Empirischen Literaturwissenschaft*, 6 (1987a) 2, S. 163-205.

– (1987b), »Towards a Constructivist Theory of Media Genre«, in: *Poetics*, 16 (1987b), S. 371-395.
– (1991), »Medien, Kultur: Medienkultur«, in: Werner Faulstich (Hg.): *Medien und Kultur*. Göttingen: Vandenhoeck & Ruprecht, S. 30-50.
– (Hg.) (1992), *Kognition und Gesellschaft. Der Diskurs des Radikalen Konstruktivismus 2*. Frankfurt am Main: Suhrkamp.
– (1994), *Kognitive Autonomie und soziale Orientierung. Konstruktivistische Bemerkungen zum Zusammenhang von Kognition, Medien und Kultur*. Frankfurt am Main: Suhrkamp.
– (1996), »Was leistet ein Vertreter einer historisch-kritischen Hermeneutik für die Kritik am Radikalen Konstruktivismus und an der Empirischen Literaturwissenschaft?«, in: *Deutsche Vierteljahres Schrift für Literaturwissenschaft und Geistesgeschichte*, 70 (1996) 2, S. 291-297.
– (1996a), *Die Welten der Medien. Grundlagen und Perspektiven der Medienbeobachtung*. Braunschweig/Wiesbaden: Vieweg.
– und Siegfried Weischenberg (1994), »Mediengattungen, Berichterstattungsmuster, Darstellungsformen«, in: Klaus Merten/Siegfried J. Schmidt/Siegfried Weischenberg (Hg.): *Die Wirklichkeit der Medien. Eine Einführung in die Kommunikationswissenschaft*. Opladen: Westdeutscher Verlag, S. 212-236.
Schönbach, Klaus/Werner Früh (1984), »Der dynamisch-transaktionale Ansatz II: Konsequenzen«, in: *Rundfunk und Fernsehen*, 32 (1984) 3, S. 314-329.
Schrøder, Kim Christian (1987), »Convergence of Antagonistic Traditions? The Case of Audience Research«, in: *European Journal of Communication*, 2 (1987) 1, S. 7-31.
Spangenberg, Peter M. (1993), »Stabilität und Entgrenzung von Wirklichkeit. Systemtheoretische Überlegungen zu Funktion und Leistung der Massenmedien«, in: Siegfried J. Schmidt (Hg.): *Literaturwissenschaft und Systemtheorie. Positionen, Kontroversen, Perspektiven*. Opladen: Westdeutscher Verlag, S. 66-100.
– (1995), »Medium – Form – Audiovision«, in: *Medien Journal*, 19 (1995) 4, S. 36-46.
Staab, Joachim Friedrich (1990), *Nachrichtenwert-Theorie. Formale Struktur und empirischer Gehalt*. Freiburg/München: Alber.
Sweerts-Sporck, Peter (1990), »Funkkolleg ›Medien und Kommunikation‹. Abschied von Realität und Objektivität? Das Lernziel der Reihe ist der ›Radikale Konstruktivismus‹«, in: *Medien Kritik*, 33 (1990), S. 4-6.
Teichert, Will (1972), »›Fernsehen‹ als soziales Handeln. Zur Situation der Rezipientenforschung: Ansätze und Kritik«, in: *Rundfunk und Fernsehen*, 20 (1972) 4, S. 421-439.
– (1973), »›Fernsehen‹ als soziales Handeln (II). Entwürfe und Modelle zur dialogischen Kommunikation zwischen Publikum und Massenmedien«, in: *Rundfunk und Fernsehen*, 21 (1973) 4, S. 356-382.

Weischenberg, Siegfried (1992), »Der blinde Fleck des Kritikers. Zu den ›Wahrheiten‹ einer Konstruktivismus-Rezeption«, in: *Communicatio Socialis*, 25 (1992) 2, S. 168-177.

– (1994), »Journalismus als soziales System«, in: Klaus Merten/Siegfried J. Schmidt/Siegfried Weischenberg (Hg.): *Die Wirklichkeit der Medien. Eine Einführung in die Kommunikationswissenschaft.* Opladen: Westdeutscher Verlag, S. 427-454.

– (1995), *Journalistik. Theorie und Praxis aktueller Medienkommunikation*, Band 2: *Medientechnik, Medienfunktionen, Medienakteure.* Opladen: Westdeutscher Verlag.

– (1995a), »Konstruktivismus und Journalismusforschung«, in: *Medien Journal*, 19 (1995a) 4, S. 47-56.

– und Martin Löffelholz/Armin Scholl (1996), *Journalismus in Deutschland.* Opladen: Westdeutscher Verlag.

Wendel, Hans Jürgen (1989), »Wie erfunden ist die Wirklichkeit«, in: *DELFIN* XII (1989), S. 79-89.

– (1994), »Radikaler Konstruktivismus oder Erkenntnistheorie«, in: *Information Philosophie*, 22 (1994) 5, S. 336-47.

Zitterbarth, Walter (1994), »Unfrisierte Gedanken zu Grafs Konstruktivismuskritik«, in: *Zeitschrift für systemische Therapie*, 12 (1994) 1, S. 57-60.

Josef Linschinger
Graphische Arbeiten

dnerciduarenh

Aus dem Zyklus »...einander«, 1997

»Farben«, 1996

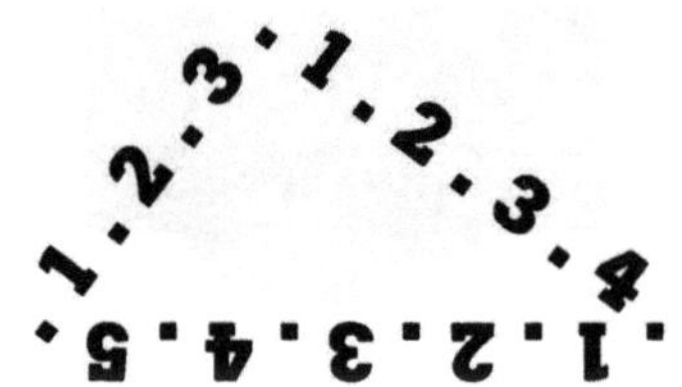

»Hommage à P.«, 1997

Roland Burkart
Alter Wein in neuen Schläuchen?

Anmerkungen zur Konstruktivismus-Debatte in der Publizistik- und Kommunikationswissenschaft

Die Konstruktivismus-Debatte ist – wenigstens unter diesem Namen – in der Publizistik- und Kommunikationswissenschaft durch das Funkkolleg »Medien und Kommunikation. Konstruktionen von Wirklichkeit« im Jahre 1990 ausgelöst worden. Damals produzierten die ARD-Anstalten eine Reihe von Sendungen, die von 12 Studienbriefen (mit 30 Studieneinheiten) begleitet worden sind (vgl. Deutsches Institut für Fernstudien an der Universität Tübingen 1990). Seit dieser Zeit gibt es eine Art intellektuelle Arbeitsgemeinschaft zwischen dem Siegener Sprachwissenschaftler Siegfried J. Schmidt und den beiden Münsteraner Fachkollegen Klaus Merten und Siegfried Weischenberg, die fachintern zweifellos eine gewisse Themenführerschaft in Sachen Konstruktivismus für sich beanspruchen können (siehe dazu auch: Merten/Schmidt/Weischenberg 1994).

Welche Bedeutung hat diese Debatte nun für die Publizistik- und Kommunikationswissenschaft? Wie ist ihr Stellenwert vor dem Hintergrund relevanter theoretischer Perspektiven unserer Disziplin einzuschätzen? Eröffnet sie eine genuin neue Forschungsperspektive? Führt sie zu Erklärungen, die es bisher noch nicht gab? Und wenn ja, zu welchen?

Auch wenn diese Fragen hier nur ansatzweise beantwortet werden können, scheint es nötig, zuvor ganz grundsätzlich darauf einzugehen, worum es in dieser Debatte überhaupt geht und was unter »Konstruktivismus« eigentlich zu verstehen ist.

1. Was heißt »Konstruktivismus«?

Zum Konstruktivismus zählen alle jene philosophischen bzw. erkenntnistheoretischen Strömungen, die sich mit dem Beitrag des Subjekts im Prozeß des Erkennens von Wirklichkeit auseinandersetzen. Es scheint sich dabei allerdings bis heute nicht um ein einheitliches Theoriengebäude, sondern eher um einen Diskurs zu handeln, an dem sich ganz verschiedene Disziplinen beteiligen, neuerdings eben auch die Publizistik- und Kommunikationswissenschaft.[1]

Grundsätzlich lassen sich nach Schmidt (1994, S. 4) biologisch-neurowissenschaftliche, kybernetische und philosophisch-soziologische Zugangsweisen zu konstruktivistischen Hypothesen unterscheiden. Außerdem gelten die heute vertretenen Kernthesen des Konstruktivismus als Resultate sehr unterschiedlicher Denkansätze. Dies sind die empirische Kognitionstheorie nach Maturana, Heinz von Foersters Kybernetik zweiter Ordnung, Ernst von Glasersfelds Radikaler Konstruktivismus, die Systemtheorie Niklas Luhmanns und die Unterscheidungslogik George Spencer Browns (vgl. Schmidt 1993, S. 105).[2]

Ausgangspunkt konstruktivistischen Denkens ist die Annahme, daß wir Menschen durch bestimmte Leistungen unseres Bewußtseins Wirklichkeitsvorstellungen konstruieren. Zwar wird nicht geleugnet, daß eine tatsächlich existierende Wirklichkeit den Anlaß für unsere Wirklichkeitskonstruktionen darstellt, es wird lediglich behauptet, wir könnten sie nicht erkennen. Demgemäß ist es nicht sehr zielführend, aus einer erkenntnistheoretischen Perspektive nach dieser Wirklichkeit »an sich« zu suchen, vielmehr empfiehlt es sich, »in erkenntnistheoretischen Diskussionen von Was-Fragen auf Wie-Fragen umzustellen; denn wenn wir in einer Wirklichkeit leben, die durch unsere kognitiven und sozialen Aktivitäten definiert wird, ist es ratsam, von Operationen und deren Bedingungen auszugehen statt von Objekten oder von ›der Natur‹« (Schmidt 1994, S. 5). Und genau deswegen steht nicht die zu erkennende Wirklichkeit im Mittelpunkt konstruktivistischer Überlegungen,

1 Neben dem erwähnten Reader von Merten/Schmidt/Weischenberg 1994 siehe auch den DGPuK-Tagungsband von Bentele/Rühl 1993 sowie das Themenheft der Fachzeitschrift »Communicatio Socialis« 2/1992, außerdem Weber 1996, 1997.

2 Um das Literaturverzeichnis nicht unnötig aufzublähen, verzichte ich hier bewußt auf die näheren Angaben zu diesen »Klassikern« des Konstruktivismus, die mit Sicherheit ohnehin in diesem Band mehrfach zitiert werden. Andernfalls siehe (neben Schmidt 1993) auch: Burkart 1995, S. 288 ff.

sondern der Erkenntnisprozeß selbst: als Vorgang der Konstruktion.[3]

Mißverständlich ist dabei häufig der Begriff der *Konstruktion.* Während man alltagssprachlich damit ein mehr oder weniger bewußt geplantes, absichtsvolles (intentionales) Handeln verbindet, bezeichnen Konstruktivisten mit diesem Wort Prozesse, in deren Verlauf sich Wirklichkeitsentwürfe herausbilden, »und zwar keineswegs willkürlich, sondern gemäß den biologischen, kognitiven und sozialen Bedingungen, denen sozialisierte Individuen in ihrer sozialen und natürlichen Umwelt unterworfen sind« (Schmidt 1994, S. 5).[4] Da wir über viele dieser Bedingungen willentlich gar nicht verfügen können, »widerfährt« uns die Konstruiertheit unserer Wirklichkeit gewissermaßen, d. h., wir bemerken sie erst dann, wenn wir beobachten, wie wir beobachten, handeln und kommunizieren, »weshalb der Konstruktivismus zu Recht als eine Theorie der Beobachtung zweiter Ordnung bezeichnet werden kann« (ebd.).[5]

3 Damit ist nicht nur die uralte Philosophenfrage nach dem Verhältnis von Sein und Bewußtsein angesprochen, sondern auch noch eine sehr weitreichende wissenschaftstheoretische Implikation: im Gegensatz zu dem von Karl Popper (im Rahmen seiner kritisch-rationalen Wissenschaftsauffassung) eingeführten Falsifikationstheorem faßt der Konstruktivismus empirische Daten nicht als unabhängige Kriterien für Wahrheit oder Falschheit auf, sondern als »Konstrukte« des jeweiligen Forschers und seiner methodischen Vorgehensweise. Im radikal-konstruktivistischen Sinn ist daher im Grunde weder Verifikation noch Falsifikation von Behauptungen wissenschaftlich möglich.

4 Die in Wien – im Umkreis des Verhaltensforschers Konrad Lorenz – Ende der 70er Jahre vielfach diskutierte »evolutionäre Erkenntnistheorie« (vgl. dazu etwa Riedl/Parey 1979, Riedl/Wuketits 1987) kam ja bekanntlich zu ähnlichen Ergebnissen.

5 Eindrucksvoll ist in diesem Zusammenhang immer wieder das Entdekken des sog. »blinden Flecks«, den jedermann bei sich selbst nachweisen kann. Es handelt sich dabei um eine bestimmte Stelle an der Netzhaut unserer Augen, wo keine Lichtsinneszellen vorhanden sind, weil dort die Nervenfasern aus der lichtempfindlichen Schicht des Auges zum Sehnerv zusammenlaufen. An diesem Ort ist unsere Netzhaut sozusagen »blind«, aber diese partielle Blindheit können wir nur unter ganz besonderen Bedingungen erkennen. Z. B. dann, wenn wir zwei gleich große Punkte auf einem Blatt Papier aus einer bestimmten Entfernung mit nur einem Auge fixieren, während wir das andere abdecken: bei einer

Empirisch nachweisbare Hinweise dafür, daß sich Wahrnehmung nicht in den Sinnesorganen vollzieht, sondern in den entsprechenden Hirnregionen, scheint es längst zu geben: Gemäß dem Bremer Neurophysiologen, Biologen und Philosophen Gerhard Roth (1987) ist Wahrnehmung nichts anderes als das Zuweisen von Bedeutungen zu an sich bedeutungsfreien neuronalen Prozessen. Die eigentliche Bedeutungszuweisung erfolgt also im Gehirn, und zwar »auf der Grundlage früherer interner Erfahrung und stammesgeschichtlicher Festlegungen« (Schmidt 1987, S. 15).

Unumgänglich stellt sich natürlich in diesem Zusammenhang die Frage nach der Verläßlichkeit unserer Wirklichkeitskonstruktionen: denn wenn (zugespitzt formuliert) jeder Mensch gleichsam seine »eigenen« Wirklichkeitsentwürfe konstruiert, kann man dann überhaupt noch von einer gemeinsamen Wirklichkeit sprechen? Ja, dies kann man – so die konstruktivistische Argumentation –, und zwar nicht bloß deshalb, weil es diese Wirklichkeit zweifellos gibt, sondern auch, weil die Wahrnehmungsapparate von uns Menschen offenbar sehr ähnlich gebaut sind und daher auch recht ähnliche Entwürfe produzieren (Schmidt 1994, S. 12).[6] Je weiter wir uns allerdings »von sinnlichen Wahrnehmungen der natürlichen Umwelt entfernen und in den Bereich von Kommunikation, Konflikt, Diskurs und Geschichte (sozialer Umwelt) geraten, desto komplexer wird die Situation« (ebd.). Deshalb sind eben auch die Inhalte der Massenmedien niemals als Abbilder von Wirklichkeit zu begreifen, »sondern als Angebot an kognitive und kommunikative Systeme, unter ihren jeweiligen Systembedingungen Wirklichkeitskonstruktionen in Gang zu setzen. Werden diese Angebote nicht genutzt, ›transportieren‹ Medienangebote gar nichts« (ebd. S. 16). Fazit: »Wirklichkeit ist in einer von Massenmedien geprägten Gesellschaft also zunehmend das, was wir über Mediengebrauch als Wirklichkeit konstruieren, dann daran glauben und entsprechend handeln und kommunizieren« (ebd., S. 18).

bestimmten Entfernung »verschwindet« der eine Punkt aus unserer Wahrnehmung, obwohl er sich weiterhin in unserem Blickfeld befindet. (Vgl. dazu z. B. Foerster 1984, S. 40, der dort auch eine entsprechende Abbildung mit Anleitung zur Selbstbeobachtung bereitstellt.)

6 In diesem Sinn haben z. B. die beiden Soziologen Peter L. Berger und Thomas Luckmann (1970) in einem wegweisenden wissenssoziologischen Buch das Zustandekommen der sogenannten »Wirklichkeit der Alltagswelt« erklärt.

Welche Konsequenzen erwachsen aus dieser Position nun für die Massenkommunikation bzw. für die wissenschaftliche Auseinandersetzung mit ihr?
Für einen professionellen Kommunikator etwa in Gestalt eines recherchierenden Nachrichtenjournalisten bedeutet diese Perspektive nach Haller (1994, S. 283 f.) zum Beispiel, daß sich die ihm zugetragenen Mitteilungen nicht nach dem Muster: wahr/unwahr bewerten lassen. Vielmehr soll er jede Aussage für eine *Version* halten, die *eine* Geschichte erzählt. Die Frage, welcher Version mehr bzw. weniger Gültigkeit attestiert werden kann, ist auch nur in Grenzen überprüfbar. Zwar heißt das entscheidende Prüfkriterium nach Haller intersubjektive »Unstrittigkeit« bzw. »Konsens«, aber im Grunde kann dies nur für solche Informationen gelten, die das Faktische der Sachverhalte (bezogen auf die vielzitierten W-Fragen: Wer? Was? Wann? Wo?) beschreiben. Die interpretierenden Kontext-Informationen dagegen, mit denen Zusammenhänge zwischen den jeweiligen Sachverhalten hergestellt werden und die diese damit erst erklären (darauf beziehen sich dann vor allem die W-Fragen: Wie? und Warum?), können unter konstruktivistischem Blickwinkel überhaupt nicht verifiziert werden. Vor allem auf dieser Deutungsebene gilt, daß Mitteilungen »keine Wahrheiten, sondern Versionen sind, die untrennbar mit den agierenden Personen verbunden bleiben« (Haller 1994, S. 286), weil diese Personen die Urheber der jeweiligen Version sind und daher auch als Quelle genannt werden sollen – so lautet dann jedenfalls eine der konstruktivistisch begründeten Handwerksregeln (vgl. ebd., S. 287 f.).
Wie sieht es in diesem Kontext nun aber mit der Forderung nach »objektiver« Berichterstattung aus, die schon seit langem das Selbstverständnis von Mediensystemen westlichen Typs prägen? Nach Schmidt/Weischenberg (1994) krankt die Objektivitätsdiskussion vor allem daran, daß sie zum Ideal der Wahrheitssuche hochstilisiert worden ist. »Die einen sagen: Wir müssen an diesem Ideal festhalten, auch wenn es nicht immer erreichbar ist. Die anderen sagen: Dieses Objektivitätsideal ist reine Ideologie, ein Anspruch, der die wahren Verhältnisse vernebelt. Und sie bieten alternative Berichterstattungsmuster an« (Schmidt/Weischenberg 1994, S. 227). Dagegen sei es viel sinnvoller, eine Entmythologisie-

rung des Begriffes anzustreben und von einem funktionalen Verständnis der »Objektivität« als Grundlage journalistischen Handelns auszugehen, das heißt, danach zu fragen, welche Leistungen die Objektivitätskategorie im Rahmen der Medienproduktion erbringen soll.

So faßt beispielsweise die amerikanische Soziologin Gaye Tuchman (1978) Objektivität als routinemäßiges strategisches Ritual auf, das den Journalisten Sicherheit und Arbeitsfähigkeit verschaffe. Dieses Ritual bestehe vornehmlich in der ständigen Wiederholung bestimmter Prozeduren, die mit einiger Erfahrung und gesundem Menschenverstand (»common sense«) zu bewältigen sind.[7] Nach der Einschätzung von Tuchman führt dies

> »zur Einladung für selektive Wahrnehmung, zum Irrglauben an die Aussagekraft von Fakten, zum Einschleusen der Journalistenmeinung durch die Hintertür, zur Anbindung der redaktionellen Verfahrensweisen an die Zeitungspolitik und zur Irreführung der Rezipientinnen und Rezipienten hinsichtlich der Validität von Nachrichtenanalysen (Kommentaren usw.), die nur formal-willkürlich von ›reinen‹ Nachrichten getrennt würden« (Schmidt/Weischenberg 1994, S. 228).

Aus berufssoziologischer Perspektive unterscheide sich Journalismus damit – so Gaye Tuchman – nicht von anderen vergleichbaren Berufstätigkeiten, die ähnlich ritualisierte Prozeduren eingeführt hätten, um sich aufzuwerten und zu schützen.

Ein solchermaßen methodisches Verständnis von Objektivität fügt sich gut in konstruktivistisches Denken: Objektivität gerinnt zu einer regulativen Idee, die die Art der Wirklichkeitskonstruktion durch die Journalisten steuert. Darin verdichten sich (mehr oder weniger unausgesprochen) Vereinbarungen über Ereigniswahrnehmung und Nachrichtenverarbeitung, die für das jeweilige gesellschaftliche Umfeld der medialen Aussageproduktion funktional sind. Für den Journalismus in marktwirtschaftlich organisierten Mediensystemen sind die Kriterien, die dieser Vereinbarung zugrunde liegen, nach Schmidt/Weischenberg (1994, S. 228) nun

7 Konkret handelt es sich nach Tuchman dabei um folgende fünf strategische Prozeduren: (1) Präsentation der widerstreitenden Möglichkeiten zu einem Thema, (2) Präsentation stützender Fakten zu den Aussagen, (3) gezielter Einsatz von Anführungszeichen, (4) Strukturierung der Informationen in einer bestimmten Anordnung und (5) formale – und oft willkürliche – Trennung von Nachricht und Meinung (zit. n. Schmidt/Weischenberg 1994, S. 228).

nicht »Wahrheit« oder »Realitätsnähe«, sondern »Nützlichkeit« und »Glaubwürdigkeit«.

Im Hinblick auf die Rezeption massenmedialer Inhalte bedeutet die konstruktivistische Perspektive, daß man keinesfalls davon ausgehen darf, Medien würden Realität abbilden. Dies gilt auch für Fotos und Fernsehbilder, deren inszenierter Charakter oftmals übersehen wird: vor allem beim Fernsehen dominiert »die Tendenz, die eigene Medialität unsichtbar zu machen« (Schmidt 1994, S. 14), denn in der Regel ist die Entstehung eines audiovisuellen Produktes von der ersten Recherche über die Aufnahme bis hin zu Schnitt, Montage und Vertonung für den Rezipienten nicht nachvollziehbar, selbst die kompliziertesten Kamera- und Schnittmanöver – wie sie heute sogar schon bei Live-Übertragungen eingesetzt werden – erscheinen uns bereits als natürliche Wahrnehmungsformen. Schmidt resümiert daher zu Recht: »Mit dem Fernsehen öffnet sich kein Fenster zur Welt, sondern ein Fenster zu unserer Kultur und Gesellschaft« (1994, S. 17).

In diesem Zusammenhang ist außerdem auf den sozialisierenden Effekt von Medienrezeption hinzuweisen, der beispielsweise durch die verschiedenen Mediengattungen und Darstellungsformen zustande kommt. Für Schmidt/Weischenberg (1994) handelt es sich dabei – in Anlehnung an den Schema-Begriff des Schweizer Entwicklungspsychologen Jean Piaget (1975) – um sogenannte *Medienschemata,* die es uns ermöglichen, die einzelnen Medienangebote nicht als rein zufällige, unzusammenhängende Teile wahrzunehmen, sondern mit bestimmten Vorerwartungen zu verbinden. Jeder weiß, was einen Krimi von einem Quiz oder was eine Nachrichtensendung von einer Sportreportage unterscheidet, aber – so die konstruktivistische Argumentation – die Eigenschaften und Bedeutungen dieser Inhalte liegen ja nicht in ihnen selbst, sondern werden ihnen »von denkenden und handelnden Menschen in sozialen Kontexten zugeschrieben« (Schmidt/Weischenberg 1994, S. 212). Wer ein Kochbuch kauft oder eine Nachrichtensendung einschaltet, der weiß daher schon von vornherein ziemlich genau, was ihn erwartet, obwohl er dieses konkrete Kochbuch noch nicht gelesen und diese konkrete Nachrichtensendung noch nicht gesehen hat. Dieser zunächst trivial und simpel erscheinende Umstand täuscht jedoch darüber hinweg, »daß Medienschemata und ihre Bezeichnungen gesellschaftliche Verhältnisse nicht einfach widerspiegeln, sondern vielmehr wichtige Instrumente im gesellschaftlichen Prozeß der Wirklichkeitskonstruktion sind« (ebd. S. 222). Dies wird uns erst dann bewußt, wenn wir medialen Inhalten ein »falsches« Schema zuordnen, wenn wir beispielsweise ein Hörspiel mit einer Nachrichtensendung verwechseln und daraus dann falsche Schlüsse ziehen.[8]

3. Konstruktivistische Spuren in der kommunikationstheoretischen Debatte

Vor dem Hintergrund der fachspezifischen Tradition und ihrer theoretischen Wurzeln muß man nunmehr aber feststellen: im Grunde ist das alles nicht neu. Vieles von dem, was der Konstruktivismus behauptet, ist ohnehin längst – wenngleich in einer etwas anderen Terminologie – Gegenstand kommunikationswissenschaftlicher Überlegungen gewesen. Ich möchte dies an drei fachspezifischen Diskussionspunkten erläutern: an der Diskussion des Kommunikationsbegriffes, an der Medienwirkungsforschung und am Beispiel der Nachrichtenwerttheorie.

3.1. Kommunikation

Beim Bemühen um eine präzise Fassung des Begriffes von menschlicher Kommunikation kommt man nicht umhin, eine besondere Fähigkeit des Menschen darin zu sehen, Zeichen (sprachliche ebenso wie nicht-sprachliche) in einer Symbol-Funktion verwenden zu können (vgl. dazu näher: Burkart 1995, S. 38 ff.). Symbole gelten als sog. »Repräsentationszeichen«. Das sind Zeichen, die anstelle eines bestimmten Gegenstandes, Zustandes oder Ereignisses auftreten und im Bewußtsein der Kommunikationspartner Vorstellungen und Gedanken hervorrufen können, die üblicher-

8 Ein inzwischen berühmtes Beispiel (das lange Zeit übrigens als Beleg für die These von der Übermacht der Medien herangezogen wurde) ist die am Abend des 30. Oktober 1938 in Amerika ausgestrahlte Radiosendung »Die Invasion vom Mars«, die Tausende Amerikaner in Panik versetzte, weil sie dort von einer scheinbaren Invasion von Marsmenschen erfuhren, die unsere Zivilisation bedrohte. In Wirklichkeit handelte es sich aber um ein Hörspiel, in das eine – die Unterhaltungssendung nur scheinbar durchbrechende – Reportage eingebaut war. (Vgl. dazu Cantril 1973.)

weise nur jener Gegenstand, jener Zustand oder jenes Ereignis selbst erzeugt.

Der Unterschied zum Tier bzw. zur animalischen Kommunikation wird dabei stets mit dem Hinweis erkennbar gemacht, daß Tiere auf Zeichen mehr oder weniger instinktgebunden »reagieren« (man spricht hier auch von der Signal-Funktion der Zeichen), während wir Menschen darüber hinaus in der Lage sind, die dadurch vermittelten Bedeutungen auch zu »verstehen«.

Da der Mensch jedoch auch als ein lediglich mit Instinktresiduen ausgestattetes Lebewesen zu betrachten ist, kann sinnvollerweise nicht davon ausgegangen werden, daß Bedeutungen genetisch determiniert sind. Man muß also ganz im Gegenteil (wohl zu Recht) annehmen, daß sie sozialisiert, also gelernt werden. Und genau darin liegt bekanntlich das kommunikative Dilemma: ein und dasselbe (materielle – also: sprachliche oder nicht-sprachliche) Zeichen kann bei verschiedenen Menschen selbstverständlich unterschiedliche Bedeutungen wachrufen, und es kommt zum Nicht- oder Mißverstehen usw.

An dieser Stelle tritt nun in der sozialwissenschaftlichen Tradition der Publizistik- und Kommunikationswissenschaft der auf G. H. Mead (1968) zurückgehende »Symbolische Interaktionismus« auf den Plan (Burkart 1995, S. 47 ff.). Mit ihm läßt sich trefflich erklären, warum dies so ist.

Der Symbolische Interaktionismus kann als eine kommunikationswissenschaftliche Basistheorie gelten. Er geht davon aus, daß der Mensch nicht nur in einer natürlichen, sondern auch in einer symbolischen Umwelt lebt: die Dinge (und ihre Bezeichnungen) repräsentieren auf ganz bestimmte Weise nämlich das Verhältnis »Mensch-Umwelt«; sie symbolisieren für die jeweilige Person die subjektive Wirklichkeit ihrer gemachten Erfahrungen. Die drei (bis zum Überdruß zitierten) Prämissen des Symbolischen Interaktionismus lauten: 1) Menschen handeln den »Dingen« gegenüber auf der Grundlage der Bedeutungen, die diese Dinge für sie besitzen. 2) Die Bedeutung dieser Dinge entsteht in den sozialen Interaktionen, die man mit anderen Menschen eingeht, und 3) diese Bedeutungen werden im Zuge der Auseinandersetzung mit ebendiesen Dingen in einem interpretativen Prozeß benützt und auch abgeändert.[9]

9 Vgl. dazu näher den klassischen Beitrag von Herbert Blumer (1973/1995).

Für den vorliegenden Zusammenhang bedeutet dies nun zweierlei: zum einen, daß miteinander kommunizierende Menschen nur im Idealfall völlig idente Bewußseinsinhalte in ihren Köpfen wachrufen – real wird dies niemals so sein. Daraus resultiert aber zum anderen, daß die kommunikativen Aktivitäten auch niemals eine subjektunabhängige, vom jeweiligen Kommunikator loszulösende (gleichsam objektiv gültige) Beschreibung der Wirklichkeit darstellen können. Zu sehr sind sie stets mit der individuellen Wahrnehmungsleistung der jeweiligen Person verknüpft. – Fazit: der Symbolische Interaktionismus verweist uns darauf, daß es in der Kommunikation niemals um die Wiedergabe objektiver Wirklichkeiten geht, sondern stets um subjektive Interpretationen dieser Wirklichkeiten.

Doch dies ist im Grunde konstruktivistisch: »Der Konstruktivismus (...) befaßt sich nur mit dem kognitiven Aspekt und nicht mit dem, was ›in der Tat‹ oder ›tatsächlich‹ vorhanden ist«, sagt z. B. Ernst von Glasersfeld (Siegener Gespräche 1987, S. 408).

»Was wir (die Konstruktivisten/R. B.) Wirklichkeit nennen, ist nicht eine ontische, eine ontologische Wirklichkeit, sondern es beruht auf Vereinbarungen, die wir getroffen haben. Es beruht auf den Übereinstimmungen unseres Erlebens« (ebd. S. 404) – Genauso argumentiert aber auch der Symbolische Interaktionismus (siehe 2. Prämisse): die Bedeutungen, welche die Dinge für uns haben, sind erfahrungsgespeiste Konventionen. Wir haben z. B. beobachtet, wie Menschen handeln, und leiten daraus ab, welche Bedeutungen den so »be«handelten Dingen zuzuschreiben sind. In diesem Sinne nehmen wir also die Dinge niemals unvoreingenommen wahr, wir begegnen der Wirklichkeit nicht in einer gleichsam unbefangenen Natürlichkeit (die es im symbolisch-interaktionistischen Sinne auch gar nicht gibt), sondern stets in einer ganz bestimmten (sozialisierten) Symbolhaftigkeit.

So ist z. B. ein Tisch ja nicht »von sich aus« ein Tisch, sondern er wird erst durch einen Akt der »sozialen Schöpfung« (Blumer 1995, S. 31) zum Schreibtisch, zum Eßtisch, zum Tapeziertisch, zum Blumentisch, zum wertvollen antiken Tisch ... usw. – je nachdem, wie wir (und andere) im Hinblick auf diesen Tisch handeln. Indem wir diese Handlungen interpretieren, ordnen wir dem (wirklich existierenden) Gegenstand bestimmte Bedeutungen zu. Oder in anderen Worten: wir konstruieren eine bestimmte Wirklichkeit von »Tisch«.

Damit hat der Symbolische Interaktionismus aber für das Verhältnis des Individuums zur »Wirklichkeit« ganz ähnliche Konsequenzen wie der Konstruktivismus: auch im symbolisch-interaktionistischen Sinn stellt sich nicht die Frage nach der Beschaffenheit der sogenannten »objektiven« Welt, sondern es gilt der Satz, daß jeder Mensch seine eigene Welt interpretiert – man könnte auch sagen: konstruiert.

3.2. Der Nutzenansatz: ein früher Konstruktivismus in der Medienwirkungsforschung?

Die Frage nach den Wirkungen massenmedial vermittelter Aussagen wurde lange Zeit ausschließlich von einer Kommunikatorzentrierten Perspektive aus gestellt. Man war der Meinung, die Medien wirkten mit ihren Botschaften wie das Serum einer Injektionsspritze (»hypodermic-needle-model« – vgl. Burkart 1995, S. 186f.).

Der Symbolische Interaktionismus hat diese Position revolutioniert. Er hat vor allem die Einsicht in den sozialen Schöpfungsakt menschlichen Handelns auf die Rezeption von Medieninhalten transponiert. Der Rest ist bekannt: aus dieser Rezipienten-orientierten Perspektive heraus entstand der sogenannte »Nutzenansatz« (Renckstorf 1989), der den Empfängern massenmedialer Aussagen subjektive Interpretationsleistungen nicht bloß zugesteht, sondern als eine Conditio sine qua non von Medien»wirkung« begreift.

In diesem Zusammenhang ist dann davon die Rede, daß man den Massenkommunikationsprozeß »in seiner Bedeutung für die subjektive Wirklichkeitsbewältigung des Rezipienten« (Teichert 1972, S. 437) einschätzen müsse oder – in der noch viel konstruktivistischeren Formulierung: daß Mediennutzung als »wirklichkeitserstellende Aktivität« (Teichert 1973, S. 357) des Rezipienten zu begreifen sei.

Auch in der Medienwirkungsforschung lautet somit die frühe konstruktivistische Botschaft zugespitzt: Es geht – im Hinblick auf die Frage nach den Wirkungen der Massenkommunikation – gar nicht (so sehr) um die Wirklichkeit der Botschaft (also darum, welche Inhalte in welcher Form von welchen Kommunikatoren ... usw. vermittelt werden), sondern es geht darum, welche Wirklichkeit das Individuum im Zuge des medialen Rezeptionsprozesses jeweils ganz persönlich für sich erstellt. Könnte man nicht auch sagen: »konstruiert«?

3.3. Die Nachrichtenwerttheorie: Journalisten als Konstrukteure

Im Rahmen der kommunikationstheoretischen Debatte wird heute kaum mehr in Frage gestellt, daß das in den Medien dargebotene Bild der Realität nur bedingt Rückschlüsse »auf die physikalischen Eigenschaften der Welt, die Strukturen der Gesellschaft, den Ablauf von Ereignissen, die Verteilung der öffentlichen Meinung« (Schulz 1989a, S. 139) zuläßt. Daß Medien bzw. Journalisten die Wirklichkeit niemals abbilden können, gilt längst als evident.

Seit mehr als einem halben Jahrhundert interessieren sich Kommunikationswissenschaftler daher für die Frage, wie Nachrichten entstehen. Ereignisse werden erst dadurch zu Nachrichten, daß sie aus der Totalität und Komplexität des Geschehens ausgewählt werden. Bereits die Definition eines Realitätsausschnitts als »Ereignis« setzt allerdings Auswahl und Interpretation voraus (Schulz 1976, S. 8). Im Grunde hat dies schon Walter Lippmann in seinem vielzitierten Buch über »Öffentliche Meinung« erkannt, wenn er bereits dem Augenzeugen kein unvoreingenommenes Bild der Realität attestiert: »Was er für seinen Bericht von einem Ereignis hält, ist zumeist in Wirklichkeit dessen Umwandlung« (Lippmann 1922 bzw. 1960, S. 61). Kurzum: nicht Abbildung, sondern Auswahl und Interpretation sind die elementaren Kennzeichen jedweder medialen Berichterstattung.

In den fünfziger Jahren setzte dazu eine empirische Forschungstradition ein, die unter den Etikettierungen »Gatekeeper-Forschung«, »News Bias« und »Nachrichtenwerttheorie« (vgl. überblicksartig: Burkart 1995, S. 264 ff.) auffindbar ist. Speziell im Rahmen der Nachrichtenwerttheorie wurden bestimmte Faktoren erforscht, mit deren Hilfe Journalisten versuchen, die Aufmerksamkeit ihres Publikums zu gewinnen. Konkret heißt das, daß Meldungen, die z. B. einen besonderen Überraschungseffekt besitzen, Berichte über konfliktreiche, kriegerische, katastrophale Ereignisse, über kriminelle Handlungen oder auch über besondere

Erfolge oder Fortschritte auf einem bestimmten Gebiet etc., einen höheren Nachrichtenwert haben und eher in die Berichterstattung eingehen als Meldungen, auf die solche Faktoren nicht zutreffen.

Der konstruktivistische Aspekt derartiger Nachrichtenfaktoren besteht nun darin, daß es sich dabei nur auf den ersten Blick um objektive Eigenschaften der jeweiligen Ereignisse handelt. In einer der wichtigsten empirischen Studien zu den Nachrichtenfaktoren formulierte Winfried Schulz (1976) bereits vor 30 Jahren, es handle sich gar nicht so sehr um Merkmale der Ereignisse selbst, sondern um »journalistische Hypothesen« über die Realität (Schulz 1976, S. 30). Seine Annahme lautet daher: »Je mehr eine Meldung dem entspricht, was Journalisten für wichtige und mithin berichtenswerte Eigenschaften der Realität halten, desto größer ist ihr Nachrichtenwert« (ebd.).

Das bedeutet aber für den vorliegenden Zusammenhang: Indem Journalisten bestimmte Ereignisse, Handlungen, Ideen etc. für beachtenswert halten und entsprechend aus der Vielzahl an Berichterstattungsmöglichkeiten und -anlässen auswählen und subjektiv interpretieren, *konstruieren* sie eine eigene (nämlich: die Medien-)Wirklichkeit.

Massenmedien sind in dieser Perspektive also nicht Techniken der Kommunikation, in denen man neutrale Instrumente zur Verbreitung und Speicherung von Information sehen kann, sondern eher Instanzen der Selektion und Sinngebung, die aktiv in die gesellschaftliche Konstruktion von Wirklichkeit eingreifen.

Hier scheint es außerdem eine gleichsam methodologische Parallele zum Konstruktivismus zu geben, was die Abkehr von der »Was«-Frage und die Hinwendung zur »Wie«-Frage betrifft: auch die Nachrichtenwerttheorie fragt nicht, »was« die Nachrichten nun tatsächlich »sind« bzw. was sie an Realitätsbezügen aufweisen, sondern sie fragt ausschließlich, »wie« die Nachrichten zustande kommen – oder anders formuliert: nach welchen Regeln Journalisten Medienrealität konstruieren(!).

4. Alter Wein in neuen Schläuchen?

Nach diesen Hinweisen auf ausgewählte Theorietraditionen läßt sich somit die These erhärten, wonach konstruktivistisches Denken innerhalb der Publizistik- und Kommunikationswissenschaft eigentlich gar nicht so neu ist.

Man kann daher mit Saxer (1993, S. 66 ff.) zu Recht fragen, wie produktiv denn eigentlich der Radikale Konstruktivismus mit diesen konstruktivistischen Elementen der Publizistikwissenschaft verfahren ist. Saxer kommt übrigens zu einer eher pessimistischen Diagnose und kritisiert u. a. auch die individualistische Perspektive des Konstruktivismus, der nicht bis zu den »sich wandelnden generationenhaften Medienerfahrungen« (ebd.) vorstoße, die in die massenmediale Produktion und Rezeption hineinspielen, weil er bloß die Realitätskonstruktion von Individuen im Auge habe. Und eben deshalb sei er für die Publizistikwissenschaft »kaum als gegenstandsgerecht« (ebd.) zu bezeichnen.

Dieser subjektivistische (im philosophiegeschichtlichen Sinne eigentlich: idealistische) Ballast konstruktivistischen Denkens, der sich bis auf Platons vielzitiertes Höhlengleichnis zurückführen läßt (vgl. Boventer 1992), irritiert natürlich vor allem dann, wenn man vom Journalismus sorgfältiges Beobachten und Beschreiben von Wirklichkeit »im Sinne einer Berichterstattung, auf die Verlaß ist« (Boventer ebd., S. 165) erwartet. Aus diesem Blickwinkel heraus wird man den Radikalen Konstruktivismus als »Gespenst« (Hachmeister 1992) entlarven müssen, dessen Aussagen überwiegend trivial sind und der überdies inkonsistent erscheint, weil er einerseits ja mit der Anerkennung von objektiver Realität Probleme hat, andererseits aber selbst »eine Medienrealität anerkennen muß, die sich z. B. in Produktionen oder Medieninstitutionen verfestigt« (Hachmeister ebd., S. 14; vgl. dazu auch Kepplinger 1993). Insoweit der Radikale Konstruktivismus das Postulat journalistischer Objektivität verwirft, beeinträchtige er nach Saxer außerdem nicht bloß »ein unentbehrliches Element demokratischer Kommunikationskultur« (Saxer 1992, S. 182), sondern öffne damit »journalistischem Schlendrian im Umgang mit Fakten und journalistischer Rechthaberei Tür und Tor« (ebd.), weil er journalistische Manipulation als Normalität rechtfertigt (Saxer ebd.).

Nach Ansicht der Kritisierten ist diese Kritik freilich überzogen. So soll man nach Weischenberg (1992) Konstruktivismus keineswegs mit Subjektivismus gleichsetzen,[10] denn die subjektabhängigen Wirklichkeitskonstruktionen geschehen ja nicht willkürlich, sondern werden in einem permanenten sozialen Prozeß mit anderen abgestimmt. Die Vertreter des Konstruktivismus rufen auch »keineswegs dazu auf, bewährte professionelle Methoden wie die Trennung von Nachricht und Kommentar einfach aufzugeben und ›journalistische Objektivität‹ aus dem Repertoire zu streichen. Sie wenden sich aber gegen jede Art von ›Realitätsterror‹ – auch von Journalisten« (Weischenberg ebd., S. 171). Und sie wollen in letzter Konsequenz darauf hinweisen, daß jede Art der Berichterstattung viel eher das Ergebnis von Interaktion ist als von Abbildung und daß damit eher relative Begriffe (wie Glaubwürdigkeit, Nützlichkeit und Verantwortlichkeit) an die Stelle von absoluten Maßstäben (wie etwa Wahrheit) treten. Gerade im Verzicht auf einen absoluten Wahrheitsbegriff sieht Weischenberg sogar eine Entlastung des Journalismus, weil dadurch der Druck auf Journalisten (mit seinen problematischen Folgen) verringert würde, wie er beispielsweise seit Jahren beim öffentlich-rechtlichen Rundfunk zu beobachten sei (ebd., S. 175).

Wie auch immer sich die Debatte um den Konstruktivismus in der Kommunikationswissenschaft entwickeln wird – festzustehen scheint, daß es sich dabei um eine gar nicht so neue, aber neuerdings vermehrt beachtete Position handelt, die nicht von ungefähr Anklang findet.

Nach Saxer (1992, S. 178 f.) liegen die Ursachen dafür zum einen in der allgemeinen Verunsicherung über die Gültigkeit theroretischer Konzepte in den Sozialwissenschaften seit den siebziger Jahren, als die Zerbrechlichkeit der modernen Sozialsysteme immer offenkundiger wurde. Und diesem Zustand zunehmender Unsicherheit über das Makrogeschehen entkommt der Konstruktivismus mit seiner Ausrichtung auf das Individuum und dessen Kognitionen. Zum anderen hat eben – wie bereits mehrfach erwähnt – die

10 Auch Niklas Luhmann hat erst unlängst darauf hingewiesen, daß konstruktivistische Theorien von vornherein auf ein falsches Gleis setzen, wenn sie sich als Radikalisierung idealistischer oder subjektivistischer Erkenntnistheorien begreifen, weil man die traditionellen Unterscheidungen zwischen Idee und Realität oder Subjekt und Objekt nicht derart radikalisieren kann, daß man die andere Seite ganz streicht und nur an der Idee oder am Subjekt festhält: »Eine Unterscheidung kollabiert, wenn man die eine (oder die andere) Seite wegläßt« (Luhmann 1994, S. 7).

Kommunikationswissenschaft ja schon seit längerem selber Ansätze entwickelt, die mit der konstruktivistischen Perspektive mehr als kompatibel sind. Der Konstruktivismus bietet also gleichsam einen erkenntnistheoretischen Zufluchtsort für eine Kommunikationswissenschaft, der es – wie Hachmeister richtig feststellt – an einer »Ordnung der kommunikationswissenschaftlichen Dinge« und an einer »Logistik der Reichweite einzelner Theoreme und Ansätze« (1992, S. 9) noch weitgehend fehlt.

Wenn dies so ist, dann müssen sich die Vertreter des Konstruktivismus aber auch die Mühe machen, seine publizistikwissenschaftliche Erklärungskapazität durch Einbeziehung der vorhandenen kommunikationswissenschaftlichen Theorietradition unter Beweis zu stellen. Nur dann wird erkennbar, ob es sich dabei um ein innovatives Potential handelt oder wirklich bloß um alten Wein in neuen Schläuchen.

Literatur

Bentele, Günter/Manfred Rühl (Hg.) (1993), *Theorien öffentlicher Kommunikation. Problemfelder, Positionen, Perspektiven.* München: Ölschläger. (Berichtsband der Arbeitstagung der Deutschen Gesellschaft für Publizistik- und Kommunikationswissenschaft (DGPuK) vom 8.-10. Mai 1991 in Bamberg).

Berger, Peter L./Thomas Luckmann (1970), *Die gesellschaftliche Konstruktion der Wirklichkeit. Eine Theorie der Wissenssoziologie.* Frankfurt am Main.

Boventer, Hermann (1992), »Der Journalist in Platons Höhle. Zur Kritik des Konstruktivismus«, in: *Communicatio Socialis* 2 (1992), S. 157-167.

Blumer, Herbert (1973, [2]1995), »Der methodologische Standort des Symbolischen Interaktionismus«, in: Burkart/Hömberg 1973, [2]1995, S. 23-39.

Burkart, Roland (1995), *Kommunikationswissenschaft. Grundlagen und Problemfelder. Umrisse einer interdisziplinären Sozialwissenschaft.* Wien: Böhlau.

– und Walter Hömberg (Hg.) ([2]1995), *Kommunikationstheorien. Ein Textbuch zur Einführung. Studienbücher zur Publizistik- und Kommunikationswissenschaft* (Hg. v. W. R. Langenbucher), Bd. 8. Wien: Braumüller.

Cantril, Hadley (1973), »Die Invasion vom Mars«, in: Prokop 1973, S. 198-212.

Communicatio Socialis, Zeitschrift für Publizistik in Kirche und Welt. 25. (1992) 2.
Deutsches Institut für Fernstudien an der Universität Tübingen (Hg.) (1990), *Medien und Kommunikation. Konstruktionen von Wirklichkeit.* Wissenschaftliches Team: Klaus Merten, Siegfried J.Schmidt, Siegfried Weischenberg. 12 Studienbriefe mit 30 Studieneinheiten. Weinheim und Basel: Beltz.
Foerster, Heinz von (1984), »Das Konstruieren einer Wirklichkeit«, in: Watzlawick 1984, S. 39-60.
Hachmeister, Lutz (1992), »Das Gespenst des Radikalen Konstruktivismus. Zur Analyse des Funkkollegs ›Medien und Kommunikation‹«, in: *Rundfunk und Fernsehen* 1 (1992), S. 5-21.
Haller, Michael (1994), »Recherche und Nachrichtenproduktion als Konstruktionsprozesse«, in: Merten/Schmidt/Weischenberg (Hg.) 1994, S. 276-290.
Kaase, Max/Winfried Schulz (Hg.) (1989), *Massenkommunikation. Theorien, Methoden, Befunde.* Sonderheft 30 der Kölner Zeitschrift für Soziologie und Sozialpsychologie. Opladen: Westdeutscher Verlag.
Kepplinger, Hans Mathias (1993), »Erkenntnistheorie und Forschungspraxis des Konstruktivismus«, in: Bentele/Rühl (Hg.) 1993, S. 118-125.
Lippmann, Walter (1964), *Public Opinion.* New York: The Macmillan Co. New Edition: Macmillan Paperback 1922, 1960. Deutsch: *Die öffentliche Meinung.* München 1964.
Luhmann, Niklas (1994), »Der ›Radikale Konstruktivismus‹ als Theorie der Massenmedien? Bemerkungen zu einer irreführenden Debatte«, in: *Communicatio Socialis* 1 (1994), S. 7-11.
Mead, George Herbert (1968), *Geist, Identität, Gesellschaft* (Hg. Charles Morris). Frankfurt am Main.
Merten, Klaus/Siegfried J. Schmidt/Siegfried Weischenberg (Hg.) (1994), *Die Wirklichkeit der Medien. Eine Einführung in die Kommunikationswissenschaft.* Opladen: Westdeutscher Verlag.
Piaget, Jean (1975), *Der Aufbau der Wirklichkeit beim Kinde.* Gesammelte Werke Bd. 2. Stuttgart.
Prokop, Dieter (Hg.) (1972, 1973, 1977), *Massenkommunikationsforschung.* Band 1: Produktion. Frankfurt am Main: Fischer 1972; Band 2: Konsumtion. 1973; Band 3: Produktanalysen. 1977.
Renckstorf, Karsten (1989), »Mediennutzung als soziales Handeln. Zur Entwicklung einer handlungstheoretischen Perspektive der empirischen (Massen-)Kommunikationsforschung«, in: Kaase/Schulz (Hg.) 1989, S. 314-336.
Riedl, Rupert/Paul Parey (1979), *Biologie der Erkenntnis. Die stammesgeschichtlichen Grundlagen der Vernunft.* Berlin/Hamburg.
– und Franz M. Wuketits (Hg.) (1987), *Die Evolutionäre Erkenntnistheorie. Bedingungen, Lösungen Kontroversen.* Berlin/Hamburg.

Roth, Gerhard (1987), »Erkenntnis und Realität: Das reale Gehirn und seine Wirklichkeit«, in: Schmidt (Hg.) 1987, S. 229-255.

Saxer, Ulrich (1992), »Thesen zur Kritik des Konstruktivismus«, in: *Communicatio Socialis* 2 (1992), S. 178-183.

– (1993), »Fortschritt als Rückschritt? Konstruktivismus als Epistemologie einer Medientheorie. Kommentar zu Klaus Krippendorff«, in: Bentele/Rühl (Hg.) 1993, S. 65-73.

Schmidt, Siegfried J. (Hg.) (1987), *Der Diskurs des Radikalen Konstruktivismus*. Frankfurt am Main: Suhrkamp.

– (1993), »Kommunikation – Kognition – Wirklichkeit«, in: Bentele/Rühl (Hg.) 1993, S. 105-117.

– (1994), »Die Wirklichkeit des Beobachters«, in: Merten/Schmidt/Weischenberg (Hg.), 1994, S. 3-19.

– und Siegfried Weischenberg (1994), »Mediengattungen, Berichterstattungsmuster, Darstellungsformen«, in: Merten/Schmidt/Weischenberg (Hg.) 1994, S. 212-236.

Schulz, Winfried (1976, [2]1991), *Die Konstruktion von Realität in den Nachrichtenmedien. Analyse der aktuellen Berichterstattung*. Freiburg/München.

– (1989), »Massenmedien und Realität. Die »ptolemäische« und die »kopernikanische« Auffassung«, in: Kaase/Schulz (Hg.) 1989, S. 135-149.

Siegener Gespräche über den Radikalen Konstruktivismus, »Ernst von Glasersfeld im Gespräch mit Nikol« (1982, 1984), in: Siegfried J. Schmidt (Hg.) 1987, S. 401-440.

Teichert, Will (1972), »›Fernsehen‹ als soziales Handeln. Zur Situation der Rezipientenforschung: Ansätze und Kritik«, in: *Rundfunk und Fernsehen* 4 (1972), S. 421-439.

– (1973), »›Fernsehen‹ als soziales Handeln (II). Entwürfe und Modelle zur dialogischen Kommunikation zwischen Publikum und Massenmedien«, in: *Rundfunk und Fernsehen* 4 (1973), S. 356-382.

Tuchman, Gaye (1978), *Making news. A study in the construction of reality*. New York.

Watzlawick, Paul (Hg.) (1984), *Die erfundene Wirklichkeit. Wie wissen wir, was wir zu wissen glauben? Beiträge zum Konstruktivismus*. München/Zürich: Piper.

Weber, Stefan (1996), *Die Dualisierung des Erkennens. Zu Konstruktivismus, Neurophilosophie und Medientheorie*. Wien: Passagen.

– (1997), »Doppelte Differenz. Schritte zu einer »konstruktivistischen Systemtheorie der ›Medienkommunikation‹«, in: *Medien-Journal* 21 (1997) 1, S. 34-43.

Weischenberg, Siegfried (1992), »Der blinde Fleck des Kritikers. Zu den »Wahrheiten« einer Konstruktivismus-Rezeption«, in: *Communicatio Socialis* 2 (1992), S. 168-177.

Hansjörg Zauner
die leiche meiner fotografie

die leiche meiner fotografie hängt in meinem zimmer.
die kamera ist im fleisch gut eingesägt und erzeugt das filmöl richtung. der blick auf die öffnung ist das filmloch doppelt. alle meine finger werden angezogen und in die mechanik eingefüllt. das foto beginnt zu filmen. durch die verfilmung ist die fotografie ein angebot für meinen tauchgang säure. im film beginnt mein körper zu schmelzen und verletzt dadurch die fotografie. der film fällt in das foto und hat sich die zungen zerrissen. die fotografie meiner filme bindet ein herausschneiden von körperteilen. der zwischenraum füllt sich mit luftsäure. ich habe mich dazwischengeklemmt und bin ein zeitpunkt als kugel verfilmt. ich tropfe als foto in mich ein und bin das schmelzen der filme in der mauer. ich habe als auge das foto geschmolzen und bin als film ein gerät.

dann sind wir rüber gegangen ins chelsea. die bar ist so angerichtet daß sie sogleich die tür ist für unser ankommen. die leuchtschrift draußen ist ein sprung aus der luft ins gedränge hinein. im chelsea hängt ein foto vom chelsea wie ich gerade darüberbelichtet werde mit einem trichter aus wörtern. im chelsea sind alle schrauben so gut angezogen daß jede zunge von wand zu wand schnalzt und unser kommen ist die projektion für das monitorgemälde an der wand. der monitor ist eine große dose und steht zwischen den bierfässern. durch das polaroid leuchte ich und bin vergrößert das gemälde aufgestempelt am luftballon und schwebe herab von der decke mit einem stich durch die haut auf die leuchtschrift der geräte zu.
das chelsea ist mit einem schlag vollkommen mit wachs ausgezogen und ich bin ein marzipanpferd an der theke. mein trinken ist die negativhülle der gläser in den mundwinkel gedreht.
eine leert mit mir ein paar hälften und hält sich an meinem rosa overall fest und geht durch meine öffnung. ihr davonrauschen ist ein scharfes wort und blickt auf das ergebnis. wir treffen uns wieder im übungsrest der aufgeritzten sprachränder vollkommen eingewickelt in den bootsrand der beschleunigung. die ziehmük-

ken zergehen und bilden meinen mund als umgefälschter herzapparat hineingedrückt in die falte blind. die fliegen sind im wind gefangen und lösen unser rauschen auf. die sprüche am clo sind schon legendär und haben meinen ruf begründet.
drüben im anderen lokal ist mein bild an der wand eingefroren. die schlange an der bar ist die bar selbst und unser konzertaufschlag war überragend. ich so sagt man bin das kleidungsstück des abends und ersetze das scheinwerferlicht im monitor. der monitor ersetzt das blicken und wird dann später als vorhandwinner bezeichnet. das bindemittel aus wachs für meine gedanken ist ihnen womöglich ausgegangen. die klebestelle rutscht raus und rudert vorbei am gerät der gelenke zeit.

ein neuer tag bricht an. ich denke der körper hat sich von der körperstelle gelöst. ich sage die kamera ist richtig positioniert und es geht weiter.
dann haben wir einen ausflug gemacht. die seilbahn hält das spiel zusammen und die landkarte fliegt mit einem ruck in die landschaft. später durften wir dann gemeinsam ins foto fallen. der betrachter löst die filmöffnung und diesen schwung nehmen wir mit in das fixierbad der jausenstation K3. mein körper ist hier die angel zwischen bild und abbildung. mein stock ist die strecke im triebwerk meiner flüge.
wir sind gelandet. der handschuh drückt ab und der schuß bleibt kleben. dieser schuß durfte also nicht hüfte sein. die reise meines aufschlags hängt als foto in meinem zimmer und stellt keine wunden mehr aus. ich falle aus meiner lunge sage ich und bin für die wörter ein lungenbraten außerhalb der luft ins atmen gesteckt.
diese durchsichtigkeit ist also ein blech oberhalb der öffnung auge.

nicht viel später sind wir bei den lassie singers rausgeflogen. gleich darauf bilden wir eine neue band und jeder konzertaufschlag ist ein ereignis. dabei verdrehen unsere krachpatzen jede andere wahrnehmung. unser lauf ist also gut und wir benötigen keinen schraubenzieher. unser video läuft immer im chelsea und verdrängt die livebilder. du bist also die chelsearatte spricht man mich an und verdreht dabei die augen. mit den plastiktretautos kurven wir durchs chelsea und das kamerateam ist begeistert.

dabei wird man eingedreht in die fassung die ich ausstrahle als rosa overall. durch den trichter ist die vorrichtung ein abendkleid auf die tanzfläche gehobelt. das loch ist keine öffnung nur der rand eines treffpunkts im bild.
das legendäre go-betweens-konzert habe ich leider dadurch versäumt. später bin ich dann selbst bei giant sands auf die bühne gestiegen und habe pixies zitiert. der nockerlapparat ist ein trichter und steht als leuchtschrift im chelsea. dabei ist zu beachten: schauen sie durch die öffnung und sehen sie sich selbst daherpaddeln. sind wir in der flüssigkeit die flasche oder nur der kern der spiegelhaut. gießen wir uns aus der öffnung in das loch hinein. meine mauer steht im zimmer und wackelt mit ihrem negativ innenseite durch die fotografie. darin sind die rinder ein faden die durchs blind rund fotografieren und als kalb das foto verlassen.

wer sagt das. wegen des umbaus wörter übernimmt die körpersäure ihre funktion und die gedanken verlieren ihren halt. sie verdauen den halteriß zeitgerüst im sieb der geschwindigkeit rauschen. jedes rauschen ist eine kamera die rund fotografiert.
das fotografieren bleibt als negativ stehen und rüttelt am gegenstand. das gedankenmehl und ein fotografieren sind ein gemisch aus löchern. jedes wird aufgeschluckt vom gegenüber. aus dem gegenüber wackelt ein verdauter gedankenbrei als körpersäure daher.
die gegenstände filmen meine körperhälfte ab und legen sich hinein als zeug. wegen umbau halten die bilder nicht still und wackeln zu den wörtern hinüber. als zeit verstopfen unsere bohrer die luft und tropfen die gegenstände aus. der haltegriff für die kamera ist eine eingenähte kuh im negativ auf die speisekarte gesetzt.
die speisekarte ist das letzte eßbare und fotografiert rund in den körper hinein. der körper dreht sich und ist der schirm. diese weste ist mein negativ und bleibt als baugerüst hier stehen. das alles soll mit gummi ausgegossen werden und als entwickeltes positiv hervorquellen.
ein gemisch aus zeit und wörtern wackelt mit der beschleunigung aus der bildmitte heraus.
mein beobachtungsschaum ersetzt jede richtung und ist der kopfballspieler rund in das leder hinein. dabei fliegt das wort statt dem freistoß über die mauer hinweg. die mauer hält wort und steht als tor um die sätze.

die stöße sind so gebaut daß sie von hier durch die hände gehen und in den körper hineinreichen. dabei können sie etwas aufblasen das körper heißt oder innen steckt als latte der augen. die hände haben mich also in den mund genagelt und sagen du bist die lupe des textschweins filme.
das textschwein darf sich einklicken und mit dem körper wackeln. da drinnen entsteht der film und seine kamera hat löcher. im loch ist der film ein haltegriff für die augen.
im film bin ich santa fe oder ein paddelboot als körperstelle freistoß in und über die mauer hinaus. das anziehen von freistößen ist ein überstülpen von mündern in der zeitlupe als tor.
die bewegung wird mit den wörtern genommen und der freistoß ist der mundteil filme. die mauer wird aufgeblasen und verdrängt die lupe die den körper aufstößt.

ein vollkommen ausgezogenes wort tropft in einen körper der faltboot heißt. ein vollzogener körper rudert als negativ in die richtung hinein. die richtung dreht sich und steht außen. die innenseite blickt und fotografiert das auge. richtung setzt ein und fällt aus den wörtern. ein nach außen gestülptes boot geht durch die wörter und ersetzt die richtung. das rudern spiegelt und setzt auf ränder. ein spiegel geht über und fettet die landschaft. die landschaft schwitzt und tropft in meinen körper. der körper ist fett und fällt in die uhrzeit. die so ausgefallenen wörter sind ein negativer körper im austropfen des ruderblatts geschwindigkeit. das negativ körper ist also ein ruderblatt als ausgespuckte wasserfläche so ausgefettet wie wörter schwitzen.
die wörter schwitzen und fetten den körper ein. das boot zieht sich als negatives kleid über die gelenke. im negativ ist das positiv eine ratte die dazwischengeht als spiegelkleid landschaft. im zimmer hält sie sich und die worte auf.
die kamerahärchen fangen das aufgehaltene und ziehen durch im mund. auf der zunge gehen inzwischen die wörter auf die landschaft zu und klopfen den körper als segel.
die landschaft steht am tuch und als foto im auge. negativ gesetzt ist sie ein herausgeronnenes auge als hüftwort körper oder härchen. die kleider haben sich ausgezogen und meinen körper als negativ nach außen gestülpt stehen lassen.
er ist also noch immer im mund und rudert gegen die wörter.

in einer mauer liegt eine kamera durch meine hand gezogen und aufs chelsea gerichtet im augenblick unseres auftretens als film. seine bilder wickeln sich um das lasso auge und tropfen. ihr schweigen ist lauter getriebe ohne flüssigkeit wort.

ich denke daß das warten darauf kein wort ist nur eine kahle stelle im mund.

das publikum steht auf seiner bühne und das begreifen winkt herüber. das begreifen ist ein kleid das um den wortkörper gewikkelt ist als lasso für den trichter auge.

ein auge fällt in ein auge und schmilzt als wachsgemisch heraus. das wachsgemisch berührt sich und die hand geht mit. die hand darf auch schmelzen und als kleid durch den körper gleiten.

das publikum steht auf seiner bühne und zerschneidet das sprechen. es ist eine bühne die als gerät die lampen verdreht. es wickelt die nacht aus dem monitor. er ist eine bühne und fällt aus meinen augen. das auge schmilzt in ein auge gegenüber und erzeugt den drehort sprache.

der kopf steckt im dreck. der kopf steckt als herausgeflossene hüfte im schlamm des steckens körper.

mein auge steht im körper und zündet das foto als leintuch an. das foto als leintuch flattert durch und umschließt den drecksduft kopfrichtung.

die kuh am foto wird zum kalbsnachmittag gerüche.

der duftstoff heißt sprache und ersetzt die haltegriffe körper. der liegeplatz des körpers geht im chelsea aus und ein. dort stelle ich mich hinein und löse die knoten der richtung. dabei schraubt sich der film selbst ab und der duft stockt in den wörtern. ihre ränder sind kühe in den kälbern und beißen in den schlamm des steckens hinein.

das auge läuft über im schwung und zieht die ränder heraus. durch die ränder ist die sehhülle schlamm. das loch im auge ist ein stecken der durch die blicke zieht. sie fallen auf den körper der als öffnung das filmloch doppelt ist. das filmöl erzeugt richtung. die kamera ist im fleisch gut eingesägt und hängt in meinem zimmer.

die fotografie meines zimmers steckt in meinem körper und die mauer hält die augen nach außen. das loch im zimmer ist ein film der über das foto hinausschmilzt.

die filmsäure und die körpersäure sind die naht der augenblicke fotografie.

das ausfotografierte filmsäureloch verwendet meinen körper zum überbelichten der augen und seift dadurch den körper ein.
die körpersäure läuft aus der fotografie in die filme hinein. im film ist das zimmer ein foto das in die körpersäure fällt. ganz scharf ist jetzt das zimmer doch der körper schmilzt auf. ganz nah ist jetzt das loch doch die naht bricht auseinander. ganz tief ist jetzt die mauer doch das zimmer ist mein körper. die fotografie läuft rund und greift ins geschehen hinein.

Tilmann Sutter und Michael Charlton
Die Bedeutung einer konstruktivistischen Theorie sozialen Handelns für die Medienforschung

In den theoretischen Reflexionen der Medienkommunikation ist bis heute die Frage umstritten geblieben, ob handlungs- und interaktionstheoretische Analysen einen Beitrag für das Verständnis medial vermittelter Kommunikationsprozesse liefern können. Die interaktionstheoretische Perspektive wird dabei vor allem von zwei Seiten unter Druck gesetzt: Auf der einen Seite rücken die Theorien der neuen Medien die technologisch bedingten Formen der Medienkommunikation in den Vordergrund. Aus dieser Sicht entfaltet die Medienkommunikation eine Eigenlogik, die sich unter anderem an medialen Inszenierungen und Simulationen, leeren Sinnformen und einer zunehmend virtualisierten Realität diagnostizieren läßt (vgl. z. B. Baudrillard 1978; Bolz 1992). Der Umgang der Subjekte mit den Medien wird dieser Diagnose subsumiert, die Subjekte werden den technologisch möglich gewordenen neuen Formen der Medienkommunikation zumindest unterworfen, wenn nicht gar von diesen aufgelöst. An diesen Konstruktivismus der verabsolutierten medialen Form können Interaktionsanalysen, die Medienkommunikation im Modell wechselseitig aufeinander Bezug nehmender Handlungen untersuchen, nicht angeschlossen werden (vgl. Sutter 1995). Auf der anderen Seite grenzt sich die systemtheoretische Medienanalyse aus ganz anderen Gründen von interaktionstheoretischen Perspektiven ab. Einer soziologischen Medienwissenschaft geht es ihr zufolge gerade nicht um die technologischen Vorrichtungen der Medien, deren Bedeutung freilich nicht bestritten wird, sondern um die medialen Kommunikationsprozesse. Die Technologie ist zwar Bedingung, nicht aber Bestandteil medialer Kommunikation, denn sie selbst kommuniziert nicht. Insoweit sich Medienkommunikation von der Anwesenheit der Kommunikanten unabhängig macht, was sowohl schriftliche als auch massenmediale Kommunikation kennzeichnet, schließt sie Interaktionen aus (vgl. Luhmann 1996). Dann können aber Interaktionsanalysen schon aus empirischen Gründen nicht greifen.

Der ersten Alternative werden wir im folgenden nicht weiter nachgehen: Sie nimmt zwar Erfahrungen an und in einer zunehmend medial konstruierten Wirklichkeit auf, konzentriert sich aber zu sehr auf den Vorrang der Medien selbst, die zum totalisierten, nicht weiter einholbaren Fixpunkt der Analyse werden und soziologische und psychologische Aspekte der Medienproduktion und Medienrezeption systematisch in den Hintergrund drängen (vgl. Weisenbacher 1995). Sehr viel anschlußfähiger für die Untersuchung dieser Aspekte ist die zweite Alternative: Sie geht von selbstreferentiell aneinander anschließenden Medienkommunikationen aus, die konstitutiv auf Rezeptionsprozesse angewiesen sind. Diese Medientheorie stellt interaktionstheoretische Untersuchungsperspektiven unter einen erhöhten Begründungsbedarf: (Medien-)Kommunikation kommt zwar stets nur unter Beteiligung von (rezipierendem) Bewußtsein zustande, beide prozessieren aber überschneidungsfrei, bilden also Umwelten füreinander. Der Begründungsbedarf steigt deshalb noch an, wenn traditionelle Interaktionstheorien z. B. in der Tradition des Symbolischen Interaktionismus ins Feld geführt werden. Der Vorteil dieser Theorien liegt zunächst darin, daß sie mit bewährten Theorien empirischer Subjekte verknüpft werden können, um so die Seite der Rezipienten in die Theorie der Medienkommunikation einzubinden (vgl. Charlton und Neumann(-Braun) 1990). Dabei wird der aktive, selektive und deutende Umgang der Subjekte mit den Medien hervorgehoben. Der Nachteil ist darin zu sehen, daß sich traditionelle Interaktionstheorien nicht an systemtheoretische Kommunikationsanalysen anbinden lassen: Während die Systemtheorie Kommunikationen als eigenständige, selbstreferentiell prozessierende Wirklichkeitsebene untersucht, bleiben Interaktionen in der traditionellen Sichtweise an subjektive Koordinationsleistungen gebunden. Auf diesem Wege werden in Modellen der Face-to-face-Interaktion und des Dialogs recht anspruchsvolle Begriffe der Intersubjektivität und Verständigung in die Medienforschung eingeführt, die aus systemtheoretischer Sicht als unrealistisch erscheinen. Nach Lage der Dinge sind dann keine Möglichkeiten mehr sichtbar, das Modell der Face-to-face-Interaktion mit Gewinn an Prozesse der Medienkommunikation heranzutragen.

Beleuchtet man den erkenntnistheoretischen Hintergrund der Alternative Systemtheorie der Kommunikation versus Interaktionsanalyse, wird der Konstruktivismus in der Medienwissenschaft thematisch. Der systemtheoretische Konstruktivismus geht von selbstreferentiell geschlossen operierenden Systemen in Differenz zu einer Umwelt aus (vgl. Luhmann 1990). Konsequenterweise müssen dann Medienkommunikationen und psychische Rezeptionsprozesse als eigenständige, überschneidungsfreie Wirklichkeitsebenen begriffen werden.[1] Handlungs- und interaktionstheoretisch werden dagegen Überschneidungsbereiche zwischen Medienkommunikationen und Rezeptionen unterstellt, die in intersubjektiven Koordinationen gebildet werden. So können in der Medienkommunikation identische Bedeutungen in der Abfolge von Handlungen (Medienangeboten) und Reaktionen (Medienrezeptionen) geschaffen werden. Allgemein haben wir also miteinander inkompatible Konzeptionen des Verhältnisses von medialen und subjektiven Konstruktionen vor uns. Zumindest im Bereich der Massenkommunikation erscheint diese Inkompatibilität als Gegenüberstellung unterschiedlicher Untersuchungsperspektiven, die jedoch für theoretische und empirische Analysen wenig fruchtbar ist: Zweifellos kann die Massenkommunikation selbst nicht als Interaktion beschrieben werden, da weder direkt anschließende Reaktionen noch die damit verknüpften Verstehenskontrollen möglich sind.[2] Daneben gibt es aber sowohl auf der Seite der Medienproduzenten bzw. der Medienakteure als auch auf der Seite der Medienrezipienten vielfältige Anschlußkommunikationen in Form von Interaktionen. Wenn die Prozesse der Massenkommunikation selbst auch keine Interaktionen sind, so

1 Daneben wären Rezeptionsprozesse sozialer Systeme (z. B. von Gruppen oder gesellschaftlichen Teilsystemen) zu unterscheiden. So ist insbesondere die Politik auf massenmediale Kommunikationen angewiesen, um sich selbst anhand der öffentlichen Meinung zu beobachten (vgl. Luhmann 1990a, S. 180). Diese Angewiesenheit schlägt sich vor allem in den Wandlungen der Politik zu Symbolpolitik nieder (vgl. Meyer 1994).

2 Dieser Befund läßt sich sicherlich nicht in die Diskussion der kommunikativen Möglichkeiten im Rahmen neuer Computertechnologien hinein verlängern: Kommunikation im Netz wird – vor allem in optimistisch gestimmten Analysen – mit Semantiken interaktiver Nahbereiche beschrieben (vgl. Weisenbacher/Sutter 1997). Ob und in welchem Sinne man tatsächlich von neuen »interaktiven Medien« sprechen kann, ist eine offene Diskussion, die vor dem Horizont rasch voranschreitender Entwicklungen steht.

sind sie doch abhängig von interaktiven Anschlußkommunikationen. Das bedeutet aber nicht, daß die Bedeutungsselektionen des Medienangebots und der Rezipienten koordiniert, d. h. expliziten Verstehenskontrollen wie unter den Bedingungen der Interaktion unter Anwesenden unterworfen werden könnten. Damit scheidet bei der Analyse des Verhältnisses von Massenkommunikation und Rezeptionsprozessen eine auf intersubjektives Verstehen abstellende Interaktionsanalyse aus. Vielmehr ist eine Interaktionstheorie gefordert, die Prozesse der Rezeption und der Anschlußkommunikation unter Bedingungen offener Bedeutungsselektionen zu untersuchen erlaubt. Es wird dabei von Vorteil sein, wenn sie an die Systemtheorie der Kommunikation angeschlossen werden kann.

In unserem Beitrag wollen wir einige Grundlagen und Möglichkeiten einer konstruktivistischen Medienforschung diskutieren, die diesen Ansprüchen genügt. In einem ersten Schritt ist nach einem soziologisch gehaltvollen Begriff sozialen Handelns und sozialer Interaktion zu fragen. Der Ansatzpunkt hierfür liegt in einer unabhängig von individuellem Bewußtsein und Einzelhandlungen konzipierten Sozialität. Diesen Ansatzpunkt findet man trotz unterschiedlicher Theoriearchitektoniken sowohl in einer genuin soziologischen Interaktions- und Handlungstheorie als auch in der Systemtheorie: Hier wird die selbstreferentielle Organisation von Handlungszusammenhängen verständlich (1). Dieser Ansatzpunkt läßt sich in der Verbindung von Meads Theorie der sozialen Struktur des Handelns mit der Systemtheorie der Kommunikation vertiefen (2). Mit diesem Modell einer konstruktivistischen Handlungstheorie kann man der Offenheit von Bedeutungsselektionen gerecht werden, die als Kontingenz auf beiden Seiten, den Prozessen der Massenkommunikation und der Rezeption, eingebaut ist und genutzt werden kann. Trägt man dieses Modell jedoch an Prozesse der Massenkommunikation heran, als ob diese den Koordinationsleistungen von Interaktionen genügen könnten, entsteht eine normativistisch verkürzte Sichtweise (3). Demgegenüber muß die Textoffenheit (d.h. die Offenheit von Bedeutungsselektionen) als grundlegende Bedingung der Beziehung von Zuschauern zu den Medienangeboten berücksichtigt werden. Textoffenheit entsteht freilich nicht erst mit Massenkommunikation, sondern kennzeichnet bereits das Verhältnis von Lesern zu literarischen Texten. Aufgrund der Textoffenheit bietet die

Massenkommunikation den Rezipienten viele Freiheiten bei der Auslegung der geschriebenen, gehörten und gesendeten Inhalte. Dabei können diese Inhalte in Anschlußkommunikationen von Interpretive Communities eigenständig verhandelt werden, so daß die in Prozessen der Massenkommunikation aufgebaute Textoffenheit in sozialen Interaktionen reduziert wird (4). Zwar stellt sich Massenkommunikation überwiegend als Monolog dar, der jedoch im Modell der sozialen Struktur des Handelns analysiert werden kann. Zudem sind sowohl auf der Seite der Medienangebote als auch auf der Seite der Rezipientengruppen Interaktionen beobachtbar, die anzeigen, daß und wie Massen- und Alltagskommunikationen aneinander gekoppelt sind: Hier sind vor allem Mehrfach- und Pseudoadressierungen zu nennen, die auffallend häufig in Moderationen und Gesprächen von Medienakteuren und von Zuschauern beobachtet werden können (5).

1. Die selbstreferentielle Bestimmung des Handelns

Eine Voraussetzung, um eine Handlungs- und Interaktionstheorie an die Systemtheorie anzubinden, ist die strikte Vermeidung bewußtseins- und handlungstheoretischer Vereinfachungen in der Konzeption von Sozialität. Eine Interaktionstheorie, die dieses Ziel konsequent verfolgt, hat Oevermann entwickelt: Ohne direkten Kontakt zu Luhmanns Systemtheorie sind dabei grundlegende Konvergenzen entstanden, die zunächst dargelegt werden sollen, ohne wesentliche Unterschiede zuzudecken. Die Eigenständigkeit des Sozialen kann an Sinn als Grundbegriff soziologischer Analysen festgemacht werden. In der traditionellen Sicht stehen die Menschen innerhalb der Gesellschaft, und die auch für die Medienforschung erkenntnisleitende Frage lautet deshalb, wie Individuum und Gesellschaft vermittelt werden. Im systemtheoretischen Konstruktivismus bilden dagegen soziale und psychische Systeme füreinander Umwelten: Soziale Systeme sind Kommunikationssysteme, psychische Systeme sind Bewußtseinssysteme, die ihre je eigene Autopoiese vollziehen (vgl. Luhmann 1988). Diese je eigene Autopoiese verläuft in dem gemeinsamen Medium Sinn. Jedes System steht vor der Aufgabe, die grundsätzlich nicht faßbare Komplexität der Umwelt intern zu reduzieren und anschluß-

fähig für die eigenen Operationen zu machen. Psychische und soziale Systeme bewältigen diese Aufgabe in der Form von Sinn, so daß beide über Sinn strukturiert sind (vgl. Luhmann 1984, S. 92). Sinn bildet die Relation zwischen einer jeweils gegebenen Potentialität von Verweisungs- und Anschlußmöglichkeiten und einer Aktualität tatsächlich vollzogener Selektionen aus diesen Möglichkeiten. Diese Relation kann als Sequentialität sinnhafter Prozesse beschrieben werden, in die Handlungen eingelassen sind: Handlungen selegieren bestimmte Bedeutungen aus einem Raum vorlaufend eröffneter Bedeutungsmöglichkeiten (vgl. Oevermann 1983, S. 237ff.). Das Sinngeschehen bildet einen laufenden Prozeß der Eröffnung und Begrenzung von Anschlußmöglichkeiten. In diesem Prozeß werden objektive, von subjektivem Bewußtsein strikt zu unterscheidende Sinnstrukturen gebildet (vgl. Oevermann u. a. 1979). Diese Sinnstrukturen organisieren soziale Handlungen und Interaktionen.
Die Sequentialität des Sinngeschehens hat nun wichtige Konsequenzen für den Begriff der sozialen Interaktion, der sich nicht mehr auf Beziehungen zwischen Individuen oder Zusammenhänge von Einzelhandlungen zuschneiden läßt. Dieser vereinfachende Begriff der sozialen Interaktion geht auf Meads (1973) Theorie der Rollen- und Einstellungsübernahme zurück. Sozialität wird dann fälschlicherweise als Ergebnis der Koordination von einzelnen Handlungen und subjektiven Perspektiven und nicht als diesen Prozessen vorausliegender, eigenständiger Kontext begriffen. Von dieser Vorstellung läßt sich noch die Theorie des kommunikativen Handelns von Habermas (1981) leiten, die die Möglichkeit verständigungsorientierten Handelns in intersubjektiven Koordinationsprozessen in den Mittelpunkt stellt. In sozialen Interaktionen werden die Handlungsentwürfe verschiedener Personen zu einem Interaktionszusammenhang verknüpft. Damit wird die Ebene der objektiven Sinnstruktur von Interaktionen verfehlt, die sich unabhängig von praktisch durchgeführten intersubjektiven Handlungskoordinationen bereits hergestellt haben muß, weil Handeln sonst keinen Sinn machen könnte (vgl. Oevermann 1986, S. 27ff.). Handlungen stehen immer im Kontext von Sinnstrukturen, die eine Geschichte vorlaufender Selektionsleistungen als Horizont weiterer Selektionsmöglichkeiten aufbewahren: Sozialität besteht deshalb »aus einem ununterbrochenen Strom von Interaktionen, aus dem sich unter spezifischen Kon-

textbedingungen individuelle Handlungen herauslösen und isolieren lassen – nicht umgekehrt, wie in den Handlungstheorien« (ebd., S. 60). Diese Interaktionstheorie steht erkennbar quer zu der traditionellen Unterscheidung von Handlungs- und Systemtheorie: Mit der Systemtheorie wendet sie sich gegen eine Handlungstheorie, die die Verhältnisse auf den Kopf stellt, indem sie einzelne Handlungen zur Grundlage der soziologischen Analyse macht und Interaktionen bzw. Kommunikationen als aus Handlungen zusammengesetzte Gebilde begreift. Die Einzelhandlung ist eine empirisch leerlaufende, ahistorische Konstruktion. Handlungen haben eine Geschichte der Bildung von Sinnstrukturen, durch die sie als Handlungen erst konstituiert werden, und nur dadurch können sie Bedeutung haben.[3]

Die Frage, auf welche Grundlage die handlungskonstituierenden Prozesse zurückzuführen sind, weist nun allerdings bei Oevermann und Luhmann in unterschiedliche Richtungen. Zwar gehen beide von Kommunikationen in Form von Texten aus, um sozialwissenschaftliche Gegenstände zu bestimmen: Es ist die transsubjektive und kommunikative Form des Sinngeschehens, die sowohl dem Aufbau der sozialen Wirklichkeit als auch der psychischen Organisation in Prozessen der Sozialisation zugrunde liegt. Oevermann fügt dieser Annahme darüber hinaus eine sprachtheoretisch begründete Spezifikation hinzu, die in einen starken, deterministischen Regelbegriff mündet: Alle sinnhaft strukturierten, sprachlichen und nichtsprachlichen Handlungen sollen ihre Bedeutungsfunktion von der sprachlichen Bedeutungsfunktion beziehen. Auch außersprachliche Ausdrucksformen können Sinngehalte nur deshalb realisieren, »weil die sinnstrukturierte Handlung als solche durch Sprache, eben als Sprechhandlung grundsätzlich eingerichtet ist, so daß das, was sie realisiert, als Struktur außerhalb ihrer selbst schon immer vorliegt« (ebd., S. 46). Man muß demnach von der regelgeleiteten Konstitution sinnhafter Gegenstände ausgehen. Diese konstitutiven Regeln bilden als Struktur der Reziprozität des Sozialen den Ausgangspunkt der menschlichen Ge-

3 »Nur durch ihre aufbewahrte Selektivität hat Systemgeschichte Sinn« (Luhmann 1976, S. 13). Und diese Geschichte bewahrt »... nicht nur das Ausgewählte, sondern auch das Nichtausgewählte und im weiteren Sinne auch (den) Horizont von Möglichkeiten, aus dem jeweils ausgewählt wurde: also nicht nur Positionsleistungen, sondern auch Negationsleistungen« (ebd., S. 12).

schichte und Ontogenese (vgl. Oevermann 1991, S. 284). Sie ermöglichen erst die Erzeugung und Transformation sozialer Tatbestände aller Art (Handlungen, Institutionen etc.). Diese »Regelontologie« (vgl. Sutter und Weisenbacher 1993) liefert eine deterministische Absicherung der Entstehung regelgeleiteter Handlungen. Die derart ontologisierten Regeln sind selbst nicht mehr rekonstruktiv einholbar, da die Konstitution aller sinnhaften Gegenstände auf ihre Geltung zurückgeführt werden muß.

Die Systemtheorie verzichtet auf solche ontologisierend eingeführten Absicherungen der Bildung sozialer Strukturen. Statt dessen macht sie die doppelte Kontingenz zum Bezugsproblem der Analyse von Systembildungsprozessen. Kommunikative Systeme können nicht ohne Beteiligung von Bewußtseinssystemen entstehen, ohne daß aber Bewußtseinssysteme kommunizieren könnten: Kommunikation und Bewußtsein bedingen sich gegenseitig (vgl. Luhmann 1988). Das Problem der doppelten Kontingenz stellt sich im Kontakt von zwei oder mehr psychischen Systemen, die an der Kommunikation beteiligt sind: »Für jedes System, für die beteiligten Personen ebenso wie für das Sozialsystem, das sie bilden, ist die Umwelt stets komplexer als das System selbst. Ausgangslage ist somit ein mehrfach gegenläufiges Komplexitätsgefälle« (Luhmann 1978, S. 43). Die Aufgabe, vor der die Systeme stehen, ist deshalb die Reduzierung der Komplexität doppelt kontingenter Beziehungen. Die Personen nehmen dabei komplizierte Perspektivenverschachtelungen vor, in denen Ego in Rechnung stellt, daß er für einen anderen Alter ist und von diesem als alter Ego gesehen wird (vgl. ebd., S. 46). Dadurch wird jedoch nicht die wechselseitige Intransparenz aufgehoben: Ego und Alter haben keine andere Möglichkeit, als unter Bedingungen der wechselseitigen Undurchschaubarkeit selbstreferentiell Bestimmungen aufzubauen.

Um den Systembildungsprozeß unter Bedingungen der doppelten Kontingenz zu verdeutlichen, kann man an einer zunächst weitgehend unbestimmten Situation ansetzen: Zwei Fremde treffen zusammen, wobei nicht mehr als der Umstand gegeben ist, daß sie sich wechselseitig in ihrem Verhalten bestimmen lassen wollen. Wir müssen hier keinen vorab hergestellten Konsens, eine Regelontologie oder sonstige Absicherungen in Rechnung stellen, um die Möglichkeit wechselseitiger Verhaltensabstimmungen einsichtig zu machen. Bereits die erste versuchsweise Bestimmung des eigenen Verhaltens (mittels eines Blicks, einer Geste, einer Begrüßung, aber auch des Versuchs der Kontaktvermeidung) bringt eine Kontingenz reduzierende Abfolge von Handlungen in Gang (vgl. Luhmann 1984, S. 150). Den Ausgangspunkt bildet somit die offene Form der doppelten Kontingenz, die nicht mehr als die »Systembildungsmöglichkeit im Wartestand« (ebd., S. 172) enthält. Als Anstoß für die Realisierung einer dieser Möglichkeiten liefert eine Handlung, wie überraschend und neu sie auch sein mag, das Material für den anlaufenden Strukturbildungsprozeß. Mit diesem Prozeß der Emergenz von Handlungen ist ein Prozeß der Konstitution verklammert, denn doppelte Kontingenz tritt nie in einer »reinen«, vollkommen offenen (vgl. ebd., S. 168), sondern immer zugleich strukturierten Form auf: Konstitution besagt, daß Elemente nur in den Systemen und nur durch die Systeme gebildet werden, die sie als Einheit verwenden, wobei die Strukturen die Relationierbarkeit der Elemente im System beschränken (vgl. ebd., S. 183 ff.). Handlungen erzeugen, mit anderen Worten, im Prozeß ihrer Entstehung strukturelle Vorgaben, die für weitere selbstreferentielle Bestimmungen genutzt werden können.[4]

2. Die soziale Struktur des Handelns

Die selbstreferentielle Entstehung und Lösung des Problems der doppelten Kontingenz macht Möglichkeiten der Selbstbestimmung sozialer Handlungen deutlich, die von den Perspektiven der Subjekte unabhängig sind. Das Problem der doppelten Kontingenz wird systematisch vereinfacht, wenn Sozialität als Beziehungen zwischen Individuen begriffen und von da aus nach Lösungen dieses Problems (z. B. durch Spiegelung, Rollenübernahme, Reziprozität der Perspektiven) gesucht wird. Unter Rückgriff auf Meads Terminologie wird das Problem der doppelten Kontingenz halbiert (vgl. ebd., S. 153 f.). Handlungs- und sub-

4 Die Prozesse der Emergenz und der Konstitution bilden zwei selbstreferentielle Zirkel, die bei der Systembildung unter den Bedingungen doppelter Kontingenz immer nur zusammen auftreten: »Jede Wirkung des Problems der doppelten Kontingenz läuft, sobald es sich stellt, über diese beiden selbstreferentiellen Zirkel und verknüpft sie miteinander« (ebd., S. 183).

jekttheoretisch wird immer nur eine Seite der Interaktion betrachtet; Entsprechungen auf der anderen Seite werden unterstellt. Gegen den Verdacht, mit Mead sei dem Problem der doppelten Kontingenz nicht beizukommen, läßt sich jedoch dessen Theorie auch als Analyse selbstreferentiell sich bildender Handlungen lesen. Hierzu ist ein interessanter Vorschlag gemacht worden: Wolfgang Ludwig Schneider (1994) verbindet Meads Theorie der sozialen Struktur des Handelns mit Luhmanns Kommunikationstheorie.[5] Nach Mead (1973, S. 81 ff.) entstehen Bedeutungen nur in einer Abfolge von Handlungen, die sich im Ablauf wechselseitiger Bezugnahmen selbst organisieren. Das kann bereits auf der Ebene tierischer Verhaltensabfolgen gezeigt werden, in denen Gesten ausgetauscht werden, wobei die Verhaltensweise des einen Organismus einen Reiz für die Reaktion eines anderen Organismus bildet, die wiederum als Reiz für das anschließende Verhalten des einen Organismus fungiert. Wenn ein Tier einem anderen Angriffsbereitschaft signalisiert, so kann dieses mit der Bereitschaft zur Flucht oder Gegenwehr reagieren, woran sich wiederum die Reaktionen des ersten Tieres anpassen. Bereits hier haben wir auf der Ebene nicht-signifikanter Gesten die Grundeinheit sozialen Handelns in der Abfolge von Geste, Reaktion und Anschlußhandlung vor uns. Auf dieser Ebene sind die Bedeutungen nicht für den handelnden Organismus selbst, sondern nur für einen externen Beobachter verfügbar. »Für den Beobachter bedeutet die Geste Gefahr und die Reaktion des Individuums auf die Gefahr« (ebd., S. 93). Als Beitrag zu einer Gesamthandlung trägt die Geste objektiv eine doppelte Bedeutung als Ankündigung aus der Perspektive des einen (»Ich greife an, wenn du nicht fliehst«) und eine Aufforderung aus der Perspektive des anderen Organismus (»Fliehe, dann greife ich dich nicht an«). Auf der humanen Ebene signifikanter Gesten sind die Bedeutungen auch für den Organismus verfügbar. In der Doppelbedeutung von Gesten als Ankündigung und Aufforderung ist die Struktur der sozialen Kooperation angelegt: Durch ein Interaktionsangebot kündigt ein Sprecher an,

5 In eine ähnliche Richtung, freilich ohne Kontakt zur Systemtheorie, weist Oevermanns Rekonstruktion der Sozialtheorie Meads, die Prozesse der Emergenz und Determination von Neuem im Bezugsrahmen der Prozesse einer autonomen Lebenspraxis untersucht (vgl. Oevermann 1991) und dabei eine konstruktivistische Theorie der Entstehung selbstreferentieller Handlungszusammenhänge entfaltet.

daß er für den Fall, der Hörer nimmt das Angebot an, die sich daraus ergebenden regelkonformen Interaktionsverpflichtungen übernehmen wird, und er fordert zugleich den Hörer auf, das Angebot anzunehmen (vgl. Schneider 1994, S. 143). Auch in einer noch sehr unbestimmten Situation entstehen schon dadurch spezifische Festlegungen künftigen Verhaltens.

Diese soziale Struktur des Handelns läßt sich z. B. an einer allgemeinen Begrüßungshandlung aufzeigen (vgl. Oevermann 1983). Obwohl Begrüßungshandlungen in den verschiedensten Kontexten auftreten und vergleichsweise wenig Restriktionen etablieren, eröffnen sie ganz bestimmte Möglichkeiten einer regelgerechten Reaktion für den Interaktionspartner. Man kann entscheiden, ob man den Gruß erwidern und »das zur Reziprozität verpflichtende Interaktionsangebot der begrüßenden Person einschließlich des darin implizierten Anspruchs auf deren Anerkennung als konkretes Subjekt akzeptieren will oder nicht« (ebd., S. 240; wir kommen auf dieses Beispiel zurück). Von der sozialen Struktur des Handelns läßt sich zwanglos die Brücke zum Problem der doppelten Kontingenz in der Kommunikationstheorie Luhmanns schlagen. In dieser Struktur finden wir den Schlüssel für die gleichzeitige Entstehung und Lösung des Problems der doppelten Kontingenz, das der Bildung sozialer Systeme und der Bestimmung des Verhaltens psychischer Systeme zugrunde liegt. Die Möglichkeit der Problemlösung setzt nicht mehr als einen selbstreferentiellen Zirkel bzw. die Reziprozität der Sozialität voraus, die Oevermann anhand einer Begrüßungshandlung aufgezeigt hat: »Ich tue, was Du willst, wenn Du tust, was ich will« (Luhmann 1984, S. 166). Die soziale Struktur des Handelns macht deutlich, daß Kommunikationen und Interaktionen vom Beginn ihrer Entstehung an laufend Selbstfestlegungen erzeugen: »Der Schritt zur ›Enttautologisierung‹ des Zirkels reiner doppelter Kontingenz ist mit der Ausführung einer Äußerung (und sei es die erste in einer Begegnung zwischen Fremden) also immer schon getan« (Schneider 1994, S. 145). Möglich wird dies durch die doppelte Rekursivität selbstreferentieller Handlungen, die zugleich rückwärts in die Vergangenheit und voraus in die Zukunft greifen und so eine »antezipierende« und eine »retrospektiv gerichtete« Rekursivität verschränken (vgl. ebd., S. 169 f.). Die Methode der objektiven Hermeneutik (vgl. Oevermann u. a. 1979) zielt mit dem Prinzip der Sequenzanalyse genau auf die Nachrekonstruktion dieser doppelten Rekursivität

des Handelns, das in einem Zug aus der Gesamtheit in einer vergangenen Systemgeschichte entstandener Anschlußmöglichkeiten selegiert und neue Anschlußmöglichkeiten produziert.[6]
Zur Beschreibung der Verläufe dieser Selbstfestlegungen kann man auch auf die Methode der Konversationsanalyse zurückgreifen, die Interaktionen als Zug-um-Zug-Systeme rekonstruiert, die rück- und selbstbezüglich entstehen (vgl. Hausendorf 1992).[7] Dieses Zug-um-Zug-Modell nutzt Schneider, um seine Theorie der Prozesse der Bedeutungsselektion mit Luhmanns Kommunikationstheorie zu vergleichen. In der Systemtheorie wird Kommunikation aus drei Selektionen gebildet: Information, die aus verschiedenen Sachverhalten, und Mitteilung, die aus verschiedenen Verhaltensmöglichkeiten selegieren (vgl. Luhmann 1984, S. 191 ff.). Die dritte Selektion ist das Verstehen, wie es (unabhängig vom Verstehen oder Mißverstehen im Bewußtsein der Beteiligten) in der Kommunikation selbst angezeigt wird.[8] Die Grundeinheit der kommunikativen Bedeutungsselektion beschreibt Luhmann als zwei aneinander anschließende Mitteilungshandlungen, wobei die Reaktion Alters anzeigt, wie die Mitteilung Egos verstanden worden ist.[9] Dieses Modell zweizügiger Sequenzen er-

6 Oftmals wird der Kritik der deterministischen Sozialtheorie Oevermanns dessen Methode der Objektiven Hermeneutik subsumiert: Diese Sichtweise ist undifferenziert und kurzschlüssig (vgl. Sutter 1997). Im Gegenteil kann die Objektive Hermeneutik durchaus an eine konstruktivistische Sozialtheorie wie Luhmanns Systemtheorie angeschlossen werden (vgl. Bora 1994; Schneider 1995).

7 Auch die Analyse alltäglicher Gespräche und Unterhaltungen kann so an das systemtheoretische Konzept der Autopoiese angeschlossen werden. In Interaktionen als selbstreferentiellen Systemen werden Selbstfestlegungen dadurch etabliert, daß Redebeiträge »die Aufgaben, die mit ihrer Realisierung auftreten, im gleichen Zug bewältigen bzw. bearbeiten« (ebd., S. 19).

8 Verstehen ist also eine Form der kommunikativen Selbst- und Fremdbeobachtung und bleibt immer systemrelativ: Ein anderes System zu verstehen heißt, dessen Handhabung der System-Umwelt-Differenz zu beobachten. Indem das verstehende System sich selbst als Moment in der Umwelt des verstandenen Systems erfährt, werden System-Umwelt-Differenzen verschränkt: Ein System »versteht in seiner Umwelt ein anderes System aus dessen Umweltbezügen heraus« (Luhmann 1986, S. 80).

9 So werden basale Selbstreferenz und rekursive Geschlossenheit von

gänzt Schneider durch die nur in dreizügigen Sequenzen zu realisierende soziale Struktur des Handelns nach Mead. Bei Luhmann ist die Selbstzuschreibung von Bedeutung aus der Perspektive Egos, die als Validierung an die Bedeutungsselektion der Reaktion Alters anschließt, zumindest nicht in jedem Falle vorgesehen.

»Wie die Reaktion alters den Sinn des vorausgehenden Mitteilungsereignisses kommunikativ bestimmt, so konfirmiert oder diskonfirmiert Egos Anschlußverhalten kommunikativ die in der Reaktion enthaltene Sinnzuweisung als korrekt oder inkorrekt. Systemtheoretisch gesprochen fungiert an der dritten Sequenzposition die Unterscheidung von Verstehen und Mißverstehen in der Selbstbeobachtung der Kommunikation« (Schneider 1994, S. 176 f.).

An dieser Stelle werden – auf der Ebene von Kommunikation – die unterschiedlichen Sinnzuweisungen koordiniert, und erst dadurch wird eine Phase der Reproduktion von Erwartungsstrukturen abgeschlossen. Der Abschluß der Phase zeigt an, »inwiefern intersubjektive Kongruenz der Bedeutungsselektionen erreicht oder verfehlt wurde« (ebd., S. 186). Die konstitutive Leistung der dritten Sequenzposition, ohne die eine vollständige Struktur der sozialen Handlung nicht etabliert werden könnte, ist der Test auf »Intersubjektivität« des Verstehens, nicht als Übereinstimmung psychischer Bedeutungszuschreibungen, sondern als Kategorie der Selbstbeobachtung von Kommunikation (vgl. ebd., S. 177). Erst dieser Test vervollständigt den kommunikativen Zyklus der Reproduktion von Erwartungsstrukturen.

3. Rekonstruktives versus normatives Vorgehen

Trägt man dieses Modell der interaktiven Koordination von Bedeutungsselektionen an medial vermittelte Kommunikationsprozesse heran, so wird deutlich, daß dieser Zyklus der Reproduktion von Erwartungsstrukturen sehr früh unterbrochen wird: Gerade schriftliche und massenmediale Kommunikationsformen schlie-

Kommunikation etabliert: »In jedem Falle ist jede Einzelkommunikation, sonst würde sie gar nicht vorkommen, in den Verstehensmöglichkeiten und Verstehenskontrollen eines Anschlußzusammenhanges weiterer Kommunikationen rekursiv abgesichert« (Luhmann 1984, S. 199).

ßen ja Reaktionen und daran anknüpfende Anschlußhandlungen, also die zweite und dritte Sequenzposition, wirksam aus (vgl. Schneider 1994, S. 187; Luhmann 1996, S. 34). Gerade die Massenkommunikation macht sich von den entsprechenden Leistungen, also der kooperativen Reproduktion von Erwartungsstrukturen und der Koordination unterschiedlicher Bedeutungsselektionen, unabhängig. Es kommt unter dieser Bedingung auf beiden Seiten zu offenen, unkorrigierten Bedeutungszuweisungen in der Kommunikation. Das Interaktionsmodell dreizügiger Handlungssequenzen liefert dabei die Folie, auf der die Offenheit der Bedeutungszuweisungen sichtbar wird: Medienangebote lassen, wie in den nächsten Abschnitten deutlich wird, den Zuschauern weitgehende Freiheiten beim Umgang mit dem Dargebotenen.

Das Interaktionsmodell dreizügiger Handlungssequenzen kann zum einen rekonstruktiv an Prozesse der Medienkommunikation und Medienrezeption herangetragen werden. Der Wegfall der zweiten und dritten Sequenzposition macht dabei deutlich, daß schriftliche und massenmediale Kommunikationen weitgehend von der Anforderung entlastet werden, Intersubjektivität laufend zu erzeugen und zu kontrollieren. Das kann dann allerdings in interaktiven Anschlußkommunikationen auf der Seite der Rezipienten oder in den Interaktionen in den Medienangeboten selbst (z. B. Talkshows) geschehen. Dieses Modell kann zum anderen aber auch normativ verwendet werden, um ausgehend von Face-to-face-Interaktionen kulturkritisch die vermeintlichen Defizite der Medienkommunikation aufzudecken. Wir wollen an einem kurzen Beispiel zumindest plausibel machen, daß nur die rekonstruktive Vorgehensweise gewinnbringend in der Medienforschung eingesetzt werden kann.

Beide Alternativen lassen sich gut an der Analyse einer Ansage im Fernsehen von Oevermann (1983) nachzeichnen, die ausgehend von der Struktur von Face-to-face-Interaktion sowohl rekonstruktiv als auch normativ vorgeht.[10] Die Ansage beginnt mit einer

10 Daß in dieser Analyse beide Alternativen umgesetzt werden, hängt mit dem gespannten Verhältnis zwischen Oevermanns deterministischer Sozialtheorie und der konstruktivistischen Methodologie und Methode der Objektiven Hermeneutik zusammen (vgl. dazu Sutter 1997). Determinismus und Konstruktivismus bilden dabei eine unaufgelöste Ambivalenz, die in neueren Arbeiten allerdings zunehmend überwunden wird (vgl. insbesondere Oevermann 1991).

einfachen Begrüßung: »Guten Abend«. An dieser Äußerung läßt sich, wie oben schon erwähnt, die Struktur von Face-to-face-Interaktionen rekonstruieren (vgl. ebd., S. 235 ff.). Der Grüßende hatte die Wahl, zu grüßen oder nicht zu grüßen: Die rückwärts gerichtete Rekursivität der Handlung macht diese als eine Selektion unter mehreren gegebenen Möglichkeiten kenntlich. Indem der Sprecher sich entschieden hat zu grüßen, verpflichtet er sich zur weiteren Teilnahme an der von ihm eröffneten Interaktion (Ankündigung). Der Adressat wiederum hat die Wahl, der damit verbundenen Aufforderung zur Annahme des Interaktionsangebots zu entsprechen oder nicht. In der reziproken Struktur einer Begrüßungshandlung realisieren sich somit wechselseitige Verpflichtung und die Wahrung individueller Autonomie in einem. Bereits der Anschluß legt den institutionellen Kontext der Handlungssequenz offen: »meine Damen und Herren«. Vergleicht man die möglichen Kontexte, in denen diese Äußerung stehen könnte, so schält sich die Situation eines Sprechers in herausgehobener Position heraus, der ein Kollektiv anspricht, das in einem rollenförmig organisierten Verhältnis zu dem Sprecher steht (vgl. ebd., S. 248). Begrüßt etwa ein Redner ein im Saal sitzendes Publikum, so ist eine Reaktion des Publikums nicht vorgesehen, aber aufgrund der wechselseitig wahrgenommenen Anwesenheit der Kommunikanten prinzipiell möglich (ein Student verläßt den Hörsaal, weil er in die falsche Vorlesung geraten ist). Nimmt man den tatsächlich gegebenen Fall des Beginns einer Abendansage im Fernsehen, ist die Möglichkeit einer für den Sprecher wahrnehmbaren Reaktion der Adressaten ausgeschlossen. Trotz der hier sehr verkürzten Skizzierung der Analyse dürfte das Verfahren bereits deutlich geworden sein: Die spezifischen Geltungsbedingungen der Äußerungen werden rekonstruiert, indem der Wegfall denkbarer an die Begrüßung anschließender Reaktionen und der damit verknüpften Leistungen aufgedeckt wird. Im Falle des Redners vor einem Auditorium wäre eine explizite Verstehenskontrolle begründungsbedürftig (der Student erkundigt sich nach einer Entschuldigung, die seinen Redebeitrag als Störung des regulären Handlungsablaufs markiert, ob das nicht Veranstaltung X ist, und verläßt dann gegebenenfalls den Raum). Fälle von schriftlicher und massenmedialer Kommunikation schließen derartige Verstehenskontrollen aus; diese können nur indirekt durch Einschaltquoten, Leserbriefe, Rezensionen usw. vorgenommen werden.

In der Struktur massenmedialer Kommunikation fehlt ein kooperativ erzeugter gemeinsamer Handlungsraum, in dem Medienakteure und Rezipienten ihre Bedeutungsselektionen intersubjektiven Verstehenskontrollen unterwerfen könnten. Der Befund des Wegfalls direkt anschließbarer Kontrollen von Bedeutungsselektionen in der Massenkommunikation hält sich streng an die Ebene selbstreferentiell prozessierender Kommunikationen und schließt nicht auf verstehende oder mißverstehende Rezeptionen auf der Bewußtseinsebene. Der Vergleich mit Interaktionen unter Anwesenden macht deutlich, daß und wie Massenkommunikation sich von Verstehenskontrollen weitgehend abschotten und von entsprechenden Störpotentialen unabhängig machen kann: Dies ist Verstehen und Mißverstehen indifferent behandelnde Kommunikation par excellence. Entscheidend ist dabei aber, daß man die Rezeptionsseite diesem Befund nicht einfach normativistisch subsumiert. Diesen Weg schlägt Oevermann ein, wenn er die im Falle von Fernsehkommunikation entfallenden Möglichkeiten der Adressaten, auf die Begrüßung zu reagieren, als Deformation der Reziprozität von Face-to-face-Interaktionen deutet und damit die Selbstreferentialität der Massenkommunikation und daran anschließender Interaktionen aus dem Blick verliert: Es wird, so sein Argument, nur der Schein einer interpersonalen Beziehung inszeniert, die den Rezipienten strukturell seiner Autonomie beraubt und in eine Strukturlogik von Verblendung und Entfremdung zwingt (vgl. ebd., S. 250 ff.). Es wird eine Interaktionsreziprozität vorgegaukelt, die durch die objektiven Bedingungen der Fernsehkommunikation grundsätzlich nicht gegeben ist. Das sehr banale Datum des Beginns einer Abendansage deckt die Fernsehkommunikation insgesamt strukturierende Selbstinszenierungslogik auf, der das Medium alles unterwirft: Kennzeichnend hierfür sind Merkmale wie Entmündigung der Zuschauer, Personalisierung, Pseudovergemeinschaftung, Selbstbezüglichkeit medialer Darbietungen usw. (vgl. auch Oevermann und Tykwer 1991). Normativ ist diese Analyse insofern, als sie unterstellt, die Subjekte seien – anders als in Interaktionen unter Anwesenden – diesen Strukturen hilflos ausgeliefert: Einweg-Kommunikation an sich ist dann schon struktureller Zwang im Hinblick auf Rezeptionsmöglichkeiten. Dieses Verfahren verläßt damit den Boden konstruktivistischer Analysen, weil es von den Strukturen selbstreferentiell prozessierender Medienkommunikation auf die Verar-

beitungsmöglichkeiten der Rezipienten schließt, ohne die Autonomie und Rekursivität der offenen, nur indirekt kontrollierbaren Bedeutungszuweisungen auf beiden Seiten zu berücksichtigen. Das Problem der doppelten Kontingenz wird hier zwar nicht handlungstheoretisch, aber normativistisch halbiert.
Interessanterweise gehen die empirischen Befunde dieser normativen Vorgehensweise in die gleiche Richtung wie die Deutungen der eingangs erwähnten poststrukturalistischen Medientheorie. Unter der Bedingung einer medial simulierten Wirklichkeit gerät alles in den allgemeinen Strudel des Als-ob: Geschichte als ob, Politik als ob, und eben auch: interaktive Nahbereiche als ob. Wir stehen vor einer Verabsolutierung der medialen Form.

»Das genau ist Massenmediatisierung. Nämlich kein Ensemble von Techniken zur Verbreitung von Botschaften, sondern das *Aufzwingen von Modellen.* ... In Wirklichkeit ist das Medium das Modell. Das Mediatisierte ist nicht das, was durch die Presse, über das Fernsehen und das Radio läuft – sondern das, was von der ... Form mit Beschlag belegt, als Modell artikuliert und vom Code reguliert wird« (Baudrillard 1978, S. 99).

Diese Nähe der Befunde ist nicht zufällig, denn sie speist sich aus einer – freilich sehr unterschiedlich begründeten und umgesetzten – Abkoppelung der Medienanalyse von einer eigenständigen Rezeptionsforschung. Diese hätte auf der Linie der von uns vorgeschlagenen Strategie zu fragen, unter welche Bedingungen die Offenheit von Bedeutungsselektionen in der Medienkommunikation die subjektiven Prozesse der Rezeption und Verarbeitung von Medienangeboten stellt.

4. Die Beobachtung medialer Interaktion

Handeln im Medium der Schrift (per Brief, Buch usw.) oder unter Zuhilfenahme von technischen Mitteln der Telekommunikation (Radio, Fernsehen, Telefon, Internet usw.) bleibt seiner Struktur nach soziales Handeln, aber die Medien verhindern (in unterschiedlichem Maße) Interaktion, in der Handlungen direkt aneinander anschließen können. Wer brieflich kommuniziert, muß länger dauernde Unterbrechungen im Handlungszyklus in Kauf nehmen, er gewinnt aber auf der anderen Seite auch Zeit für die Beobachtung der gemeinsamen Handlung. Z. B. kann er den selbst verfaßten ebenso wie den empfangenen Brief mehrfach lesen und daher ohne Handlungsdruck die weiteren Schritte planen. Flüchtige emotionale Reaktionen erhalten, wenn man sie schriftlich niederlegt, Dauer. Der eigene Standpunkt läßt sich leichter durchhalten und verteidigen, wenn man ihn für sich selbst notiert oder öffentlich zu Protokoll gegeben hat (Luhmann 1984, S. 582 f.).

Die vom Medium erzwungene Handlungsunterbrechung eröffnet die Gelegenheit zur Handlungsbeobachtung. Besonders deutlich zeigt sich dieses Phänomen, wenn eine Antwort des Rezipienten gar nicht vorgesehen ist oder eines besonderen Aufwands bedarf (z. B. beim Verfassen von Leserbriefen). Der Rezipient von gedruckten literarischen Texten oder von Fernsehsendungen ist überwiegend auf das Beobachten von Interaktion verwiesen. Die Rezeption von Mediengeschichten läßt sich daher als Beobachtungsvorgang beschreiben, der sich von der sozialen Interaktion dadurch unterscheidet, daß die wechselseitige Kontrolle der Bedeutungsproduktion durch Sprecher und Hörer (Produzent und Rezipient) gar nicht oder nur auf aufwendigen oder zeitraubenden Wegen erreicht werden kann.

Wie sich zeigen wird, lassen sich aber nicht alle Phänomene der Medienkommunikation erschöpfend als »soziale Handlung, die beobachtet wird«, rekonstruieren. Häufig kommt es vor, daß der Sprecher im Radio oder Fernsehen den Hörer/Zuschauer direkt anspricht (wie im obigen Beispiel »Guten Abend, meine Damen und Herren«), oder daß der Hörer/Zuschauer Äußerungen macht, die scheinbar an den Mediensprecher gerichtet sind (z. B. die nicht ganz unübliche Antwort des Fernsehzuschauers an den Tagesschau-Sprecher »Guten Abend, Herr X«). Diese Phänomene sind von Horton und Wohl (1956) als Ausdruck einer »intimacy at a distance« gewertet und mit der Bezeichnung »parasoziale Interaktion« belegt worden. Nach der oben vorgenommenen Begriffsklärung verbietet es sich, in den genannten Fällen von »Interaktion« zu sprechen. Wir werden versuchen, die beschriebenen Phänomene als Ausdruck von Pseudo- und Mehrfachadressierungen auf der Seite des Sprechers wie auch des Hörers zu charakterisieren.

Da ein Leser lediglich als Beobachter und nicht als Teilnehmer an der im Text geschilderten sozialen Handlung auftritt, kann auch seine Reaktion auf die Lektüre nicht zum Ausgangspunkt für den weiteren Fortgang der Geschichte werden. Weder wird der Autor korrigierend eingreifen, wenn er sich vom Leser mißverstanden fühlt, noch kann der Leser Anschlußmöglichkeiten für die geschilderte Handlung vorgeben, die der Verfasser der Geschichte zu berücksichtigen hat. Die sogenannte Textoffenheit läßt den Leser im Ungewissen über die »richtige« Lesart – aber sie gibt ihm auch im Vergleich zur Interaktionssituation bestimmte Freiheiten. Die Autonomie des Lesers gegenüber dem Text spielt in der neueren kulturwissenschaftlichen Medientheorie eine prominente Rolle (vgl. Charlton 1997).

Individuen, die eine Mediengeschichte rezipieren, sind gezwungen, inferentielle Ausflüge in jenen Möglichkeitsraum zu unternehmen, den die Geschichte aufspannt (Eco 1987). Texte unterscheiden sich im Hinblick auf die Komplexität des aufgespannten Handlungsraums und die damit verbundene Vieldeutigkeit. Mögliche Handlungsentwicklungen, die sich aus einer szenischen Konstellation ergeben, können vom Text gänzlich offengelassen werden (»Andeutungspoetik« nach Eco 1973), oder sie können so komplex angelegt sein, daß Leser (auch professionelle Leser wie z. B. Literaturwissenschaftler) immer wieder neue Bezüge entdekken. Die Polyvalenz von Texten wird von Schmidt (1980) als ein notwendiges Kriterium bezeichnet, das Texte erfüllen müssen, wenn sie als literarisch bezeichnet werden sollen. Dieselbe Ansicht vertritt Eco (1973, S. 30), wenn er feststellt: »Im Grunde ist eine Form ästhetisch gültig gerade insofern, als sie unter einer vielfachen Perspektive gesehen und aufgefaßt werden kann«. Offenstehende Handlungsmöglichkeiten bzw. die Ungewißheit über den weiteren Verlauf der Geschichte sind ebenso die Voraussetzung dafür, daß der Leser oder Zuschauer Spannung erlebt (vgl. Zillmann 1991; Vorderer 1997). In einigen Genres (z. B. im Kriminalroman) ist es üblich, am Ende der Geschichte alle bis dahin offenstehenden Lesarten zugunsten einer einzigen auszuschließen.

Neuere theoretische und empirische Arbeiten zum produktiven Lesen, Zuschauen oder Zuhören beziehen sich in der Regel auf einige, allerdings eher skizzenhafte Anmerkungen von Roland

Barthes (1976), Umberto Eco (1973) und John Fiske (1987) zur Offenheit von Texten. Offenheit wird dabei weniger entsprechend dem Wortsinn als Textmerkmal denn als Kennzeichen des Prozesses der Bedeutungskonstitution verstanden. Im ersten Kapitel von »S/Z« fragt sich Barthes (1976), wie der Wert von Texten bestimmt werden soll. Als erstes Kriterium (und wohl wichtigstes) nennt er

»Das Schreibbare ... weil es das Vorhaben der literarischen Arbeit (der Literatur als Arbeit) ist, aus dem Leser nicht mehr einen Konsumenten, sondern einen Textproduzenten zu machen ... Als Gegenüber des schreibbaren Textes etabliert sich (...) sein negativer, reaktiver Wert, sein Gegenwert; das, was gelesen aber nicht geschrieben werden kann: das Lesbare« (ebd., S. 8, stark gekürzt).

Für Barthes sind die meisten literarischen Texte nur »lesbar«. Die Lesbarkeit eines Textes ist aber nicht ein Merkmal des Textes selbst, sondern sie entsteht erst in der Rezeption und ist an eine bestimmte Rezeptionsweise gebunden:

»Der schreibbare Text, das sind wir beim Schreiben, bevor das nicht endende Spiel der Welt (die Welt als Spiel) durch irgendein singuläres System (Ideologie, Gattung, Kritik) durchschritten, durchschnitten, durchkreuzt und gestaltet worden wäre, das sich dann auf die Pluralität der Zugänge, die Offenheit des Textgewebes, die Unendlichkeit der Sprachen niederschlägt« (ebd., S. 9).

Vergleichbar äußert sich Eco (1973): »Das Modell eines offenen Kunstwerks gibt nicht eine angebliche objektive Struktur der Werke wieder, sondern die Struktur einer Rezeptionsbeziehung« (ebd., S. 15). Für die kulturwissenschaftlich orientierte neuere Fernsehforschung hat Fiske (1987) die Überlegungen von Barthes und Eco erneut ins Gespräch gebracht.

»To be popular, then, television must be both polysemic and flexible (...) I shall characterize the television text as a state of tension between forces of closure, which attempt to close down its potential of meanings in favor of its preferred ones, and forces of openness, which enable its variety of viewers to negotiate an appropriate variety of meanings« (ebd., S. 84).

Auch Fiske verortet die Textoffenheit im Rezeptionsprozeß:

»The production of meaning from a text follows much the same process as the construction of subjectivity within society. The reader produces meanings that derive from the intersection of his/her social history with the social forces structured into the text. The moment of reading is when the discourses of the reader meet the discourses of the text« (ebd., S. 82).

Vermittelt über Fiske (1987) haben sich viele Autoren, die sich dem Programm der »British Cultural Studies« (vgl. Turner 1990) verpflichtet fühlen, auch empirisch mit der Frage der Textoffenheit und dem Lustgewinn des Lesers beim Umgang mit offenen Texten beschäftigt (z. B. Jenkins 1992; Lewis 1992).

Die Möglichkeiten der Beobachtungen offener Texte bei der Medienrezeption stellt auch die Systemtheorie heraus: Nachdem einst vor allem die unterhaltsamen Erzählungen in Form von Romanen Anlaß zu diesen Beobachtungen gaben, sind heute vielfältige Formen unterhaltsamer Sendungen im Fernsehen hinzugetreten. So liegt das Spannende an Sendungen mit persönlichen Erfahrungsberichten darin,

»... eine glaubwürdige, aber nicht konsenspflichtige Realität vorgeführt zu bekommen. Obwohl in derselben Welt lebend (es gibt keine andere), wird der Zuschauer keinen Konsenszumutungen ausgesetzt. Ihm steht es frei, zuzustimmen oder abzulehnen. Ihm wird kognitive und motivationale Freiheit angeboten – und dies ohne Realitätsverlust! Der Gegensatz von Freiheit und Zwang ist aufgehoben ... Unterhaltungssendungen haben somit immer einen Subtext, der die Teilnehmer einlädt, das Gesehene oder Gehörte auf sich selber zu beziehen« (Luhmann 1996, S. 112).

Dabei kommt es weniger auf die Wirkungen an, die Medienangebote auf die Rezipienten ausüben und diese wohl auch vielfach zu Nachahmungen anregen können. Entscheidend ist, daß die Zuschauer in die Lage versetzt werden, »Beobachter zu beobachten – und zwar im Hinblick auf die Art, wie sie auf Situationen reagieren, also: wie sie selber beobachten. Dabei ist man als Beobachter zweiter Ordnung klüger, aber auch weniger motiviert als der, den man beobachtet« (ebd., S. 113).

Textoffenheit ist also strenggenommen kein Merkmal des Textes, sondern charakterisiert die Leser-Text-Auseinandersetzung. Auch ist das Phänomen der Offenheit nicht auf schriftliche Texte oder Prozesse der Massenkommunikation beschränkt. Face-to-face-Dialoge sind ebenfalls an jeder Stelle offen für das Entstehen von Lesarten, die vom Sprecher zwar sprachlich (mit)verursacht, aber eventuell kognitiv nicht beabsichtigt waren. Durch die Selbstbeobachtung des Kommunikationssystems (Ratifizierung der Lesart des Hörers durch den Sprecher in der 3. Position) wird der Gesprächsverlauf jedoch immer wieder korrigierbar. Im Face-to-face-Dialog würde Textoffenheit i. S. der Unmöglichkeit zur Korrektur als Störung betrachtet, die entweder im Gesprächsverlauf

weitere Ausführungen und Klarstellungen zur Folge hätte oder doch zumindest durch die Idealisierung der Teilnehmer, daß grundsätzlich eine Möglichkeit zur Verständigung durch die Präzisierung der Standpunkte erreicht werden könnte, entschärft würde.
Die Ko-Konstruktion (d. h. intersubjektive Validierung) von Bedeutungsselektionen stößt immer dort an ihre Grenzen, wo Interaktionsbarrieren den wechselseitigen Bezug der einzelnen Turns einer Dialogsequenz verhindern. Neben der Massenkommunikation finden wir solche Kommunikationsbeschränkungen auch in vielen institutionellen Kontexten (z. B. Behörde – Antragsteller; Gericht – Prozeßparteien; Ermittlungsbehörde – Schaulustige am Tatort: Gerüchte werden weitergegeben, und es bildet sich ein geschlossenes Interaktionssystem unter den Zuschauern aus). Im Falle der Rezeption von Medienangeboten schaffen diese Beschränkungen die Bedingung der Offenheit von Interpretationsmöglichkeiten. Zuschauer können ihre besondere Lesart allein oder gemeinsam mit anderen entwickeln.

4.2 Interpretive Communities

Häufig findet die Sinngebung in kommunikativen Gemeinschaften statt, die sich gegenseitig erläutern, welche Bedeutung die Medienbotschaft für ihre Angehörigen hat. So unterhalten sich z. B. Familienmitglieder miteinander, während sie einen Film anschauen (vgl. Keppler 1994), oder Jugendliche treffen sich zu einer Videosession (Pette und Charlton 1997; Beispiel s. unten). Typisch ist in diesen Gesprächen die Verschränkung von Medien- und Alltagsthemen.
Als »Interpretive Communities« bezeichnet Jensen (1990) gesellschaftliche Teilgruppen, die sich durch eine einheitliche Diskursform bei der Interpretation von Medieninhalten auszeichnen. Nach Schrøder (1994) spalten sich die Angehörigen einer Sprachgemeinschaft weiter auf in kulturelle Gruppierungen, innerhalb deren sich wieder Subgruppen finden lassen, die einen bestimmten gemeinsamen Stil des Medienverständnisses ausgebildet haben. Solche Gemeinschaften können z. B. von einem bestimmten Kritiker oder einer bestimmten Zeitung mit Interpretationen über hochkulturelle Werke versorgt werden, vielleicht gehören sie zu den Zuschauern eines speziellen Jugendkanals im Fernsehen, oder

sie bilden eine Clique, die häufig zusammen ins Kino geht usw.[11]

Interpretive Communities rahmen in besonderer Weise die Medienauseinandersetzung ihrer Mitglieder. Dadurch schaffen sie nicht nur eine gemeinsame Voraussetzung für die Rezeption, sondern sie ermöglichen zeitgleich mit der Rezeption oder nachträglich eine Verarbeitung des Gesehenen, Gehörten oder Gelesenen (kommunikative Aneignung, vgl. Holly und Püschel 1993). In dem Dreischritt »medialer Text – Verbalisierung der individuellen Rezeptionserfahrung – Kommentar der Interpretengruppe« findet sich allerdings kein vollständiges Äquivalent zur Selbstbeobachtung der Kommunikation unter Face-to-face Bedingungen. Die Kommunikation setzt sich über die Grenze des Mediensystems hinaus fort, ohne Anschlußmöglichkeiten im Kommunikationssystem selbst zu finden. Tatsächlich ist den Medienproduzenten weitgehend unbekannt, was interpretative Gemeinschaften aus ihren Texten machen (vgl. Buckingham 1987). Allerdings wird dies weder von den Textproduzenten noch von den Rezipienten als Störung empfunden, sondern es scheint gerade den Reiz der Medienkommunikation auszumachen. In der Interpretationsgemeinschaft setzt sich das medial angestoßene Thema fort und verliert dabei den Charakter der »Offenheit«. Die Mitglieder versichern sich gegenseitig des Sinns, den das Medienangebot für *sie* hat. Gemeinschaften (kommunikative Systeme) stehen zwar als Rezipienten ebenso wie Individuen (kognitive Systeme) vor dem Problem des Hiatus zwischen Adressat und Sprecher (Textproduzent). Aber sie können die Kommunikation fortführen, indem sie selbständig anschlußfähige Informationen und Mitteilungen hervorbringen, die dann im Kreis der Rezipienten zirkulieren.

11 Interpretativen Gemeinschaften kommt auch bei der Textproduktion (z. B. bei der Herstellung von Anschlußtexten) eine zunehmende Bedeutung zu. Unter den Bedingungen kollektiver Autorschaft, wie sie heutzutage bei der Serienproduktion von Soap-operas üblich sind, kann der in mehreren Folgen aufgespannte Handlungsraum den Autoren künftiger Folgen als verbindlicher Rahmen für die Plot-Entwicklung und die Ausgestaltung von Dialogen vorgeschrieben werden. Ebenso mag dieser Rahmen aktiven Zuschauergruppen (Treckies, vgl. Vogelgesang 1991; textual poachers, vgl. Jenkins 1992) als Grundlage für eigene Inszenierungen oder Drehbücher dienen.

5. Monologe und Mehrfachadressierungen in der Medienkommunikation

Unter der oben erörterten handlungstheoretischen Perspektive können wir uns nun fragen, welche Sprechhandlungen die Kommunikationsteilnehmer ausführen, wenn sie (massen)medial miteinander kommunizieren. Als auffälligstes Merkmal stellen wir hierbei fest: Der geschriebene, gesprochene oder inszenierte Text präsentiert sich als Monolog. Es wird zu untersuchen sein, inwieweit auch Monologe an kooperative Strategien der Sinnkonstitution gebunden sind. Weiterhin fällt auf, daß sowohl bei der Medienproduktion als auch bei der Rezeption häufig unklar bleibt, wer welche Äußerung an welche Personen richtet (Mehrfachadressierung) oder vorgibt, eine Äußerung an bestimmte Adressaten zu richten (Pseudoadressierung). Die Massenkommunikation ist sowohl auf der Produzenten- als auch auf der Rezipientenseite in die Alltagskommunikation eingebunden. Mit dem Begriff der Medienkommunikation (vgl. Holly und Püschel 1993) wollen wir der Verflechtung von Massen- und Individualkommunikation Rechnung tragen.

5.1 Medienkommunikation als Monolog

Monologe sind kommunikative Akte, die keine Redeübergabe an Alter vorsehen. Dennoch kann der veröffentlichte Monolog nicht auf einen aktiven Leser/Zuhörer/Zuschauer verzichten. Ein geschriebener Text bezieht seinen potentiellen Leser ein, indem er die Anschlüsse festlegt, die jener auf seiner Basis legitimerweise vornehmen kann. Diese Vorstellung führte Iser (1984) zu seinem Konzept des »impliziten Lesers«. Eco (1987) spricht vom »Modell-Leser«, der vom Text präsupponiert wird. Dem empirischen Leser steht es frei, irrelevante Wissensbestände an den Text heranzutragen und Schlüsse aus dem Text zu ziehen, die dieser nicht nahelegt. Leser, die eine oppositionelle Lesehaltung (vgl. Hall 1980) einnehmen oder denen kognitive Voraussetzungen zum Textverständnis fehlen, müssen aber in Kauf nehmen, daß sie Lesarten verfolgen, die vom Text dispräferiert oder sogar explizit ausgeschlossen werden.

Durch Rück- und Vorverweise ist auch ein Monolog in die übergreifende Sequentialität der Sinnproduktion einbezogen. Seine intertextuellen Bezüge stellen den Text in einen größeren Sinnzusammenhang. Schneider (1994) weist darauf hin, daß bereits eine einzelne Äußerung insoweit die dreigliedrige Sequenz einer sozialen Handlung mit sich führt, als sie aus einer vorgefundenen Potentialität von Bedeutungen (1. Position) auswählt (2. Position) und zugleich eine anschlußfähige Potentialität erzeugt (3. Position). Dasselbe gilt natürlich auch für jeden Text (als komplexe Äußerung), der auf eine kulturelle Situation (den Zeitgeist, die Literaturgeschichte usw.) antwortet und das Sinnpotential festlegt (i. S. einer Instruktionssemantik, vgl. Schmidt 1973), das entsprechend kultureller Konventionen an diesen Text angeschlossen werden kann.
Auch das Fernseh- und Radioprogramm präsentiert sich überwiegend als Monolog (Ausnahme z. B.: Call-in-Radio). Die einzelne Sendung wie auch das von einem bestimmten Sender über einen größeren Zeitraum hinweg verbreitete Programm, ja sogar das Gesamtangebot über alle Sendeplätze hinweg ist als monologischer, steter Strom von sich immer gleichbleibenden Themen konzipiert (dieser sogenannte »flow« wurde zuerst von Williams (1974) beschrieben).[12]
Dennoch agieren die Medienproduzenten immer unter der Prämisse, daß das scheinbar passive Publikum jederzeit sein Recht auf eine Reaktion einfordern kann (z. B. durch Umschalten und die damit verbundenen Quoteneinbußen oder durch Anrufe und Leserbriefe, wenn eine Sendung gegen das Gebot der »political correctness« verstoßen sollte). Die Hörerbeteiligung wird nicht nur in jedem noch so abgeschlossenen Monolog theoretisch mitgeführt, sondern sie ist auch in den entsprechenden Texten empirisch nachweisbar. Dies gilt selbst dann, wenn dieses Rederecht von der überwiegenden Mehrheit der Rezipienten nicht in Anspruch genommen wird. In der Gesprächsforschung wird das Ausbleiben einer Antwort von Alter auf eine Äußerung Egos als Schweigen bezeichnet. Unter bestimmten Umständen ist es

12 In der Alltagskommunikation wird das Angebot zum Sprecherwechsel durch Pausen markiert. Nicht so in der Massenkommunikation: Die Sendepausen (z. B. nachts) dienen nicht dem Hervorlocken von Höreranworten.

sinnvoll, das Schweigen wie einen selbständigen Gesprächszug zu behandeln.[13] Wenn die zweite Position (Hörerantwort) in der dreischrittigen Sequenz kommunikativen Handelns durch »Schweigen« besetzt ist, so ist sie an der Textoberfläche zwar nicht mehr nachweisbar, aber dennoch latent vorhanden.

Die Möglichkeiten des Publikums zur Antwort sind sehr vielfältig. Zur Folgekommunikation (Huth und Krzeminski 1981) gehören nicht nur das Schreiben von Leserbriefen oder der Anruf beim Sender. Zuschauer, die zum festen Panel der Kommunikationsforscher gehören, können z. B. ihr Mißfallen allein durch die Senderwahl ausdrücken. Staatliche Einrichtungen (z. B. die Landesmedienanstalten, die ständig das Programm der privaten Sendestationen verfolgen) können Geldbußen verhängen oder sogar Zensurmaßnahmen beschließen usw. Wenn das Gros der Rezipienten von der offenstehenden Handlungsmöglichkeit »Folgekommunikation« keinen Gebrauch macht, wählt es die Option »Verzicht auf eine Rückmeldung« und signalisiert dadurch, daß es das Rederecht des Kommunikators (Senderecht des Senders) sowohl inhaltlich als auch kommunikationsstrukturell nicht in Frage stellt. Der Medienkonsument erklärt durch sein Nutzungsverhalten also sein stillschweigendes Einverständnis mit dem dargebotenen Medieninhalt. Dies kann auch strafrechtlich relevant sein.[14] Wiederum muß der massenmedial verbreitete Monolog als Teil eines Dreischritts rekonstruiert werden: Äußerung/Text – stillschweigende Rezeption – Ratifizierung der Nachfrage durch den Sender/Anbieter.

Zusammenfassend kann festgehalten werden, daß Monologe ihren Sinn immer aus der Einbettung in ein dialogisches (respektive polylogisches) Kommunikationsgeschehen beziehen. Der Monolog stellt eine Antwort auf etwas Vorauslaufendes dar, Spuren der nachfolgenden Sequenzposition sind empirisch nachweisbar. Massenkommunikation unterscheidet sich von der Alltagskommunikation hinsichtlich der Beteiligungsrollen nicht kategorial, son-

13 Meise (1996) unterscheidet in ihrer Arbeit zum Schweigen in alltagsweltlicher und literarischer Kommunikation drei Schweigetypen (redezugsinterne Pause, Redezugsvakanz, freie Gesprächspause), die jedoch – anders als im Falle der Medienkommunikation – alle an das Auftreten einer vom Sprecher hervorgerufenen Gesprächspause gebunden sind.

14 Hierzu ein aktuelles Beispiel: Die Strafbarkeit des Erwerbs von Kinderpornographie wird dadurch begründet, daß der Rezipient der Produktion entsprechender Bilder und Filme Vorschub leistet.

dern nur quantitativ: Die (Selbst-)Beobachtung von Kommunikation, wie sie in der Reaktion Egos auf die Reaktion Alters zum Ausdruck kommt, ist in der Regel eingeschränkt, aber selten völlig ausgeschlossen. Die technische Entwicklung der nächsten Jahre wird diese Begrenzungen vermutlich weiter abbauen (man denke an die direkte Zuschauerrückmeldung der Seherzahlen beim »Pay-per-view-Fernsehen«, an die Verbindung von Chat-boxen im Internet mit Fernsehsendungen usw.).

5.2 Mehrfachadressierungen in der Medienkommunikation

Massenkommunikation, so sollte man annehmen, ist per se öffentlich, d. h. an ein beliebiges, weitgehend anonymes Publikum adressiert. Tatsächlich umfaßt sie jedoch häufig ein sehr komplexes Kommunikationsgeschehen, an dem viele Gruppen beteiligt sind, die jeweils spezifisch an sie adressierte Mitteilungen erhalten. Massenkommunikation und Individualkommunikation sind ineinander verwoben. Hierzu zunächst einige Beispiele:

Kommunikation vor und hinter der Kamera: Der Talkmaster Frank Elstner ist am Beginn einer Quizsendung von »seinem« Saalpublikum mit viel Applaus empfangen worden.
Elstner: »Ich möchte mich sehr herzlich bedanken, liebe Zuschauer. Wir melden uns diesmal hier aus Österreich, aus Linz ...« (zit. nach Bliersbach 1990, S. 80).[15] In diesem Beispiel werden ein anwesendes Saalpublikum und ein nur medial erreichbares Fernsehpublikum in einer Äußerung angesprochen. Beiden Gruppen stellt sich von Äußerung zu Äußerung die Aufgabe zu entscheiden, ob sie »gemeint« sind. Für das Saalpublikum in Linz ist der Hinweis, man befinde sich in Österreich, trivial. Unter Bezug auf die Gricesche Relevanzmaxime können Anwesende ausschließen, daß sich diese Mitteilung an sie wendet, und werden sie deshalb vermutlich auch nicht beantworten (durch Klatschen o. ä.).
»Vom Mikrophon zum Telefon« (Call-in-Radio): Ein Moderator ruft aus der Sendung heraus eine Hörerin an. Den Anruf kommentiert er gleichzeitig für seine Zuhörer:
Moderator: »Wie gesagt, es geht in den Westerwald, genauer gesagt nach Altenkirch, und die gute Ingrid muß jetzt nichts anders tun, als zu Hause sein.«

15 Um die Übersichtlichkeit zu erleichtern, wurde hier und im folgenden auf die im Original teilweise verwendeten Transkriptionszeichen verzichtet.

(Geräusch: Telefon tutet.)
Hörerin meldet sich am Telefon: »Ja.«
Moderator: »Am, ja, guten Morgen...« (zit. nach Schlickau 1996, S. 230 f.).
Auch hier wird eine Individualkommunikation zum Bestandteil der Massenkommunikation gemacht. Die Adressatenkreise sind dennoch unschwer identifizierbar. Die »gute Ingrid« gehört beiden Kreisen an, was allein schon technisch zu Problemen führen kann: Gegebenenfalls wird sie belehrt, daß sie das Radio leiser drehen (sich aus der Massenkommunikation ausblenden) muß, um kein Rückkopplungspfeifen zu erzeugen.

Mikos (1996) geht so weit, daß er »indirekte Adressierungsformen« in jeder Medieninszenierung vermutet (vgl. auch Goffman 1980). So lassen sich z. B. die Sprechhandlungen von Schauspielern, die in einem Fernsehfilm auftreten, als mehrschichtiges Kommunikationsgeschehen rekonstruieren:
- Die Darsteller zeigen den Zuschauern eine bestimmte Geschichte.
- Die Darsteller kommunizieren miteinander mit Hilfe des vom Drehbuch vorgeschriebenen Textes.[16]
- Die Darsteller antworten mit ihrem Verhalten auf bestimmte Regieanweisungen.

5.3 Pseudoadressierungen in Zuschauergesprächen

Gespräche zwischen Medienrezipienten während und nach der Rezeptionsphase sind in den letzten Jahren vermehrt zum Gegenstand wissenschaftlicher Untersuchungen gemacht worden (s. Charlton und Bachmair 1990; Charlton und Schneider 1997; Holly und Püschel 1993; Keppler 1994). Klemm (1996, auszugsweise wiedergegeben in Charlton 1997) hat den Versuch unternommen, die Äußerungen von Fernsehzuschauern nach deren Funktion zu kategorisieren. Er unterscheidet zwischen expressivem Handeln, Informations-, Interpretations-, Bewertungs-, Projektions-, Organisations-, Beziehungshandeln und parasozialem Handeln). Fast alle der genannten kommunikativen Funktionen finden sich in dem folgenden Textbeispiel.

16 Der Verdacht, es handle sich dabei um eine Pseudokommunikation, weil die Funktionen »Mitteilen, Informieren, Verstehen« nicht erfüllt seien, ist nicht berechtigt. Die Schauspieler zeigen sich durch ihre Rede gegenseitig an, was der andere zu sagen und zu tun hat.

Eine Gruppe von vier ca. 17jährigen Mädchen hat sich drei Filme für einen gemeinsam gestalteten »Videoabend« ausgeliehen. Aktuell sehen sie »Die Akte« (amerikanischer Spionagefilm mit Julia Roberts in der Hauptrolle). Das wiedergegebene Gespräch der Jugendlichen kommentiert die Darstellung einer Verfolgungsjagd. Die Hauptfigur wird (hier setzt das Transkript ein) von einem Widersacher bedroht, der aber seinerseits erschossen wird, bevor er sein Opfer töten kann. In der Filmszene selbst wird nicht gesprochen. Die Musik ist schrill und hektisch.

1 A: nein, du Arsch
2 D: dem passiert nix, der Film geht noch ein bißchen
3 C: (lacht) beruhigend zu wissen
4 A: aber im Hintergrund war doch irgend jemand der sie rettet
5 D: jaja, der erschießt ihn jetzt gleich bestimmt
6 A: der, der hinter dem Wasser da stand
7 D: (gedehnt) ja (2 sec. Pause)
8 C: oh nein, wie getarnt, weißte, wenn sie ihn da noch zusammenkriegen, wie will der denn da abhauen (2 sec. Pause)
9 D: (betont) voll gespritzt (2 sec. Pause)
10 E: das ist völlig Unsinn, denn normalerweise rennen doch da die Leute alle hin
11 A: obwohl ich würd auch wegrennen
12 C: eh, obwohl, der Film is vielleicht ein bißchen älter, da war das noch normal, daß man wegrennt, wenn da so...
13 D: he, ich würd auch wegrennen, glaubst, ich renn da hin, hoho jaha
14 A: hoah, ich will auch noch erschossen werden
15 B: den gleichen Video haben wir auch, zumindest die gleiche Fernbedienung

(Quelle: eigene Aufzeichnung, M. Ch.)

Redeadressierungen an die Medienprotagonisten (hier Äußerung 1 A, evtl. auch 14 A) werden üblicherweise als »parasozial« bezeichnet (vgl. die Beiträge in Vorderer 1996).[17] Wenn man diese Äußerungen wie eine Antwort der Zuschauerin auf die Personengruppe im Film klassifizieren will, steht man vor dem Problem, daß sie von den Medienakteuren nicht gehört werden kann und somit auch keine Möglichkeit besteht, die Bedeutungsselektionen auf der Seite des Medienangebots und auf der Seite der Rezipientin zu koor-

17 Von parasozialer Interaktion wird sowohl mit Bezug auf das Handeln der Medienakteure gegenüber dem Zuschauer gesprochen (etwa wie im obigen Beispiel von Frank Elstner) als auch mit Bezug auf das Handeln der Rezipienten, die auf die Medienfiguren reagieren (sie wahrnehmen, sich mit ihnen identifizieren, sie scheinbar ansprechen). Klemm (1996) bezieht sich nur auf den Aspekt des Zuschauerhandelns.

dinieren. Entsprechungen zu dieser Kommunikationsfigur in der Face-to-face-Kommunikation sind selten, aber denkbar. Zum Beispiel läßt sie sich als Nebengespräch innerhalb einer Menschengruppe mit asymmetrischer Kommunikationsstruktur finden. Schüler/Arbeiter/Angehörige einer Reisegruppe teilen sich gegenseitig leise mit, wie sie den Lehrer/Werkmeister/Reiseleiter ansprechen könnten: »Nun komm endlich zur Sache«, »Das glaubst auch bloß du«, »Mit uns kannst du's ja machen« usw. Charakteristisch für diese Situationen ist es, daß die Person, an die sich die Rede scheinbar richtet, zwar anwesend ist, aber gerade nicht hören soll, was der Sprecher zu sagen hat. Die eigentlichen Adressaten sind die nebenstehenden Personen. Die Umstände zeigen eindeutig, daß die Bemerkung sich nur scheinbar an den Leiter richtet. Wir bezeichnen diese Sprechfigur als Pseudoadressierung.

Wir vermuten, ohne dies empirisch belegt zu haben, daß auch Äußerungen wie 1 A im Beispiel typischerweise an die Mithörer adressiert sind und daher beim »einsamen« Mediengebrauch deutlich seltener vorkommen. Die Pseudoadressierung an die Medienfigur wäre in diesem Falle Teil einer bestimmten rhetorischen Figur, die im Gespräch mit den Anwesenden verwendet wird. Die Sequenz 1 A → 2 D → 3 C ließe sich unter dieser Annahme paraphrasieren als: 1 A drückt seine emotionale Anspannung durch eine scheinbar an die Medienfigur, in Wirklichkeit aber an die Teilnehmer der Zuschauergruppe adressierte Äußerung aus – 2 D begründet, warum die Beunruhigung unangebracht ist – 3 C stimmt erstens der Lesart zu, die D implizit über die Äußerung von A entwickelt hat, und signalisiert zweitens stellvertretend für A, daß die Bemerkung von D in der gegebenen Situation hilfreich ist. Die Äußerung 4 A ratifiziert die bis dahin kooperativ erarbeitete Sinnfigur, indem sie weitere Details zum Handlungsgeschehen beiträgt.

Wenn diese Rekonstruktion zutrifft, könnten die von Klemm und anderen Autoren als parasozial bezeichneten Hörerbeiträge als eigenständige Handlungskategorie entfallen. Ihnen käme statt dessen der Status eines Projektionshandelns zu (wie in 11 A, 13 D). Die Äußerung 14 A läßt offen, ob sie sich auf die in den Äußerungen 11-13 ausphantasierte Szene bezieht oder ob sie scheinbar an die Medienfiguren gerichtet ist. Wenn unsere Überlegungen zutreffen, besteht für die Sprecherin auch keine Notwendigkeit, durch zusätzliche Kontextualisierungshinweise anzuzeigen, auf welchen Zusammenhang die Bemerkung bezogen werden soll.

6. Schluß

Die Medienkommunikation arbeitet mit denselben Mechanismen der Sinnkonstitution wie die Alltagskommunikation. Die dreischrittige Sequenz des sozialen Handelns bleibt auch unter den Bedingungen der Massenkommunikation nachweisbar. Texte sind aus pragmatischer Perspektive Monologe, die von einem Publikum zumeist mit Schweigen beantwortet werden. Massenkommunikation verläuft zwar nicht als Interaktion, aber davon ist die soziale Struktur des Handelns nicht abhängig: Sie bildet sich als Moment der selbstreferentiellen Bestimmung des Handelns. Interaktionen werden deshalb nicht in einem Überschneidungsbereich zwischen Medien und Rezipienten, wohl aber jeweils eigenständig auf der Seite des Medienangebots und der Seite des Rezeptionsprozesses thematisch. Dieser Unterscheidung kann eine normativ verfahrende Interaktionsanalyse nicht gerecht werden.
In Medientexten und in Zuschauergesprächen finden sich häufiger als im Alltag mehrfachadressierte Äußerungen und Pseudoadressierungen, aber die Unterschiede sind eher quantitativer als qualitativer Natur. Bei der sogenannten »parasozialen Interaktion« handelt es sich strenggenommen nicht um ein Interaktionsgeschehen, weil die Bedingungen der Ko-Präsenz und der wechselseitigen Bezogenheit des Handelns nicht gegeben sind. Ohne Zweifel liegt jedoch ein Spezialfall des sozialen Handelns vor. Aus systemtheoretischer Perspektive stellt die Rezeption von Medienangeboten eine Beobachtung dar, welche sich u. a. auf die medial präsentierte Interaktion richtet. Eine konstruktivistische Medienforschung, die in Kontakt zur Systemtheorie tritt, schneidet damit keinesfalls handlungs- und interaktionstheoretische Untersuchungsperspektiven ab. Das gilt für die Analyse der Prozesse der Massenkommunikation ebenso wie für die der Anschlußkommunikationen, etwa im Rahmen von Interpretive Communities, und der Rezeptionsprozesse im engeren Sinn.

Literatur

Barthes, R. (1976), *S/Z*. Frankfurt am Main: Suhrkamp.
Baudrillard, J. (1978), »Requiem für die Medien«, in: ders., *Kool Killer oder der Aufstand der Zeichen*, Berlin: Merve, S. 83-118.

Bliersbach, G. (1990), *»Schön, daß Sie hier sind«: die heimlichen Botschaften der TV-Unterhaltung; Thema: Fernsehen*, Weinheim: Beltz.
Bolz, N. (1992), *Die Welt als Chaos und als Simulation*, München: Fink.
Bora, A. (1994), »Konstruktion und Rekonstruktion. Zum Verhältnis von Systemtheorie und Objektiver Hermeneutik«, in: G. Rusch/S.J. Schmidt (Hg.), *Konstruktivismus und Sozialtheorie. DELFIN 1993*, Frankfurt am Main: Suhrkamp, S. 282-330.
Buckingham, D. (1987), *Public secrets: East enders and its audience*, London: BFI.
Charlton, M. (1997), »Rezeptionsforschung als Aufgabe einer interdisziplinären Medienwissenschaft«, in: M. Charlton/S. Schneider (Hg.), *Rezeptionsforschung*, Opladen: Westdeutscher Verlag, S. 16-39.
– und B. Bachmair (Hg.) (1990), *Medienkommunikation im Alltag*, München: Saur.
– und K. Neumann(-Braun) (1990), *Medienrezeption und Identitätsbildung*, Tübingen: Narr.
– und S. Schneider (Hg.) (1997), *Rezeptionsforschung*, Opladen: Westdeutscher Verlag.
Eco, U. (1973), *Das offene Kunstwerk*, Frankfurt am Main: Suhrkamp.
– (1987), *Lector in fabula*, München: Hanser.
Fiske, J. (1987), *Television culture*, London: Methuen.
Goffman, E. (1980), *Rahmen-Analyse*, Frankfurt am Main: Suhrkamp.
Habermas, J. (1981), *Theorie des kommunikativen Handelns*, 2 Bde., Frankfurt am Main: Suhrkamp.
Hall, S. (1980), »Encoding/decoding«, in: S. Hall, D. Hobson/A. Lowe/P. Willis (Hg.), *Culture, media, language*, London: Hutchinson, S. 128-138.
Hausendorf, H. (1992), *Das Gespräch als System. Linguistische Aspekte einer Soziologie der Interaktion*, Opladen: Westdeutscher Verlag.
Holly, W./U. Püschel (Hg.) (1993), *Medienrezeption als Aneignung*, Opladen: Westdeutscher Verlag.
Horton, D./R. R. Wohl (1956), »Mass communication and para-social interaction. Observations on intimacy at a distance«, in: *Psychiatry* 19 (1956), S. 215-229.
Huth, L./M. Krzeminski (1981), *Zuschauerpost – ein Folgeproblem massenmedialer Kommunikation*, Tübingen: Narr.
Iser, W. (1984), *Der Akt des Lesens*, 2. ergänzte Auflage, München: Fink.
Jenkins, H. (1992), *Textual poachers: Television fans & participatory culture*, London/New York: Routledge.
Jensen, K. B. (1990), »Television futures: Social action methodology for studying interpretive communities«, in: *Critical Studies in Mass Communication* 7 (1990) 2, S. 1-18.
Keppler, A. (1994), *Tischgespräche*, Frankfurt am Main: Suhrkamp.

Klemm, M. (1996), *»oah Kind du stellst Fragen« – Kinder bei der Fernsehrezeption. Vortrag beim Pragmatischen Kolloqium Freiburg »Neuere Entwicklungen in der Gesprächsforschung« – Februar 1996.*
Lewis, L. A. (Hg.) (1992), *The adoring audience: Fan culture and popular media*, London: Routledge.
Luhmann, N. (1976), »Einfache Sozialsysteme«, in: M. Auwärter/E. Kirsch/K. Schröter (Hg.), *Seminar: Kommunikation, Interaktion, Identität*, Frankfurt am Main: Suhrkamp, S. 3-34.
– (1978), »Soziologie der Moral«, in: N. Luhmann/St. H. Pfürtner (Hg.), *Theorietechnik und Moral*, Frankfurt am Main: Suhrkamp, S. 8-116.
– (1984), *Soziale Systeme. Grundriß einer allgemeinen Theorie*, Frankfurt am Main: Suhrkamp.
– (1986), »Systeme verstehen Systeme«, in: N. Luhmann/K. E. Schorr (Hg.), *Zwischen Intransparenz und Verstehen. Fragen an die Pädagogik*, Frankfurt am Main: Suhrkamp, S. 72-117.
– (1988), »Wie ist Bewußtsein an Kommunikation beteiligt?« In: H. U. Gumbrecht/K. L. Pfeiffer (Hg.), *Materialität der Kommunikation*. Frankfurt am Main: Suhrkamp, S. 884-905.
– (1990), »Das Erkenntnisprogramm des Konstruktivismus und die unbekannt bleibende Realität«, in: ders., *Soziologische Aufklärung*, Bd. 5: *Konstruktivistische Perspektiven*, Opladen: Westdeutscher Verlag, S. 31-58.
– (1990a), »Gesellschaftliche Komplexität und öffentliche Meinung«, in: ders., *Soziologische Aufklärung*, Bd. 5: *Konstruktivistische Perspektiven*, Opladen: Westdeutscher Verlag, S. 170-182.
– (1996), *Die Realität der Massenmedien*, 2., erweiterte Auflage, Opladen: Westdeutscher Verlag.
Mead, G. H. (1973), *Geist, Identität und Gesellschaft* (1934), Frankfurt am Main: Suhrkamp.
Meise, K. (1996), *Une forte absence. Schweigen in alltagsweltlicher und literarischer Kommunikation*, Tübingen: Narr.
Meyer, T. (1994), *Die Transformation des Politischen*, Frankfurt am Main: Suhrkamp.
Mikos, L. (1996), »Parasoziale Interaktion und indirekte Adressierung«, in: P. Vorderer (Hg.), *Fensehen als »Beziehungskiste«*, Opladen: Westdeutscher Verlag, S. 97-106.
Oevermann, U. (1983), »Zur Sache. Die Bedeutung von Adornos methodologischem Selbstverständnis für die Begründung einer materialen soziologischen Strukturanalyse«, in: L. von Friedeburg/J. Habermas (Hg.), *Adorno-Konferenz 1983*, Frankfurt am Main: Suhrkamp, S. 234-289.
– (1986), »Kontroversen über sinnverstehende Soziologie. Einige wiederkehrende Probleme und Mißverständnisse in der Rezeption der ›objektiven Hermeneutik‹«, in: St. Aufenanger/M. Lenssen (Hg.), *Hand-*

lung und Sinnstruktur. Bedeutung und Anwendung der objektiven Hermeneutik, München: Kindt, S. 19-83.
– (1991), »Genetischer Strukturalismus und das sozialwissenschaftliche Problem der Erklärung der Entstehung des Neuen«, in: St. Müller-Doohm (Hg.), *Jenseits der Utopie*, Frankfurt am Main: Suhrkamp, S. 267-336.
– T. Allert/E. Konau/J. Krambeck (1979), »Die Methodologie einer »objektiven Hermeneutik« und ihre allgemeine forschungslogische Bedeutung in den Sozialwissenschaften«, in: H.-G. Soeffner (Hg.), *Interpretative Verfahren in den Sozial- und Textwissenschaften*, Stuttgart: Metzlersche Verlagsbuchhandlung, S. 352-434.
– und J. Tykwer (1991), »Selbstinszenierung als reales Modell der Struktur von Fernsehkommunikation«, in: St. Müller-Doohm/K. Neumann-Braun (Hg.), *Öffentlichkeit, Kultur, Massenkommunikation*, Oldenburg: bis, S. 267-315.
Pette, C./M. Charlton (1997), »Videosessions – ritualisierter Rahmen zur Konstruktion von Gefühlen«, in: M. Charlton/S. Schneider (Hg.), *Rezeptionsforschung*, Opladen: Westdeutscher Verlag, S. 219-240.
Schlickau, St. (1996), *Moderation im Rundfunk. Diskursanalytische Untersuchungen zu kommunikativen Strategien deutscher und britischer Moderatoren*, Frankfurt am Main: Peter Lang.
Schmidt, S. J. (1973), »Texttheorie/Pragmalinguistik«, in: H. P. Althaus, H. Henne, H. E. Wiegand (Hg.), *Lexikon der Germanistischen Linguistik*, Tübingen: Niemeyer, S. 233-244.
– (1980), *Grundriß der empirischen Literaturwissenschaft*. Bd. 1: *Der gesellschaftliche Handlungsbereich Literatur*, Braunschweig: Vieweg.
Schneider, W. L. (1994), *Die Beobachtung von Kommunikation. Zur kommunikativen Konstruktion sozialen Handelns*, Opladen: Westdeutscher Verlag.
– (1995), »Objektive Hermeneutik als Forschungsmethode der Systemtheorie«, in: *Soziale Systeme* 1 (1995) 1, S. 129-152.
Schrøder, K. Ch. (1994), »Audience semiotics, interpretive communities and the ›ethnographic turn‹ in media research«, in: *Media, Culture & Society* 16 (1994), S. 337-348.
Sutter, T. (1995), »Zwischen medialer Überwältigung und kritischer Rezeption«, in: *Publizistik* 40 (1995) 3, S. 345-355.
– (1997), »Rekonstruktion und doppelte Kontingenz. Konstitutionstheoretische Überlegungen zu einer konstruktivistischen Hermeneutik«, in: ders. (Hg.), *Beobachtung verstehen, Verstehen beobachten. Perspektiven einer konstruktivistischen Hermeneutik*, Opladen: Westdeutscher Verlag, S. 303-336.
– und U. Weisenbacher (1993), »Divergenz und Konvergenz von Text und Welt«, in: Th. Regehly u. a. (Hg.), *Text – Welt. Karriere und Bedeutung*

einer grundlegenden Differenz, Parabel Schriftenreihe Bd. 16, Gießen: Focus, S. 41-54.
Turner, G. (1990), *British cultural studies. An introduction*, Boston: Unwin Hyman.
Vogelgesang, W. (1991), *Jugendliche Videocliquen*, Opladen: Westdeutscher Verlag.
Vorderer, P. (Hg.) (1996), *Fernsehen als »Beziehungskiste«*, Opladen: Westdeutscher Verlag.
– (1997), »Action, Spannung, Rezeptionsgenuß«, in: M. Charlton/ S. Schneider (Hg.), *Rezeptionsforschung*, Opladen: Westdeutscher Verlag, S. 241-253.
Weisenbacher, U. (1995), »Mediale Kriegsinszenierungen. Zur Rezeption Paul Virilios und Jean Baudrillards anläßlich der feuilletonistischen Kommentierung des Golfkrieges«, in: St. Müller-Doohm/K. Neumann-Braun (Hg.), *Kulturinszenierungen*, Frankfurt am Main: Suhrkamp, S. 284-309.
– und T. Sutter (1997), »Virtuelle Interaktion«, in: *Ästhetik und Kommunikation* 26 (1997) 96, S. 38-47.
Williams, R. (1974), *Television: Technology and cultural form*, London: Fontana/Collins.
Zillmann, D. (1991), »The logic of suspense and mystery«, in: J. Bryant/D. Zillmann (Hg.), *Responding to the screen: Reception and reaction processes*, Hillsdale, NJ: Lawrence Erlbaum, S. 281-303.

Franzobel
Talkshow

Sendung in eigener Sache

Einer geht und rückt am Grad,
ein anderer holt den Fleckentferner,
es gehen noch die Sinne, unter
auch die Phantasie ins Bild geradeaus
Verlangen, Fleisch, steht Hänschenklein,
das Selbst und der Betrug, ein falscher Hase,
Schirme stehn im Ständer, ganz sich in die Welt hinein,
gute Ideen kleben an der Flut aufs Maul.
Schau. Was für eine Sendung. Was für ein Empfang.
Horch. Klappt noch, geht, du Idiot,
die Stimmung fällt, nicht nur
Zellenmord, nein Wichsen heißt das Wort.

Fragenfilm

Wo im Dunklen will sie hin, die grüne Schrift, die Hand,
was stellt sie an? Notausgang.
Knurrt der Magen, oder heißt das heißt das schon
ich liebe dich? Wo lagern sich die Füße ab? Ab.
Im Rücken eines Vordermanns.
In Nähe spreitet sich der Tag, die Hand in Zeitlupe
auf Unerhört, das Gegenteil von Paarung sehen.
Action!
Dabei ihren Atem hören, in ihren Augen
allen Schinken, rüberschielen. Ob
sie an dasselbe denkt? Es kracht. Wie zufällig,
so muß es gehen, wenn auf ihrer Schulter
Leinwand-Finger landen, knien. Ja.
Sie stellt sich nur versunken.
Und Musik.

Liebe. Eine Seifenoper

Von Amors Kopf den Pfeil gedreht,
verrückt gemacht und ganz wie Pulver
in Büchsen eingestreut, verschossen sein,
ist Rieseln an der Nabelgegend Mund.
Zerkleinerung. Nein Glut.

Von Amors Spitze längsdurchbohrt
über, bis durch beide Ohren brennend sein
am Zweifel lodernd, guten Flugs
wie Fettabdruck am Fensterglas
ins Fliegennetz gelockt und dort versäumt.

Mit Amors Gift das Herz durchtränkt
seift Tod, der Kurzschluß Zeit,
wie Dinge überschäumen aus verdautem Schlaf
nur ein Verschütten oder für das Publikum
von innen angesehnes Lebenslang
zur Rutschpartie. Verträumt.

Blausiegl

Durch die Rechnung einen Enterich
präsens einer Krähe nachgeschoben. Sabotage.
Schon in der Höhe zwitschernd, der Gedanke,
hält er sich mit Wachteln auf,
Fliegentanz, und diesem einen Riegel
oder einfach rauszuziehen? Tauben
hocken auf den Rinnen der Futur. Nur
nicht Überflüssiges bekommen. Prophylaxe,
gurrend beugt es sich, gesteht präteritum:
Was kenn ich mich mit vor
und was mit Vögeln aus?

Zelltag

Den anderen Liebeliebe sagen und sich selber
Schweinchenschwein,
verbog es doch die Ordnung aus der Weltweltwelt,
die Lippenlippen ausgesaugt, beugtest du über über
Mund zu Mund, und dieser jäh verschlossen
abgeschmackt, das spröde Tun und Lassen
bog es da da capo alle Reize raus aus
dem Gespür, sind Herrschaften der Lust
zu Mittelstand verkommen, schlimmer
verbiegt sich nur die Ordnung aus der Weltweltwelt
ist hingestreckt die Lust zu totgeküßter Weilele
und lau.

Siegfried J. Schmidt
Blickwechsel
Umrisse einer Medienepistemologie

1. Hypothesenangebote

Wie es sich für programmatische Beiträge gehört, die immer mehr versprechen, als sie halten können, beginnt auch dieser Beitrag mit einem Kompaktangebot von weitreichenden Hypothesen, von denen ich dann im folgenden einige wenige wenigstens ein Stück weit zu plausibilisieren versuchen werde. Hier also die Hypothesen:

(a) Die Entwicklung der Medientechnologien hat nicht nur unseren Wahrnehmungshaushalt ummöbliert, sondern auch eine folgenschwere Transformation der Philosophie und der Wissenschaften erzwungen. Wir sind seit Jahren dabei, alle bekannten wissenschaftlichen Probleme einer Sekundärcodierung zu unterziehen. Daraus resultieren neue Forschungsbereiche wie Medienethik, Medienpsychologie, Medienästhetik und Mediensoziologie und eben auch Medienepistemologie.

(b) Medienepistemologie als Variante der Erkenntnistheorie in Zeiten des Internet, der Systemtheorie und des Konstruktivismus beginnt mit der Anerkennung von Differenz, Dissens und Pluralität, und zwar einer Pluralität differenter kognitiver Systeme ebenso wie einer Pluralität von differenten Wirklichkeiten und Wertordnungen. Damit verlieren die »alteuropäischen« ontologisch gedeuteten Dichotomien ihre Prägekraft für Kognition und Kommunikation. Lange schon ist nicht mehr ausgemacht, was Wirklichkeit ist und was Fiktion, was Nachricht und was Meinung, was Information und was Unterhaltung. Lange schon hat sich »das Andere« von Wirklichkeit ausdifferenziert in Fiktion[1] und Simulation, in Virtualität und Hyper-Wirklichkeit, in

1 Friederike Mayröcker formuliert in ihrem neuesten Buch »brütt oder Die seufzenden Gärten« lapidar: »du formulierst, DAS FIKTIVE UND DAS REALE SEI NICHT VON GRENZEN GETRENNT, SONDERN IN GRENZEN VERBUNDEN« (1998: 166f.).

Symbolisches und Imaginäres. Heute noch unbeschwert von Wirklichkeit, Objektivität, Wahrheit oder Authentizität zu reden, grenzt an Fahrlässigkeit. Die Phantasie hat ihre angestammten Orte ebenso verlassen wie die Macht, die Grenzen zwischen Natur und Kunst, Leib und Maschine beginnen ebenso zu verdämmern wie die zwischen Programm und Gehirn.

(c) Kants Fragen, was wir wissen, sollen und hoffen können, sollen und dürfen, müssen in den Welten der neuen Medien umformuliert werden – ihre unbeantwortbare Brisanz werden sie dabei aber wohl kaum einbüßen. Und das wohl um so mehr, als der medienerprobte Beobachter im Gang durch die Beobachtungshierarchien seine Lektionen in Kontingenzerfahrung und Paradoxieerprobung gelernt haben dürfte. So beginnt eine Medienepistemologie denn schließlich aus guten Gründen wie zu ihrem eigenen Vorteil mit dem vorlaufenden Eingeständnis der Endgültigkeit der Vorläufigkeit.

2. Medienepistemologie

Beginnen wir mit dem Ausdruck ›Medienepistemologie‹, der ja nicht gerade als ein eingeführter Terminus bezeichnet werden kann. Strenggenommen ist dieser Ausdruck eine bewußte Irreführung; denn er wiederholt einen ehrwürdigen philosophischen Terminus, der aber bezüglich seiner postulierten Referenzen radikal transformiert wird. Hatte die traditionelle Epistemologie bohrend danach gefragt, was unsere Erkenntnisse im Lichte von (absoluten) Wahrheits- und Objektivitätsansprüchen wert sind, so hat sich die Erkenntnistheorie in der Mediengesellschaft an der Frage orientiert, *wie* wir erkennen, welche Prozesse dabei ablaufen und wie diese empirisch konditioniert sind. Bei dieser Fragerichtung aber treten nun all die Faktoren und Dimensionen in den Vordergrund, die zuvor meist sorgfältig aus der Beobachtung isoliert worden waren: Die erkennenden Systeme mit ihren biologischen, psychischen, sozialen und kulturellen Möglichkeiten der Handlung und Sinngebung, die Kommunikationssysteme (Diskurssysteme), in denen sie (inter)agieren – und eben »die Medien«,[2] die längst als

2 Dieser Ausdruck wird hier umgangssprachlich gebraucht. Zur Terminologie vgl. Schmidt 1996.

unsere alltäglichen Instrumente der Wirklichkeitskonstruktion ausgemacht worden sind. Aus diesen Gründen plädieren heute viele dafür, die Erkenntnistheorie durch eine empirische Kognitionstheorie zu ersetzen, die sich ausschließlich auf die Prozesse des Wahrnehmens und Erkennens konzentriert. Dafür spricht in der Tat vieles – aber damit wird gleichwohl die Frage nach der Verläßlichkeit unseres Wahrnehmens und Erkennens nicht von der Agenda gestrichen. Diese Frage aber, so meine These, kann heute sinnvoll nur diskutiert werden, wenn wir die Rolle der Medien als Instrumente der Wirklichkeitskonstruktion hinreichend berücksichtigen – eben Medienepistemologie im Sinne eines Re-Writings relevanter epistemologischer Fragen für Medienkulturgesellschaften betreiben.

3. Wirklichkeitskonstruktion

Damit ist nun aber das Reizwort gefallen, das in der medientheoretischen Debatte über das Verhältnis von Medien und Wirklichkeit die Gemüter bewegt: Wirklichkeitskonstruktion.[3] Und da die zu skizzierende Medienepistemologie sich spätestens hier als eine Variante des (heterogenen) konstruktivistischen Diskurses zu erkennen gibt, will ich mich auch gleich der Aufgabe stellen zu sagen, was ich unter ›Konstruktion‹ verstehe. Diese Aufgabe erscheint mir auch deshalb vordringlich, weil sich die Vertreterinnen und Vertreter des Konstruktivismus[4] lange Zeit der Aufgabe entzogen haben, den Zentralbegriff ihres Diskurses, ›Konstruktion‹, hinreichend deutlich zu definieren bzw. zu explizieren. Daher ist es nicht verwunderlich, daß gerade an dieser Stelle immer wieder Kritik angesetzt hat, angefangen bei dem Vorwurf, der (Radikale) Konstruktivismus widerspreche eklatant dem gesunden Menschenverstand, bis hin zu dem Vorwurf, der Konstruktivismus sei ein (philosophisch längst überholter) haltloser Idealismus, Solipsismus oder Subjektivismus. Hinter dieser

3 Im folgenden kann ich dieses komplexe Thema nur streifen. Eine ausführliche Diskussion findet sich in Schmidt 1998.

4 An dieser Stelle belasse ich es bei dem oft geäußerten Hinweis darauf, daß es »den« Konstruktivismus nicht gibt, sondern exakt so viele Konstruktivismen, wie es Teilnehmerinnen und Teilnehmer an konstruktivistisch genannten Diskursen gibt.

Kritik steht unsere umgangssprachliche Semantik, die ›Konstruktion‹ gleichsetzt mit der willkürlichen und intentionalen Herstellung von etwas. Entsprechend haltlos, ja widersinnig erscheint dann die Behauptung von Konstruktivistinnen und Konstruktivisten, jedes Individuum konstruiere seine Wirklichkeit. Wenn aber diese Wortbedeutung nicht gemeint sein soll, was heißt ›Konstruktion‹ dann?

Auch eine skizzenhafte Antwort auf diese Frage verlangt eine kurze Rekapitulation einiger zentraler konstruktivistischer Argumente. Beginnen wir mit dem *Beobachterargument*, das seit Demokrit in der europäischen Philosophie hinreichend bekannt ist und das besagt: Wir können in der Wahrnehmung nicht hinter die Wahrnehmung zurück und Wahrgenommenes mit noch nicht Wahrgenommenem vergleichen, um die Objektivität oder Wahrheit der Wahrnehmung beurteilen zu können. Daraus folgt, daß jede Wahrnehmung genau so ist, wie sie ein Beobachter in bzw. durch seine Aktivitäten erzeugt. Über ihr Verhältnis zur Umwelt ist damit gar nichts ausgesagt. Anders gewendet: Jede Wahrnehmung ist eine Funktion des Wahrnehmungsprozesses, und dieser Prozeß ist eine Funktion der konkreten empirischen Bedingungen, unter denen er in einem kognitiven System abläuft, das in einer sozialen Umgebung operiert. Mit dieser scheinbar harmlosen Hypothese aber sind weitreichende Implikate verbunden. Zu den empirischen Bedingungen, unter denen kognitive Prozesse ablaufen, gehören die biologischen Bedingungen des Aktanten als Individuum einer bestimmten Spezies, seine psychischen Bedingungen an einer bestimmten Stelle seiner Biographie sowie die sozialen und kulturellen Bedingungen, die sich aus einer Zugehörigkeit zu einer bestimmten Gesellschaft ergeben. Das aber bedeutet im Klartext: Aktanten können nicht nur nicht hinter ihre Wahrnehmung zurück, sie können ebensowenig zurück hinter Sprachen, Kommunikationen, Sozialstrukturen und Kulturen. In Beziehung auf all das, was hinsichtlich der Produktion und Evaluation von Sinn in diesen vier Dimensionen an Schemata und Strategien bereitgestellt wird, kommt der einzelne Aktant immer »zu spät«, diese gesellschaftlichen Sinnbildungsvorgaben sind im strengen Wortsinn uneinholbar.

Dieser Funktionszusammenhang von Kognition, Kommunikation, Kultur und Medien bildet eine sich selbst konstituierende und sich selbst tragende und legitimierende Prozeßeinheit, die

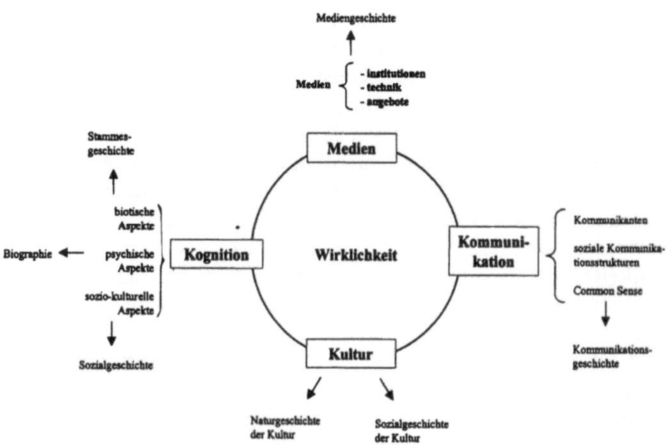

eben jene temporär stabilisierten Prozeßzustände bzw. Prozeßresultate herausbildet, die den wahrnehmenden Aktanten als Elemente von (für sie sinnvollen, da von ihnen erzeugten) Wirklichkeiten erscheinen und so auch interpretiert werden.

Mit anderen Worten, Aktanten produzieren durch ihre soziokulturell geregelten Aktivitäten im weitesten Sinne Wahrnehmungseinheiten, Kommunikations- und Handlungsresultate, die sie zugleich im Sinne ihrer kulturell geprägten Ordnungs- und Deutungsmuster sowie davon geprägter Anschlußhandlungen als sinnvolle Komponenten der (= ihrer) Wirklichkeit interpretieren. Diese Produktionen und Interpretationen sind in höchst unterschiedlichem Maße bewußtseinsfähig und bewußtseinspflichtig, weshalb erst eine Beobachtung zweiter Ordnung sie überhaupt als Akte der Konstruktion erkennen kann.[5]

In dieser Argumentation erscheint Wirklichkeit als zeitlich gebundenes *Prozeßresultat* und nicht als das Umgebende, in dem als einem immer schon bestehenden Raum Aktanten agieren. Da sich die Prozesse in ständiger Entwicklung befinden, ist es einerseits unwahrscheinlich, daß sie zu identischen Resultaten führen, und wird andererseits plausibel, daß jeder Prozeßbeteiligte den Prozeßablauf wie seine Ergebnisse anders akzentuiert, empfindet und bewertet. In genau diesem Sinne lebt jeder in *seiner* Wirklichkeit,

5 Zur Fortsetzung dieser Argumentation s. u. Abschnitt 5.

die er im Verlaufe seiner Teilnahme am gesellschaftlichen Prozeß der Wirklichkeitskonstruktion handelnd und kommunizierend konstruiert und durch seine Konstruktion erhält.

Dieser gesellschaftliche Gesamtprozeß erfordert empirische *Prozeßorte*, in die er im Verlauf von Sozialisationsprozessen die soziokulturellen Regularien, Schemata und symbolischen Ordnungen einer Kultur gewissermaßen implantiert. Diese Prozeßorte sind die individuellen kognitiven Systeme. Diese Argumentation erlaubt das Fazit, daß die gesellschaftliche Konstruktion von Wirklichkeiten an Individuen gebunden ist, die wohl als Träger, aber nur bedingt als Gestalter dieser Konstruktion anzusehen sind. Mit anderen Worten, Wirklichkeitskonstruktionen von Aktanten sind subjektgebunden, aber nicht subjektiv im Sinne von willkürlich, intentional oder relativistisch. Und zwar deshalb, weil die Individuen bei ihren Wirklichkeitskonstruktionen im oben geschilderten Sinne *immer schon zu spät kommen*: Alles, was bewußt wird, setzt vom Bewußtsein unerreichbare neuronale Aktivitäten voraus; alles, was gesagt wird, setzt bereits das unbewußt erworbene Beherrschen einer Sprache voraus; worüber in welcher Weise und mit welchen Effekten gesprochen wird, das setzt gesellschaftlich geregelte und kulturell programmierte Diskurse in sozialen Systemen voraus. Insofern organisieren diese Prozesse der Wirklichkeitskonstruktion sich selbst und erzeugen dadurch ihre Ordnungen der Wirklichkeit(en). Damit wird auch der von Konstruktivisten wie G. Roth (1995) postulierte Dualismus von Wirklichkeit und Realität hinfällig. Wir konstruieren Wirklichkeiten – das ist alles.

Von diesen eher unbewußt ablaufenden Konstruktionen sind die bewußten Wirklichkeitsentwürfe zu unterscheiden, die in gesellschaftlichen Teilsystemen wie Journalismus, Kunst oder Werbung kreativ erstellt werden, wobei die Zielsetzungen bekanntermaßen ganz unterschiedlich sind. Journalisten reklamieren nach wie vor, verbindliche Wirklichkeitsentwürfe zu erstellen, Künstler präsentieren optionale Entwürfe und Werber Entwürfe, die auf Teilnahmechancen abzielen.

Der philosophisch wichtige Punkt bei diesen Überlegungen liegt evidentermaßen darin, daß damit Wirklichkeit immer in Relation zu einem beobachtenden System (technischer oder natürlicher Art) betrachtet und beurteilt werden muß; wir können immer nur von »der Wirklichkeit des Beobachters« reden und müssen

dann im strengen Sinne von *den* Wirklichkeit*en der* Beobachter reden. ›Wirklichkeit‹– und das ist keineswegs eine konstruktivistische Erfindung, sondern bei reflektierten Physikern wie etwa Carl Friedrich von Weizsäcker schon seit langem so formuliert worden –, ›Wirklichkeit‹ sollte immer als ein *systemrelativer Begriff im Plural* gebraucht werden.
Fassen wir diesen Argumentationsschritt zusammen: Die erkenntnistheoretisch zentralen Konzepte ›Beobachter‹ und ›Systemrelativität‹ verweisen darauf, daß Wirklichkeit für Menschen stets und »unhintergehbar« als kognizierte Wirklichkeit, d. h. als Erfahrungswirklichkeit oder Umwelt im Plural »vorhanden« ist. Diese Umwelten werden über Wahrnehmung, Sensomotorik, Kognition, Gedächtnis und Emotion, über kommunikatives und nicht-kommunikatives Handeln informationell (»sinnhaft«) von Menschen erzeugt und erhalten, bilden also eine geordnete Gesamtheit von Wissen, das für erkennende Systeme ökologisch valide ist und im Zuge der soziokulturellen Reproduktion von Gesellschaften von deren Mitgliedern erworben wird. Mit anderen Worten: Jedes Individuum wird schon in eine sinnhaft konstituierte Umwelt hineingeboren und auf sie hin sozialisiert; es geht nie mit »der Wirklichkeit als solcher« um. Wahrnehmen, Denken, Fühlen, Handeln und Kommunizieren sind geprägt von den Mustern und Möglichkeiten, über die der Mensch als Gattungswesen, als Gesellschaftsmitglied, als Sprecher einer Muttersprache und als Angehöriger einer bestimmten Kultur verfügt. Evolution, Sprache, Sozialstruktur und die symbolischen Ordnungen der Kultur liefern die konventionellen Muster für typisches Verhalten. Kollektiv geteiltes Wissen, das individuelles Handeln orientiert, resultiert aus sozialem Handeln der Individuen und orientiert wiederum deren soziales Handeln. Die gesellschaftlich akzeptable Beherrschung dieses Wissens ist entscheidend für das Handeln und Interagieren der Individuen, nicht eine ontologisch korrekte Abbildung der Umwelt.

4. ›Medien‹

Nachdem ich im ersten Anlauf zu klären versucht habe, welche sinnvolle Lesart dem Konzept ›Wirklichkeitskonstruktion‹ zugewiesen werden kann, möchte ich im nächsten Abschnitt kurz erläutern, welches Konzept von ›Medien‹ ich im folgenden verwende.

Unter ›Medien‹ verstehe ich alle materiellen Substrate von Kulturtechniken, die als zeichenhafte (semiotische) Kommunikationsmittel genutzt werden können. Die Nutzung besteht darin, daß agierende Systeme im weitesten Sinne solche Kommunikationsmittel zur gesellschaftlich geregelten, dauerhaften, wiederholbaren und gesellschaftlich relevanten strukturellen Kopplung von Systemen einsetzen. Die agierenden Systeme – im folgenden spezifiziert als kognitive und kommunikative Systeme – nutzen diese Kopplung zur systemspezifischen *Sinnproduktion.* [6]

Die gesellschaftliche Durchsetzung der Verwendung eines Kommunikationsmittels ist gebunden an die Entstehung sozialer Institutionen oder Organisationen, die sich auf deren kommerziell gewinnbringende Vermarktung konzentrieren, so z. B. Verlage, Filmgesellschaften oder Fernsehanstalten. Damit aber kommen technische, ökonomische und rechtliche sowie politische Faktoren ins Spiel, die nicht nur die gesellschaftliche (etwa die ordnungspolitische) Regelung des so entstehenden Mediensystems[7] betreffen, sondern auch auf die Inhalte und Nutzungsmodalitäten der angebotenen Medienangebote durchschlagen. Wie zum Beispiel in der sog. Mediumtheorie seit H. A. Innis immer wieder betont und von F. Kittler und seinen Mitarbeitern an vielen Beispielen im Detail gezeigt worden ist, entwickelt dabei vor allem die Technik ein meist unbeobachtetes Eigenleben, das über die Individuen hinweggeht, was Philosophen der Medientechnologie zu weitreichenden Hypothesen bis hin zum Verschwinden des Individuums in den Tiefen von Datenströmen angeregt hat.[8]

Diese allgemeine Definition kann nun durch eine Fülle von bekannten Spezifikationen und Unterscheidungen angereichert werden. So kann zwischen Kommunikations-, Verbreitungs- und Speichermedien unterschieden werden. Medien können eingeteilt

6 Nähere Erläuterungen zum Kopplungsthema finden sich bei Feilke und Schmidt 1995.

7 Als ›Mediensystem‹ bezeichne ich hier den interaktiven Wirkungszusammenhang der genannten Faktoren, ohne damit schon eine bestimmte systemtheoretische Modellierung dieses Zusammenhangs in Anspruch zu nehmen.

8 Vgl. meine kurze Zusammenstellung der einschlägigen Thesen in Schmidt 1999.

werden in verbale und nonverbale, körpergebundene und artifizielle, heiße und kalte (McLuhan), in analoge, digitale und immersive Medien (wie das Internet). Man kann zwischen Publikumsmedien und Massenmedien unterscheiden und so fort.
Wichtig scheint mir bei allen Spezifikationsschritten zu sein, daß man eine scheinbare Trivialität nicht aus den Augen verliert: Medien sind menschliche Konstruktionen, die für menschliche Konstruktionen genutzt werden können. Darum bleibt der Mensch für sie verantwortlich, auch wenn etwa die Evolution eines Mediensystems nicht wie gewünscht oder prognostiziert verläuft oder die technische Entwicklung über den einzelnen Nutzer hinausgeht, ohne daß er sie noch nachvollziehen könnte.
Im Kopplungsaspekt ist ein Bedeutungsmoment aufgehoben, das seit den ersten Begriffsbestimmungen von ›Medium‹ immer mitgespielt hat: der Aspekt der Vermittlung. Bei diesem Vermittlungsaspekt muß aber auch mitbedacht werden, daß Medien gerade durch Trennung und deren Bewußtwerdung bzw. Bewußtmachung vermitteln, daß sie aber zugleich diese Differenzen durch Habitualisierung der Nutzung überspielen. Dabei geht es um Differenzen wie die zwischen Trennung und Kopplung, Materialität und Semantik, Präsenz und Latenz, Konstruktion und Illusion (bzw. Repräsentation des Realen).
Wie Handlungen, Kommunikationen und Entscheidungen operieren auch Medien grundsätzlich mit Distinktionen und bestimmen damit die Beobachtungsarten einer Gesellschaft. So bezeichnet etwa R. Jokisch Distinktionen geradezu als den »Stoff«, aus dem Medien ihre Formen bilden (1996: 56).

5. Kultur und die große Fiktionsmaschine Gesellschaft

Wenn, wie oben kurz ausgeführt, Medien vor allem unter dem Aspekt ihrer Kopplungskompetenz betrachtet werden, dann stellt sich die Aufgabe, genauer zu skizzieren, wie der operative Zusammenhang zwischen Kognition, Medien und Kommunikation bestimmt werden kann. Und an dieser Stelle kommt sozusagen unweigerlich »die Kultur« ins Spiel, und zwar im Rahmen einer Argumentation, die evolutionäre und sozialisatorische Aspekte berücksichtigt.
Als Beobachter sind wir immer angewiesen auf *soziale* Situationen,

und zwar in folgendem Sinne: Wenn wir etwas oder jemanden beobachten, dann müssen wir immer damit rechnen, daß wir beim Beobachten auch unsererseits beobachtet werden und daß Beobachter wie Beobachtete eben dies wissen und als Faktum unterstellen können. Dadurch entwickeln sich die elementaren Strukturen, die – evolutionstheoretisch gesehen – dazu geführt haben, daß so etwas wie Kommunalisierung oder Sozialität möglich geworden ist, indem bestimmte Wissenserwartungen aufgebaut wurden, die gegenseitig unterstellt werden konnten und auf die man sich – wie fiktiv auch immer – verlassen konnte. Es handelt sich hier, technisch gesprochen, um die reflexive Struktur von *Erwartungserwartungen*: A erwartet, daß B erwartet, daß A erwartet usw. Diese reflexive Struktur ist verbunden mit einer weiteren reflexiven Struktur, die ich *Unterstellungsunterstellungen* nenne. Das heißt, man unterstellt immer, daß der andere nicht nur etwas tut, sondern daß er damit einen bestimmten Zweck verfolgt, von bestimmten Motiven geleitet ist und bestimmte emotionale und normative Bewertungen seiner Aktivitäten vornimmt.
Durch diese reflexiven Strukturen, die miteinander vernetzt werden können, entstehen hochkomplexe Strukturen. Wichtig dabei ist nun, daß es sich bei diesen Unterstellungen um *Fiktionen* handelt. Ich kann nie prüfen, was der andere wirklich denkt, weil ich nicht in seinen Kopf hineinschauen kann. Ich kann mich nur auf Interaktion und auf Kommunikation verlassen und dann aus verschiedenen pragmatischen Gründen unterstellen, daß der andere mehr oder weniger dasselbe weiß, was ich auch weiß, und tatsächlich das will, was ich ihm unterstelle. Strenggenommen gehe ich aber nie mit einem »realen« Partner um, sondern immer nur mit meinem Bild, mit meiner Konstruktion des Partners. (Wie viele Probleme wären vermeidbar, würde jeder sich das klarmachen und es beherzigen.)
Diese komplexe »fiktive Maschine« von Erwartungserwartungen und Unterstellungsunterstellungen, mithin alles das, was wir als kollektives Wissen bei anderen unterstellen, resultiert daraus, daß wir unsere eigenen Erfahrungen, die wir mit anderen machen, anderen sozusagen unterschieben, d. h. davon ausgehen, daß die Interaktionsbasis, die es offensichtlich geben muß, im *gemeinsam geteilten Wissen* besteht. Dieses gemeinsam geteilte Wissen hat aber nun nicht den Sitz irgendwo in der Gesellschaft, im (Welt-)Geist oder sonst wo, sondern ist ein spezifischer Typ von Wissen, den jedes kognitive System immer wieder neu erzeugen muß.

Diese Annahme hat wichtige Auswirkungen auf unsere Konzeptionen von *Gedächtnis*. Gedächtnisse können keine Speicher sein, sondern nur Prozesse. Wissen ist kein sedimentierter Bestand, den man irgendwo abrufen, ablegen und wieder aufrufen kann. Sondern bei all dem handelt es sich um Prozesse, die uns aufgrund unserer Schematisierungen *wie Gegenstände vorkommen*, weil wir sie als Gegenstände behandeln.

Dadurch, daß wir solche fiktiven Kommunalisierungen aufbauen, wird allererst *Kommunikation* möglich, weil Kommunikation auf nichts anderem als auf der fiktiven Annahme beruht, daß andere ähnlich operieren wie wir selber.

In diesem Prozeß von Kommunalisierung, Kommunikation und der Entwicklung von Sprache als wichtigstem Instrument symbolischer Kommunikation entstehen die *Interaktionsgemeinschaften*, die bestimmte Vorstellungen und Unterscheidungen in ihrer Erfahrungswirklichkeit zu teilen beginnen, und das heißt technisch gesprochen, die ein gemeinsames *Wirklichkeitsmodell* konstruieren und im Bezug auf dieses Modell handeln. Dieses Wirklichkeitsmodell bezieht sich auf diejenigen lebensweltlichen Bereiche, die für eine soziale Gruppe wichtig sind, wobei man verschiedene Dimensionen unterscheiden kann. So z. B. alles, was mit dem Überleben in der Umwelt zu tun hat, dann all die Dinge, die den Kontakt mit anderen betreffen (Interaktions- und Partnerschaftsprobleme), und schließlich alle Probleme, die im Zusammenhang mit der Steuerung, Bewältigung und Formung von Emotionen sowie mit Bewertungsoperationen auftreten.

Daß gerade diese Dimensionen besonders relevant sind, hat vermutlich etwas zu tun mit der Struktur und Funktionsweise unseres Gehirns, in dem alle kognitiven Operationen unlösbar verbunden sind mit emotionalen, normativen und lebenspraktischen Einschätzungen und Bewertungen.

Wirklichkeitsmodelle fungieren für interagierende Mitglieder einer Gruppe als Wissensordnungen für Problemlösungen, die aus Problemlösungen entstanden sind und wiederum für Problemlösungen zur Verfügung stehen. Es handelt sich also um soziale Konstruktionen, bei denen man aber zwei Aspekte deutlich voneinander unterscheiden muß: In ihrer Entstehungsweise wie in ihrer Akzeptanz sind solche Modelle sozial; aber sie müssen empirisch in den Individuen angesiedelt werden, die genau diese Wissensordnungen immer wieder (systemspezifisch, also nicht identisch mit anderen) aufbauen, anwenden und bewerten. Solche sozialen Konstruktionen oder Wirklichkeitsmodelle dienen uns als überlebensermöglichende Modelle für die Organisation von Erfahrungen in dem Sinne, daß solche Erfahrungen, wie fiktiv auch immer, als verbindlich für alle Mitglieder einer Gruppe unterstellt werden und damit das Handeln der Mitglieder einer Gruppe koorientieren bzw. steuern. Obwohl also diese Modelle im kognitiven Bereich der Individuen immer wieder erzeugt und modifiziert werden müssen, werden sie kommunikativ und interaktiv wie unwandelbare und verpflichtende normative gesellschaftliche Bestände behandelt.

Solche Wissensordnungen für Problemlösungen in den genannten Dimensionen (Umwelt, Interaktion, Norm, Emotion) sind kognitiv und kommunikativ über Differenzen aufgebaut: Wir und die anderen, ich und die Umwelt, gut und böse, Haß und Liebe, roh und gekocht, mächtig und machtlos usw. Das heißt, sie sind strukturell gesehen Wissenssysteme. Da aber – wie oben erwähnt – alle kognitiven Prozesse zugleich emotional und normativ besetzt sind, müssen auch diese Dichotomien emotional und normativ besetzt sein. Anders als reine Klassifikationssysteme müssen sie in einer Gesellschaft ständig *semantisch* thematisiert und kombiniert werden. Das heißt, was ›gut‹ und ›böse‹ bedeutet, entscheidet sich in der Relation zu anderen Unterscheidungen, etwa zu alt und jung, zu arm und reich, zu mächtig und machtlos, zu krank und gesund usw. Dieses Feld von semantisch bewerteten Unterscheidungen regelt wie ein Programm die in einer Gruppe akzeptierte Kommunikation. Und eben dieses *Programm der gesellschaftlich verbindlichen semantischen Thematisierung von Wirklichkeitsmodellen* nenne ich *Kultur.*

Geht man aus von dieser generellen und noch sehr abstrakten Hypothese, dann folgt daraus, daß es keine Gesellschaft ohne Kultur und keine Kultur ohne Gesellschaft geben kann. Ebensowenig aber kann es Kultur ohne kognitiv und kommunikativ aktive Individuen geben. Ich weise deshalb auf diesen Punkt hin, weil in der Geschichte der Kulturtheorien meist Entweder-oder-Positionen nach dem Muster Kultur *versus* Gesellschaft, Kultur *versus* Natur, Kultur *versus* Individuum usw. vertreten worden sind. Ich denke, das ist eine von vornherein falsch angesetzte Disjunktion. Eher sollte man von *Funktionen* ausgehen, also Kultur als eine Funktion von Gesellschaft, Gesellschaft als eine

Funktion von Kultur, Individuen als eine Funktion von Gesellschaft, Gesellschaft aber auch als eine Funktion von Individuen konzipieren.
Ein Programm enthält nicht nur eine Menge Regeln, sondern es braucht immer Programmanwender. Das erlaubt die Konsequenz, daß *der* Mensch der Schöpfer aller Kultur ist und *die* Menschen Geschöpfe einer je spezifischen Kultur sind.
Wie moderne Computerprogramme sind auch Kulturprogramme lernfähig, also partiell dynamisch. Im Augenblick der Anwendung aber sind Kulturprogramme lernunwillig. Das heißt, man kann nicht während der Anwendung selber das Programm ändern, sondern nur aufgrund bzw. nach Anwendungen. Kultur als Programm koordiniert also Kognition und Kommunikation über das kollektive Wissen, das die Programmanwender in ihren kognitiven Bereichen erzeugen. Andererseits ist jede Programmanwendung natürlich abhängig von den anwendenden Systemen und damit prinzipiell variabel, womit langfristig gesehen *kultureller Wandel* wahrscheinlich wird. Damit bietet sich eine Lösung für ein in der Kulturtheorie notorisches Problem, wie man nämlich kulturelle Dynamik erklären kann, ohne in Konflikt mit dem Verpflichtungscharakter von Kultur zu geraten. Kultur als Programm stellt Problemlösungen im Bereich von Sinnkonstruktion auf eine relative Dauer. Damit bewältigt Kultur zwei Aufgaben, die für den Bestand aller Gesellschaften eine entscheidende Rolle spielen, nämlich Reproduktion der Gesellschaft und Kontrolle der Individuen. Die Reproduktion der Gesellschaft erfolgt dadurch, daß dieses Kulturprogramm kontinuierlich in der Sozialisation der Kinder an Individuen weitergegeben wird. Sozialisation läßt sich demgemäß beschreiben als – technisch gesprochen – Implementierung des Kulturprogramms in den kognitiven Bereich von Individuen. Und weil diese Implementierung beginnt, bevor die Sozialisierten sich in irgendeiner Weise dazu verhalten können, funktioniert Sozialisation notwendigerweise »hinter dem Rücken« der Betroffenen. Im Hinblick auf Kultur kommt das Individuum deshalb immer zu spät.
Durch diese Zwangssozialisation werden die Gesellschaftsmitglieder auf ganz bestimmte Problemlösungsoptionen verpflichtet, und dieses Einpendeln regelt wiederum die Beziehung zwischen sozialen Ordnungen und individuellen Freiräumen, ohne daß man verschwörungstheoretisch irgendwelche Institutionen oder

Machthaber dafür verantwortlich machen müßte, die eine bewußte Kontrolle ausüben. Die Kontrolle, die auf die Individuen in einer Gesellschaft ausgeübt wird, läuft in erster Linie über kulturell programmierte Bedeutungen und Sinnstrukturen und erst in zweiter Linie über Machtstrukturen, wobei die Kontrolle über Sinnstrukturen in der Regel rigider ist. Sprachliche Sozialisation ist dabei besonders rigide; denn die korrekte Anwendung von sprachlichen Mitteln kondensiert sozusagen gesellschaftliche Erfahrungen, Emotionen und Überzeugungen in schwer durchschaubarer und kaum änderbarer Weise.
Kultur besteht in funktional differenzierten Gesellschaften nicht mehr aus einem einheitlichen Programm, sondern aus miteinander verschalteten Teilprogrammen. Funktional differenzierte Gesellschaften entwickeln für jedes ausdifferenzierte Sozialsystem ein eigenes Teilprogramm im Rahmen des Gesamtprogramms Kultur. Damit stellt sich längerfristig aber die Frage, ob diese Teilprogramme überhaupt noch miteinander kompatibel sind bzw. welche Art von Konflikten zwischen diesen Teilprogrammen auftreten können. Die modernen Gesellschaften haben dieses Problem nach Ende des 18. Jahrhunderts in Westeuropa dadurch gelöst, daß Konflikte zwischen Kulturprogrammen auf die Ebene von abstrakten Rechtsnormen gebracht wurden. Das heißt, jedes Kulturprogramm konnte sich eigenständig entfalten, solange nicht Eigentumsrechte, Unversehrtheitsrechte usw. verletzt wurden. Damit stellt sich aber die Frage, ob man in ausdifferenzierten Gesellschaften überhaupt noch sinnvoll von *der Kultur* einer Gesellschaft sprechen kann. Diese Frage wird dann noch einmal verschärft unter Bedingungen von Multikulturalität bzw. Interkulturalität.
Je stärker Gesellschaften die Beobachtbarkeit ihrer Kulturprogramme erhöhen, desto wichtiger werden die Medien bzw. umgekehrt, je komplexer die Mediensysteme einer Gesellschaft werden, desto beobachtbarer wird die sonst der Beobachtung möglichst entzogene Kultur. Das führt dazu, daß ausdifferenzierte Gesellschaften, die gleichzeitig notwendigerweise komplexe Mediensysteme entwickeln, quasi eine Dauerthematisierung der kulturellen Teilprogramme in Gang setzen. Bei dieser Dauerthematisierung kommt wiederum bestimmten gesellschaftlichen Teilsystemen eine besondere Rolle zu, insofern sie die Semantik der Interpretation von Wirklichkeitsmodellen variieren, modulieren oder in Frage stellen, wobei sich etwa der Journalismus an Krite-

rien wie neu/interessant orientiert, Werbung an Aufmerksamkeitsweckung interessiert ist, PR auf Glaubwürdigkeit abzielt und Kunst authentische Innovation anstrebt. Diese Dauerthematisierung, das heißt die Beobachtung des einen Kultur-Teilprogramms durch das andere in verschiedenen Medien und die Beobachtung dieser Beobachtung in anderen Medien, führt dazu, daß die Einsicht in die *Kontingenz* von Kulturprogrammen jeder Art unabweisbar wird. Man kann heute nicht nur wissen, sondern man muß wissen, daß alle kulturellen Aktivitäten auch anders sein können, was die Frage ihrer Bewertung erheblich erschwert. Wir registrieren also auf der einen Seite eine progressive Kontingenzerfahrung. (Das gehört, in Klammern gesagt, sicher zu den zentralen Erfahrungen dessen, was man Postmoderne nennt.) Wir stehen auf der anderen Seite vor dem Problem, wie die Menschen mit diesen Kontingenzerfahrungen umgehen, und hier macht man zunehmend die Erfahrung, daß die Toleranz für Kontingenz relativ gering zu sein scheint; denn noch nie gab es so viele Rufe nach Fundamentalismen religiöser, kultureller, wissenschaftlicher oder gesellschaftlicher Art, die die offenbar unerträglich gewordene Komplexität und Kontingenz reduzieren sollen.

Der Zusammenhang zwischen Kultur, Gesellschaft und Individuen ist autokonstitutiv. Das heißt, Wirklichkeitsmodelle, ihre Interpretation durch Kulturprogramme und deren Anwendung, Bewertung und Veränderung, bedingen sich gegenseitig. Hier schließt sich sozusagen *die große Fiktionsmaschine Gesellschaft* durch Selbstorganisation: Das Kulturprogramm interpretiert das Wirklichkeitsmodell einer Gesellschaft und stellt es damit auf Dauer. Die Erfahrungen mit diesem Wirklichkeitsmodell stabilisieren wiederum dessen semantische Interpretation, also das Kulturprogramm.

Dieser Gesamtzusammenhang wird in der Sozialisation ständig reproduziert und über die Differenz zu anderen Erfahrungsmöglichkeiten abgeschlossen. Diese selbstorganisierende, sich selbst tragende Struktur schließt schließlich die Kultur einer Gesellschaft gegen die Umwelt und gegen andere Gesellschaften und Kulturen ab, womit etwa unter den gegenwärtigen Bedingungen von Inter- und Multikulturalität die Frage entsteht, ob wir überhaupt fremde Kulturen in einer mehr als oberflächlichen Weise verstehen und mit Vertretern fremder Kulturen auf einem akzeptablen Niveau interagieren und kommunizieren können.

Kultur als Programm der ständigen Thematisierung des Wirklichkeitsmodells einer Gesellschaft setzt notwendigerweise *Medien* voraus, und je mehr Medien zur Verfügung stehen, desto mehr Möglichkeiten der Thematisierung und der Thematisierung der Thematisierung usw. ergeben sich. Solche Thematisierungen werden erst dann relevant, wenn sie eine relevante Öffentlichkeit erreichen und sich dort hinreichend lange etablieren können. Bezieht man solche Überlegungen mit ein, dann kann man etwas vereinfacht sagen: *Kulturen sind immer Medienkulturen.* Und damit schließt sich dann auch der Kreis meiner Argumentation. Kognition, Medien, Kommunikation und Kultur stehen in einem nur analytisch auflösbaren bzw. nur analytisch unterbrechbaren Verhältnis. Ich kann nur kognitive Prozesse durchführen, wenn ich gelernt habe, welche gesellschaftlichen Schematisierungen angewandt werden müssen, um zu kognitiven Ergebnissen zu kommen, die ich dann über Medienangebote kommunikativ erfolgreich anbieten kann. Und in der Kommunikation weiß jeder, daß bei der Produktion eines Medienangebotes zurückgegriffen wird auf kulturelles Wissen, das im Verlauf der Kognition und Kommunikation erworben worden ist. Das aber heißt, wir haben einen sich selbst stabilisierenden Kreislauf von Voraussetzungen und Legitimationen von Voraussetzungen vor uns. In diesem magischen Zirkel entsteht – wie die Abbildung 1 andeutet – allererst das, was man *Wirklichkeit* nennt

6. Referenzmodalisierung: Wirklichkeiten und Virtualitäten

Akzeptiert man diese Überlegungen zum Zusammenhang von Kognition und Kommunikation, Medien und Kultur einmal als eine nicht völlig unplausible Hypothese, dann ist damit in der Tat ein Abschied von alten ontologischen Vorstellungen und ontologisch gedeuteten Dualismen unvermeidbar geworden. Die alten verläßlichen Unterscheidungen zwischen wahr und falsch, wirklich und unwirklich, natürlich und künstlich, anders gesagt: alle Referentialisierungen von Wahrnehmungs- und Erkenntnisresultaten müssen im Prinzip *modalisiert* werden. Damit wird nicht etwa behauptet, daß wir in unseren täglichen Aktionen und Kommunikationen völlig ohne solche Referentialisierungen auskommen können – ganz im Gegenteil, aus pragmatischen Gründen können wir keineswegs auf sie verzichten. Wohl wird aber behauptet, daß wir als Beobachter zweiter Ordnung nicht umhin kommen, die von uns konstruierten Wirklichkeiten nicht nach dem Maß ihrer vorgeblichen ontischen Verbindlichkeit voneinander zu unterscheiden, sondern nach der Art, wie wir sie (wie bewußt auch immer) zu bestimmten Zwecken und also mit bestimmten Vorerwartungen an ihre Brauch- und Beurteilbarkeit *konstruiert* haben.

Eine solche Modalisierung, Prozessualisierung und damit Temporalisierung von Wirklichkeitskonstrukten wird m. E. besonders dann unumgehbar, wenn wir Bereiche und Entwicklungen beobachten, die heute unter Stichworten wie »Cyberspace« oder »Virtualisierung« diskutiert werden. Auch bezüglich einer akzeptablen Bestimmung von »Cyberspaces« und »virtuellen Wirklichkeiten« sieht man sich zunächst wieder einmal mit einem äußerst heterogenen Diskursgemenge konfrontiert, so daß auch hier einige terminologische Vorbemerkungen und Positionsabgrenzungen unvermeidlich sind.

Da ist zunächst das von William Gibson in Anlehnung an die Kybernetik geprägte Wort ›Cyberspace‹. Dieses computergestützte Medium ist eine Art interaktiver Simulation, das dem Betrachter den Eindruck vermittelt, sich in einer dreidimensionalen Umgebung zu befinden, mit der er direkt interagieren kann. Für dieses Ziel, das »Erreichen der Wirklichkeit durch Illusion« (Fred Brooks) hatte Myron Krueger 1965 den Begriff ›artificial reality‹ vorgeschlagen: »Die virtuelle Welt«, so Peter Weibel, »verändert sich mit dem Beobachter als Teil des Systems in Echtzeit, sowohl autonom wie reaktiv. Es ist beobachterzentriert« (1993: 25).

Die Technik der virtuellen Räume/Welten/Szenarien beruht auf der Digitalisierung aller Medien, wodurch Text und Bild, Graphik, Video oder Sound manipuliert, transformiert, verbunden und interaktiv gestaltet werden können. Ziel dieser Technik ist also zum einen die Integration möglichst vieler digitalisierbarer Medien (Multimedia), zum anderen ein Interface des Menschen mit dem Computer, das – so die Zielprojektion – »dem objektorientierten Verhalten in einer nicht-computerisierten Umwelt analog ist« (F. Rötzer, 1993: 81).

Während Siegfried Zielinski mit dem Konzept ›expanded reality‹ ontologische Implikationen des Begriffs ›virtual reality‹ eher umgeht, vermuteten Peter Schroeder und Erich Kiefer, daß Computerspaces oder Virtual Realities »... keineswegs Erweiterungen unserer Lebenswelt sind, sondern eher mögliche Parallelwelten, die in gewisser Weise nur im Computer ›existieren‹« (Schroeder 1993: 209).

Erich Kiefer prognostiziert, daß es zwischen »... der realen Wirklichkeit und den virtuellen Wirklichkeiten [oder Parallelwelten] zu einer Relativierung und partiellen Einebnung ihrer Grenzen kommen [wird], in die schließlich auch die privaten ›virtuellen Wirklichkeiten‹, die wir in unserem Geist erzeugen können, miteinbezogen werden« (1993: 245). Die technische Zukunft virtueller Wirklichkeiten sieht Kiefer in einer hochgradigen Vernetzung der KI- und VR-Technologien, und das heißt für ihn: in einer Integration von Wissenschaft, Technik, Kunst und Philosophie. Dadurch wird es, so seine Prognose, zu einer direkten Kopplung zwischen VR-Systemen und menschlichen kognitiven Systemen kommen, etwa durch ins periphere Nervensystem implementierte Chips oder eine Kopplung beider Systeme über das Corpus callosum, das die beiden Hälften des Neo-Cortex miteinander verbindet.

Diese Prognose klingt angesichts der heute verfügbaren Interface-Technologien noch utopisch, aber angesichts der Forschungen von KI bis zur Neurochip-Technologie kann man kaum von einer leeren Utopie sprechen. Zwar gibt es gegenwärtig noch keine sogenannten »total surround environments«, in die der Mensch mit allen Sinnen integriert werden kann; und auch die Integration von mehreren Benutzern in solche Environments scheitert noch an begrenzten Rechnerkapazitäten. Aber die philosophischen Probleme, die schon das gegenwärtig realisierte »Projekt Virtualität« stellt, sind faszinierend. Auf einige will ich kurz verweisen.

Um menschliche Erfahrungswirklichkeiten bis hin zur Ununterscheidbarkeit simulieren zu können, muß man sehr genau herausfinden, wie im sensorisch-neuronalen Zusammenwirken die menschlichen Repräsentationen von Wirklichkeit konstruiert werden. Insofern setzt die technische Konstruktion von VR eine »naturalisierte Erkenntnistheorie« (Kognitionstheorie) voraus, die eine technische Operationalisierung ihrer Erkenntnisse erlaubt; und andererseits wird jeder funktionierende virtuelle Raum zum bis dato besten Modell der Beobachter-relativen Erfahrungswirklichkeit. Wenn man virtuelle Welten von innen wie von außen beobachten kann, dann eröffnet sich eine interessante

Konstellation. Die künstlich hergestellte (simulierte) VR wird aus Wissen über die Erfahrungswirklichkeiten gemacht. Während bislang Wissen nur in der Erfahrungswelt erwartet werden konnte, eröffnen Cyberspaces nun ebenfalls Wissensgewinn, der in beiden Welten verwendet werden kann – wenn man die kategorial unterschiedlichen Modi von Raum und Zeit in beiden Umwelten austarieren kann. Dabei spielt das Problem entry/reentry eine bedeutsame Rolle, also die Frage, inwieweit man seinen »wirklichen« Körper in virtuelle Welten mitnehmen kann oder nicht. Unter diesem Aspekt ist es sicher kein Zufall, daß die Themen Körper und Sinnlichkeit im VR-Diskurs neue Konjunktur gewonnen haben bis hin zur Techno-Ästhetik.

Die Folge der Betretbarkeit und der Authentizität virtueller Räume ist ihrerseits verquickt mit der Frage, wann, warum und wie lange wir die elektronisch erzeugte Welt der Bilder, Töne und Bewegungen für »wirklich« halten und damit interagieren. Diese Frage stellt sich nicht erst im Zusammenhang mit Cyberspaces, sie ist sozusagen AV-Medien-notorisch, wie die folgenden Überlegungen zeigen.

Elektronisch erzeugte Bilder sind bekanntermaßen keine Abbilder, auch wenn sie mit fotografischen Abbildern identisch zu sein scheinen. Da jedes Pixel einzeln berechenbar und manipulierbar ist, können Bilder beliebig manipuliert werden. Damit werden auch Funkbilder und Fotos technisch so veränderbar, daß man, wie Norbert Bolz betont, von einer »spurlosen Fälschung« sprechen kann (1993: 900). Das Problem der Authentizität und Referenz von Bildern, die aus elektronischer Bildver- bzw. -bearbeitung hervorgehen, muß entsprechend umformuliert werden, und dafür bietet sich wieder eine altehrwürdige Kategorie an: ›Vertrauen‹. Reliabilität und Authentizität von elektronisch erzeugten und übermittelten Bildern müssen zunehmend über Indizien bewertet werden (Quelle, Kontext, Programmplatz, Inszenierungsdetails, Gattungskonventionen, Kompatibilität mit Informationen in anderen Medien usw.), da ihr referentieller Status technisch prekär geworden ist. Entsprechend verändern sich die Rezeptionsgewohnheiten der AV-Mediensozialisierten. An die Stelle der traditionellen wahr/falsch-Dichotomie treten neue Kategoriensets – schließlich kann man auf die Wirklichkeit der Bilder nun auch mit rein ästhetischen Einstellungen antworten, also Referenzindifferenz praktizieren.

Europas dämonische Kategorie ›Wirklichkeit‹ wird damit zwar nicht einfach außer Kraft gesetzt – anderenfalls könnten die Beobachter erster Ordnung nicht mehr in ihrer Umwelt operieren; aber das Unterscheidungsset, mit dem wir kulturell operieren, wird erheblich angereichert. Neben die traditionellen Unterscheidungen Wahrheit/Lüge, Sein/Schein, Wirklichkeit/Fiktion, Wirklichkeit/Utopie und Wirklichkeit/Simulation tritt nun die Unterscheidung Wirklichkeit/Virtualität/Hyper-Wirklichkeit, womit alle anderen Unterscheidungen neu kontextualisiert werden und entsprechend semantisch uminterpretiert werden müssen. Unsere Kultur ist nachweislich komplexer geworden.

Die Pluralisierung bzw. Parallelisierung von »Welten«, oder, wie man wohl vorsichtiger sagen sollte: von Szenarien, in denen und mit denen Erfahrungen gemacht und Resultate von Forschungen dargestellt werden können, kann nicht nur zu einem Pluralismus der Formen des Erkenntnisgewinnens und -überprüfens führen. Vielmehr wird sie uns auch dazu veranlassen, die verschiedenen Verfahren und Resultate des »world making« miteinander zu vergleichen, zu bewerten und zu modifizieren; unsere temporären Selektionen von Erfahrungsszenarien für bestimmte Zwecke zu begründen; die Interfaces zu allen »Welten«, einschließlich unserer sogenannten Lebenswelt, zu optimieren usw. Ein selbstverständlich gewordener Zugang zu Parallelwelten dürfte langfristig wohl auch die Diskussion über deren jeweiligen Status ent-ontologisieren, was die Differenz zwischen Wirklichkeiten und Cyberspaces nicht etwa aufhebt, sondern unaufgeregt zu beobachten erlaubt. Es geht dann, wie Peter Schroeder formuliert hat, nicht um eine Verdopplung der Wirklichkeit, sondern darum, »... wieviel Komplexität wir mit der vorgegebenen Technologie erreichen und interaktiv aufrechterhalten können« (1993: 206).

Ob wir, wie Vilém Flusser emphatisch gefordert hat, einmal in einer Pluralität von Welten leben werden, »... von denen es von keiner einen Sinn haben wird zu sagen, sie sei wirklich oder sie sei fiktiv, von keiner wird man sagen können, sie sei eine natürliche Gegebenheit [oder] sie sei ein mediales Kunstwerk« (1993: 70), sei dahingestellt. Auf jeden Fall aber gestatten Cyberspaces, die den »realen« Eintritt des Beobachters in den Bildraum ermöglichen, gleichsam einen sinnlichen Nachvollzug der Einsichten, die sich der Beobachter zweiter Ordnung kognitiv-reflexiv erarbeiten muß: die Einsicht in die gesellschaftliche Konstruiertheit von

Erlebniswirklichkeiten und der Kategorien zur Bewertung dort gültiger Wirklichkeitskriterien. Die sinnliche Erfahrung, »in anderen möglichen Welten wirklich zu sein«, im Verein mit dem Bewußtsein des Crossings von der »Lebenswelt« zum Cyberspace, wird zum konkreten Erlebnis der Kontingenz und Systemrationalität alles Wirklichen.
Dieses Kontingenzerlebnis verweist »kultürlich« zurück auf die Konstruktionsbedingungen jeder Wirklichkeit, der »Lebenswelt« wie des Cyberspace. Und diese Konstruktionsbedingungen sind immer empirisch-gesellschaftlicher Art, aufruhend sozusagen auf dem Stand unseres biologischen Equipments als Gattungswesen. Insofern sind Cyberspaces immer auch Resultat wie Dokument unseres Wissens, unserer Wertsysteme, unserer Bedürfnisse und Ziele. Bekanntermaßen steht neben technischen Problemen, die die Cyber-Entwicklung aufwirft, die zentrale Frage, was wir mit dieser Technologie anfangen und zu welchem Nutzen wir sie bedienen können.

7. Medienhistoriographie als Ideenlieferantin einer Medienepistemologie

Eine hinreichende Berücksichtigung der Medien bei der Konstruktion einer Epistemologie darf aber m. E. nicht nur den gegenwärtigen Stand berücksichtigen, sondern sie tut gut daran, auch die *Mediengeschichte* ernsthaft in den Blick zu nehmen, um die Entwicklung von Mediennutzungsmöglichkeiten im kognitiven Bereich nachzuverfolgen. Medienangebote, so hatte ich oben behauptet, fungieren im kognitiven Bereich als wahrnehmbare Sinnbildungsangebote aufgrund ihrer kulturellen Prägung und ihrer kommunikativen Bestätigung. Mit anderen Worten: Medienangebote können nur produziert und rezipiert werden, weil und wenn Aktanten die verwendeten Kommunikationsmittel in einer Weise verwenden, die im Verlauf der Mediensozialisation als gesellschaftlich anschlußfähig erlernt, erprobt und bestätigt worden ist. Bewußtseinsoperationen, die ja im Verlauf ihrer Genese zu einem wesentlichen Teil im Umgang mit Medienangeboten geprägt und bis zur Routine geschult worden sind, können daher Medienangebote in jeweils systemspezifische Operationen (Gedanken, Vorstellungen, Erinnerungen, Gefühle) transformieren.

Dabei kann dieses komplexe Gesamtfeld in verschiedene Aspekte differenziert werden.
Medienhistorische Forschungen der letzten Jahre (von der Buch- bis zur Fernsehforschung) haben genügend Evidenz für die These beigebracht, daß eine *Mediengeschichte als Geschichte der Wahrnehmung* geschrieben werden kann. In diesem Typ von Medienhistoriographie[9] könnte nachgezeichnet werden, wie sich – je nach der Verfügbarkeit von Medien – Selbstwahrnehmung und Fremdwahrnehmung im Verhältnis zum eigenen Körper ausgeprägt haben.
So hat bekanntermaßen die eindeutige Bevorzugung des visuellen Sinnes vor allen anderen Sinnen im Gefolge der Durchsetzung des Buchdrucks weitreichende Konsequenzen für die Hierarchisierung von Wahrnehmungen und Erfahrungen nach sich gezogen und die europäischen Konzepte von ›Wirklichkeit‹, ›Wahrheit‹ und ›Objektivität‹ nachhaltig geprägt. Die Durchsetzung der dreidimensionalen zentralperspektivischen Darstellungsweise in der Malerei und vor allem auch in den Buchillustrationen hat zu einer Disziplinierung des Sehens wie des Darstellens geführt, die bis heute anhält und die bis heute als die »natürliche« Weise nicht nur des Darstellens, sondern auch des visuellen Wahrnehmens empfunden wird.[10] Und das nicht zuletzt deshalb, weil durch die Durchsetzung der Fotografie (etwa auf Kosten der Stereoskopie) die Authentizität der dreidimensionalen Abbildung des Auges wie der Kamera eine scheinbar unwiderlegbare Bestätigung erfahren hatte. Wie nachhaltig diese Disziplinierung des Sehens, die auch als eine Industrialisierung durch das Massenmedium Foto bezeichnet werden kann, sich heute auswirkt, zeigen die oben bereits angesprochenen Irritationen unserer Wahrnehmung durch digitale Bilderzeugungen, die das traditionelle Verhältnis zwischen Bild und Abbild ins Paradox der Bilder ohne Vorbilder verkehren. Angesichts der technischen Möglichkeiten spurenloser Bildbearbeitung wird unser naives Vertrauen in die Repräsentationsleistung der technisch hergestellten Bilder erstmals von Grund auf erschüttert. Das Bild verliert seine (referentielle) Abbild- bzw. Repräsentationsfunktion und übernimmt Indikatorfunktion mit emotionalem Mehrwert.

9 Daneben stehen Technikgeschichten der Medien, Institutionengeschichten, Wirtschaftsgeschichten usf. als Möglichkeiten.
10 Vgl. Clausberg 1996.

In einer Mediengeschichte als Wahrnehmungsgeschichte wäre also systematisch darzustellen, wie Film, Rundfunk, Fernsehen und die Neuen Medien unsere Wahrnehmung geprägt haben. Dazu einige Anmerkungen.

Im und mit dem *Film* haben Rezipienten gelernt, mit mehr-medialen Präsentationen so umzugehen, als handle es sich um »normale« Wahrnehmungssituationen. Das Zeitmanagement der bewegten Bilder, der Geräusche und Sprachen, Inszenierungsstile, Rahmungen, Einstellungen, »unnatürliche« Präsentationsmodi wie Montage, Zoom, Rückblende usw. wurden schnell erlernt und unterstützten einen Mediennutzungsmodus, der auf Identifikation und Emotion, nicht auf Referentialisierung, Distanz und Kritik aus war. Im »Dispositiv Kino« (sensu J. Paech) dominierten Faszination und Unterhaltung; Kommerz, nicht aber Kritik.

Der *Rundfunk* als technische Innovation ließ allererst das Bedürfnis entstehen, von morgens bis abends unterhalten und informiert zu werden. Dabei gerieten die Informationserwartungen zunehmend unter den Druck von Aktualitätsforderungen. Das Radio sollte Raum und Zeit überwinden, den Hörer zum Mittelpunkt der Welt machen. Der Live-Bericht schien Aktualität und Authentizität ohne Widerspruchsmöglichkeit zu integrieren: die Unbestechlichkeit des Mikrophons wurde mit der Objektivität des fotografischen Apparats verglichen. Das Programm begann, den Tagesablauf zu strukturieren. Und die regelmäßigen Zeitdurchsagen führten zu einer in Deutschland in dieser Form vorher unbekannten Zeitsynchronisation. Das immer komplexer werdende Programmangebot führte bald zu einer für die Zeitgenossen völlig neuen Beschreibung der Welt in Form eines chaotischen Puzzles von Informationen, die in der Proliferation des Angebots in immer mehr Sendern zum Verbrauchsgut wurden. Das demokratisierende Potential des Rundfunks, von den Pionieren ebenso gefeiert wie seine Fähigkeit, das traditionelle Kulturverständnis aufbrechen zu können, beförderte in erster Linie eine nivellierte Massenkultur, eine inkohärente, mosaikartige Selbstsicht sowie – in der rasch einsetzenden Verbindung mit Werbung – eine Kommerzialisierung der Kommunikation.[11]

Über die Veränderung von Raum- und Zeitwahrnehmung durch das Medium *Fernsehen* ist so viel geschrieben worden, daß ich an

11 Vgl. dazu etwa die Arbeiten von Dahl 1983 oder Lenk 1997.

dieser Stelle nicht noch einmal darauf eingehen muß. P. M. Spangenberg (1997) hat mit seiner Kategorie ›Kommunikationsqualität‹ darauf aufmerksam gemacht, daß das Medium Fernsehen rasch nach seiner Durchsetzung sehr viel stärker als Unterhaltungs- denn als Informationsmedium genutzt wurde und noch immer genutzt wird. Die Inszenierung von Kommunikation steht heute im Zentrum der Aufmerksamkeit. Wie schon die Fotografie förders(e) auch das Fernsehen die medientechnische Gestaltung von Objektivität und Unmittelbarkeit und die Ausschaltung von Vermittlungs- und Interpretationsinstanzen (= Faszinationstyp Medientechnik). Medial vermittelte Wahrnehmung, so hat Spangenberg immer wieder argumentiert, operiert auf einer nicht bewußtseinsfähigen Ebene. Was immer wir kognitionstheoretisch wissen mögen: Die Wahrnehmung produziert automatisch die gestalthafte Präsenz bewegter Bilder, wobei die TV-Medienangebote gerade auf solche Akte des Realisierens, auf die Herstellung von Gestalthaftigkeit und somit auf Aufmerksamkeitsbindung angelegt sind. *»Das kognitive System kann [...] in der Kopplung mit komplexen visuellen Umwelten nicht nicht-gestaltgenerierend operieren«* (1997: 102).

Schließlich finden sich auch in der Literatur zum *Internet*[12] immer wieder Analysen der Wahrnehmungsänderung im Umgang mit diesem Hypermedium transmedialer Struktur. Das Internet bevorzugt Schrift, nicht Sprache. Es fördert einen bildhaften und taktilen Umgang mit Texten. Wichtig werden Erfahrungen von Präsenz und Beschleunigung im Umgang mit den assoziativchaotischen Gestalten der Hyperlinks. Der Netuser bekommt eine neue, weithin antihermeneutische und rhetorisch geprägte Einstellung zu den *Textoberflächen* als Manipulationsflächen für Hypertextoperationen sowie zur Textmaterialität als beliebig transformierbarer Virtualität. Hypertexte erscheinen immer wie Ausschnitte aus einem Kontinuum. Sie haben keinen Anfang und kein Ende im traditionellen Sinne. Aber dieses Kontinuum ist nicht mehr das Sinnkontinuum der Gutenberg-Ära, sondern eben ein material-virtuelles Kontinuum von Oberflächen im Sinne einer Spielmasse für Transformationen und Verknüpfungen. Da alle Inhalte für alle Nutzer im Prinzip jederzeit zugänglich sind,

12 Vgl. u. a. Bollmann und Heibach (Hg.) 1996; van Bronswijk 1997; Ludes und Werner (Hg.) 1997; Sandbothe 1996; Spangenberg 1997.

hebt das Internet in gewissem Sinne die Grenzen von Raum und Zeit auf und ist darüber hinaus das erste wirkliche interaktive Medium der Geschichte, wie St. Bollmann und Chr. Heibach betonen (1996: 10).

8. Nachwort

Wie in der Vorbemerkung angekündigt, handelt es sich bei diesem Beitrag um eine programmatische Skizze. Nicht mehr sollte hier geliefert werden – hoffentlich auch nicht weniger.

In dieser Skizze wurde der Schwerpunkt bewußt auf solche Themen gelegt, die sozusagen im klassischen Sinne zu einer Epistemologie gehören. Deshalb sollen zum Abschluß wenigstens noch einige der Themen genannt werden, die meines Erachtens zu diesem Themenkreis hinzutreten müssen, um das Beobachtungsensemble einer solchen Disziplin zu komplettieren.

Medien(kultur)gesellschaften gliedern sich in soziale Gruppierungen entsprechend der Sozialisation, der Lebensstile, Wertorientierungen usw., vor allem aber auch hinsichtlich der Spezifika der Mediennutzung. Daher liegt es nahe, moderne Gemeinschaften versuchsweise als *Mediennutzergemeinschaften* zu beschreiben, wobei stets alle nutzbaren Medien in Betracht gezogen werden müssen.

Medien beeinflussen zunehmend alle Prozesse *sozialer Differenzierung und Entdifferenzierung*. Die modische Diskussion über Globalisierung und Weltgesellschaft würde sicher gewinnen, wenn man Weltgesellschaft nicht als ein bereits erreichtes soziales Faktum betrachten würde, sondern als eine durch weltweite Nutzbarkeit von Medien temporär bzw. funktional verfügbare Möglichkeit.

Ein Thema, das in den letzten Jahren zunehmend an Brisanz gewonnen hat, ist der unlösbare Zusammenhang zwischen Medien, Kultur und *Gedächtnis*. Erinnern wie sein Komplement Vergessen vollziehen sich heute weitgehend als spezifische Formen der Nutzung von Medienangeboten bzw. als Verweigerung ihrer Nutzung. Damit aber wird deutlich beobachtbar, daß alle gesellschaftlichen Teilsysteme wie die kognitiven Systeme auch Gedächtnispolitik betreiben, die in erster Linie im Dienste ihrer Identitätspolitik stehen, von der man seit langem weiß, daß sie an Erinnern und Erzählen, an Vergessen und Verschweigen, an Mediennutzung und Medienverweigerung gebunden ist.

Medien beeinflussen schließlich massiv die Thematisierung und Inszenierung von *Gefühlen*. So wie man früher aus Büchern lernte, wie man liebte und haßte, sich freute und fürchtete, lernt man das heute aus den Medien, aus den vielen Medien, die vor allem mit diesem Thema beschäftigt sind.

Literatur

Bollmann, Stefan/Christiane Heibach (Hg.) (1996), *Kursbuch Internet. Anschlüsse an Wirtschaft und Politik, Wissenschaft und Kultur*, Mannheim: Bollmann Verlag.

Bolz, Norbert (1993), »Wer hat Angst vorm Cyberspace? Eine kleine Apologie für gebildete Verächter«, in: K. H. Bohrer/K. Scheel (Hg.): *Medien, Neu? Über Macht, Ästhetik und Fernsehen*. Sonderheft Merkur, 47 (1993) 9/10, S. 897-904.

Bronswijk, Caroline van (1997), »Virtual Reality«, in: Joe Groebel (Hg.), *New Media Developments (Trends In Communication I)*, Amsterdam: Boom Pub., S. 65-94.

Clausberg, Karl (1996), »›Wozu hat der Mensch zwei Augen?‹ – Der Mythos der Perspektive«, in: Wolfgang Müller-Funk/Hans Ulrich Reck (Hg.), *Inszenierte Imagination. Beiträge zu einer historischen Anthropologie der Medien*, Wien/New York: Springer, S. 163-183.

Dahl, Peter (1983), *Radio. Sozialgeschichte für Sender und Empfänger*, Reinbek bei Hamburg: Rowohlt.

Feilke, Helmuth/Schmidt, Siegfried J. (1995), »Denken und Sprechen. Anmerkungen zur strukturellen Kopplung von Kognition und Kommunikation«, in: Jürgen Trabant (Hg.), *Sprache denken. Positionen aktueller Sprachphilosophie*, Frankfurt am Main: Fischer, S. 269-297.

Flusser, Vilém (1993), »Vom Virtuellen«, in: Florian Rötzer/Peter Weibel (Hg.), *Cyberspace. Zum medialen Gesamtkunstwerk*, München: Boer, S. 65-71.

Jokisch, Rodrigo (1996), *Logik der Distinktionen. Zur Protologie einer Theorie der Gesellschaft*, Opladen: Westdeutscher Verlag.

Kiefer, Erich (1993), »Leonardos Traum. Auf dem Weg zum intelligenten virtuellen Realitätssystem«, in: Florian Rötzer/Peter Weibel (Hg.), *Cyberspace. Zum medialen Gesamtkunstwerk*, München: Boer, S. 214-255.

Lenk, Carsten (1997), *Die Erscheinung des Rundfunks. Einführung und Nutzung eines neuen Mediums 1923-1932*, Opladen: Westdeutscher Verlag.

Ludes, Peter/Andreas Werner (Hg.) (1997), *Multimedia aus medien- und kommunikationswissenschaftlicher Sicht. Theorien, Trends und Praxis*, Opladen: Westdeutscher Verlag.

Roth, Gerhard (1995), *Das Gehirn und seine Wirklichkeit. Kognitive Neurobiologie und ihre philosophischen Konsequenzen*, Frankfurt am Main: Suhrkamp.

Rötzer, Florian (1993), «Virtuelle und reale Welten«, in: ders./Peter Weibel (Hg.), *Cyberspace. Zum medialen Gesamtkunstwerk*, München: Boer, S. 81-114.

Sandbothe, Mike, (1996). »Cool oder hot? Zur Ambivalenz virtueller Gemeinschaften im Internet«, in: *forum medienethik*, Nr. 2, 1996, 20-27.

Schmidt, Siegfried J. (1996), *Die Welten der Medien. Grundlagen und Perspektiven der Medienbeobachtung*, Braunschweig/Wiesbaden: Vieweg.

– (1996), *Die Zähmung des Blicks. Konstruktivismus – Empirie – Wissenschaft*, Frankfurt am Main: Suhrkamp.

– (1999) »Technik – Medien – Politik: Die Erwartbarkeit des Unerwartbaren«, in: Rudolf Maresch (Hg.), *Kommunikation, Medien, Macht*. Frankfurt am Main: Suhrkamp, S. 108-132.

Schroeder, Peter (1993), »Virtuelle Realität – Ein langer Marsch«, in: Florian Rötzer/Peter Weibel (Hg.), *Cyberspace. Zum medialen Gesamtkunstwerk*, München: Boer, S. 203-213.

Spangenberg, Peter M. (1997), *Wahrnehmung und Kommunikation im Leitmedium Fernsehen. Kommunikationssoziologische Untersuchungen zur Konstruktion von Wirklichkeit in audiovisuellen Medien*, Universität-GH Siegen: Habilitationsschrift.

Weibel, Peter (1993), »Virtuelle Realität: Endo-Zugang zur Elektronik«, in: Florian Rötzer/Peter Weibel (Hg.), *Cyberspace. Zum medialen Gesamtkunstwerk*, München: Boer, S. 15-47.

Christian Steinbacher
Zehn Gedichte

Daß der poetischen Verknotung und Verwebung in den sieben Mittelstücken des folgenden Gedichtzyklus je ein »Bewegungs«-Wort (Stand, Stoß etc.) als Basiswort, auf das sich das Material der Gedichte bezieht – bzw. aus dem es gewonnen wird –, unterlegt ist, liegt auf der Hand. Als Material dienen dabei sowohl dessen Erweiterungen (Wortzusammensetzung) als auch Substitute (Paraphrasierung), ergänzt um den Plot aus das Wort verwendenden Sprichwörtern und Phrasen, wobei mir diese doppelte Ausgerichtetheit, die beim Rezipienten ein Hin- und Herspringen zwischen wörtlicher und idiomatischer Bedeutung von Wörtern motivieren soll, wichtig ist.

Flankiert werden diese formal engmaschiger korsettierten Gedichte von diesbezüglich »freier« gehandhabten: Das Eingangsgedicht erweist sich als sprachimmanent geronnene Paraphrase einer einzigen »Annahme«, und beim darauffolgenden Gedicht steht nicht ein Wort, sondern das Bild des den Span aus seinem Fuß herausziehenden Jünglings aus dem Kleistschen Marionettentheater-Essay im Hintergrund, wogegen beim Schlußgedicht der verbindende Kitt sich auf das Wort »weit« beschränkt.

sentenz

dem dünkt, es schien nun ziemlich sicher,
vermutet man, dort zu vermeinen,
wo scheint, hier werde angenommen
und unter den gegebenheiten
auch angebracht, so dies erachten
wohl möglich oder auch wohl auf sei:

Kleistscher splitter

wird abgezogen von dem brett der tropf wie kopflos
fällt innen zu die zu gehörig abgeklopfte tür
treibt meiner nackten ferse auf der spur den splitter aus
geschlossen stossen wir den jungen stöpsel ab von sich
aus schert der bimsstein vor dem aufgeschnürten unverstand
wird ausgelöst der zügel seiner senkbleibleibe

abgesahntes schlag-werk

auf den schultern kahler nieren landen flügelschatten herzlich
ohne übergang mir mitten ins gesicht wirft schneelicht falten auf
sammeln bretter im verbund von wunden stunden ungleichmässig
zwischen fahrgestell und haubentauben stottern grenzen bäume
ab
fallen kraft der weichen seite an als fluss in rudertakten
rundum fertig waren die mit seinen eigenen worten grosser
schaum

standhafter unverstand

zutiefst geklärt bis zum zenit hält sich bei denen
längst überholt von schlechten würstelbuden eins zu eins
punktet die pauke fest in sich und ohne anlauf
noch ehe still die zeit verflacht zum vorgesetzten ding
verwackelt mir das beinbild nicht mit schweren namen
zeigt sich befinden nicht mehr auf dem neuesten rang

scharf auf aufschnitt

zuteil wird dem und doch noch etwas grün dazu gebündelt
als zweiter vorspann mit dem ernten reifer bohnen gleich auf gleich
wie meinem halb gefüllten kleid in scheiben beigegeben
wird meinem hohen brustansatz die tiefe absicht stück für stück
schert sich der mittelwert um die beschichtung mit konturen
deckt das ergebnis wie zumeist sich mit dem tun mir durch und
durch

vitaminstoß bei atem

zu abgefahrenen fanfaren
abrupt bläst ins gedämpfte horn hau ruck
von wellen her getrieben artig
am abgewehrten zahn prallt heftig an
bei dem gedränge letzter seufzer
gerafft zum himmel auf nur leicht versetzt

stichwortunantastbarkeit

dort allein lässt mein gedächtnis mich in der verfärbung
wird sein hieb uns abgekupfert loch um loch wie eingeschnürt
ist ein kreuz es mit insketen in der festen seite
bei dem nicht mehr jungen fleisch des schwarzen sauerrahms setzt ein
wohl begründet wie der hafer vor dem nächsten nachschlag
wende sich gesteppten hasen zu am ende hohl das bein

wechselspur mit Trakl

dem streifen nach zumindest läufig
bleibt weit wie aufgetan die bahn zurück
spult um mit abgezogenen schnecken
fehlt kaum dem wischfest überholten reh
folgt keine ihrer früherern schönheit
»Vorüberweht ein Hauch von warmem Mist«

sprechbereiter blasensprung

schnappt mich die seilschaft seiner eierschalen ausgelassen
bricht auf die schüssel meinen platten vögeln wie im flug zu kurz
kommt uns von dort aus in die höh das ungewisse etwas
hebt in gedanken ausgewichen einem mauerblümchen ab
schlägt zur gelenken feder um das brett mit beiden beinen
kann so ein satz zur seite nicht mehr bei der sache bleiben mir

annäherung zu ende

wird meinem immer weiter ausgehobenen stausee
wie meinen unweit abgestellten buschen breit und weit
wird dieses kurzen zwischenstücks erweiterte pause
wie festgefahren breit und lang verdreht weitab
wird meinen festgestellten burschen vor dem fest zu zweit
zieht alles ab in monotone überweite

Gebhard Rusch
Eine Kommunikationstheorie für kognitive Systeme

Bausteine einer konstruktivistischen Kommunikations- und Medienwissenschaft

»Eine Sprache geschickt handhaben heißt eine Art Beschwörungszauber treiben.«
Charles Baudelaire

Erfahrungen mit der menschlichen Kommunikation

Reflexivität, Selbstbewußtsein und Intentionalität, wesentliche Merkmale höherer kognitiver Tätigkeit also, sind neben strukturellen Faktoren maßgebliche Ursachen jener typischen Probleme, mit denen wir es in der menschlichen Interaktion und Kommunikation immer wieder zu tun haben: mangelhafte Koordination des Handelns und Mißverständnisse. Dabei sind Eigensinn, Selbstzufriedenheit, Ignoranz und Egoismus nur die eine Seite von Selbstreferentialität und kognitiver Autonomie, die andere Seite ist die der Kreativität, der Selbstständigkeit, der persönlichen Interessen und sozialen Bindungen, die geradezu als Ermöglichungsbedingungen von Interaktion und Kommunikation gelten können. Dieselben basalen kognitiven Eigenschaften prägen einander widerstrebende Merkmale aus; dieselben basalen kognitiven Funktionen generieren einander entgegengesetzte Werte, sie ermöglichen Interaktion und Kommunikation, erschweren und behindern sie aber auch zugleich.
Es sind aber – wie bereits angedeutet – noch andere Quellen für Behinderungen, Störungen oder die Verhinderung von Verhaltenskoordinationen und Verstehen bekannt, z. B. mehr oder weniger günstige Bedingungen für die akustisch-optische bzw. audio-visuelle (allgemeine sensorische) Erreichbarkeit potentieller Interaktions- bzw. Kommunikationspartner, oder asymmetrische soziale

Beziehungen, soziale und kulturelle Differenzen, zu denen auch Wissensunterschiede und unterschiedliche Fähigkeiten und Fertigkeiten (etwa im Hinblick auf die Handhabung von Kommunikationsmitteln wie natürlicher Sprachen) gehören.

Die allgemeine kommunikative Erfahrung im Hinblick auf günstige Voraussetzungen für Interaktion und Kommunikation kann man auf die Formel »Erreichbarkeit + Gutwilligkeit + Gleichartigkeit (speziell des Wissens und der Kommunikationsmittel) der Partner = gute Chancen für Verständigung« bringen. Auf dieser Basis sind auftretende Probleme plausibel als Folge von Störungen (z. B. durch andere Geräusche, Lärm, akustische oder optische Hindernisse, durch artikulatorische oder sensorische Defizienzen etc.), von Un- oder Böswilligkeit eines Partners (zumeist des rezeptiv agierenden) oder von übergroßer Verschiedenheit der Partner (z. B. in bezug auf Interessen, Wissen, Absichten, intellektuelle Fähigkeiten etc.) zu erklären. Jeder kann aus eigener kommunikativer Erfahrung in Familie, Freundeskreis, Alltag und Beruf zahlreiche Beispiele für entsprechende Kommunikationsprobleme und deren alltagstheoretische Erklärungen geben.

Die kommunikative Alltagspraxis begnügt sich aber nicht mit der Erklärung von Verständnisproblemen, sie bietet auch Verfahren zu ihrer Lösung an. Die angewandte Alltagstheorie der Kommunikation verfügt gewissermaßen über eine naive Hermeneutik, die Kommunikationsprobleme pragmatisch angeht: Erreichbarkeit ist durch die Herstellung von körperlicher Nähe und die Abschirmung akustisch-optischer Störungen zu verbessern, Renitenz wird bestraft, Ungleichheit kann mit zeitlichem Aufwand, biologisch durch Reifung und soziokulturell durch Lebensgemeinschaft und Lernen abgebaut werden.

Wie aber stellt sich nun der Vorgang der Verständigung, der Prozeß der Kommunikation in der Alltagstheorie dar, wenn es Erfahrungen der genannten Art sind, die ihr zugrunde liegen? Es geht um folgende Art von Beobachtung: Jemand spricht einen anderen an, äußert z. B. einen Wunsch, eine Feststellung, eine Absicht, ein Versprechen. Der andere hört das Gesagte, äußert sich u. U. seinerseits, antwortet, agiert, gibt durch adäquates Verhalten zu erkennen, daß er (richtig) verstanden hat. Die alltagstheoretische Beschreibung solcher Vorgänge: Ein Sprecher drückt mit seiner Äußerung einen Wunsch, eine Feststellung o. ä. aus. Die Äußerung

wird vom Hörer wahrgenommen. Kennt dieser die Sprache, in der die Äußerung artikuliert ist, kann er sie als Wunsch, Feststellung o. ä. verstehen und – wenn er gutwillig ist – entsprechend reagieren. Durch die sprachliche Äußerung des Sprechers wird dem Hörer ein Inhalt (Wunsch, Feststellung etc.) mitgeteilt oder vermittelt, wird eine Bedeutung oder Botschaft übertragen.
Wie ein Brief im Versandumschlag oder eine Botschaft im Gedächtnis eines Boten, so ist die Bedeutung in den Zeichen enthalten, bedeuten Zeichen und Signale dem etwas, der sie wie ihr Absender kennt.

Der Zeigertelegraph

Werner von Siemens revolutionierte die Kommunikationstechnik mit der Erfindung seines Zeigertelegraphen in der Mitte des vorigen Jahrhunderts. Revolutionär war daran vor allem die einfache Handhabung, die es – anders als beim Morse-Telegraphen – im Prinzip jedem telekommunikativen Laien ermöglichte, ein solches Gerät zu bedienen. Die manuelle Einstellung des Zeigers an dem einem Endgerät führt zu einer entsprechenden Zeigerstellung am anderen Endgerät. Auf diese Weise kann man durch Verstellen des Zeigers am Sender nacheinander die Buchstaben eines Textes an den Empfänger übermitteln. Damit machte der Zeigertelegraph als Vorläufer des Fernschreibers und Faxgerätes ein kommunikationstechnologisches Prinzip ganz besonders anschaulich: die notwendige Übereinstimmung von Sende- und Empfangseinheit. Die Buchstabenscheibe mit dem Alphabet, das *Zeichenrepertoire*, muß bei Sender und Empfänger die gleiche sein, die *Funktionsweise* des elektromechanischen Zeigerinstruments muß bei Sender und Empfänger gleich und reziprok sein, zwischen Sender und Empfänger muß eine *Verbindung* für die Übermittlung der Botschaften bestehen.
Die Elektrotechnik des 19. Jahrhunderts hatte mit der Telegraphie das technische Modell der Kommunikation schlechthin bereitgestellt.

First-Order-Cybernetics

Etwa 100 Jahre nach der Erfindung des Zeigertelegraphen formulierten Norbert Wiener in seinem Buch »Cybernetics«, Claude E. Shannon und Warren Weaver mit »The Mathematical Theory of Communication«, Alan Turing, John von Neumann und Ludwig von Bertalanffy die neuen Grundbegriffe der Kommunikationstheorie: »Regelung«, »Information«, »Automat« und »System«. Wieners Definition der Kybernetik als Wissenschaft von Steuerung und Kommunikation in Lebewesen und Maschine lenkte den Blick sofort auf die allgemeinen, jeder Art von Regelung zugrundeliegenden Prinzipien, die sowohl in biologischen als auch in technischen Systemen verwirklicht sind. »Kommunikation«, »Informationsverarbeitung« und »Informationsübertragung« wurden so seit den fünfziger Jahren zu Grundbegriffen der Biologie und Ingenieurwissenschaften ebenso wie der Psychologie, Soziologie, Linguistik und Ästhetik (vgl. Frank 1970).
Das Kommunikationsmodell von Shannon und Weaver repräsentiert den informationstheoretischen Ansatz auch in seinen Anwendungen auf die menschliche Kommunikation bis heute. So heißt es z. B. im »Standard-Lexikon für Marketing, Marktkommunikation, Markt- und Mediaforschung« (Koschnik 1987), Kommunikation umfasse »alle Prozesse der Informationsübertragung«; zur Illustration bietet das Lexikon ein Kommunikationsmodell an, das dem Shannon und Weaverschen Modell strukturell analog ist, jedoch alle Unschärfen aufweist, die sich mit dessen Popularisierung und kommunikationswissenschaftlicher Verallgemeinerung eingeschliffen haben. Die Mediensoziologie setzt mit einem Begriff von »Kommunikation« als »Übertragung von Bedeutungsinhalten« (z.B. Hunziker 1988, 1) an, ebenso wie die Kommunikationswissenschaft mit einem Konzept der »Vermittlung von Bedeutungen« (vgl. z. B. Burkart 1995, im Anschluß an Maletzke; vgl. für gängige Definitionen des Kommunikationsbegriffs bis 1977: Merten 1977).
Die informationstheoretische Kommunikationstheorie schließt mit ihren Konzepten bündig an die Alltagstheorie der Kommunikation und die in ihrem Lichte gemachten Erfahrungen an. Sie repräsentiert zugleich alltagsweltliche Intuitionen und das wissenschaftliche Standardmodell der Kommunikation.

Second-Order-Cybernetics

Nur ein Jahrzehnt nach Norbert Wieners »Kybernetik« hatte sich die Theorieentwicklung insbesondere mit Blick auf biologische, soziale und ökologische Systeme bereits differenziert. W. Ross Ashby bestimmte die Kybernetik als »*Erforschung von Systemen, die offen für Energie, aber geschlossen für Information, Regelung und Steuerung sind* – von Systemen, die ›informationsdicht‹ sind« (Ashby 1974, 19; Hervorhebung im Original). Er hatte dabei insbesondere »*komplexe Systeme*« (ebd., 20; Hervorhebung im Original) wie Organismus, Psyche, Gehirn, Gesellschaft oder Wirtschaft vor Augen (vgl. dazu auch Ashby 1954).

Heinz von Foerster brachte in einem Aufsatz von 1960 (vgl. von Foerster 1985) ein Konzept *selbstorganisierender Systeme* und das *Order-from-Noise*-Prinzip in die Diskussion und verstärkte damit einen Trend, der in den siebziger und achtziger Jahren bedeutende Höhepunkte erreichte in Gestalt der Theorie dissipativer Strukturen (Ilya Prigogine), der Theorie der Hyperzyklen (Manfred Eigen und Peter Schuster), der kognitionsbiologischen Theorie autopoietischer Systeme (Humberto R. Maturana, Francisco Varela) sowie in den erkenntnistheoretischen Arbeiten von Foersters selbst, die den Beoachter als Bezugssystem jeder Beoachtung intergrierten – und mit dieser Kybernetik der Kybernetik bzw. diesem kybernetischen Konstruktivismus eine Art kybernetischer Relativitäts- und Reflexionstheorie entwickelten (vgl. von Foerster 1985; ders. 1993).

In dieser Konzeption sind z. B. »Beobachtung der Beobachtung«, »Selbstorganisation«, »Autopoiese«, »Kreiskausalität«, »Selbstreferentialität«, »operationale Geschlossenheit«, »kognitive Autonomie«, »kognitive Konstruktion« neue Grundbegriffe. Anstelle von Informationsaufnahme und -übertragung ist hier von Informationserzeugung die Rede, Beobachtung wird als Prozeß kognitiver Konstruktion, als Errechnung von Zuständen in neuronalen Netzen konzipiert, mit der introspektiv Sinnesempfindungen, Wahrnehmungen und Gedanken zeitlich korrelieren. Kognition wird als Errechnen von Wirklichkeit beschrieben.

Autopoietische kognitive Systeme (sensu Maturana) sind strukturell mit einem Medium gekoppelt. Im Rahmen der uns zugänglichen Metaphern und Modelle kann man dieses Medium z. B. als ein chemo-physikalisches Medium darstellen, in dem Organismen als chemo-physikalische, *selbstregelnd* und *selbsterhaltend* organisierte, d. h. als *operational geschlossene*, jedoch *energetisch offene* Reaktionsnetzwerke verwirklicht sind. Die strukturelle Kopplung von System und Medium besteht auf der Ebene des Energieaustausches, nicht auf der Ebene der autopoietischen Regelungsfunktionen des Systems, das im Sinne von W. Ross Ashby als »informationsdicht« gilt. Die energetische Kopplung bedeutet zwar Zustandsveränderung des Systems abhängig von Zustandsveränderungen des Mediums, legt jedoch nicht fest, welchen Zustand ein System abhängig von welchen Zustandsveränderungen des Mediums annimmt. Dies hängt allein von der Organisation und Struktur des Systems ab.

Kognitive Systeme konstruieren kognitiv[1] innerhalb ihrer Kognitionsbereiche auf der Basis sensomotorischer Koordinationen und interner rekursiver Repräsentationen von sensorischen Aktivitäten und sensomotorischen Koordinationen (vgl. Piaget 1976) Gegenstände (konkrete Dinge und Abstrakta), Sachverhalte (Vorgänge, Zustände) und Beziehungen. Diese Konstruktionsprozesse kann man auch als Prozesse der Bildung kognitiver Invarianten oder Eigenwerte (vgl. Kruse 1988, Stadler und Kruse 1990, von Foerster 1985) beschreiben. Rekursive interne Repräsentationen bzw. Interaktionen zwischen »reinen Relationen« (Maturana), d. h. *Selbstreferentialität*, wird dabei als Ermöglichungsbedingung einer internen *Selbstbeobachterfunktion* angesehen. Kognitive Systeme einer gewissen Komplexität sind für sich selbst sensibel, kognitive Prozesse werden – indem sie einander wechselseitig über diverse Zwischenschritte vermittelt aktivieren – durch kognitive Prozesse repräsentierbar; sensorische Aktivität wird dadurch z. B. abbildbar auf die Aktivität von Neuronenverbänden in den Projektionsfeldern der Großhirnrinde.

Die Beobachterfunktion setzt das System in die Lage, sich selber (d. h.: seinen Körper und seinen Geist) als ein von allen übrigen

1 Zum Begriff der kognitiven Konstruktion vgl. Rusch 1996.

Objekten verschiedenes Objekt auszudifferenzieren. Das System selber setzt die *Selbst-Umwelt-Differenz* auf der Basis seiner Selbstbeobachtung. Es entwickelt *Selbst- und Umweltbewußtsein* durch die Beobachtung der selbstgesetzten Selbst-Umwelt-Differenz.

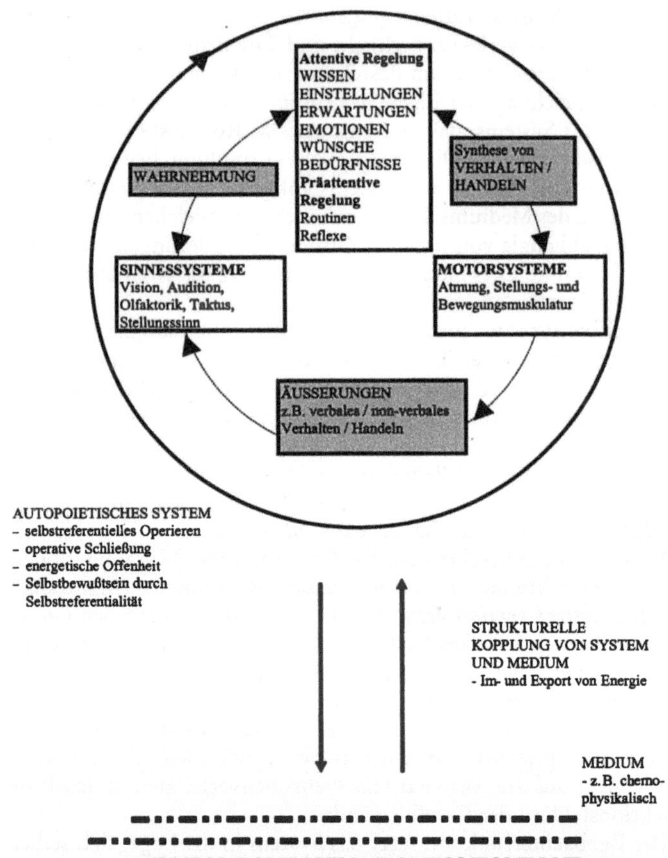

Abbildung 1: Kognitives System in struktureller Kopplung mit seinem Medium. Erläuterung im Text.

Hat das System Selbstbewußtsein entwickelt, ist es in der Lage, auf der Basis rekurrenter Beobachtungen eigenes Verhalten kausal mit Objekten, Vorgängen oder Zuständen in seiner Umwelt zu verknüpfen. Mit der Verfügbarkeit des Kausalitätsprinzips bzw. Bewirkungsschemas gewinnt das System *Handlungsmächtigkeit*.
Die zuletzt genannten kognitiven Leistungen stellen eigentlich nur spezielle Formen von Invarianten dar, sind also als Funktionen der elementaren rekursiven Operationen anzusehen. Die Reihenfolge repräsentiert eine logische Voraussetzungsbeziehung. Die Invariantenbildung selbst ist dabei eine Funktion des jeweiligen Zustandes des gesamten kognitiven Systems. Die kognitiven Leistungen werden daher, sobald sie einmal in das Leistungsrepertoire integriert worden sind, zu Randbedingungen weiterer Invariantenbildungen. Mit anderen Worten, das Leistungsvermögen eines kognitiven Systems verändert (z. B. erweitert) sich abhängig von seinem jeweiligen Leistungsvermögen, z. B. abhängig von seinem jeweiligen Verhaltensrepertoire, der jeweiligen Art, Anzahl und Vernetzung kognitiver Schemata usw. (siehe Abbildung 1).
Die dargestellten Komponenten und Leistungen (grau unterlegt) sind zyklisch miteinander verbunden und stellen so operationale bzw. funktionale Schließung her. Operationale Schließung bedeutet Feedback und Feedforward. Beides sind wesentliche Bedingungen für Regelung in komplexen Systemen. Schon aus den einfachsten kybernetischen Regelkreisen erhellt die konstitutive Funktion des Feedbacks für die Steuerung z. B. eines homöostatischen Systems. Im wesentlichen haben wir es auch hier mit kybernetischen Regelkreisen zu tun. Allerdings mit einer Kybernetik zweiter Ordnung, die reflexiv den Beobachter einschließt. Und zwar sowohl weil die operationale Schließung auf der Ebene des Nervensystems die operationale Schließung auf der Ebene der physiologischen Funktionen des Organismus überlagert, als auch weil diese Beschreibung ihrerseits beobachterrelativ ist. Erst durch die Reflexivität der kognitiven Operationen wird der Organismus zu einer »nicht-trivialen Maschine« (von Foerster), die zwar noch immer an ein Medium gekoppelt ist, deren Verhalten aber durch Veränderungen des Mediums nicht mehr determiniert werden kann. Auf der kognitiven Ebene haben wir es mit *zwei Arten der operationalen Schließung* zwischen Sensorik und Motorik zu tun: mit *Schließung durch kognitive* Komponenten und attentive/präattentive *Regelungsfunktionen* wie Wahrneh-

mung, Wissen, Einstellungen, Erwartungen, Emotionen, Wünsche und Bedürfnisse, Routinen, Reflexe etc. und Verhaltenssynthese sowie mit der *Schließung durch die Umwelt* (vgl. Richards und Glasersfeld 1984). Ein einfacher Fall einer solchen Schließung ist die Berührung des eigenen Körpers. Aber natürlich kann man im Prinzip jedes ›nach außen gerichtete‹ eigene Verhalten als Beispiel nehmen, weil es selbst beobachtet wird. Richards und Glasersfeld schließen ihre Überlegungen an William T. Powers Gedanken an, das Funktionieren des Gehirns in einem Modell durch hierarchisch gestaffelte negative Rückkopplungssysteme darzustellen (vgl. Powers 1973). Powers zentraler Gedanke ist die Umkehrung der aus dem behavioristischen Modell bekannten Verhältnisse: Nicht Reize steuern das Verhalten, sondern das Verhalten steuert die Wahrnehmung (siehe Abbildung 2). »Verhalten ist ein Prozeß, durch den Organismen ihre Sinneseingangsgrößen (Inputdaten) kontrollieren. Beim Menschen besteht Verhalten in der Steuerung von Wahrnehmung« (Powers 1973, X).

»Wahrnehmungsakte sind weder neutral noch passiv; sie ereignen sich nicht einfach; vielmehr ist das, was wahrgenommen wird, eine Folge des Verhaltens eines Organismus. Das Verhalten wird geändert, um das zu modifizieren, was wahrgenommen wird. Handlungen dienen dazu, die Erfahrungswelt beständig und erkennbar zu halten« (Richards und Glasersfeld 1984, 7).

Im Modell der Abbildung 1 ist Wahrnehmung als Wechselwirkungseffekt von Sinnessystemen und kognitiven Regelungsfunktionen dargestellt. Dies ist auch mit Blick auf die in den Cognitive Sciences aktuellen Wahrnehmungsmodelle (vgl. allgemein: z. B. Neisser 1974; Lindsay und Norman 1972; Schmidt 1979; Schwartz 1980; für einen Überblick zur Textwahrnehmung z. B. Groeben 1982; Groeben und Vorderer 1988) zu vertreten, die Wahrnehmung als durch Bottom-up- (sinnessystemisch) und Top-down-Prozesse (Wissen, Erwartungen etc.) konstituiert ansehen. Ganz ähnlich ist auch die Verhaltens- bzw. Handlungssynthese als propriozeptiver, reafferenter Abgleich zwischen motorischem Vermögen, Handlungswissen und Handlungszielen aufzufassen. Die Realisierung von Verhalten/Handeln ermöglicht dann durch Selbstbeobachtung eine *doppelte Schließung*: durch interne und externe Rückkopplung.

Wie die letzten Überlegungen gezeigt haben, schließt kognitive Autonomie im Sinne operationaler Schließung den aktiven Umgang mit einer Umwelt in keiner Weise aus. Kognitive Autonomie bedeutet nicht Solipsismus, sondern systemautonome Regelung. Kognitive Systeme können in vielfältiger Weise gestört, angeregt, beeinflußt werden, sogar so nachhaltig, daß die Prinzipien der systemautonomen Regelung (die autopoietische Organisation) davon betroffen werden und das System zerfällt. Alle nicht in diesem Sinne katastrophalen Störungen werden aber durch homogene Modifikationen verarbeitet, die ausschließlich der Logik des Systems folgen.

Kognitive Konstruktion von Gegenständen

Kognitiv autonome Systeme sind strukturell an ein (z. B. chemophysikalisch charakterisiertes) Medium gekoppelt und spezifizieren in ihrem Kognitionsbereich Objekte O(S), den eigenen Körper, Dinge in der Umgebung dieses Körpers, andere handlungsmächtige Einheiten usw. Spezifikation ist hier eigenwertige kognitive Konstruktion. Die Identität der spezifizierten Objekte ist durch die jeweiligen Modalitäten der Kognition des Systems S (in struktureller Kopplung mit dem Medium) bestimmt. D. h., *was* ein Objekt O(S) für das kognitive System S *ist*, hängt von seinem jeweiligen Zustand und Funktionsmodus ab. Und *ob* ein kognitives System S zu einem bestimmten Zeitpunkt ein bestimmtes Objekt O(S) erlebt oder nicht, hängt somit von seinen Kognitionsmodalitäten zu jenem Zeitpunkt ab sowie davon, ob entsprechende kognitive Anlässe (z. B. bestimmte Zustände der Sinnessysteme oder höherer Zentren im Nervensystem von S) gegeben sind oder nicht, S sich z. B. an bestimmten Orten oder in bestimmten Lagen innerhalb seines Mediums befindet, oder bestimmte ›Funktionsstörungen‹ im Nervensystem von S vorliegen (wie z. B. bei Halluzinationen).

Kognitive autonome Systeme sind weiter in der Lage, ihre Aufmerksamkeit auf Objekte in ihrem Kognitionsbereich zu richten, auf diese einzuwirken und bestimmte Veränderungen an ihnen hervorzurufen.

Die Gegenwart anderer handlungsmächtiger Organismen, anderer kognitiv autonomer Systeme führt nicht zu einer Durchbrechung oder Transzendierung ihrer kognitiven Autonomie, nicht zu einer Verschmelzung ihrer Kognitionsbereiche (ihrer Horizonte), auch nicht zur Bildung von Schnittmengen ihrer Kognitionsbereiche. Die Systeme operieren auch weiterhin autonom, müssen sich jedoch auf ein Medium einstellen, in dem schwer kalkulierbare, eben nicht-triviale Objekte in systemrelativer Identität spezifizierbar sind. Das Leben wird komplizierter. Wie Abbildung 2 im Anschluß an W. T. Powers zeigt, treten die Systeme einander als Störgrößen in den Umweltrückkopplungsschleifen entgegen. Die systemautonome Regelung von Verhalten wird durch solche Störungen zwar affiziert, nicht aber in ihren Grundfesten erschüttert. Das autonome Prozessieren setzt sich – moduliert durch sensorische Perturbationen – fort.

Die Systeme verändern durch ihre Präsenz und ihr Verhalten das Medium, und zwar für sich selbst (durch Selbstbeobachtung im Rahmen ihres eigenen Kognitionsbereiches, d. h. durch operationale Schließung über die Umwelt, kontrollierbar), aber auch für andere kognitive Systeme. Welche Folgen solche Veränderungen der medialen Bedingungen für andere Systeme haben, kann nur in sehr begrenztem Umfang, nämlich im Rahmen der je eigenen Erfahrungswelt bestimmt werden, d. h. vermittels der Spezifikation und kausalen Verknüpfungsmöglichkeiten von eigenem Handeln und beobachtetem Verhalten von Objekten innerhalb des je eigenen Kognitionsbereiches.

Wie bereits betont, determinieren Veränderungen im Medium das Verhalten der strukturell gekoppelten kognitiven Systeme nicht. Ob diese überhaupt und in welcher Weise sie »reagieren«, hängt von ihrer Sensibilität und Funktionsweise ab. Diese Restriktion schließt aber in keiner Weise die Abstimmung eigenen Systemverhaltens auf systemrelative Beoachtungen und Erfahrungen durch Lernen, Erinnern, Wiedererkennen etc. aus. Stimmen mehrere Systeme ihr Eigenverhalten in dieser Weise auf ihre eigenen Beobachtungen und Erfahrungen ab, prägen sie insbesondere Verhaltensroutinen aus, die sie bei wiederkehrenden gleichen Beobachtungen (Anlässen) mit großer Regelmäßigkeit ausführen, so entstehen regelmäßige Folgen von Umgebungsveränderungen,

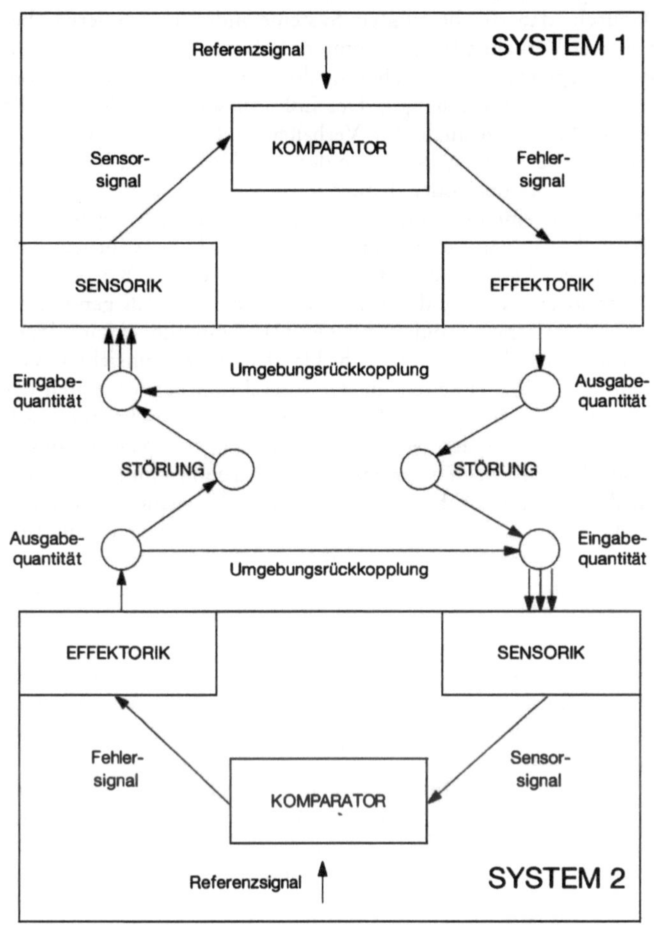

Abbildung 2: Kontroll-System-Einheiten der Verhaltensorganisation nach W. T. Powers (1973) in Interaktion. Systeminteraktion als Störung in Umgebungsrückkopplungen.

die die Verhaltensroutinen bestätigen und die Folgen ihrer Realisierung kalkulierbar (erwartbar, vorhersehbar) werden lassen. Dadurch, daß die beteiligten Systeme induktiv operieren, bestimmtes Verhalten bei bestimmten Anlässen in Grenzen gleichförmig reproduzieren, machen sie ihr eigenes Verhalten auch vom Verhalten anderer abhängig. Der Lohn dieser Dependenz ist die Möglichkeit, nun auch das Verhalten anderer beeinflussen zu können. Die Abhängigkeit, von der hier die Rede ist, bleibt aber sozusagen optional oder dispositional, sie wird nicht kausal; sie gründet auf eine interaktiv und kognitiv generierte Regelmäßigkeit, nicht auf Naturgesetze im engeren Sinne.[2] Die Wahrnehmung einer roten Ampel löst eben bei Fußgängern keine Körperstarre aus, sondern kann (und sollte) von diesen als Anlaß genommen werden, am Straßenrand zu warten. Das Ampelsignal kann ignoriert werden; Akteure können ihr Handeln danach einrichten oder nicht. Die Möglichkeiten, in der Interaktion das Verhalten der Partner zu beeinflussen oder gar zu steuern, beschränken sich daher immer auf den Versuch, solche Umgebungsbedingungen zu schaffen, die nach bisherigen Erfahrungen bestimmtes Verhalten der Partner zur Folge hatten. Solche Versuche werden von nichts anderem als der Hoffnung getragen, die an sie geknüpften Erwartungen mögen sich im je aktuellen Fall bestätigen.

Das Hineinwachsen, das Sich-Hineinentwickeln in wechselseitige optionale Abhängigkeiten wird allgemein mit dem Begriff der *Sozialisation* bezeichnet. Die spezifische Ausprägung, Form oder besser: Modalität, die das Verhalten der Mitglieder einer Sozialisationsgemeinschaft (in ihrer wechselseitigen Adjustierung) annimmt, kann nun als *Kultur* dieser Gruppe oder Gemeinschaft angesprochen werden.

Und obwohl in der Interaktion aufeinander eingestellter, aneinander sozialisierter kognitiver Systeme die Prinzipien struktureller Kopplung nicht außer Kraft gesetzt werden, unterscheidet sie sich doch qualitativ deutlich von Interaktionen nicht oder unterschiedlich sozial disponierter Individuen, z. B. ganz wesentlich durch die höhere Geschwindigkeit, mit der Koordinations- und Orientierungsaufgaben bzw. -probleme bewältigt werden (etwa im Zusam-

2 Reflexe und andere Erbkoordinationen sind hier zunächst ausgenommen. Es geht um Verhalten, das (im Prinzip) intentional modifizierbar ist.

menhang mit der Befriedigung von Grundbedürfnissen), oder auch im Hinblick auf die Art der Bereiche oder Gegenstände der Koordination und Orientierung (etwa entlang der Dimension von konkret – abstrakt) oder im Hinblick auf die Orts- und Zeitdimension der Bereiche oder Gegenstände (etwa in der Zukunft oder an einem von der aktuellen Interaktion entfernten Ort) etc. Um diesen Aspekt deutlich werden zu lassen, schlage ich vor, von *sozialer Kopplung* als einem Typ struktureller Kopplung zu sprechen, sofern Verhalten/Handeln interagierender Individuen auf interaktiv-kognitiv generierten Regelmäßigkeiten, d. h. auf Konventionen, beruht. In diesem Sinne kann auch *kommunikative Kopplung* (siehe Abbildung 3) ein Fall sozialer Kopplung sein, nämlich dann, wenn in Orientierungsinteraktionen konventionalisierte Kommunikationsmittel, z. B. natürliche Sprache, eingesetzt werden. Dies muß jedoch keineswegs immer der Fall sein. Der Kommunikationsbegriff muß allgemeiner als der Sprachbegriff sein, schon um Sprache überhaupt als Kommunikationsmedium bestimmen zu können.

Soziale Dispositionen machen Individuen (z. T. auch auf der Basis von Erbkoordinationen, biologischen Bedürfnissen, psychischen Besonderheiten etc.) in Grenzen füreinander kalkulierbar und manipulierbar. Soziale Kopplung impliziert erweiterte gegenseitige *Manipulationsmöglichkeiten*, d. h. in Interaktionen generierte Strategien zur Bewirkung von Veränderungen bei einem Partner, die ohne entsprechende Interventionen erwartbar nicht eingetreten wären. Soziale Kopplung bedeutet immer die Ausnutzung der Verhaltensgewohnheiten des anderen für eigene Zwecke und Ziele. Aber dieser systemische Funktionalismus führt nicht zwangsläufig zu einem Utilitarismus, in dem der Zweck jedes Mittel heiligen würde. Selbstreferentielles Handeln kann durchaus altruistisch, fürsorglich und um menschliche Nähe bemüht sein. Ethisch (und juristisch) bedenklich wird dies erst, wenn andere zu Schaden kommen. Aber hier beginnt das Thema kompliziert zu werden. Mit der Frage nämlich, wann – von offenkundigen Fällen einmal abgesehen – ein Schaden eintritt. Schadet es dem Selbstbewußtsein, jemandem eine Bitte zu erfüllen? Schadet es, auf etwas Uninteressantes aufmerksam gemacht zu werden? Schadet es, etwas zu tun, das man nicht selbst geplant hat? Fragen dieser Art illustrieren nur, wie schwierig Antworten und Entscheidungen im Hinblick auf die ethische Dimension dieser Problematik sind.

Die Explikation eines Kommunikationsbegriffs, der mit den bis hierher angesprochenen Voraussetzungen kompatibel ist, erfordert zunächst eine noch eingehendere Klärung der Verhältnisse in der strukturellen Kopplung von kognitivem System und Medium.

(1) Strukturelle und kognitive Kopplung

H. R. Maturana hatte den Begriff der strukturellen Kopplung im wesentlichen als eine chemo-physikalische Beziehung charakterisiert, die zwischen kognitiven Systemen als Einheiten aus chemophysikalischen Bestandteilen und dem chemo-physikalischen Medium besteht, in dem diese Einheiten existieren. Strukturelle Kopplung betrifft also z. B. den energetischen Austausch zwischen System und Medium sowie strukturelle Störungen bzw. Modifikationen des Systems durch chemo-physikalische Wechselwirkungen (z. B. Zustandsveränderungen von Rezeptoren). Der entscheidende Aspekt ist hier aber »die effektive raumzeitliche Abstimmung von Zustandsveränderungen des Organismus mit Zustandsveränderungen des Mediums« (Maturana 1982, 144). In diesem Sinne lösen Zustandsveränderungen des Mediums Veränderungen des Systems dann und in dem Maße aus, wenn und wie es für diese sensibel ist. Welche konkreten Veränderungen das System jedoch erfährt, kann nicht durch die Veränderungen des Mediums spezifiziert werden, sondern hängt jeweils von der Struktur, der Funktionsweise und den Eigenschaften des Systems ab.
Im Hinblick auf die kognitiven Funktionen des Systems gehen mit strukturellen Kopplungen unter gewissen Umständen (Zustand der Sinnessysteme, Intensität von Sensationen etc.) Sinnesempfindungen und Wahrnehmungen sowie weitere kognitive Operationen (Wiedererkennen, Erinnern etc.) einher. Sofern dies der Fall ist, möchte ich von *kognitiven Kopplungen* sprechen. Es soll hier betont werden, daß (nicht nur) kognitive Kopplung System*aktivität* bedeutet. Ein einfaches Kriterium gestattet eine weitere Differenzierung: Zustandsveränderungen bzw. Sensationen und Wahrnehmungen können danach unterschieden werden, in welchem Maße sie mit systemeigener (motorischer oder sensorischer)

Aktivität (kausal) verrechnet werden können. Je weniger dies der Fall ist, desto stärker ist der Widerfahrnischarakter (vgl. Janich 1992) der Sensationen oder Wahrnehmungen. Je mehr es der Fall ist, desto kontrollierbarer, kalkulierbarer und planbarer ist das Systemverhalten. Kognitive Entwicklung tendiert dahin, Systemumwelt vollständig als Resultat eigenen Verhaltens zu kontrollieren bzw. zu trivialisieren. Kontrollierbar, durch Lernen gezielt modifizierbar ist aber nur eigene Aktivität, soweit sie eigener Sensorik und selbstreferentieller Beobachtung sowie intentionaler Regelung von Motorik unterworfen werden kann.

(2) Kopplungsaktivitäten

Kognitive Systeme können durch ihre verschiedenen Aktivitäten unterschiedliche kognitive bzw. strukturelle Kopplungen an ihr Medium realisieren, indem sie in bezug auf Objekte handeln, die sie in ihrem Kognitionsbereich spezifizieren. Man kann diese Aktivitäten z. B. nach den Anteilen differenzieren, die innerhalb ihres Rahmens auf motorische Prozesse entfallen, und so zu einer Unterscheidung z. B. entlang der Dimension von offenem und verdecktem Verhalten, oder der Stellung und Bewegung des Körpers einerseits und geistiger Tätigkeit andererseits gelangen. Um eine handlichere Begrifflichkeit für die beiden Pole dieser Skala anzubieten, werde ich von *performativen* auf der einen und von *mentalen Aktivitäten* bzw. *Kopplungen* auf der anderen Seite sprechen. Es ist klar, daß diese Terminologie Schwächen hat, daß eine strikte, auch nur analytische Trennung dieser Seiten nicht möglich ist. Die Begriffe drücken deshalb nur eine Gewichtung oder Fokussierung von Prozessen aus, die im Prinzip an jeder kognitiven Aktivität beteiligt sind.

Performative Kopplungen werden z. B. hergestellt durch Körperbewegungen wie Gehen, Greifen, Verändern der Körperhaltung und -stellung im Raum, durch Gestikulieren, Hantieren, Lautäußerungen wie Rufen oder Sprechen, Manipulationen mit Dingen wie Malen, Schreiben etc. Beispiele für *mentale Kopplungen* sind alle perzeptiven, apperzeptiven und rezeptiven Prozesse, das Beobachten, das Hinsehen, Zuschauen, Zuhören, das Ertasten, Riechen und Schmecken, das Lesen, das Vorstellen, das Auffassen usw.

Jede der genannten komplexen Aktivitäten erfordert bzw. bindet Operationszeit und (neuro-)physiologische Kapazität, die während der Aktivität nicht für andere Belange zur Verfügung steht. Das bedeutet eine – wie immer kurzfristige – Festlegung des Organismus, eine Art operationales Korsett, das erst mit der Beendigung einer Aktivität bzw. Handlung abgelegt und mit Beginn einer neuen Handlung gegen ein neues getauscht werden kann. Das hat zur Folge, daß viele Handlungen (z. B. auch Sprechhandlungen) vor Beendigung ihrer Ausführung nicht gestoppt oder modifiziert werden können. Wie beim Wurf eines Steines oder beim Ausstoßen eines Rufes können nur die Folgen der Aktionen bearbeitet werden.

(3) Kommunikation

Wenn im folgenden »Kommunikation« als »Orientierungsaktion« expliziert wird, ist sie zugleich auch als performative Kopplung bestimmt. Mit dem Begriff der Orientierungsaktion wird ausdrücklich an H. R. Maturanas Begriff von Orientierungsverhalten angeknüpft:

»*Sprachliches Verhalten ist Orientierungsverhalten*; es orientiert den zu Orientierenden innerhalb seines kognitiven Bereiches auf Interaktionen hin, die unabhängig sind von der Art der orientierenden Interaktion selbst. In dem Maße, in dem der Teil seines kognitiven Bereiches, auf den hin der Orientierte orientiert wird, nicht genetisch determiniert ist und durch Interaktionen spezifiziert wird, kann ein Organismus im Prinzip einen anderen auf jeden beliebigen Teil seines kognitiven Bereiches hin orientieren mit Hilfe beliebiger Verhaltensweisen, die ebenfalls durch Interaktionen spezifiziert werden« (Maturana 1982, 55; Hervorhebungen von mir, G. R.).

In der Kommunikation ist es »dem Orientierten überlassen, wohin er durch selbständige interne Einwirkung auf seinen eigenen Zustand seinen kognitiven Bereich orientiert« (ebd., 57). »Der Hörer erzeugt Information dadurch, daß er seine Ungewißheit durch seine Interaktionen in seinem kognitiven Bereich reduziert« (ebd.).

Maturana verwendet den Kommunikationsbegriff außerdem jedoch in einer ganz spezifischen Weise. Danach baut Kommunikationsverhalten auf einer bereits verhandelten Geschäftsgrundlage, nämlich konsensuellen Wirklichkeitsbereichen auf, wodurch u. a. wieder neue Möglichkeiten zu immer weiter gehenden Konsensualisierungen eröffnet werden. Maturana stellt aber hier mit *Kommunikation* auf einen speziellen Typ von Orientierungsinteraktionen ab, den er »nicht-kreativ« nennt im Gegensatz zu solchen Orientierungsinteraktionen, die erst Konsensualität von Elementen der Kognitionsbereiche der beteiligten Organismen zur Folge haben (Wirklichkeitskonstruktion). Kommunikation ist für Maturana nur der Gebrauch von Orientierungsroutinen, die Verwendung konventionalisierter Orientierungsmittel. Er definiert den Begriff also über ein Merkmal von Kommunikationsprozeduren, die Konventionalität, das für Orientierungsinteraktionen gar nicht spezifisch ist. Der Kommunikationsbegriff sollte nicht nur für Fälle der Verwendung konventionalisierter Kommunikationsmittel reserviert werden, weil auch auf unkonventionelle Weise kommuniziert werden kann. Schon um die Entstehung etwa von natürlicher Sprache erklären zu können, muß man Kommunikation, d. h. Orientierungsaktionen (versuchte und gelungene) voraussetzen können, in deren Verlauf Orientierungsmittel, z. B. Laute und verbale Phrasen, dann konventionalisiert werden können.

Deshalb wird hier ein Vorschlag gemacht, der gerade die Kreativität von *Kommunikation* betont. Der allgemeine Begriff der Orientierungs*aktion* impliziert alle wesentlichen, d. h. hier: *handlungs*relevanten Bestimmungsmerkmale:

(I) einen Kommunikator bzw. Orientierenden,
(II) das Ziel bzw. die Intention des Kommunikators, jemanden auf etwas hin zu orientieren,
(III) die Orientierungs- bzw. Kommunikationstätigkeit, z. B. das Äußern von Lauten,
(IV) die unmittelbaren Resultate bzw. Produkte dieser Tätigkeit, z. B. akustische Ereignisse,
(V) Adressaten, auf die die Kommunikationstätigkeit fokussiert ist.

Es fällt auf, daß diese Definitionsskizze kein Kriterium für den Erfolg oder Mißerfolg von Orientierungsbemühungen angibt, obwohl dies leicht möglich wäre (nämlich als Erreichen/Verfehlen der Orientierungsziele). Die Orientierungsabsicht und die Ausführung von Orientierungsoperationen im Hinblick auf Interaktionspartner ist aber hinreichend. Orientierungshandlungen sollen auch dann unter den Kommunikationsbegriff fallen, wenn sie

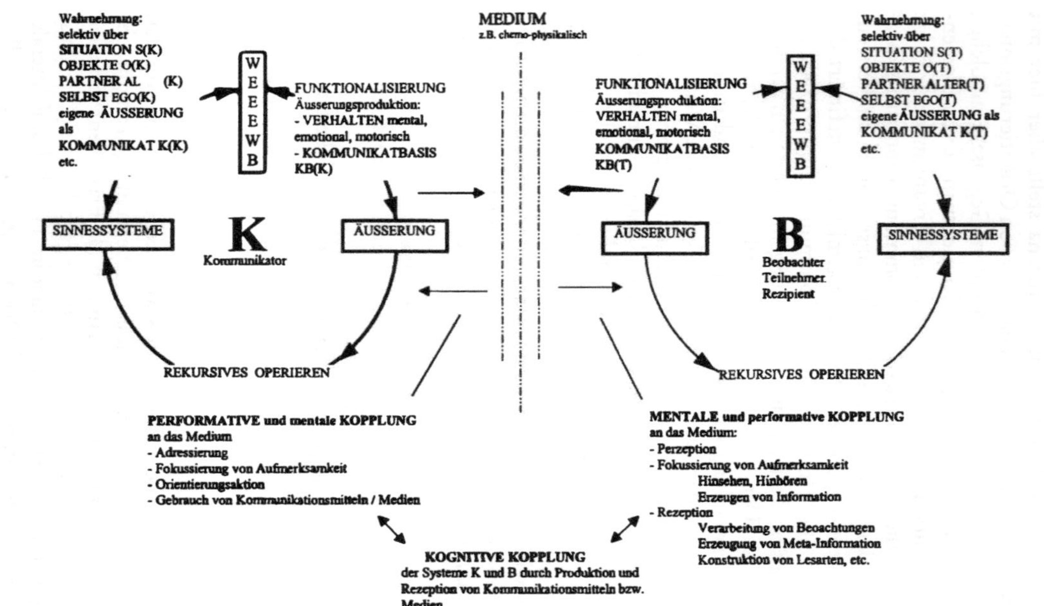

Abbildung 3: Ein **Kommunikationsmodell** für kognitive Systeme. K steht für Kommunikator, B für Beobachter, Teilnehmer bzw. Rezipient; weitere Erläuterungen im Text.

hinsichtlich der verfolgten Orientierungsziele erfolglos bleiben. Auch Orientierungsversuche sollen als kommunikative Akte beschrieben werden können. Ein weiterer Grund für diesen Minimalismus ist, daß der Erfolg kommunikativer Bemühungen ohnehin in vielen Fällen zweifelhaft bleibt, bei massenmedialer Kommunikation in der Regel gar nicht mehr kontrollierbar ist und für bestimmte Kommunikationsformen entweder gar keine Rolle spielt oder gar keine Kriterien mehr kennt, beispielsweise in der postmodernen Literatur und Kunst.

Es werden von diesem Kommunikationsbegriff auch an die Kommunikationspartner bzw. Teilnehmer keinerlei Ansprüche gerichtet, etwa den Mitteilungscharakter der Orientierungstätigkeit bzw. ihrer Produkte zur realisieren. Der Grund dafür ist ersichtlich der, daß Orientierungstätigkeit gar nicht immer auch Mitteilungscharakter hat oder der Mitteilungsaspekt irrelevant sein kann, z. B. in der Massenkommunikation beim kommerziellen Film, der nur noch der Unterhaltung eines Publikums dienen soll.

Insbesondere wird hier von Kommunikation nicht verlangt, daß die Orientierungstätigkeit oder ihre Produkte von den Kommunikationspartnern verstanden werden müssen. Würde man dies verlangen, gäbe es viel weniger Fälle von Kommunikation, sie wäre unwahrscheinlicher, wie N. Luhmann (1986; 1987) feststellt. Verstehen ist niemals ausgeschlossen und mag bei der Mehrzahl aller Kommunikationshandlungen intendiert sowie als Motivations- und Erfolgsfiktion wirksam sein. Es kann dennoch kein konstitutives Merkmal für Kommunikation sein, weil in der Orientierungs(inter)aktion kognitiv autonomer Systeme nur Anlässe dafür geschaffen werden können, daß sich die Interaktionspartner in ihren kognitiven Bereichen selbst in der gewünschten Weise orientieren. Es können sozusagen nur kommunikative Angebote im Hinblick auf eine initial unspezifische kognitive Nachfragesituation gemacht werden. Dieser Begriff von Kommunikation kennt keine Übertragung von Botschaften oder Informationen zwischen Kommunikationspartnern mehr. Die für das informationstheoretische Sender-Empfänger-Modell der Kommunikation konstitutive Komponente der Übertragung entfällt. In der Kommunikation werden mehr oder weniger spezifische Angebote gemacht, werden *Kommunikatbasen* produziert, die von ihren Produzenten mit spezifischen *Kommunikat*eigenschaften (thematischer, stilistischer, referentieller etc. Art) ausgestattet werden.[3] Ob und in welcher Weise diese Angebote wahrgenommen und prozessiert werden, bleibt in jedem Fall abzuwarten. Kommunikation ist keine Technik der Bedeutungsübertragung, sondern ein Tool zur Orientierung von Interaktionspartnern vermittels der *Produktion, Präsentation und Adressierung von Kommunikatbasen.* Der Erfolg solcher performativen Kopplungen, der Erfolg von Orientierungsbemühungen ist – und zwar nicht nur unter sozial disponierten Individuen – alles andere als unwahrscheinlich. Ein Blick auf die exponentiell sich vervielfachenden Medienangebote und die noch immer steigenden Mediennutzungsfrequenzen sind Belege dafür. *Nicht Kommunikation ist unwahrscheinlich, lediglich das Verstehen ist ungewiß.*

Man kann angesichts der massiven Vermehrung von Kommunikationsangeboten geradezu den Eindruck gewinnen, als sollte die Unsicherheit des Verstehens durch die Vermehrung von Kommunikationsofferten kompensiert werden.

Unter Bedingungen kognitiver Autonomie ist *Kommunikation das Handeln von Kommunikatoren, Kommunikatbasis-Produzenten.* Um zustande zu kommen, benötigt Kommunikation dann nur noch nur Adressaten, das heißt innerhalb der Kognitionsbereiche von Kommunikatoren spezifizierte Instanzen, an die kommunikative Aktivitäten gerichtet werden. Die Präsentation, Fokussierung bzw. Adressierung bedeutet den Versuch einer performativen Kopplung an die Adressaten durch die Ausführung von Orientierungstätigkeit. Es ist wichtig festzuhalten, daß hier zunächst nur Adressaten, Ansprechpartner, Bezugspersonen, noch keine *Teilnehmer* und erst recht keine Empfänger von Botschaften gemeint sind. Ein konstruktivistisches Kommunikationsmodell kennt keine Empfänger von Botschaften. An die Stelle der bekannten kommunikativen Rollen von Sender und Empfänger treten hier Kommunikator und Adressat. Ob aus einem Adressaten ein Teilnehmer oder Rezipient wird, bleibt stets abzuwarten. Allerdings ist es für die Bestimmung des Erfolges von Kommunikationsbemühungen von eminenter Bedeutung.

3 Zur Begrifflichkeit vgl. Schmidt 1980, 1994.

(4) Beobachtung, Teilnahme, Rezeption

Das einzige, was in der Kommunikation (aus Sicht der Kommunikatoren!) von den *Teilnehmern* initial gefordert wird, ist – über ihre kommunikative Affizierbarkeit hinaus – die *Aufmerksamkeit* für Kommunikatoren bzw. Produkte von Orientierungstätigkeit (als Indikator für Affizierbarkeit), d. h. die aktive mentale Kopplung durch Formen des Beobachtens: Hinwendung, Hinschauen, Hinhören. Ob Teilnehmer, aufmerksame Beobachter, dann Rezipienten werden, die den Gegenstand ihrer aufmerksamen Beobachtungen mental (weiter)verarbeiten, hängt von der Attraktivität des wahrgenommenen Angebots und der Kraft involvierender Faktoren auf Rezipientenseite ab. Ob ein kommunikatives Angebot schließlich in einer Weise rezipiert wird, die mit den Erwartungen bzw. Kommunikationszielen des Kommunikators zusammenpaßt, ist wiederum eine prinzipiell offene Frage. Erst wenn kommunikative Aktivitäten und rezeptive Aktivitäten, das heißt kommunikative performative Kopplungen und mentale perzeptive Kopplungen durch rekurrente (Inter-)Aktionen und kontextbezogen sozial abgestimmt sind, wenn sich also Kopplungsroutinen aus kommunikativen und rezeptiven Aktivitäten herausgebildet haben, die als Konventionen kognitiv-sozial stabilisiert sind, wird die Erwartung kommunikativen Erfolges und sein beoachtbares Eintreten wahrscheinlich und begründet sein.

(5) Kommunikatproduktion und -rezeption

Das in Abbildung 3 dargestellte Modell soll mit Bezug auf Abbildung 1 die Verhältnisse in der Orientierungsinteraktion veranschaulichen. Die Komponenten der Systeme sind wie in Abbildung 1 angeordnet, hier jedoch z. T. inhaltlich spezifiziert. Jedes der Systeme operiert autonom und erzeugt in der Wahrnehmung Information abhängig von selektiv wahrgenommenen Situationen, Objekten, Partnern, Selbst und eigenem (Äußerungs-)Verhalten aus dem Zusammenspiel von sinnessystemischer Aktivität, Wissen, Einstellungen, Erwartungen, Emotionen, Wünschen und Bedürfnissen (WEEEWB). Diese intern erzeugte Information wird dann in Wechselwirkung mit motorischen Systemen für die Produktion von Verhalten, und darunter auch von Äußerungen, z. B.

im Rahmen von Orientierungstätigkeit funktionalisiert. Das Resultat ist eine Kommunikatbasis KB(K), der K sein Kommunikat K(K) zuordnet. Der Prozeß der Produktion von KB(K) kann im Lichte des Kommunikats K(K) rekursiv solange fortgesetzt werden, bis K für seine Kommunikatbasis KB(K) ein befriedigendes Kommunikat K(K) oder aber für sein Kommunikat eine befriedigende Kommunikatbasis generiert hat.

Beobachter, Teilnehmer oder Rezipienten sind nur diejenigen, die, unter welchen Bedingungen auch immer, ob durch physischen oder institutionellen Zwang (z. B. Schulpflicht), durch Interesse (Involvement oder Attraktivierung), durch zufällige raum-zeitliche Nähe (sensorische Erreichbarkeit), durch Freundschaft oder Liebe (emotionale Attraktivierung) etc., Kommunikatbasen kognitiv autonom wahrnehmen oder verarbeiten, das heißt ihre Aufmerksamkeit auf Kommunikatoren bzw. die Produkte ihrer Orienierungstätigkeit richten, sich dem Geschehen zuwenden, ihre Beobachtung subjektspezifisch verarbeiten.

Durch diese Doppelperspektive auf Kommunikation und Rezeption wird das hier vorgeschlagene konstruktivistische Kommunikationsmodell zu einem *Kommunikator-Rezipienten-Modell* oder zu einem *Kommunikations-Teilnehmer-Modell*.[4]

Kommunikationsteilnehmer als Produzenten oder Rezipienten funktionalisieren die Herstellung, Präsentation, Be- und Verarbeitung von Kommunikatbasen im Rahmen ihres autonomen Managements von Stimmungen, Bedürfnissen, Wissensbeständen, Einstellungen und Erwartungen. Die Kommunikate, die sie erzeugen, sind rekursiver In-/Output ihrer systemspezifischen Kognition.

Faßt man Kommunikation und Rezeption wie hier als Handlungen, als Aktivitäten, so sind sie eindeutig kognitive Prozesse, kognitive Operationen, deren Rationalität jeweils teilnehmerspezifisch ist. In der Kommunikation und Rezeption koppeln sich

4 Dieser Ansatz berücksichtigt die Tatsache, daß performative und rezeptive Fertigkeiten sich in der kognitiven Entwicklung zunächst durchaus eigenständig ausprägen. Sprache richtig verstehen und sprechen sind durchaus verschiedene Fähigkeiten. Sprechen ist nicht einfach inverses Hören und umgekehrt. Wie jeder aufgrund seiner eigenen aktiven und passiven Fremdsprachenkenntnisse leicht überprüfen kann, wird diese Differenz auch im Erwachsenenalter nicht grundsätzlich aufgehoben; sie wird in der muttersprachlichen Kommunikation und Rezeption nur durch Routinen bis zur Unmerklichkeit abgeschliffen.

kognitive Systeme jeweils aktiv an Elemente ihrer Kognitionsbereiche. Der Erfolg von Kommunikation wird so im Interaktionsverlauf immer auch zu einem Rezeptionserfolg. Der Gebrauch konventionalisierter Kommunikationsmittel, also der Gebrauch von Medien, erhöht deshalb die Chance kognitiver Kopplung, das heißt die Chancen für Verständigung. Nur wenn Kognition und Kommunikation – anders als bei N. Luhmann und S.J. Schmidt (vgl. Schmidt 1994) – nicht als distinkte Bereiche modelliert werden, können Medien – allen voran die natürlichen Sprachen – in ihren soziogenetischen und sozio-kognitiven Funktionen erfaßt werden. Medien koppeln kognitive Systeme, weil Kommunikation und Rezeption selbst kognitive Modalitäten sind.

Verstehen

Kommunikation kann erfolgreich sein oder scheitern. Erfolgreich ist Kommunikation dann, wenn der Kommunikator einem Kommunikationspartner Verstehen zuschreiben kann (vgl. Rusch 1990, 1992). Dies wird immer dann und nur dann der Fall sein, wenn der Kommunikator seine Orientierungsintentionen in befriedigender Weise realisiert findet. Voraussetzung dafür ist, daß der kommunikative Akt und die Operationalisierungen und Kriterien der Erfolgskontrolle in einer Hand liegen. Verstehen kann nämlich nur dann als Erfolgskriterium für Kommunikation gelten, wenn der Kommunikator über Verstehen oder Nicht-Verstehen entscheiden kann. Die soziale Praxis kennt zahlreiche Operationalisierungen dieses Kriteriums für die Belange der Alltagskommunikation ebenso wie für die verschärften Ansprüche in Erziehung, Schule und Ausbildung. Als Attribut oder Label, das ein Kommunikator an einen Kommunikationspartner vergibt, wenn jener die Orientierungserwartungen bzw. Intentionen des Kommunikators erfüllt, verliert der Begriff des Verstehens jene hermeneutischen Mystifikationen, die seine präzisere Bestimmung so lange behindert haben. Weder Kongenialität noch Einfühlung, weder hermeneutische Zirkel noch Horizontverschmelzung spielen für seine Bestimmung eine primäre Rolle. Das kommunikatororientierte pragmatische Verstehenskonzept legt vielmehr nahe, daß intellektuelle Leistungen der Adressaten in der Kommunikation erst im Lichte von Verstehenszuschreibungen (also abhängig vom

Zustandekommen sozialer und kommunikativer Kopplung) Qualität als Verstehensoperationen gewinnen. Rezeptionen, die Verstehenszuschreibungen nach sich ziehen, werden stabilisiert und festigen umgekehrt die eingesetzten Orientierungsmittel als Verständigungsmittel. Rezeptionserfolg bestätigt Kommunikationsmittel – deren Wiederverwendung verstärkt bereits zuvor erfolgreiche Rezeptionsweisen – neuerlicher Rezeptionserfolg konfirmiert Kommunikationsmittel erneut usw. Damit wird die Zuschreibung von Verstehen in Interaktion und Kommunikation zu einer kognitiv-sozialen Selektions- bzw. Sozialisationsinstanz, die eine nachhaltige Verstärkung jener Verhaltens- bzw. Handlungsweisen bewirkt, deren Resultat sie ist: Verstehen bedeutet immer einen doppelten Erfolg, für den Kommunikator die Erreichung seiner Orientierungsziele und für den Adressaten mit dem Verstehen verbundene positive Sanktionen (z. B. soziale Nähe, Zuwendung, Bestätigung, Lob).

Kommunikationsepisoden

Produzieren Adressaten von Kommunikationshandlungen ihrerseits Kommunikatbasen, so kehren sich die Verhältnisse zu den Kommunikatoren nicht einfach um, sondern es beginnt ein neuer *kommunikativer Akt* mit einem neuen Angebot und einem erneuerten Bedarf für Aufmerksamkeit. Die *Fortsetzungsbedingungen* für Kommunikation sind durch die gleichen Faktoren bestimmt wie die Anfangsbedingungen, zufällige oder hergestellte raumzeitliche Erreichbarkeit, sympathetische Faktoren, Bedürfnisse, Interessen, Wünsche des Kommunikators, Teilnehmers oder Rezipienten. Zusätzlich können jedoch Verstärkungen oder Schwächungen solcher Faktoren als Effekte vorangegangener Kommunikation bzw. Rezeption angesetzt werden. Kommunikationsaktivitäten können eine *Eigendynamik*, genauer: das aufeinander bezogene kommunikative und rezeptive Handeln kognitiver Systeme kann eine durch die Teilnehmer bewirkte Dynamik gewinnen, die sich als *kommunikative Episode* entfaltet und das Geschehen als Monolog bzw. Vortrag, Dialog bzw. Konversation, Polylog oder Diskussion, als Korrespondenz, als Rückmeldung (Leser- oder Zuschauerreaktionen), in einfacher oder mehrfacher, spezifischer oder unspezifischer Adressierung etc. *konfiguriert*. Das heißt:

Kommunikationsprozesse werden durch die (kognitiv autonom generierten) Handlungen der Teilnehmer im Umgang mit Medien strukturiert. Der weitere Verlauf von Kommunikationsprozessen ist daher (nicht nur zu Beginn) prinzipiell immer unsicher, selbst wenn Anschlußkommunikation in konventionalisierten, ritualisierten Formen auf bestimmte Themen (wie z. B. das Wetter), Situations-, Inhalts-, Medien- oder Beziehungsaspekte abstellt. Erläuterungen, Ausführungen, Ergänzungen, Rechtfertigungen, Begründungen *können* angeboten bzw. nachgefragt werden, verwandte Inhalte *können* thematisiert, andere Themen *können* assoziativ angeschlossen werden etc. Als ›driving forces‹ solcher Konfigurationen müssen auch die Zugzwänge, die konversationellen und medialen Implikaturen (H. P. Grice) berücksichtigt werden, die formale, thematische und inhaltliche Rahmenbedingungen für verschiedene Typen kommunikativen Handelns repräsentieren.

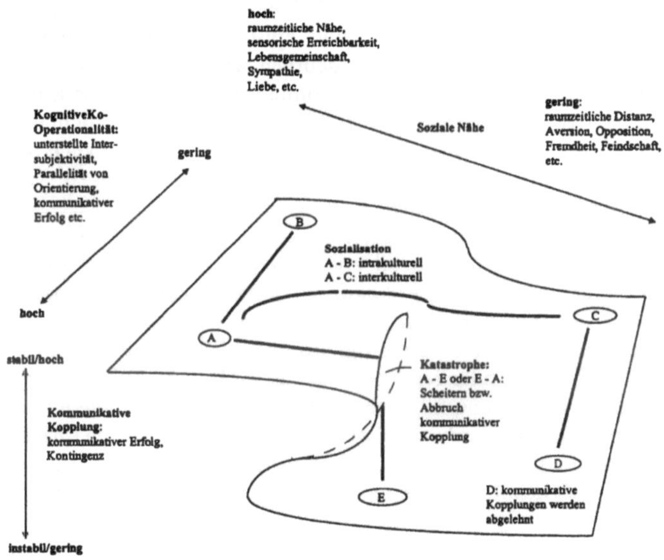

Abbildung 4: Zum Verhältnis von kommunikativer Kopplung, sozialer Nähe und kognitiver Ko-Operationalität (Konsensualität, Synreferentialität); kommunikative Episoden sind im Bereich von A-B-C am wahrscheinlichsten, ständiges Risiko durch soziale Distanzierung.

Fragt man nach den »Attraktoren« kommunikativer Prozesse, so wird sicher das *Verstehen* als ein *Eigenwert kommunikativer Kopplungsprozesse* zu beschreiben sein neben dem Abbruch oder Scheitern. Setzt man – wie in Abbildung 4 dargestellt – kommunikative Kopplung, soziale Nähe und kognitive Ko-Operationalität (Verständigung) als wechselseitig abhängige Variablen zueinander in Beziehung, dann wird deutlich, daß es zwischen diesen Extremen noch eine unendliche Zahl von Zwischenstufen gibt. Die Verhältnisse in der Kommunikation sind also nicht so, daß es hilfreich wäre, Kommunikation als autopoietischen Prozeß oder als autopoietisches System (wie Luhmann es tut) zu beschreiben, weil kommunikative Beziehungen in unterschiedlicher Weise und mit unterschiedlichen Konsequenzen für die Beteiligten konfiguriert sein können; es gibt kein organisationales Regime, dem jede Art kommunikativer Kopplung unterläge. Dennoch kann und sollte *Kommunikation* als *sozialer Prozeß* und als Vorgang in einem *sozialen System* (im Sinne P. Hejls) begriffen werden, um die soziogenetische Relevanz und epistemische Funktion von Kommunikation und Verstehen deutlich werden zu lassen.
Aus kommunikativen Episoden können schließlich ganze kommunikative Plots und Stories: *Diskurse*, entstehen, wofür nicht nur die kulturelle, wissenschaftliche und politische, sondern auch die private Kommunikation (z. B. biographische Erzählungen, Urlaubsberichte etc.) zahlreiche Beispiele bieten.
Der Begriff der kommunikativen Episode knüpft an B. F. Skinners Konzept verbaler und sozialer Episoden an (vgl. Skinner 1957), vermeidet jedoch in seiner kognitiv-sozialen Grundlegung behavioristische Verkürzungen. Kommunikative Episoden kommen dann zustande, wenn Kommunikatoren und Adressaten/Teilnehmer (re-)agieren oder respondieren, also z. B. ihre Aufmerksamkeit auf einen Kommunikator fokussieren, *rezeptiv handeln* (zuhören, zuschauen[5]) oder *produktiv* Teilnehmer mit eigenen Orientierungsakten adressieren, ihnen antworten oder Fragen stellen, sie darin bestärken, fortzufahren usw., kurz: Kommunikative Episo-

5 Es geht hier um Rezeption als Handlung, die kommunikative Angebote aus bestimmten Gründen aufgreift und im Hinblick auf bestimmte Ziele oder Wünsche verarbeitet. Hier ergeben sich Verbindungen zum Uses-and-Gratifications-Ansatz und zu handlungstheoretisch begründeten Medientheorien; vgl. z. B. Palmgren 1984, Vorderer 1992.

den entstehen durch soziale und kommunikative Kopplung sowie kognitive Ko-Operationalität. *Terminierende Bedingungen* für kommunikative Episoden sind die Erreichung von Orientierungszielen, die Erschöpfung von Themen, nachlassendes Interesse an Partnern oder Inhalten, Überlagerungen durch neu entstehende Anforderungen oder Bedürfnisse, situative Faktoren, Ermüdung, aufkommende Langeweile etc.

B. F. Skinner hatte *funktional* zwei Typen »verbaler Episoden« unterschieden: *Tacts* (nach dem englischen »Con*tact*«) und *Mands* (nach »Com*mand*« oder »De*mand*«), die sich sprechakttheoretisch auch als lokutionäre und illokutionäre Akte auffassen lassen, so daß als Subtyp von Mands auch perlokutionäre Akte einbezogen werden könnten. Wie bereits oben angedeutet, können weitere funktionale Differenzierungen nach affektiven oder kognitiven Zielen/Folgen/Effekten von Kommunikation (Anregung, Wissensgewinn, Ablenkung etc.) erfolgen. Als strukturale Differenzierungsmerkmale können außer der Adressierung (einfach, mehrfach, unspezifisch) noch Interaktionsniveaus (Pseudokontingenz, asymmetrische Kontingenz, reaktive Kontingenz oder wechselseitige Kontingenz) oder Komplexitätsniveaus (Anzahl der Kommunikationsteilnehmer, Art der Kommunikationsmittel, Anforderungen an kommunikativ-mediale Kompetenz etc.) berücksichtigt werden.

Das Konzept kommunikativer Episoden dynamisiert die in Abbildung 3 vorgestellte Struktur. Kommunikation wird dadurch nicht nur als Handlung von Kommunikatoren in bestimmten Konfigurationen mit Interaktionspartnern bestimmbar, sondern als Prozeß, der abhängig von strukturellen, situativen und kognitiven Parametern bestimmte dynamische Muster aufweist und abhängig von Intensität, Dauer oder Häufigkeit der Wiederholung unterschiedliche Folgen für die beteiligten Individuen hat.[6] Die typischen Verlaufsmuster von Kommunikationsprozessen in unterschiedlichen Kontexten und Handlungszusammenhängen sind es nämlich, die nicht nur als kognitive Scripts die persönliche Mediennutzung mental repräsentieren und organisieren, sondern auch als handlungspragmatische Rahmen für die Kreation von Medien im Hinblick auf ihre Rezeption, das heißt formal, inhalt-

6 Hier ergeben sich Verbindungen zum Dynamisch-transaktionalen Ansatz in der Wirkungsforschung; vgl. Früh und Schönbach 1982.

lich und stilistisch, eine Rolle spielen. Mediennutzung – ob produktiv oder rezeptiv – ist immer eine – wenngleich zuweilen auch kurze – Sequenz von Wahrnehmungen und deren Verarbeitung, eine Sequenz von Akten der Informations- und Bedeutungserzeugung, eine Sequenz von Kommunikatkonstruktionen und deren makrostruktureller Kohärierung, eine Sequenz sensu-motorischer Aktivitäten.
Damit sind wir bei den Folgen, Konsequenzen oder Resultaten, die Kommunikation für Kommunikatoren und Adressaten/Teilnehmer haben kann.

Kommunikationswirkungen

Kommunikationsakte sind immer folgenreich; selbst dann, wenn sie als Orientierungsversuche scheitern. Sie haben nämlich immer zumindest Folgen bzw. Konsequenzen für den Kommunikator. So kann das Scheitern von Orientierungsbemühungen *affektiv* nicht nur Enttäuschung und Frustration, sondern *kognitiv* auch eine Reihe von Schlußfolgerungen im Hinblick auf eine Verbesserung der eingesetzten Orientierungsmittel zur Folge haben, also *Lerneffekte* (z.B. *Design* und *Erprobung* alternativer Handlungsstrategien, *Suche* nach Partnern, für die alte Strategien wirksam sind etc.). Dementsprechend wird kommunikativer Erfolg affektiv durch positive Emotionalität begleitet sein und damit kognitiv als *Verstärkung* des Zweck-Mittel-Wissens und stabilisierend hinsichtlich der *Wiederverwendung* der benutzten Orientierungsmittel wirken.
Auf seiten der Adressaten kommunikativer Akte kann als primärer Effekt die *Aufmerksamkeit* für den Kommunikator bzw. die Kommunikationsmittel angesetzt werden. Aufmerksamkeit ist eine der Voraussetzungen und Eingangsbedingungen für die Initialisierung von Rezeptionshandlungen (wie Zuhören oder Zuschauen), die als erste Folgeeffekte aufgefaßt werden können. In der Werbung, die sich nicht auf die Attentionseffekte isolierter Kommunikationsräume stützen kann, sondern Aufmerksamkeit auf dem freien Markt der Wahrnehmungsangebote erheischen muß, werden dazu oft erbkoordinierte Wahrnehmungsschemata (z. B. sexuelle Attraktoren), Überraschungseffekte (Irritation von Seh- und Hörgewohnheiten, Witz etc.) oder Trigger für positive Emotionen

(Entspanntheit, Gleichgewicht, Ruhe, Sicherheit, Freude, Genuß etc.) eingesetzt. Als Handlungen können Rezeptionshandlungen dann typischerweise wieder affektive und kognitive Lerneffekte zur Folge haben, die Modalitäten des Rezeptionshandelns selbst (z. B. im Hinblick auf funktionale Kriterien, erwartete oder gesuchte Gratifikationen) oder Gegenstände solchen Handelns (Personen, Medien etc.) oder in der Rezeption generierte Kommunikate (Inhalte, Themen, Informationen) betreffen können. Kommunikationswirkungen sind in jedem Fall von Rezipienten als latente oder manifeste, unbewußte oder bewußte Folgen (prä)attentiven Verhaltens (etwa der Wahrnehmung von Medienangeboten) anzusehen, die in laufenden Rezeptionsprozessen generiert werden (oder Folgen solcher Prozesse sind). Das heißt: *Wirkungen sind bewußte und unbewußte kognitive Konstruktionen*, sie werden von Lesern, Zuschauern etc. gemacht, nicht durch das Setzen von Stimuli determiniert.

Insofern Werbung auf die Beeinflussung von Verhalten unter anderem und vor allem durch Kommunikationsangebote abzielt, kann nach dem bisher Gesagten *Werbung* langfristig nur *als Sozialisationsprozeß* (nach dem Motto »mit Werbebotschaften leben«), kurz- bzw. mittelfristig aber nur dann Erfolg haben, wenn sie für Rezipienten attraktiv und anschlußfähig ist. Sie muß also in einer Weise präsent sein, die nicht nur toleriert wird, sondern Rezeption anregt. Und sie muß Rezeption in einer Weise anregen, die kognitive Konsequenzen im Sinne der Werbeinteressen hat. Werber müssen deshalb ihre Publika ganz besonders gut kennen; nur wenn sie die biologisch und kognitiv-sozial stabilisierten Trigger für das Verhalten ihres Publikums kennen, haben sie überhaupt eine Chance.

Kommunikationswirkungen sind in ihrer zeitlichen Staffelung so differenziert und in ihrer Abhängigkeit von je persönlichen Voraussetzungen, situativen und allgemeinen Rahmenbedingungen so vielgestaltig, daß nur in einem vergleichsweise bescheidenen Umfang kommunikative Wirkungen intentional mit begründeter Aussicht auf Erfolg kontrollierbar hervorgerufen werden können, z. B. beim Gebrauch hochkonventionalisierter Kommunikationsmittel im alltagssprachlichen Bereich. Für den großen Rest bleiben die Folgen kommunikativer Intervention latent und daher so lange unkontrollierbar, wie sie sich nicht in beobachtbarem Verhalten manifestieren. Die bestimmbaren oder beobachtbaren Wirkungs-

effekte, von denen die Werbung lebt, sind deshalb ganz unspektakuläre Folgen spektakulärer Sozialisationsversuche durch multimediale, über lange Zeiträume laufende Kampagnen der Präsentation von Werbebotschaften. Im Verhältnis zum Aufwand mögen die Sozialsationseffekte bei den einzelnen Rezipienten gering sein: ein vages Wissen, unbestimmte Vorstellungen, fragile Images eines Produktes. Solche minimalen Effekte können jedoch – in der Summe – ausreichen, um einem beworbenen Produkt am Markt einen Vorteil zu verschaffen: der Mensch sieht, was er weiß, orientiert sich tendenziell an dem, was er – wie immer vage – kennt. Die Vertiefung von Produktwissen durch Lernangebote wie Broschüren, Prospekte, Informationsmaterial ist bei einem interessierten Publikum dann leichter möglich.
Vor diesem Hintergund ist das multimodale konstruktivistische Medien-Wirkungsmodell von K. Merten (vgl. Merten 1994, 1995) überaus zu begrüßen, wenngleich auch – und nicht nur im Detail – Kritik anzumelden wäre, z. B. am Ansatz über den Selektionsbegriff (anstelle eines Konstruktionsbegriffes), am Medienbegriff und dem Begriff der Aussagen, die Medien zugeschrieben werden, sowie am Begriff des externen Kontextes, zu dem auch Werte gehören sollen.

Medien

Kommunikatbasen müssen als Ereignisse, Dinge oder Vorgänge wirklich, d. h. für Kommunikationsteilnehmer intersubjektivierbar sein. Die Wirklichkeit der Medien ist in diesem Sinne zunächst einmal die Wirklichkeit von Kommunikatbasen. Kommunikationsmedien sind dann konventionalisierte Formen und Familien solcher Orientierungsmittel, die im Verlaufe rekurrenter Kommunikation entwickelt wurden in verschiedenen Handlungszusammenhängen, für unterschiedliche Zwecke und in spezifischen sozialen Kontexten, gemessen an Orientierungserfolgen, an der Ökonomie ihres Gebrauchs, ihrer Verfügbarkeit, ihrer ästhetischen Attraktivität etc. So stehen vokal-auditive, manuell-visuelle und audiovisuelle Medien mit verschiedenen technischen, etwa mechanischen und elektronischen, Mitteln zur Verstärkung bzw. Vervielfältigung, Diffusion bzw. Distribution, Speicherung und Aktualisierung, Produktion und Nachbearbeitung etc. zur Verfügung. Abhängig von ihrer Funktionalisierbarkeit im Zusammenhang mit Orientierungszielen (andere orientieren, lernen, lehren, Spaß haben etc.), abhängig von Kommunikationssituationen (Dialog, Massenkundgebung, Kino, Handlungszusammenhang der Kommunikation etc.), technischen (Hilfs)Mitteln oder Geräten (Papier und Bleistift, Telefon, Computer etc.), Kommunikationspartnern (lokal präsenten oder distanten Partnern) und Typen von Kommunikatbasen (Audition, Audiovision etc.) können für immer spezialisierteren Bedarf immer spezialisiertere Medien ausdifferenziert und als kommunikative *Gattungen* konventionalisiert werden.

Kommunikationsräume

Das *Kommunikations-Teilnehmer-Modell* ist nicht nur für die theoretischen Voraussetzungen, auf denen es aufbaut, plausibel, es hat auch hohe empirische Validität. Wie die beobachtbaren kommunikativen Verhältnisse überdeutlich erkennen lassen, ist Kommunikation kein Geschehen, dem man sich nicht entziehen könnte. Das Watzlawicksche Axiom »Man kann nicht nicht kommunizieren« trifft also gleich in doppeltem Sinne nicht zu, nämlich weder für den Kommunikator (der seine Orientierungsanstrengungen auch einstellen und etwas anderes tun könnte) noch für die Teilnehmer (die durch keine naturgesetzliche Notwendigkeit zur Teilnahme an kommunikativen Akten verurteilt sind). Was Watzlawick mit dem Axiom verdeutlicht hat, ist die Unvermeidbarkeit von Beobachtung durch andere und die Unabhängigkeit ihrer Urteile. Kommunikation im hier verfolgten Sinne ist nicht Beobachtung, sondern Orientierungshandeln.

Gerade weil Kommunikation vermeidbar und ignorierbar ist, geht es überall, in der pädagogischen Kommunikation in Elternhaus, Schule und Universität, in der Kommunikation im Freundeskreis und in der Familie und natürlich in der Werbung (vgl. Schmidt und Spieß 1994) darum, *Aufmerksamkeit* auf Kommunikatbasen zu fokussieren. Die Ermöglichung und Herstellung *kommunikativer Kontakte* wird mit einem schier unglaublichen Aufwand an Motivationstechniken (etwa im Schulunterricht), Stimulationstechniken (beispielsweise Sex in der Werbung) und durch die Schaffung von institutionalisierten Kommunikationsräumen (Lehr*anstalten*, Bibliotheken, Museen etc.) betrieben, die unerwünschte (im positiven wie im negativen Sinne) Attraktoren räumlich und zeitlich auszuschließen trachten, um die Aufmerksamkeit der zu orientierenden Beobachter auf spezifische Gegenstände zu konzentrieren. Dieser ganze Aufwand dient nur einem Zweck: die Wahrscheinlichkeit für den Erfolg von Orientierungsbemühungen, d. h. für Verstehen, zu erhöhen.

Kommunikations- und Mediensysteme

In dem Maße, wie Kommunikationsmittel für bestimmte kommunikative Zwecke und Ziele in spezifischen Kontexten konventionalisiert werden (z. B. zur Koordination bei der Jagd, für die rituelle Praxis, für Dokumentation und Verwaltung, für zwischenmenschliche Beziehungen etc.), bilden Sozialisations- bzw. Kommunikationsgemeinschaften Systeme von Kommunikationsmitteln (verbal, non-verbal, skriptural) aus, z. B. natürliche Sprachen, Fachsprachen, Soziolekte etc. Kommunikationssysteme können als Repertoires kommunikativer Strategien angesehen werden, die in einer sozialen Gemeinschaft konventionalisiert sind, deren Kenntnis also wechselseitig unterstellt werden kann und deren Verwendung als soziale Praxis standardisiert ist.

Kommunikationssysteme können auch als Medien angesprochen werden. In diesem Sinne sind nicht nur natürliche Sprachen mit ihrer lautlich-auditiven Basis oder ihren schriftsprachlichen Weiterungen Medien, sondern im weiteren Sinne jedes System von Verfahren zur Hervorbringung von Kommunikatbasen, das heißt von Dingen, die als Kommunikationsmittel fungieren (sollen), etwa Gemälde, Zeichnungen, Fotos, Filme, Bildschirmdarstellungen etc. Mediensysteme sind dann alle infrastrukturellen und apparativen Einrichtungen, die zur Ermöglichung von Kommunikation und zur Rezeption vermittels eines Mediums erforderlich sind, also Einrichtungen zur Produktion, Distribution und Rezeption. Der Print-Bereich mit Verlags- und Buchhandelsunternehmen, Hörfunk und Fernsehen mit Sendeanstalten, Programmachern und terrestrischen oder satellitengestützten Verbreitungstechniken sowie elektronische Medien (Kommunikationscomputer, Internet etc.) bieten zahlreiche Beispiele dafür.

Wie bereits am Anfang angedeutet, kennen unsere Mediensysteme heute nicht mehr nur *Kommunikationsmedien*, also solche Medien, die im Rahmen von Kommunikationshandlungen eingesetzt werden, sondern – mit der fortschreitenden technologischen Entwicklung speziell des TV-Bereiches und der Ausdifferenzierung des Unterhaltungsangebots – in immer größerem Umfang reine *Rezeptionsmedien* wie Belletristik, Spielfilm und Shows, mit deren Produktion und Präsentation keine speziellen Orientierungsintentionen mehr verbunden sind.

Literatur

Ashby, W. Ross (1954), *Design for a Brain*, London.

– (1974), *Einführung in die Kybernetik*, Frankfurt am Main.

Burkart, R. (1995), *Kommunikationswissenschaft. Grundlagen und Problemfelder*, Wien.

Foerster, H. v. (1985), *Sicht und Einsicht*, Braunschweig/Wiesbaden.

– (1993), *Wissen und Gewissen. Versuch einer Brücke*, Frankfurt am Main.

Frank, H. (Hg.) (1970), *Kybernetik – Brücke zwischen den Wissenschaften*, Frankfurt am Main.

Früh, W./K. Schönbach (1982), »Der dynamisch-transaktionale Ansatz«, in: *Publizistik* 27 (1982), S. 74-88.

Groeben, N. (1982), *Leserpsychologie: Textverständnis – Textverständlichkeit*, Münster.

– und P. Vorderer (1988), *Leserpsychologie: Motivation – Lektürewirkung*, Münster.

Hunziker, P. (1988), *Medien, Kommunikation und Gesellschaft*, Darmstadt.

Janich, P. (Hg.) (1992), *Entwicklungen der methodischen Philosophie*, Frankfurt am Main: Suhrkamp.

Koschnik, W. J. (1987), *Standard-Lexikon für Marketing, Marktkommunikation, Markt- und Mediaforschung*, München.

Kruse, P. (1988), »Stabilität, Instabilität, Multistabilität. Selbstorganisation und Selbstreferentialität in kognitiven Systemen«, in: *DELFIN* XI (1988), S. 35-57.

Lindsay, P. H./D. A. Norman (1972), *Human Information Processing*, New York/London.

Luhmann, N. (1986), »Systeme verstehen Systeme«, in: ders./K. E. Schorr (Hg.), *Zwischen Intransparenz und Verstehen*, Frankfurt am Main.

– (1987), *Soziale Systeme*, Frankfurt am Main.

Maturana, H. R. (1982), *Erkennen. Organisation und Verkörperung von Wirklichkeit*, Braunschweig/Wiesbaden.

Merten, K. (1977), *Kommunikation. Eine Begriffs- und Prozeßanalyse*, Opladen.

– (1994), »Wirkungen von Kommunikation«, in: ders./S.J. Schmidt/ S. Weischenberg (Hg.), *Die Wirklichkeit der Medien*, Opladen.
– (1995), »Konstruktivismus in der Wirkungsforschung«, in: S.J. Schmidt (Hg.), *Empirische Literatur- und Medienforschung*, Siegen.
Neisser, U. (1974), *Kognitive Psychologie*, Stuttgart.
Palmgren, Ph. (1984), »Der ›Uses and Gratifications-Approach‹. Theoretische Perspektiven und praktische Relevanz«, in: *Rundfunk und Fernsehen*, 32 (1984) 1, S. 51-65.
Piaget, J. (1976), *Die Äquilibration kognitiver Strukturen*, Stuttgart.
Powers, W.T. (1973), *Behavior: The Control of Perception*, Chicago.
Richards, J./E. v. Glasersfeld (1984), »Die Kontrolle von Wahrnehmung und die Konstruktion von Realität«, in: *DELFIN* III, 2 (1984) 1, S. 4-25.
Rusch, G. (1990), »Verstehen verstehen. Kognitive Autonomie und soziale Regulation«, in: *Funkkolleg Medien und Kommunikation*. Studienbrief 4, Studieneinheit 8, Tübingen, S. 11-44.
– (1992), »Auffassen, Begreifen und Verstehen. Neue Überlegungen zu einer konstruktivistischen Theorie des Verstehens«, in: S.J. Schmidt (Hg.), *Kognition und Gesellschaft. Der Diskurs des Radikalen Konstruktivismus 2*, Frankfurt am Main, S. 214-256.
– (1996), »Konstruktivismus – Ein epistemologisches Selbstbild«, in: *Deutsche Vierteljahresschrift für Literaturwissenschaft und Geisteswissenschaften*, 70 (1996) 2, S. 322-345.
Schmidt, R.F. (1979), *Biomaschine Mensch*, München/Zürich.
Schmidt, S.J. (1980), *Grundriß der Empirischen Literaturwissenschaft* Bd. 1. *Der gesellschaftliche Handlungsbereich Literatur*, Braunschweig/Wiesbaden.
– (1994), *Kognitive Autonomie und soziale Orientierung*, Frankfurt am Main.
– und B. Spieß (1994), *Die Geburt der schönen Bilder. Fernsehwerbung und Medienkultur*, Opladen.
Schwartz, M. (1980), *Physiologische Psychologie*, Weinheim/Basel.
Skinner, B.F. (1957), *Verbal Behavior*, New York.
Stadler, M./P. Kruse (1990), »Über Wirklichkeitskriterien«, in: V. Riegas/ Chr. Vetter (Hg.), *Zur Biologie der Kognition*, Frankfurt am Main.
Vorderer, P. (1992), *Fernsehen als Handlung. Fernsehfilmrezeption aus motivationspsychologischer Perspektive*, Berlin.

Helmut Eisendle
Medien und Wirklichkeit

Die unmittelbare Beziehung zwischen Medien und Wirklichkeit besteht in der Vervielfältigung und Maximierung der Medien selbst. Damit sind keineswegs nur die neuen Medien: TV, PC, Internet, WWW oder Zeitungen gemeint, sondern der ganze Komplex von Querverbindungen, die sowohl die Priorität des Mitgeteilten – Politik, Krieg, Sport, Kultur – und die daraus entstehende Aufnahmebereitschaft des Publikums betreffen.
Die zahlreichen Druckerzeugnisse wie auch TV-Stationen und die Medien Internet und WWW erschließen neue Publikumsschichten, die sich der Quantität fügen und oberflächlich betrachtet jede mögliche Eigenheit verlieren. Zuseher, Leser und Hörer werden in Zahlen und ihrer Häufigkeit, nicht nach ihrem Charakter definiert. Das heißt, je mehr etwas gesehen wird, desto interessanter und profitmaximierender ist es. Der Inhalt verschwindet hinter den Zahlen einer Statistik.
Der soziale Strukturwandel der Öffentlichkeit hin zum Massenpublikum ging einher mit dem Bevölkerungswachstum und den wachsenden Verkaufszahlen von Apparaturen sowie mit der zunehmenden Verstädterung, dem Ausbau der Verkehrs- und Kommunikationsmöglichkeiten und dem Rückgang des Analphabetentums.
Man spricht zwar von einer Demokratisierung des Lesens und Bildens, bedenkt aber nicht, daß damit einer Verdummung und Hinleitung zu spezifischen Themenbereichen, ja der Demagogie politischer Einflußnahmen, wie im Fall Berlusconi, Tür und Tor geöffnet wird.
Wie die Erfindung des Schießpulvers den Einzelnen wehrloser und unfreier gemacht hat, so hat sich nicht nur aus den Medien selbst, sondern auch aus den Konflikten der Medieninhaber und ihren Interessen die Wirklichkeit des Publikums und damit die Würde und Selbständigkeit des Einzelnen zurückgezogen.
Die durch die Medien vermittelte Wirklichkeit kann als ein Teil von ihnen gesehen werden oder als etwas, das sich gegen die äußere und persönliche Wirklichkeit und Freiheit richtet. Die mediale

Realität dient einer globalen Einflußnahme, oder sie dient der Rechtfertigung spezieller Handlungen im Zuge politischer Konflikte.

Die Regeln, nach welchen mediale Wirklichkeiten erzeugt werden, *folgen* verschwiegenen Gesetzmäßigkeiten, die keiner kennt, doch aber *befolgt*.

Zeit, Raum und Realität gehorchen im Unterschied zur Wirklichkeit diesen Regeln.

Man könnte denken, daß die medialen Regeln ein charakteristisches Mittel zum Erlernen der Welt-Wirklichkeit sind. Das ist aber so falsch wie die Annahme, daß Wissen Macht vermittle.

Wenn ich zum Beispiel annehme, daß Rot und Blau einander ausschließen, glaube ich an eine Farbenregel oder daran, daß Sozialdemokraten und Freiheitliche nicht miteinander können. Eine Behauptung folgt einem erfundenen Naturgesetz, die andere einer politischen Annahme. Beides ist nur wahr von einem bestimmten Fokus aus.

Ist also die Themenwahl der Medien das, was festgelegt wird, bevor man die Wirklichkeit politischer, kultureller oder moralischer Natur erfaßt hat?

Paul Valéry schrieb in seinem Aufsatz »Lob der Virtuosität« um die Jahrhundertwende folgendes: *Texte und Partituren sind in der Tat nur Systeme von konventionellen Zeichen; jedes einzelne davon soll einen Akt, dem es entspricht, auslösen. Die Qualität jedes einzelnen dieser Akte, die Qualität ihrer Verkettung und ihrer geheimnisvollen sukzessiven Abhängigkeit hängen von demjenigen ab, der handelt und die Verwandlung des virtuellen Werkes in ein wirkliches durchführt.*

Das Dilemma der persönlichen Eigenart des Menschen liegt in der Frage: Wird die Sicht der Wirklichkeit des Einzelnen durch die Medien provoziert und in Regelhaftigkeit und Regelmäßigkeit der Medien verifiziert, auch wenn der Einzelne nur konsumiert, das Konsumierte aber nur auf-, nicht aber annimmt?

Man muß nur bedenken, daß es Wirklichkeiten gibt, die keinerlei Verifikation in sich ermöglichen. Hinter der Unmöglichkeit dieser Definition verbergen sich Begriffe wie politisches, kulturelles Bewußtsein, Eigenwelt, Individualität, Freiheit, Persönlichkeit.

Die Aftermodernität derer, die den Begriff *virtuality* zu schnell in den Mund genommen haben, leidet an folgendem Dilemma: Was sie gemacht haben, war: 1. Eine Konvention in Frage zu stellen, ohne eine andere zu liefern. 2. Die Konventionen im allgemeinen in Frage zu stellen, wo doch jede Sprache, auch eine Maschinensprache selbst eine solche ist. 3. Aus der Form selbst Scheinresultate zu produzieren, die der Qualität der althergebrachten Konventionalität nichts voraus haben und der Eigenart und dem Individuellen jede Möglichkeit entziehen.

Das *Begreifen* von Wirklichkeit ist kein *Begriff*, der genau feststeht. Die Wirklichkeit ist und bleibt etwas äußerst Persönliches. Durch mediale Regeln wird die Wirklichkeit entpersonalisiert, dem Einzelnen werden Charakter und Freiheit genommen, indem er gezwungen wird, sich zu fügen. Über Monitore und Lautsprecher, gedruckte Seiten und Bilder wird eine und nur eine Wirklichkeit hergestellt, die jener, welche meine Umwelt erzeugt, widerspricht.

Wenn ich TV und Internet als *Spiel* der Wirklichkeit ansehe, gibt es eine Übereinstimmung mit meiner Wirklichkeit als folgsamer Zuseher und eine Nichtübereinstimmung als Individualität. Gerade letztere macht es, daß ich meine Wirklichkeit als falsch oder richtig gegenüber der medialen definiere.

Man kann also sagen, daß eine Regel *gilt*, daß sie aber abhängig von meiner Selbstachtung nicht befolgt wird, also *nicht gilt*. Und auch, daß die Regel, die mediale Regel, zwar *gilt*, weil die Mehrheit sie befolgt. Und daß sie *nicht gilt*, weil ich sie nicht befolge. Und das ist kein Widerspruch.

Dagegen wäre es Unsinn zu sagen: Die Regelhaftigkeit der Medien wird befolgt und stellt Wirklichkeit her, weil sie Bedürfnisse deckt.

Das Dilemma der persönlichen Eigenart des Menschen liegt in der Frage: Wird die Sicht der Wirklichkeit des Einzelnen durch die Medien provoziert und in Regelhaftigkeit und Regelmäßigkeit der Medien verifiziert, auch wenn der Einzelne nur konsumiert, das Konsumierte aber nur auf-, nicht aber annimmt?

Die medialen Regeln der Konsumzwänge beschreiben *eine* und nur *die* Wirklichkeit. Diese Beschreibung findet in einer Regelmäßigkeit statt und ist nie die Beschreibung der eigenen Wirklichkeit, die zu einer bestimmten Zeit gemacht wird, sondern sie ist eine zur Lüge avancierte allgemeine, politische oder zivilisatorische Wirklichkeit. Um sie als solche zu verstehen, muß man zwar die mediale *Wirklichkeit über sich kommen lassen*, doch aber die eigene in einen Vergleich zu dieser stellen.

Die tatsächlichen Möglichkeiten, die beispielsweise ein *Hypertext* liefert, folgen einer Forderung, die Brecht in den dreißiger Jahren aufgestellt hat:

Der Rundfunk ist aus einem Distributionsapparat in einen Kommunikationsapparat zu verwandeln Der Rundfunk wäre der denkbar großartigste Kommunikationsapparat des öffentlichen Lebens, ein ungeheures Kanalsystem, das heißt, er wäre es, wenn er es verstünde, nicht nur auszusenden, sondern auch zu empfangen, also den Zuhörer nicht nur hören, sondern auch sprechen zu machen, und ihn nicht zu isolieren, sondern ihn in Beziehung zu setzen.

Wenn allerdings Brechts Traum erfüllt werden soll, muß das Medium Möglichkeiten und Forderungen anbieten, die in sich die Kreativität und den Tatendrang des Einzelnen zulassen.

Konsumiere ich *eine* Wirklichkeit einer bestimmten, geregelten, regelmäßigen Selektion, ist meine ausgeklammert und meine Zeit, mein Raum, meine Realität sind der anderen unterworfen. Die Medien sagen in Regelmäßigkeit nicht, *was ist*, sondern was in meinem Hirn *sein soll*, sie beschreiben niemals meine Wirklichkeit. Sie verkörpern alles, was in einer Art und Form von Modellen von Macht und Welt-Realität an meiner *Verdummung* interessiert ist.

Stefan Weber

Was können Systemtheorie und nicht-dualisierende Philosophie zu einer Lösung des medientheoretischen Realismus/ Konstruktivismus-Problems beitragen?

»Storm the Reality Studio!«
William S. Burroughs,
Nova Express (1964)

1. Einleitung

Obwohl sich die erste Woge der radikal-konstruktivistischen Verunsicherung in den klassischen medientheoretischen Beständen mittlerweile geglättet hat, sind zentrale Fragen, die der Konstruktivismus aufgeworfen hat, nach wie vor unbeantwortet:

- Handelt es sich beim Konstruktivismus um eine (theoretisch und/oder empirisch) begründbare ›allgemeingültige‹ Erkenntnistheorie der Medienkommunikation – oder aber nur um eine situativ gültige journalistische Strategie, die in einer (vermuteten) gegenwärtigen Medienkultur der Konstruktivität vermehrt beobachtet werden kann, also um einen Trend, eine Tendenz der aktuellen Medienkommunikation? Kurz gefragt: Ist der Konstruktivismus eine kommunikations*theoretische Epistemologie* oder ›bloß‹ eine kommunikations*praktische Strategie*?
- Kann der Konstruktivismus durch die empirischen Methoden der Sozialwissenschaften empirisch ›unterfüttert‹, validiert, bewiesen oder gar widerlegt werden? Ist ein solcher empirischer Beweis/Gegenbeweis unter Umständen bereits erfolgt? Muß bei Kommunikatorstudien, Inhaltsanalysen, der Rezipientenforschung oder gar bei allen dreien angesetzt werden? Läßt ein konstruktivistischer Theorierahmen überhaupt den Einsatz der klassischen empirischen Methoden zu? Wenn nein: Wie müßten diese modifiziert werden?

Beide Fragenkomplexe verweisen primär auf eine begriffliche

Unschärfe, die durch die folgenden Überlegungen behoben werden könnte. Das zentrale Argument des Textes lautet: Konstruktivismus (im Sinne des Siegener bzw. Radikalen Konstruktivismus) kann weder als Erkenntnistheorie der Medienkommunikation noch als definitorische Metatheorie über dem Themenkomplex Medien/Massenmedien/Kommunikation/Medienkommunikation eingesetzt werden. Diese Leistung können hingegen ›Nachbartheorien‹ des Konstruktivismus erbringen: Die autopoietische Systemtheorie Niklas Luhmanns kann helfen, das ›Systemfeld Medienkommunikation‹ präzise zu bestimmen (und mit ihm die Begriffe/Konzepte Medienkommunikation, Medien, Massenmedien, Publizistik, Journalismus, Öffentlichkeit und Publikum) und damit die oft generelle und pauschalisierende – auch konstruktivistische – Rede von ›den‹ Medien zu vermeiden. Zweitens wird die nicht-dualisierende Philosophie Josef Mitterers als viable Erkenntnistheorie der Medienkommunikation vorgestellt. Wenn unter Konstruktivismus also weder eine Erkenntnistheorie der Medienkommunikation noch eine begriffliche Metatheorie verstanden werden kann, so bleibt für Konstruktivismus ein situatives bzw. spezifisches Modell der Nachrichtenkonstruktion reserviert, über dessen Viabilität jeweils empirisch entschieden werden muß. Konstruktivismus als situatives Modell der Nachrichtenkonstruktion beobachtet dann die Konstruktivität der Medienkultur, die ›Autopoietisierung‹ des Journalismus usw.

Aus dieser generellen Überlegung ergibt sich die Gliederung der Arbeit: Zunächst (II) wird das Systemfeld Medienkommunikation mit Hilfe der autopoietischen System- bzw. Distinktionstheorie Luhmanns beobachtet. Es wird vorgeschlagen, die Debatte um die Sinngrenze des ›Mediensystems‹ und die primäre binäre Codierung durch einen modifizierten systemischen Ansatz zu lösen, der mehrere Sinngrenzen und Codierungen zuläßt. Nachdem diese begriffliche Präzisierung erfolgt ist, werden (III) Konturen einer nicht-dualisierenden Erkenntnistheorie der Medienkommunikation vorgestellt, die auf Unterscheidungen, Distinktionen und Dualitäten wie Wirklichkeit/Bild, Realität/Illusion, Realität/Medienwirklichkeit, Ereignis/Nachricht usw. als ontologische und vor allem *proto*logische, also als a priori gemachte Setzungen verzichtet. Weiters wird begründet, warum der Konstruktivismus nicht als eine derartige Erkenntnistheorie fungieren kann. Im nächsten Abschnitt (IV) wird erörtert, wie Konstruktivismus ver-

standen werden kann: als spezifisches Modell der Nachrichten*konstruktion*, in dem die klassische Denkrichtung des realistischen Modells der Nachrichten*selektion* umgekehrt wird. Mit diesem Modell bzw. mit dieser Denkrichtung, wonach Rezipienten und Medien Ereignisse konstruieren und nicht abbilden, können aktuelle Tendenzen wie die zunehmende Konstruktivität der Medienkultur oder eine steigende ›Autopoietisierung‹ des Journalismus (v) beobachtet werden – damit sind Tendenzen wie die Autologisierung, Virtualisierung, Metamedialisierung, Kybernetisierung und Fiktionalisierung des Journalismus gemeint. Abschließend (vi) wird nach einer empirischen Operationalisierung realistischer und konstruktivistischer Nachrichtenmodelle gefragt – verdeutlicht an fünf jeweils situativ zu beantwortenden Leitfragen.
Aus theoretischer Perspektive geht es somit darum, den *Konstruktivismus als Theorie der Medienbeobachtung doppelt zu erweitern: einerseits in die Richtung eines systemtheoretischen und distinktionslogischen, andererseits in die Richtung eines nicht-dualisierenden Ansatzes.* Die Systemtheorie hilft bei der Erstellung einer präzisen Systematik des Objektbereichs, die nicht-dualisierende Philosophie stellt eine brauchbare Erkenntnistheorie des Objektbereichs dar, und der Konstruktivismus wird als empirisch beobachtbarer Trend der (post)modernen Medienkommunikation aufgefaßt. Erst mit dieser Komplettierung steht meines Erachtens ein brauchbares theoretisches Rüstzeug zur empirischen Operationalisierung zur Verfügung.

II. Systemfeld Medienkommunikation

In jüngster Zeit wird der Benennung und Abgrenzung des Gegenstandsbereichs der Medien- und Kommunikationswissenschaft vor allem aus systemtheoretischer Perspektive vermehrt Augenmerk geschenkt. Die Versuche, den Gegenstandsbereich in den Kanon der Luhmannschen Sozialsysteme aufzunehmen, reichen mittlerweile vom System »Publizistik« über das System »Journalismus« und das System »Massenmedien« bis zum System »Öffentlichkeit«.[1] Die theoretischen Debatten kreisen interessanterweise meist um die Frage, wie und warum das eigene, neu konzi-

1 Die folgenden Überlegungen stellen eine Synthese dieser Arbeiten dar:

pierte System den bisherigen systemischen Konzeptionen überlegen ist, was von den bisherigen Systemen ausgeblendet wurde und was nunmehr systemtheoretisch griffiger fokussiert werden kann. Im vorliegenden Ansatz wird die begriffliche Pluralität des Fachbereichs aber gerade nicht verwendet, um *einen* Terminus und damit auch *eine* Beobachterperspektive zu favorisieren, sondern um mit den unterschiedlichen Begriffen präzise definierte unterschiedliche Phänomene bzw. Gegenstandsbereiche zu erfassen. Es wird vorgeschlagen, nicht mit der Distinktion von Individual- und Massenkommunikation, sondern mit der Distinktion von interpersoneller Kommunikation und Medienkommunikation zu beginnen (wobei wir Kommunikation – durchaus konstruktivistisch – als systemische und reflexive Konstruktion von Information und Information als doppelte Differenz konzipieren können). Interpersonelle Kommunikation ist dabei immer *Face-to-face*-Kommunikation unter der Prämisse der physisch-materiellen raumzeitlichen Anwesenheit der Kommunikanten. Diese Form der Kommunikation interessiert uns im folgenden jedoch nicht weiter. Wollen wir uns nun fragen, was das Spezifische an »Medienkommunikation« ist, so muß zunächst der Begriff der »Medien« geklärt werden. Wenn wir pauschal von »Medien« sprechen (und derzeit bleibt uns nichts anderes übrig, obwohl wir mit dem Begriff bereits stillschweigend das Mittler- bzw. Vermittlungsparadigma akzeptiert haben), so wurden bislang mit dem Begriff sowohl vom Konstruktivismus als auch von der Systemtheorie zahlreiche Phänomene bezeichnet:

- Auf der Ebene der *Gesellschaft* wurde unter »Medien« zunächst das »Mediensystem« als Funktionssystem der Gesellschaft – neben der Wirtschaft, dem Recht, der Politik, der Wissenschaft usw. – verstanden.
- Auf der Ebene der *Organisation* wurden unter »Medien« dann einzelne Medienorganisationen wie Verlagshäuser, Rundfunkanstalten sowie – als Subsysteme dieser Organisationen – einzelne Redaktionen, Abteilungen usw. konzipiert.
- Auf der Ebene individueller *Interaktion* schließlich mußte der Begriff der Medien sowohl für konkrete »Materialitäten« (technische Apparaturen, Zeitungen, Bücher usw.) als auch für die

Marcinkowski 1993, Blöbaum 1994, Luhmann 1996 und Kohring/Hug 1997. Vgl. auch kritisch Brill 1996 und Marcinkowski 1996.

Inhalte dieser Materialitäten, also die Medienangebote (einzelne Sendungen, Beiträge, Nachrichten, Berichte, Kommentare usw.) herhalten.

Von einem derart breiten Medien-Begriff wird hier jedoch abgeraten – nicht zuletzt, weil der Begriff des »Mediums« in der Systemtheorie ohnedies bereits doppelt besetzt ist: Als Gegenbegriff zur Form sowie als symbolisch generalisiertes Kommunikationsmedium. Die pauschale Rede von »den Medien« ist somit meines Erachtens ebenso zu unterlassen wie das antiquierte Konzept der »Massenmedien«, da jene Medien, die sich an ›Massen‹ richten, nur mehr einen Teil der gegenwärtigen Medienlandschaft ausmachen. Ein »Abschied ohne Tränen« (Görke/Kohring 1997, 10) kann somit sowohl vom Begriff der »Medien« als viel zu diffusem Oberbegriff als auch von Konzepten wie »Massenmedien« und »Massenkommunikation« erfolgen. Was als Oberbegriff bleibt, ist das Systemfeld »Medienkommunikation«.

Medienkommunikation

Medienkommunikation ist dann jenes Systemfeld, dessen Umwelt interpersonelle Kommunikation ist. Die Frage, ob dieses System in die Luhmannsche Systemtheorie »hineinpaßt« oder nicht (ob es also ein weiteres Funktionssystem der Gesellschaft darstellt oder zu allen anderen ›querliegt‹), ist meines Erachtens irrelevant, da systemische Konzeptionen nicht zu Autoren, sondern zu empirischen Objekten ›passen‹ sollten. Das Systemfeld Medienkommunikation umfaßt all jene Kommunikationen, die das symbolisch generalisierte Kommunikationsmedium – das heißt die Währung – der Medialität verwenden. Der binäre Code jedweder Medienkommunikation ist die Codierung Information/Nicht-Information bzw. informativ/nicht-informativ. Die primäre Funktion von Medienkommunikation ist die Selbstbeobachtung und Herstellung einer Selbstbeschreibung der Gesellschaft. »Medienkommunikation« umfaßt somit sowohl Fernsehen als auch E-mailen, Telefonieren als auch Internet-Surfen, Tageszeitungskommentare Schreiben als auch die Lektüre von Fachbüchern, *On-air*-Moderieren im Radio als auch das Bestaunen von Reklamewänden.

Würden wir nun klassisch nicht-systemisch verfahren, so müßte das Systemfeld Medienkommunikation dann weiter nach technischen Kriterien ausdifferenziert werden: Im Systemfeld Medienkommunikation wären dann etwa ein Subsystem der Printmedien (Zeitung, Zeitschrift, Buch ...) ein Subsystem der Funkmedien, ein Subsystem der audiovisuellen Medien und ein neueres Subsystem der Multimedien oder auch der Computermedien auszumachen. Wir vermeiden jedoch die technische Begrenzung und differenzieren im Systemfeld Medienkommunikation zunächst ganz simpel Produzenten und Konsumenten, Anbieter und Abnehmer, Leistungs- und Erwartungsstrukturen, kurz: Medialisierung und Instrumentalisierung. Mit anderen Worten: Wir unterscheiden zwischen *Publizistik* und *Öffentlichkeit*. Da diese Unterscheidung von konkreten Individuen bzw. Personen abstrahiert, ist es durchaus möglich (ja mitunter sogar die Regel), daß Menschen immer wieder und auch simultan zu beiden Sinnsphären gehören.

Publizistik

Unter Publizistik wird jenes System verstanden, das *generell* Informationen veröffentlicht. Das symbolisch generalisierte Kommunikationsmedium ist die Publizität; diese ist primär binär codiert über das Dual publiziert/nicht-publiziert bzw. veröffentlicht/nicht-veröffentlicht (und sekundär – bei aller Vorsicht! – eher auf Technik abgestellt über die Codierungen: verbreitet/nicht-verbreitet, gedruckt/nicht-gedruckt, gefunkt/nicht-gefunkt, gesendet/nicht-gesendet, online/nicht-online usw.). Die primäre Funktion der Publizistik ist die *generelle* Veröffentlichung von Information. Publizistik kann in die Subsysteme Journalismus, Werbung und Propaganda, Unterhaltung, PR und Öffentlichkeitsarbeit sowie andere Publizistik ausdifferenziert werden. Innerhalb des Subsystems der Publizistik im Systemfeld der Medienkommunikation hat sich in der Moderne ein Subsystem von besonderem Interesse ausdifferenziert: das System *Journalismus.*

Journalismus

Unter Journalismus wird das System verstanden, das *aktuell* Informationen veröffentlicht. Das symbolisch generalisierte Kommunikationsmedium ist die Aktualität; diese ist primär binär codiert über das Dual aktuell/nicht-aktuell bzw. neu/alt sowie sekundär codiert über alle situativ relevanten Nachrichtenfaktoren bzw. Nachrichtenwerte. Journalismus ist somit das System, das vor allem Nachrichten und Berichte veröffentlicht, während unter die restliche Teilmenge der Publizistik (man könnte auch sagen: die nicht-journalistische Publizistik) Bereiche wie Werbung und Propaganda, Unterhaltung, PR und Öffentlichkeitsarbeit, amtliche Mitteilungen, Medienkunst usw. fallen. (Damit dürfte auch die Verbindung bzw. Ergänzung zu Luhmanns Programmbereichen Nachrichten/Berichte, Werbung und Unterhaltung in seinem System der »Massenmedien« ersichtlich sein.)

Öffentlichkeit

Unter Öffentlichkeit wird die ›andere Seite‹ der Medienkommunikation, die Seite der Abnehmer, der Konsumenten von Publizistik verstanden. Öffentlichkeit ist sowohl Produkt als auch Bedingung der Publizistik, das Verhältnis zwischen Publizistik und Öffentlichkeit wird virtuell zirkulär bestimmt. Das symbolisch generalisierte Kommunikationsmedium der Öffentlichkeit ist die öffentliche Meinung. Diese ist über das Dual öffentlich/nicht-öffentlich bzw. öffentlich/privat oder öffentlich/geheim codiert. Die primäre Funktion der Öffentlichkeit ist die Beobachtung der Publizistik bzw. ihrer Produktion von Umweltrelevanzen. Öffentlichkeit als Konstrukt ist immer *mehr* als die Summe der systemspezifischen Beobachtungen der Rezipienten. Somit kann auch gesagt werden, Öffentlichkeit ist über umweltrelevant/nicht-umweltrelevant bzw. mehrsystemzugehörig/nicht-mehrsystemzugehörig codiert. Da die Publizistik immer schon eine *generelle* Beobachtung n-ter Ordnung und der Journalismus immer schon eine *aktuelle* Beobachtung n-ter Ordnung darstellt, bedeutet Öffentlichkeit als Beobachtung der Publizistik eine Beobachtung (n+1)-ter Ordnung.

Unter Publikum soll die Seite der Abnehmer, der Konsumenten von Journalismus verstanden werden. Publikum ist also jener Teilbereich bzw. jenes Subsystem von Öffentlichkeit, das den Journalismus bzw. seine Produkte beobachtet. Das symbolisch generalisierte Kommunikationsmedium des Publikums ist die Aufmerksamkeit; diese ist über das Dual aufmerksam/nicht-aufmerksam bzw. aktuell/potentiell oder in-Kontakt/nicht-in-Kontakt codiert. Die primäre Funktion des Publikums ist die Beobachtung des Journalismus bzw. seiner Produkte, das heißt die Rezeption und Konstruktion aktueller Information – wieder verstanden als Beobachtung (n+1)-ter Ordnung.

In Summe nimmt das Systemfeld Medienkommunikation somit folgende Gestalt an:

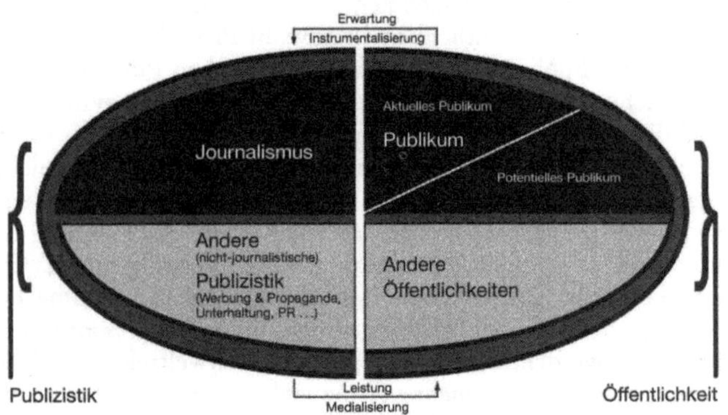

Abb. 1: Systemfeld Medienkommunikation

Übersicht: Systemfeld Medienkommunikation

Systemreferenz	*Symbolisch generalisiertes Kommunikationsmedium*	*Binärer Code*	*Primäre Funktion*
1. *Medien-kommunikation*	MEDIALITÄT	Information/ Nicht-Information	Selbstbeobachtung und Selbstbeschreibung der Gesellschaft
2. *Publizistik*	PUBLIZITÄT	publiziert/ nicht-publiziert [veröffentlicht/nicht-veröffentlicht, verbreitet/nicht-verbreitet, gedruckt/ nicht-gedruckt, gesendet/nicht-gesendet …]	*Generelle* Veröffentlichung von Informationen
3. *Journalismus*	AKTUALITÄT	aktuell/nicht-aktuell neu/alt [sowie alle Nachrichtenfaktoren]	*Aktuelle* Konstruktion von Informationen
4. *Öffentlichkeit*	ÖFFENTLICHE MEINUNG	öffentlich/nicht-öffentlich [öffentlich/privat, öffentlich/geheim, umweltrelevant/nicht-umweltrelevant, mehrsystemzugehörig/nicht-mehrsystemzugehörig]	Beobachtung der Publizistik
5. *Publikum*	AUFMERKSAMKEIT	aufmerksam/nicht-aufmerksam [aktuell/potentiell]	Beobachtung des Journalismus

Meines Erachtens können mit diesem Modell zahlreiche systemtheoretische Auseinandersetzungen um den Fachbereich eindeutig entschieden werden: Marcinkowskis Studie zur »Publizistik als autopoietisches System« (1993) bezieht sich deutlich auf Journalismus und Publikum, läßt also nicht-journalistische, andere Publizistik und andere Öffentlichkeiten unberücksichtigt. Blöbaums Studie »Journalismus als soziales System« (1994) bezieht sich ebenfalls auf Journalismus und Publikum; nur wurde das System ›umgetauft‹ und die für den Journalismus zu breite primäre Codierung Information/Nicht-Information gewählt. Diese Codierung wählt auch Luhmann in seinem System der »Massenmedien« – dieses korrespondiert im wesentlichen mit dem hier skizzierten Systemfeld Medienkommunikation (der Programmbereich Nachrichten/Berichte korrespondiert mit dem Journalismus, die Programmbereiche Unterhaltung und Werbung korrespondieren mit der anderen Publizistik), allerdings konzipiert Luhmann Öffentlichkeit außerhalb des Systems als Umwelt aller Funktionssysteme. Kohring/Hug (1997) wiederum wollen das gesamte Feld »Öffentlichkeit« nennen – was einer Gegenposition zu Marcinkowski gleichkommt, der das gesamte Feld »Publizistik« nannte. Wie ersichtlich ist, versteht sich unser Vorschlag als Synthese der bisherigen Ansätze auf dem Weg zu einer systemtheoretischen »Flurbereinigung« des Objektbereichs – und nicht so sehr als Konstruktion eines neuen Systems.

Wenn wir also im folgenden von einer »Autopoietisierung des Journalismus« oder von einer »Konstruktivität des Publikums« sprechen, sollte klar sein, welche präzise umrissenen Felder gemeint sind. Meines Erachtens handelt es sich hier nicht bloß um eine systemtheoretische Fingerübung, sondern vielmehr um eine für empirisches Arbeiten notwendige Präzisierung und Abgrenzung der Begrifflichkeiten – von Begriffen, die auch in zahlreichen aktuellen kommunikationswissenschaftlichen Arbeiten immer noch weitgehend synonym verwendet werden. Nachdem wir nunmehr die Systemtheorie verwendet haben, um das empirische Feld der Medienkommunikation präzise abzustecken, soll nun zur Frage nach einer passenden Erkenntnistheorie der Medienkommunikation übergegangen werden.

III. Nicht-dualisierende Erkenntnistheorie der Medienkommunikation

Die klassische erkenntnistheoretische Frage zwischen Realisten und Konstruktivisten in der Kommunikationswissenschaft lautete: Bilden die Medien die Wirklichkeit ab, oder konstruieren sie sie? Mit anderen Worten: Geht den Medien eine Wirklichkeit voraus, aus der selektiert wird, oder erzeugen die Medien erst durch eigene Operationen Wirklichkeit? Die Kritik der nicht-dualisierenden Philosophie[2] setzt am unhinterfragten Dualismus in beiden Denkrichtungen an: Beide – Realisten und Konstruktivisten – müssen zwischen Medien und Wirklichkeit unterscheiden, um die Frage nach Abbildung oder Konstruktion überhaupt stellen zu können. Von der Unterscheidung zwischen Medien und Wirklichkeit ist es dann nur mehr ein kleiner Schritt zur Unterscheidung zwischen Medienwirklichkeit und (medienexterner) Wirklichkeit, sprich: Realität. Die nicht-dualisierende Philosophie fragt nicht mehr, ob Medien Wirklichkeit konstruieren, sondern faßt vielmehr die A-priori-Setzung ›hier Medien, da Wirklichkeit‹ selbst als ein begriffliches Konstrukt auf. Die Dualität von Medienwirklichkeit und medienexterner Realität baut in letzter Konsequenz sogar auf den weit ›schwerer wiegenden‹ ontologischen Dualitäten von Schein und Sein, von Bild und Wirklichkeit auf. Da diese Dualitäten sich jedoch nicht immer strikt dualistisch gegenüberstehen, verwende ich im folgenden den etwas entschärfenden Sammelbegriff ›Distinktionen‹:

Übersicht: Dualitäten und Distinktionen der Medienwissenschaft

1. Ontologische Distinktionen

Sein	Schein
Wirklichkeit	Bild
Wirklichkeit	Medien(bilder)
Realität	Medienwirklichkeit
Realität	Illusion

2 Diese wurde von dem österreichischen Philosophen Josef Mitterer (1992) entwickelt. Wichtige Spurenelemente nicht-dualisierenden Denkens finden sich bei Ludwik Fleck und Silvio Ceccato, verwandte protophilosophische Überlegungen bei Hugo Dingler.

Realität	Simulation
Realität	Inszenierung
Realität	Imagination
Realität	Virtualität
Realität	Fiktion(alität)

2. Medientheoretische Distinktionen

Ereignis	Darstellung(sform)
Ereignis	Nachricht
Ereignis	Bericht(erstattungsmuster)

3. Kommunikationstheoretische Distinktionen

Sender	Empfänger
Produzent	Konsument
Kommunikator	Rezipient

4. Distinktionen des Fachbereichs

Individualkommunikation	Massenkommunikation
Interpersonelle Kommunikation	Medienkommunikation

5. Distinktionen im soziokulturellen Kontext

Natur	Kultur
Mensch	Medium
Mensch	Maschine
Körper	Technologie
Öffentlichkeit	Privatheit
öffentlich	geheim

6. Journalistische Distinktionen

Wahrheit	Falschheit
Faktizität	Fiktionalität
Original	Kopie/Fälschung/Plagiat
Objektivität	Subjektivität
Nachrichten/Berichte	Meinung [Kommentare/Glossen]
Information	Unterhaltung
Qualitätsjournalismus	Boulevardjournalismus
[E-Journalismus]	[U-Journalismus]
Redaktioneller Teil	Anzeigenteil

Dabei rät die nicht-dualisierende Erkenntnistheorie zu nicht mehr und nicht weniger, als diese Dualitäten als protologische Setzungen zu begreifen und sie nicht unreflektiert und stillschweigend vorauszusetzen. – Was hingegen die ›faktische‹ Entdualisierung betrifft, so erlaubt ein Blick auf die unterschiedlichen Gruppen von Dualitäten und Distinktionen höchst differenzierte Beobachtungen:

1. Was die ontologischen Distinktionen von Sein und Nicht-Sein, Sein und Schein, (in der Folge) von Wirklichkeit und Bild sowie (in der Folge) von Realität und Illusion (Fiktion, Simulation, Imagination, Inszenierung, Virtualität) betrifft, so gehen etwa zahlreiche postmoderne Medientheoretiker von Flusser, Baudrillard und Weibel bis zu Kroker von einer symbolischen Umbesetzung aus: Das, was einmal Realität war, ist heute nur noch als Virtualität begreifbar, und die virtuelle Realität ist im Gegenzug längst zur realen Realität avanciert. »In der rekombinanten Geschichte ist das Bild das reale Ding, und das reale Ding ist nur noch eine Illusion der Virtualisierung« (Kroker/Weinstein 1997, 141). Ein ganz ähnlicher Gedankengang findet sich im Radikalen Konstruktivismus: »Aus dem Bild der Wirklichkeit ist die Wirklichkeit des Bildes geworden« (Schmidt 1992, 446). Eine »Entdualisierung« findet hier also nicht nur durch eine Zerschlagung der Dualität, sondern vielmehr auch durch eine definitorische Umkehrung statt. Noch einmal: Hier handelt es sich um keine erkenntnistheoretischen Überlegungen, sondern um zeitrelative Gegenwartsdiagnosen.

2. Was die medientheoretischen Distinktionen von Ereignis und Darstellung(sform) bzw. von Ereignis und Nachricht/Bericht(erstattungsmuster) angeht, so behauptet der Konstruktivismus erneut im wesentlichen eine Umkehrung des realistischen Denkansatzes: Während für den Realisten das Ereignis *vor* den Medien kommt und von diesen selektiv abgebildet wird, ist für den Konstruktivisten das Ereignis erst das *Ergebnis* der Operationen der Medien, es kommt also *nach* den Medien. Daraus folgt, daß auch Nachrichtenfaktoren nicht etwa externen Ereignissen anhaften, sondern medienspezifische Codes der Konstruktion darstellen.[3]

3. Was die kommunikationstheoretischen Distinktionen Sender/

3 Ein ähnliches Verständnis der Umkehr von Nachricht und Ereignis findet sich übrigens in einer Karl-Kraus-Paraphrase von Günther Anders aus dem Jahr 1956: »Im Anfang war die Sendung, für sie geschieht die Welt.« – Aus dieser Umkehr folgt auch, daß das symbolisch generalisierte Kommunikationsmedium des Journalismus, die Aktualität, nicht als Ursache, sondern als Folge der Berichterstattung angesehen werden muß: »Wir schlagen daher vor, Aktualität nicht als Ursache, sondern als Folge journalistischer Umwelt- und Risikoberichterstattung zu betrachten. Das heißt: Ereignisse gelten als aktuell, weil Medien darüber berichten.« Und weiter: »Aktualität ist als eine wesentliche Unterscheidung des Journalismussystems anzusehen, der eine ungleich

Empfänger, Produzent/Konsument sowie Kommunikator/Rezipient anbelangt, so ist einerseits auf die aktive Rolle des Rezipienten im Radikalen Konstruktivismus hinzuweisen (der Konsument als Produzent eines jeweils spezifischen Sinnkontexts), andererseits erneut auf ›faktische‹ Entdualisierungs-Prozesse, wie sie vor allem durch interaktive Medien, durch das Internet etc. ausgelöst wurden.

4. Mit der digitalen Revolution kollabiert auch eine der zentralen Distinktionen des Fachbereichs, nämlich die Unterscheidung von Individualkommunikation und Massenkommunikation. Die Rede von einer ›Masse‹ wird immer obsoleter, je konsequenter Medienangebote individualisiert werden (man denke etwa an *software agents*).

5. Von Theoretikern der neuen Medien wurde oft prophezeit, daß auch kulturgeschichtliche Distinktionen wie Natur/Kultur, Mensch/Maschine oder Körper/Technologie ihre Bedeutung verlieren würden. Angesichts einer digitalen Technik, die immer weiter in den Körper eindringt (siehe Wearable Computers, Brain- und Neurochips usw.), und angesichts eines biologischen Körpers, der immer mehr in die Technik integriert wird (Stichworte: Society of Surveillance, Proteinspeicher, Neuronen-Computer, Things That Think usw.), scheinen auch diese Unterscheidungen fragwürdig zu werden. Sogar die traditionelle Subjekt/Objekt-Rhetorik werde durch die neuen Formen der Mensch/Maschine-Kopplung obsolet, behaupten Medientheoretiker und -künstler (vgl. jüngst etwa Stocker/Schöpf 1997).

Arthur Kroker geht, was die Relation von Mensch und Technologie anbelangt, erneut von einer Umkehrung aus:

»In den sechziger Jahren stellte McLuhan die Theorie auf, daß die technologischen Kommunikationsmittel sogenannte ›Erweiterungen des Menschen‹, elektronische Ausweitungen des Zentralnervensystems sind. Aber das war einmal. In den neunziger Jahren ist es genau umgekehrt. Nicht die Technologie ist die Ausweitung des menschlichen Wahrnehmungsapparates, sondern die menschliche Spezies ist eine heißverdrahtete Erweiterung der digitalen Wirklichkeit« (Kroker/Kroker 1996, 149)[4].

größere Bedeutung zukommt als anderen journalistischen Selektionskriterien« (Ruhrmann/Kohring/Görke 1997, 14).

4 Eine Position, die auch in den High-Tech-Körperaktionen des australischen Performance-Künstlers Stelarc immer wieder radikal geäußert wird.

Zur Relation zwischen Menschen und Medien sei nur an die Umkehrung der klassischen Frage »Was machen die Medien mit den Menschen?« im Nutzenansatz erinnert (»Was machen die Menschen mit den Medien?«). Diese individuenzentrierte, mikrotheoretische Argumentation wurde vom (Radikalen) Konstruktivismus wieder aufgegriffen.
Schließlich sei es erneut die gegenwärtige Medienevolution, die die in der Moderne bewährte Unterscheidung von Öffentlichkeit und Privatheit attackiere. Im weltweiten Datennetz sei die Rede von Geheimnissen längst ein Anachronismus ...
Es ist hier nicht der Ort, unter diesen Aussagen *Science* von *Fiction* zu unterscheiden. Schließlich soll nicht ein weiterer altbekannter Dualismus ins Spiel gebracht werden. Wenn wir uns eingestehen, daß die Zukunft *so far* unwißbar ist und das Jetzt immer unsere Diskurs- und Erkenntnisgrenze darstellt (vgl. dazu ausführlicher Weber 1996, 219 ff.), so erlaubt dies einen nüchternen Blick auf die Evolution der Computertechnologien und der neuen Medien: Manche Prophezeiungen (z. B. Virtual-Reality-Wetware) blieben weit hinter ihren Erwartungen zurück, andere (wie etwa das World-Wide-Web) konnten in ihrem explosionsartigen Wachstum gar nicht rechtzeitig vorhergesagt werden.
6. Letztlich soll auf bewährte journalistische Distinktionen hingewiesen werden: Auf die »Basis-Dichotomien« Wahrheit/Falschheit, Faktizität/Fiktionalität, Objektivität/Subjektivität sowie (darauf aufbauend) hier Original, da Kopie-Fälschung-Plagiat, hier Nachrichten und Berichte, da Kommentare und Glossen usf. Daß diese Trennungen (meist verstanden als Indikator für journalistische Qualität) in einem konstruktivistischen Theorierahmen fragwürdig geworden sind, ist klar ersichtlich. Konstruktivisten gehen – meines Erachtens völlig zu Recht – so weit, den Journalisten zu raten, ohne Vokabeln wie »Wahrheit«, »Objektivität« oder »Faktizität« auszukommen.[5] Wird aber *eine* Seite der Unterscheidung gestrichen, so kollabiert die Sinnhaftigkeit der gesamten Unterscheidung (vgl. Luhmann 1996, 16). Auf folgende

5 Auch Siegfried Zielinski bemerkt: »Die dualistischen Konstruktionen von Wahrheit und Fälschung, von Schein und Sein, von Inszenierung und Realität, von Illusion und Wirklichkeit werden ausgehebelt; sie scheinen nicht mehr gültig oder nicht mehr griffig angesichts einer Medienfaktizität, die auf Fiktion aufgebaut ist (...)« (Zielinski 1991, 13).

faktische Entwicklungen wäre schließlich noch hinzuweisen: Die Trennung zwischen Qualitäts-(E-) und Boulevard-(U-)Journalismus gestaltet sich zunehmend schwieriger, da beide Mediengenres mit denselben Routinen und Operationen der Wirklichkeitskonstruktion arbeiten. Auch die Unterscheidung zwischen redaktionellem Teil und Anzeigenteil wird empirisch immer unmöglicher (der ›Scheckbuchjournalismus‹ kreiert hybride Formen wie etwa sogenannte ›Advertorials‹, ›Themen-Placements‹ etc.). Und es braucht kaum noch angemerkt zu werden, daß die Distinktion von Information und Unterhaltung längst bereits im »Infotainment« aufgegangen ist.

IV. Situative Operationalisierung realistischer und konstruktivistischer Nachrichtenmodelle[6]

Sofern man der These gefolgt ist, daß die Frage, ob die Medien die Wirklichkeit abbilden oder konstruieren, erkenntnistheoretisch unentscheidbar ist, kann Konstruktivismus nicht mehr länger als Erkenntnistheorie der Medienkommunikation, sondern nun vielmehr als situatives Modell der Nachrichtenkonstruktion fungieren. Im folgenden sollen zunächst die realistische Denkrichtung der Nachrichtenselektion und die konstruktivistische Denkrichtung der Nachrichtenkonstruktion aufgezeigt werden, um dann beide Modelle in einem situativen Modell der Nachrichtenproduktion zu integrieren. Dabei zeigt sich präzise die Problematik jedweder medienwissenschaftlichen Modellierung empirischer ›Realität‹: In den einseitig-linearen Modellen des Realismus und des Konstruktivismus wird zwar deutlich, *was* akzentuiert wird; durch die Fokussierung auf nur eine Denkrichtung geraten jedoch alle anderen Phänomene aus dem Blick-

6 Die Argumente, die im folgenden entwickelt werden, stützen sich sowohl auf theoretische Überlegungen als auch auf empirische Erfahrungen des Autors als Journalist in diversen Print- und Hörfunkmedien. Die erwähnten Beispiele aus dem journalistischen Arbeitsalltag basieren vor allem auf Erfahrungen in folgenden österreichischen Medien: Österreichischer Rundfunk (ORF; 1996), Kronen Zeitung (1991), Radio Melody (ab 1997), Salzburger Volkszeitung (1990-1995) sowie Blizz/Ultimo (1990-1996).

winkel. Das situativ-integrative Modell ist im Gegenzug – da es beide Denkrichtungen zu integrieren versucht – weniger aussagekräftig.

Realistisches Modell der Nachrichtenselektion

Die realistische Denkrichtung unterstellt prinzipiell einen Informationsfluß von der Quelle, dem Anlaß der medialen Berichterstattung, zu den Medien. Anlässe für Berichterstattung sind in der Regel medienexterne Ereignisse. Aufgabe der Medien ist es, aus einer Vielzahl von Ereignissen zu selektieren. Dieses klassische Gatekeeper-Modell der Nachrichtenselektion, das nur einen untergeordneten Fluß von den Medien zu den Ereignissen – also nur Ausnahmefälle der medialen Produktion von Ereignissen – zuläßt, trifft in dieser ›reinen‹ Form meines Erachtens nur auf die Nachrichtenarbeit in Presseagenturen zu (und hier vor allem auf die Ressorts Ausland, Chronik und Politik). Die journalistischen Erfahrungen des Autors bei einem Fernseh- und einem Hörfunksender (jeweils im News-Room bzw. in der Nachrichtenredaktion) zeigen weiterhin, daß auch hier die mediale Verarbeitung von Informationen durch ein hohes Maß an Arbitrarität und Kontingenz der Selektion gekennzeichnet ist. Es gilt primär, aus einer sich ständig vermehrenden Anzahl von Agenturmeldungen ›relevante‹ Meldungen möglichst rasch auszuwählen. Diese Meldungen werden in der Regel – zumindest bei den beobachteten Medien – lediglich umgeschrieben bzw. immer häufiger aus Zeitgründen gleich direkt übernommen.[7] Die dadurch entstehenden »Augenblicks-Wirklichkeiten« bzw. »Jetzt-Wahrheiten« können kurz nach der Sendung oder oft sogar schon zum Zeitpunkt der Sendung durch neue Meldungen bereits wieder überholt sein.[8] Die

7 Meldungen über Ereignisse werden bereits von den unterschiedlichen internationalen Agenturen selbst untereinander übernommen und wechselseitig zitiert; es kommt zu einem zirkulären Fluß von Text- und Bildmaterial. Die Frage nach der Authentizität, der Referenz bzw. der ›ursprünglichen‹ Meldung erübrigt sich zusehends.

8 Ein Beispiel aus den Fernsehnachrichten des Österreichischen Rundfunks: Am 5. August 1996 um 13.00 Uhr wurde in der Sendung »Zeit im Bild« gemeldet: »Mostar-Kroaten doch kompromißbereit«. Um 13.07 Uhr kam über Reuter: »EU – doch kein Einlenken der Kroaten«.

Währung Aktualität hierarchisiert alle anderen Nachrichtenwerte. Dies schließt auch ein, daß nicht-aktuelle Ereignisse problemlos aktualisiert werden können:[9] Aktuell ist in der Regel, was als erste Meldung gebracht wird. Die aktuelle Sendung ist dann nicht mehr und nicht weniger als ein im Augenblick gültiges ›Standbild‹ im autopoietischen und zirkulären Fluß der Agenturmeldungen. Man könnte fast sagen, die Währung dieser Form des Journalismus ist nicht die Information, sondern die Zeit.

Im realistischen Modell der Nachrichtenselektion werden die so entstehenden Nachrichten an eine Vielzahl von Rezipienten »vermittelt«. Erneut wird primär der Informationsfluß vom Medium zu den Rezipienten beobachtet. Freilich wird auch dem Rezipienten die Möglichkeit der Auswahl zugestanden; die aktive Konstruktivität des Rezipienten und seine individuelle Sinn- und Bedeutungskonstruktion werden jedoch in aller Regel ausgeblendet. Ein derartiges »Kanonenmodell« der Medienwirkung ist aber – wie zahlreiche Arbeiten gezeigt haben – nicht einmal mehr für audiovisuelle Medien mit hohem Verbreitungsgrad und einem dispersen Publikum tragbar.

Die realistische Logik der Nachrichtenselektion unterscheidet sich grundlegend von der konstruktivistischen Logik der Nachrichtenkonstruktion: Während es konstruktivistisch operierenden Medien um die *eigene* Wirklichkeit, um die Unterscheidung zu anderen Medienangeboten, kurz: um die Differenz, um etwas *anderes* geht, beabsichtigen realistisch operierende Medien, *dasselbe vor* den anderen Medien zu berichten: es geht ihnen also um Identität, Aktualität und Informationsvorsprung.

9 Am 6. August 1996 wurde in den Fernsehnachrichten den ganzen Tag lang ein Bericht über die bevorstehende Abtreibung eines britischen Zwillingsfötus gesendet. Um 19.17 Uhr kam die Meldung, daß ein Gericht die Abtreibung untersagt habe. Diese Version wurde in den Abendnachrichten gebracht. Um 20.01 Uhr hingegen meldete Reuter, die Abtreibung habe »nach Angaben eines Arztes bereits vor mehreren Wochen« stattgefunden.

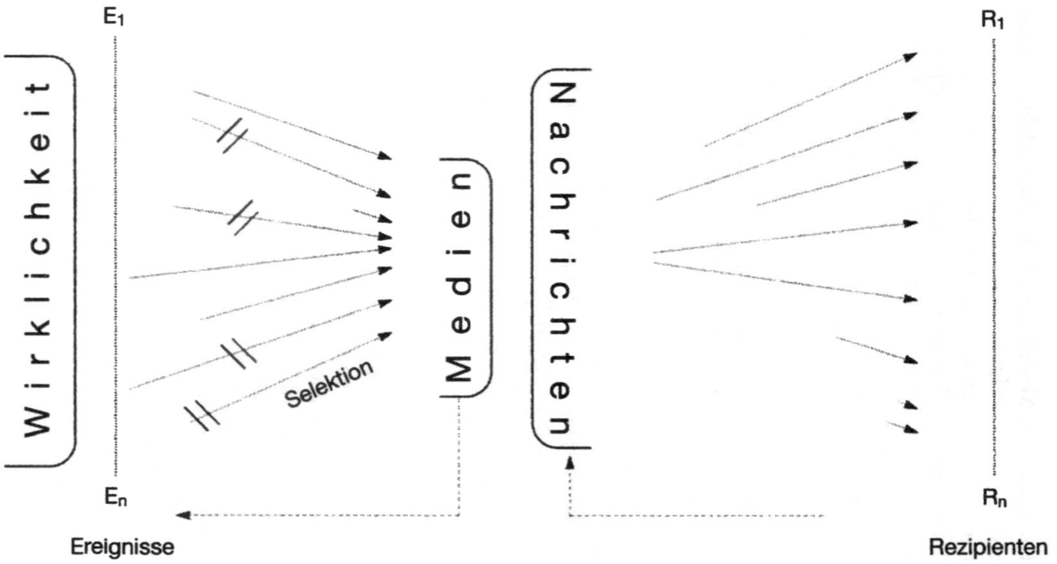

Wirklichkeit
E_1
E_n
Ereignisse
Selektion
Medien
Nachrichten
R_1
R_n
Rezipienten

Abb. 2: Realistisches Modell der Nachrichtenselektion

Während das realistische Modell der Nachrichtenselektion einen Informationsfluß vom Ereignis (und der *einen* referentiellen »Wirklichkeit«) zum selektiv abbildenden Medium und vom Medium zu den im Sinne der »Massenkommunikation« konzipierten Rezipienten akzentuiert, beobachtet das konstruktivistische Modell der Nachrichtenkonstruktion die umgekehrte Denkrichtung: die aktive Aneignung von Medienangeboten durch den im Sinne seiner Individualität konzipierten Rezipienten (durch diverse Metamedien und Selektoren) sowie die aktive Konstruktion von Ereignissen (von multiplen Wirklichkeiten) durch die Medien.

Ein derartiges Modell der aktiven Konstruktion von Wirklichkeit durch Medien trifft meines Erachtens auf die Nachrichtenarbeit in boulevardformatigen Medien, im lokalen Journalismus sowie in rein kommerziell ausgerichteten (also: zunehmend fast allen) Print- und AV-Medien zu. Die »konstruktivistische Nachrichtenarbeit« kann dann so weit gehen, daß Umweltereignisse und ›Inputs‹ in die Redaktion (Presseaussendungen, Einladungen zu Pressekonferenzen usw.) in der Regel vollständig ignoriert werden und die Wirklichkeit des Mediums fast ausschließlich durch selbstrecherchierte bzw. in Kollaboration mit gewissen Informanten erzeugte und damit letztlich vom Medium provozierte »Ereignisse« entsteht. Ein derartiges Verständnis der Nachrichtenkonstruktion erlebte der Autor etwa im österreichischen Boulevard-Blatt »Kronen Zeitung«. Die hier beobachteten Phänomene – so etwa strategische Rituale der Erzeugung fiktiver Objektivität (z.B. das Zitieren von Aktenzeichen von ›Geheimpapieren‹), die Oralität und drastische Verkürzung der Sprache, die strukturelle Kopplung an präferierte Politiker, Belohnungsprinzipien im Text, die strategische Planung von Themenkampagnen über längere Zeiträume (›Themen-Machen‹) oder die stereotype Wiederholung von einmal erfolgreichen Themen (›Themen-Durchziehen‹) – sind meines Erachtens auch auf bundesdeutsche Boulevardblätter wie etwa »Bild« übertragbar (zu detaillierteren Beobachtungen zur »Kronen Zeitung« vgl. Weber 1995).

Die konstruktivistische Orientierung an der medialen Konkurrenz verlangt nicht (wie im realistischen Modell), *dieselben* Nachrichten schneller, gründlicher recherchiert und schmackhafter aufbereitet anzubieten, sondern sie trachtet vielmehr danach, *andere*,

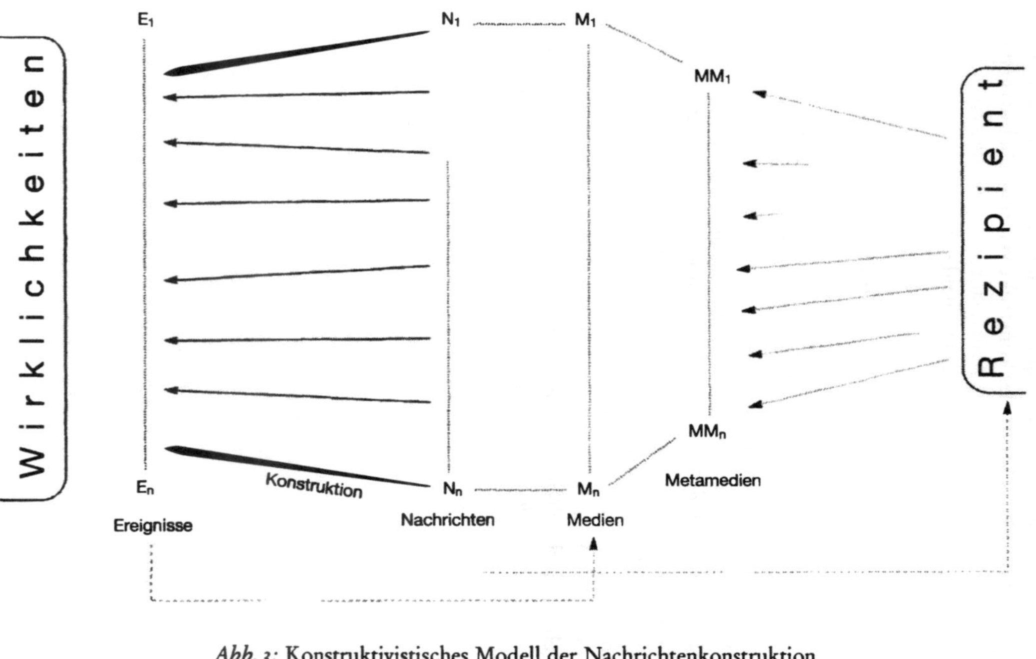

Abb. 3: Konstruktivistisches Modell der Nachrichtenkonstruktion

differente Medienangebote als die Konkurrenz zu präsentieren. »Unterscheiden statt Nachspielen«, idealerweise freilich ›vor‹-spielen könnte das Motto des konstruktivistischen Selbstverständnisses in der journalistischen Arbeit lauten. Nicht die Zeit, sondern die differente Information ist entscheidend.

Situatives Modell der Nachrichtenproduktion

Da aufgrund der steigenden Kommerzialisierung und Boulevardisierung die rigide Unterscheidung zwischen klassisch-selektiv-realistisch arbeitenden und aktiv-konstruktivistisch operierenden Medien immer schwieriger wird, versucht das situative Modell der Nachrichtenproduktion, die Denkrichtungen von Realismus und Konstruktivismus zu vereinen. Im situativen Modell etwa sind Rezipienten sowohl durchaus klassische ›Empfänger‹ von Medienangeboten – via Metamedien und Selektoren, etwa Suchmaschinen im World-Wide-Web – als auch (aus Anlaß ebendieser Medienangebote) individuelle Konstrukteure von Ereignissen und somit kognitiven Wirklichkeiten. Die Medien können Ereignisse sowohl abbilden (sofern sie diese von – den Medien vorgelagerten – Metamedien wie etwa Agenturen, PR und Öffentlichkeitsarbeit, externen Kommunikatoren wie Politikern und Meinungsführern etc. empfangen, übernehmen oder transformieren) als auch aktiv erzeugen.

Insgesamt betont das situative Modell der Nachrichtenproduktion folgende kontextuellen Determinanten:

- Ob die realistische oder die konstruktivistische Denkrichtung dominiert, hängt erstens von *zeitlichen*, *sachlichen* und *sozialen* Faktoren ab. Es sind etwa journalistische Prozesse denkbar, bei denen zuerst klassisch selektiert wird (indem man etwa auf eine bestimmte Presseaussendung eines bestimmten Politikers reagiert), dann aber aktiv konstruiert wird (indem etwa aus Anlaß dieser Presseaussendung ein gegnerischer Politiker mit dem Thema der Aussendung konfrontiert wird und der Journalist bei diesem Gespräch auf ein ganz anderes Thema stößt).[10]

10 Der Autor verweist auf ein weiteres Beispiel aus seiner Radio-Tätigkeit: Ein österreichisches Müllverwertungs-Unternehmen schickte seine Jahresbilanz; im O-Ton erwähnte der befragte Unternehmens-

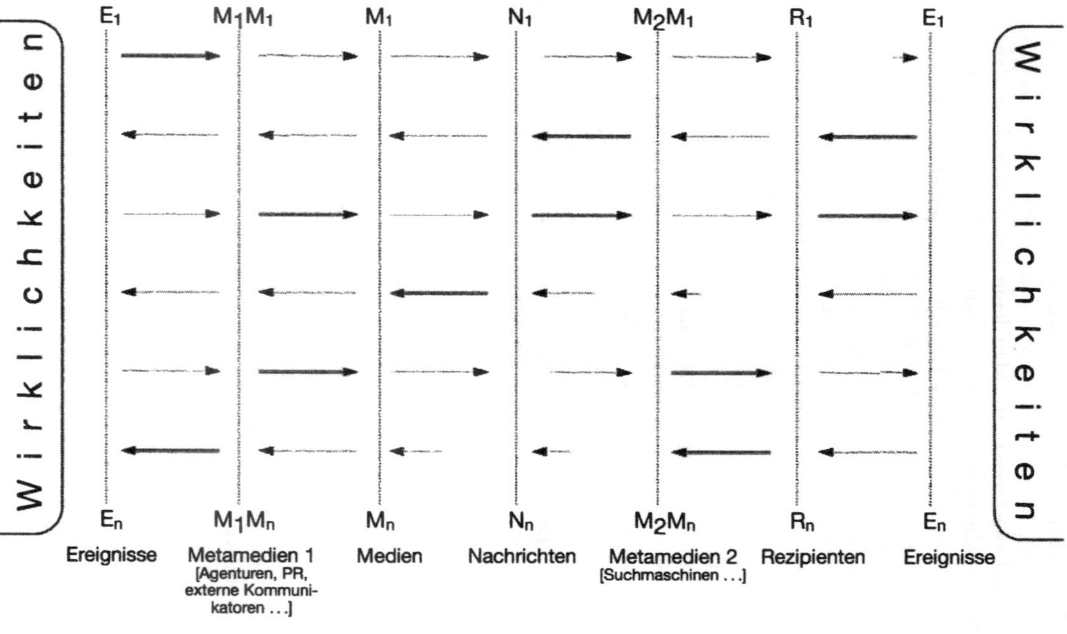

Abb. 4: Situatives Modell der Nachrichtenproduktion

– Ob die realistische oder die konstruktivistische Denkrichtung dominiert, hängt zweitens von *Mediengenres, -formaten* und *-darstellungsformen* ab. Man kann davon ausgehen, daß bei Boulevardmedien die konstruktivistische, bei sogenannten »Qualitätsmedien« die realistische Denkrichtung dominiert (allerdings ist diese Unterscheidung längst fragwürdig geworden und wohl nur noch graduell zu gebrauchen – siehe oben). Man kann weiterhin annehmen, daß bei explizit subjektiven Darstellungsformen, wie Kommentaren/Glossen, Reportagen/Features usw., die konstruktivistische Denkrichtung und bei Nachrichten die realistische Denkrichtung dominiert (wenn auch zunehmend selbst als nur noch konstruktivistisch zu denkende Simulation!).

Meines Erachtens kann – sofern nach diesem Raster vorgegangen wird – eine empirische »Grundsatzentscheidung« fallen, ob es sich bei einem beobachteten Medium X um ein mehrheitlich realistisch oder ein mehrheitlich konstruktivistisch operierendes Medium handelt. – Im kommenden Abschnitt sollen nun einige Tendenzen konstruktivistisch operierender Medien zusammengefaßt werden, wobei die Sammel-Tendenz als Autopoietisierung des Journalismus bezeichnet werden soll.

V. Autopoietisierung des Journalismus[11]

Unter Autopoietisierung wird ein sich deutlich abzeichnender Trend zur Selbst-Reproduktivität des Journalismus verstanden: Journalismus bezieht sich immer häufiger nicht mehr auf journalismusexterne Umwelten, sondern auf den Journalismus selbst. Wir können diese Haupt-These wie folgt differenzieren: Zunächst

Chef beiläufig die Sammler-Statistik nach Bundesländern, in den *Headlines* war schließlich zu hören: »Die Salzburger sind die fleißigsten Sammler.«

11 In diesem Abschnitt werden theoretische Hypothesen gebildet, die mit Hilfe ausgewählter praktischer Beispiele illustriert werden. Diese dürfen jedoch auf keinen Fall bereits als qualitativer empirischer Beweis für eine Autopoietisierung des Journalismus verstanden werden – sie sollen lediglich die Hypothesen illustrieren, die erst eines empirischen Nachweises bedürfen! – Für entscheidende Anregungen zu diesem Abschnitt danke ich Hans Heinz Fabris.

kann vermutet werden, daß journalistische Quellen immer häufiger andere journalistische Quellen sind und nicht-journalistische Quellen (Politiker, Künstler, ›Betroffene‹, Rezipienten etc.) abnehmen. Diese Hypothese kann als »Autologisierung« des Journalismus bezeichnet werden. Weiterhin kann vermutet werden, daß diese ›autologischen‹, endogenen Quellen immer häufiger virtualisierte Quellen sind (wie etwa Online-Dienste, Teletext-Systeme, das World-Wide-Web etc.). Diese Hypothese wird als »Virtualisierung« des Journalismus bezeichnet. Drittens kann vermutet werden, daß sich Medien thematisch immer öfter auf andere Medien beziehen und nicht mehr nur auf die medienexterne Umwelt. Mit anderen Worten: Die Themen der Medien bestehen mehr und mehr aus »gespiegelten« Themen anderer Medien oder aus diesen anderen Medien und deren Akteuren selbst (»Metamedialisierung« der Medien). Dann kann vermutet werden, daß sich journalistische Arbeitsmethoden und Routinen immer häufiger auf innerredaktionelle Regelkreise beziehen statt auf ein vermutetes journalismusexternes Publikum (»Kybernetisierung« des Journalismus). Schließlich können alle inhaltlichen Trends einer Verwischung der Unterscheidungen von Realität/Inszenierung, Wahrheit/Falschheit sowie Original/Fälschung als »Fiktionalisierung« des Journalismus bezeichnet werden.

Autologisierung

Der Begriff der »Autologisierung« setzt bei der Quelle, beim Anlaß medialer Berichterstattung an. Das klassisch-realistische Modell des Journalismus geht davon aus, daß Informationen aus der Umwelt des Journalismus – verstanden als ›Inputs‹ – von Journalisten aufgenommen und verarbeitet werden. Diese Informationen kommen in der Regel aus dem Bereich PR und Öffentlichkeitsarbeit, von öffentlichen Stellen und Behörden, aus der Parteipolitik, von der Polizei oder von »Betroffenen« und Hilfesuchenden, die sich an die Medien wenden. Auch die Bedeutung von ›Meinungsführern‹ und sogenannten ›externen Kommunikatoren‹ ist unter realistischer Perspektive essentiell.[12] – Mit »Auto-

12 Vgl. zu dieser Problematik auch die kritische Diskussion der neueren Kommunikatorforschung in Bentele/Haller 1997.

logisierung« sollen hingegen Tendenzen der Abnahme derartiger Einflüsse bezeichnet werden. Bei konstruktivistisch operierenden Medien ist zu vermuten, daß diese tendenziell eine autopoietische »Abschottung« von der Umwelt betreiben, da sie sich ihre Themen nicht ›von außen‹ vorgeben lassen wollen. Die Themen entstehen dann nicht durch ›Inputs‹ aus der Außenwelt, sondern durch ›Inputs‹ innerhalb der Endo-Welt des Journalismus: bei Redaktionssitzungen, Themen-Besprechungen mit Vorgesetzten, und vor allem: durch den Konsum anderer Medien. Diese Überlegung führt zum nächsten Punkt.

Virtualisierung

Wenn wir mutmaßen, daß Journalisten immer häufiger Ideen und Themen aus anderen journalistischen Quellen beziehen, so ist weiters anzunehmen, daß diese Themen immer häufiger nicht aus den klassischen Medien Print und Audiovision, sondern aus den neuen virtuellen Medien stammen.[13] Es kann vermutet werden, daß journalistische Informationen immer häufiger aus virtuellen Quellen stammen (Nachrichtenagenturen faxen nicht mehr ihre Meldungen, sondern versorgen Redaktionen mit Online-Datenbanken; Journalisten recherchieren im Teletext und lesen ›Zeitungen‹ im World-Wide-Web usw.). Diese Beobachtung bezieht sich auf eine Virtualisierung des Journalismus, was die Quellen journalistischer Information anbelangt. Von Virtualisierung kann jedoch auch in einem ganz anderen Zusammenhang gesprochen werden – nämlich, was die Digitalisierung des journalistischen Schreibens betrifft.

Metamedialisierung

Unter »Metamedialisierung« wird verstanden, daß sich Medien immer häufiger thematisch mit anderen Medien beschäftigen. Hierunter fallen etwa der Boom an Fernsehmagazinen, die Fülle

13 So ist es etwa bei dem beobachteten Nachrichtensender üblich, daß sich Moderatoren ihre aktuellen Beiträge ausnahmslos aus diversen deutschsprachigen Teletext-Systemen suchen.

an Suchmaschinen im World-Wide-Web usw. Wenn die These stimmt, daß in der aktuellen Medienlandschaft die wichtigste Information die *Information über Information* ist und sich die Medienevolution immer mehr beschleunigt, Medien also gleichsam ›memetisch‹ wachsen, dann kommt den sogenannten Metamedien in einer zunehmend unübersichtlich werdenden Medienwelt eine immer entscheidendere Bedeutung zu. Metamedien stehen also nicht mehr über der Wirklichkeit, sie beobachten nicht mehr die Gesellschaft als Ganzes, sondern sie stehen über anderen Medien, beobachten sich also selbst.[14]

Kybernetisierung

Diese Tendenz zur metamedialen Selbstbeobachtung korrespondiert auf operativer Ebene mit einer kybernetischen Schließung journalistischer Arbeitsroutinen in Redaktionssystemen: Themen werden nicht in Hinblick auf potentielle Interessenten in der Umwelt (also: auf Publika) gemacht, sondern in Hinblick auf die Optimierung und Aufrechterhaltung des Redaktionsgefüges und der eigenen Position innerhalb des Redaktionssystems.[15] Kybernetisierung bedeutet auch, daß sich journalistische Arbeitsroutinen in sich selbst spiegeln und damit über keinen Umweltkontakt mehr verfügen.[16] Die Frage, was die Menschen ›da draußen‹ interessiert, wird zur Unentscheidbarkeit; journalistische Themen-Präferenzen werden damit hochgradig kontingent und spiegeln lediglich, was andere Journalisten interessiert (bzw. was Journalisten glauben, daß die Menschen interessiert).

14 Es wäre auch an jene Tendenz zu denken, daß Medienakteure selbst immer häufiger zum Anlaß rekursiver medialer Berichterstattung werden.

15 Journalisten müssen ihre Stories nicht dem Publikum, sondern zunächst ihren innerredaktionellen Vorgesetzen ›gut verkaufen‹. Im beobachteten österreichischen Boulevardblatt äußerten Redakteure etwa immer wieder das Gefühl, nicht für ihre Leser, sondern ausnahmslos für ihren Chefredakteur zu schreiben.

16 So lautete dann etwa die – leicht verzweifelte, immer ironisch gemeinte und letztlich immer unbeantwortet gebliebene – Lieblingsfrage bei Redaktionssitzungen im beobachteten Radiosender: *»Was ist draußen los?«*

Fiktionalisierung

Schließlich können alle Tendenzen einer Verwischung von bewährten journalistischen Distinktionen, wie etwa Realität/Fiktion, Realität/Inszenierung, Wahrheit/Falschheit, Original/Kopie etc., als Fiktionalisierung des Journalismus bezeichnet werden. Nicht im Gegenzug dazu, sondern vielmehr als logische Komplettierung wird immer deutlicher ein naiver Realitätsanspruch unterstellt (Reality-TV, Eyewitness-News usw.). Mit anderen Worten: *Je real fiktionaler, desto fiktional realer.*

Die hier angeführten – und vermuteten – empirischen Phänomene hängen meines Erachtens ursächlich mit der steigenden Ökonomisierung und Kommerzialisierung der Medienkommunikation generell und eben des Journalismus im speziellen zusammen. Nachdem sich das Subsystem Journalismus aus der Nähe zum politischen System emanzipiert hat, erscheint es (aus einer gewissen, nicht-systemischen Perspektive) nur noch wie ein bloßer Annex der Wirtschaft: Die Rede von einer ›vierten Gewalt‹ oder einer politischen Kontrollfunktion der Medien klingt dann nur noch anachronistisch; ›*Cash statt Kontrolle*‹ scheint vielmehr das Leitmotiv der Medien im Zeitalter der totalen Kommerzialisierung zu sein. Die Loslösung vom Staat und von der Politik, die Abkehr vom öffentlich-rechtlichen Rundfunkmodell, die Zurücknahme von staatlichen Presseförderungen usw. verursachte die rasche Ökonomisierung der Medien – diese wiederum ist mit einem Zwang zur Boulevardisierung gekoppelt. Und hier spielt – besonders beim Fernsehen – die »Amerikanisierung« der Sendetypen und Darstellungsformen eine nicht zu unterschätzende Rolle. Vorsichtiges Fazit: Wo das Profitprimat regiert, geben auch der Konstruktivismus der Medienkultur und die Autopoietisierung des Journalismus den Ton an.

Übersicht: Autopoietisierung des Journalismus

Autologisierung: Journalistische Quellen beziehen sich zunehmend auf andere journalistische Quellen; journalistische Themen auf andere, bereits ins System eingespeiste journalistische Themen.
Virtualisierung: Journalistische Themenfindung erfolgt zunehmend über virtuelle und nicht mehr über ›reale‹ Quellen.

Metamedialisierung: Medien berichten zunehmend über andere Medien und nicht mehr über die medienexterne Realität.
Kybernetisierung: Journalistische Arbeitsroutinen beziehen sich zunehmend auf andere journalistische Arbeitsroutinen und nicht mehr auf das Publikum.
Fiktionalisierung: Medienangebote und -inhalte sind auch und *gerade dann* zunehmend fiktional, wenn reine Realitätsabbildung suggeriert wird.

VI. Leitfragen zur empirischen Operationalisierung

An dieser Stelle erscheint es mir sinnvoll, noch einmal an das entscheidende Argument zu erinnern: Wenn Konstruktivismus keine generelle Erkenntnistheorie für Medienkommunikation darstellt, sondern ein situativ zu operationalisierendes Modell der Nachrichtenkonstruktion, so muß die Frage nach Realismus und/oder Konstruktivismus auch empirisch und situativ – das heißt: am jeweiligen beobachteten Medium – entschieden werden. Ich möchte im folgenden fünf Leitfragen formulieren, anhand deren diese Frage entschieden werden kann. Die Fragen konzentrieren sich weder auf die Rezipienten noch auf die Medieninhalte, sondern ausnahmslos auf die Kommunikatoren, das heißt die Journalisten selbst. Eine empirische Operationalisierung hat deshalb meines Erachtens im Idealfall im Rahmen einer aktiv-teilnehmenden (offenen oder verdeckten) Beobachtung zu geschehen – sofern dies nicht realisierbar ist, wäre eine quantitativ und qualitativ abgesicherte Journalistenbefragung anzuraten. Als Leitstudie könnte das Großprojekt »Journalismus in Deutschland« dienen, das mit den beobachteten Tendenzen einer wachsenden Autonomie, Selbstreferenz und Kybernetisierung des Journalismus eher in eine konstruktivistische Richtung weist.
Die im folgenden angeführten Leitfragen versuchen nicht nur die im Sinne einer nicht-dualisierenden Erkenntnistheorie der Medienkommunikation kritisierten Dualitäten zu umgehen, sondern auch alte Fragen zu vermeiden, wie sie nur zu oft an den Journalismus herangetragen wurden: Diese klassischen Fragestellungen basierten etwa auf den antagonistisch gedachten Prinzipien Markt/Moral und Ökonomie/Ethik, weiterhin auf Macht/Kontrolle usf.

Selektion oder Konstruktion?

Die Fragestellung an die Journalisten lautet: Ist ein Übergang vom Selektions- zum Konstruktions-›Paradigma‹ in der journalistischen Praxis festzustellen? Ist es der Journalist, der ein Ereignis zum Ereignis macht, oder sind es mehrheitlich journalismusexterne Einflüsse – nicht-journalistische externe Kommunikatoren, außerredaktionelle ›Inputs‹ etc. –, die der Stein des Anstoßes zur medialen Berichterstattung sind? Geht das Selbstverständnis der Journalisten eher davon aus, passiv zu berichten, *wie etwas war* (zuerst Ereignis, dann Berichterstattung); oder aber davon, aktiv zu gestalten, *wie etwas zu sein hätte bzw. sein wird* (zuerst Berichterstattung, dann Ereignis)?[17] Sehen sich Journalisten als Spiegel/Reflexion/Abbild der Gesellschaft oder vielmehr als aktive Konstrukteure und Akteure im sozialen Kontext? Gibt es Bereiche, in denen die Metapher des Gatekeepers noch relevant ist?

Interdependenz oder Autonomie?

Der Konstruktivismus geht von einer steigenden Autonomie und Umwelt-Unabhängigkeit des Journalismus aus (damit verbunden sind Konzepte wie Selbstorganisation und Selbstreferenz). Dadurch wird zwangsläufig die Interdependenz des Journalismus mit anderen Umweltsystemen ausgeblendet, weshalb Konstruktivismus und Systemtheorie auch die Metapher der ›strukturellen Kopplung‹ adaptiert haben. Während für Konstruktivisten der Journalismus zunehmend zu einem autonomen System wird, beobachten Realisten gerade das Gegenteil: die zunehmende symbiotische Einbettung und Verstrickung des Journalismus in seinen Kontext, in die Politik, in die Öffentlichkeitsarbeit usw. Erneut wäre nach dem Selbstbild zu fragen: Erleben sich Journalisten als

17 Ein kurzer Auszug aus einem Interview mit Heinz von Foerster: »Ich bin einmal (...) eingeladen worden, in einer Journalistenschule zu sprechen. Und dort stand das Credo dieser Schule eingemeißelt über dem Eingangstor: ›Sage es, wie es ist!‹ Ich bin dort hingekommen, habe das gelesen und habe dann behauptet: ›Es ist, wie ihr es sagt!‹ Also müßt ihr auch sehr aufpassen mit dem, was ihr da erzählt. Denn das einzige, was wir haben, ist das, was gesagt ist. Wie es war, ist für immer gegangen« (Foerster/Müller/Müller 1997, 129f.).

völlig autonome Instanzen oder als hochgradig interdependente Einheiten?

Konvergenz oder Kontingenz?

Der Konstruktivismus verkündet eine steigende Ausdifferenzierung, Pluralisierung, Heterogenität und schließlich Kontingenz medialer Wirklichkeiten: Alles, was irgendwie berichtet wird, könnte auch anders berichtet werden; und alles, worüber berichtet wird, könnte auch anders (gewesen) sein. Empirische Studien der vergangenen Jahre – etwa zum Fernsehen – verweisen aber eher auf eine sich abzeichnende Konvergenz von Medieninhalten. Beide Szenarien sind denkbar: Einerseits könnte die Autopoietisierung zu einer Kontingenz der Information führen, andererseits aber auch zu einer drastischen Nivellierung, Redundanz und Homogenität der Informationen. Die Unterscheidungen Konvergenz/Kontingenz, Homogenität/Heterogenität, Kohärenz/Pluralisierung wären auch im Sinne der Unterscheidungen von Identität/Differenz (bzw. ›Nachspielen‹/‹Unterscheiden‹) zu interpretieren, wenn erneut nach dem journalistischen Selbstverständnis gefragt werden soll.

Personalistisch oder systemisch?

Hier stellt sich die Frage, ob sich Journalisten als kognitiv autonome Subjekte, als autonom handelnde Individuen bzw. als ›Akteure‹ oder ›nur noch‹ als (Berufs-)Rollen in Systemen ohne determinierenden Einfluß auf den sozialen Kontext erleben. Theoretisch gesehen stellt sich die Frage nach Handlungs- oder Systemtheorie. Inwieweit bestimmen der strukturelle Kontext und die Sozialität das journalistische Handeln?

Integration oder Irritation?

Die Systemtheorie Luhmanns geht davon aus, daß die »Massenmedien der Erzeugung und Verarbeitung von Irritation« dienen (Luhmann 1996, 46). Die Resonanz, die der Journalismus in seiner

Umwelt erzeugt, läuft auf eine »Unruhe-Funktion« hinaus. Medien irritieren und perturbieren die Gesellschaft, sie integrieren sie nicht, lautet die logische Konsequenz. Journalismus löst keine Probleme, sondern sucht und schafft konstant neue Probleme. Journalisten sind somit ›*agents provocateurs*‹ – oder, um es mit Dirk Baeckers schöner Umkehrung zu formulieren: Lösungen, die Probleme suchen.[18]

Im klassisch-realistischen Modell der Moderne diente der Journalismus der Integration der Wissensbestände der Gesellschaft und der Erreichbarkeit von Information. Der Journalismus kontrolliert, deckt auf, bildet die Bürger und versorgt Menschen mit Informationen. Ein solches Bild ist allerdings heute völlig überholt. Und deshalb ist meines Erachtens zumindest in der Entscheidung dieser letzten Frage auch ohne empirische Überprüfung ein klares Plädoyer für Konstruktivismus und Systemtheorie abzugeben – wenngleich es auch hier empirisch interessant bleibt, nach dem Selbstverständnis der Journalisten zu fragen. Man darf mutmaßen, daß nur ein kleiner Teil der Journalisten zugeben würde, mit ihrer Arbeit Probleme zu erzeugen und Anschlußkommunikationen zu produzieren, die letztlich immer redundant sind und deren Blätterrauschen sich in der Gesellschaft höchstens als nichtkonstitutiver *noise* auswirkt.

Die Ausarbeitung der Irritationsthese könnte meines Erachtens zu einem neuen Kapitel in der Journalismuskritik führen, das – wenn man die gegenwärtigen autopoietischen Tendenzen unterschreibt – dringend nötig wäre.

Übersicht: Fünf Leitfragen

1.	Selektion	*oder*	Konstruktion
	Ereignis → Nachricht		Nachricht → Ereignis
2.	Interdependenz	*oder*	Autonomie
	Umwelt → Journalismus		Journalismus → Umwelt

18 Da sich der klassische Journalismus nur mehr als Irritation der Gesellschaft auswirkt, entsteht ein neuer Bedarf an Integrationskräften. Man darf gespannt sein, ob dieser etwa durch neue Medien wie das Internet und im speziellen das World-Wide-Web gedeckt werden kann (vgl. dazu Weber 1997).

3. Konvergenz	*oder*	Kontingenz
Wirklichkeit → Medien		Medien → Wirklichkeit
4. personalistisch	*oder*	systemisch
Individuum → Sozialität		Sozialität → Individuum
5. Integration	*oder*	Irritation
Probleme → Lösungen		Lösungen → Probleme

Literatur

Bentele, Günter/Michael Haller (Hg.) (1997), *Aktuelle Entstehung von Öffentlichkeit. Akteure – Strukturen – Veränderungen*, Konstanz: UVK Medien.

Blöbaum, Bernd (1994), *Journalismus als soziales System. Geschichte, Ausdifferenzierung und Verselbständigung*, Opladen: Westdeutscher Verlag.

Brill, Andreas (1996), »›Lost at sea‹: Die Realität der Massenmedien«, in: *Soziale Systeme* 2, S. 419-428.

Foerster, Heinz von/Albert Müller/Karl H. Müller (1997), »Im Goldenen Hecht. Über Konstruktivismus und Geschichte«, in: *Österreichische Zeitschrift für Geschichtswissenschaften* 8/1, S. 129-143.

Görke, Alexander/Matthias Kohring (1997), »Worüber reden wir? Vom Nutzen systemtheoretischen Denkens für die Publizistikwissenschaft«, in: *Medien Journal* 1, S. 3-14.

Kohring, Matthias/Detlef Matthias Hug (1997), »Öffentlichkeit und Journalismus. Zur Notwendigkeit der Beobachtung gesellschaftlicher Interdependenz – Ein systemtheoretischer Entwurf«, in: *Medien Journal* 1, S. 15-33.

Kroker, Arthur/Marilouise Kroker (1996), *Hacking the Future & Kalifornischer Epilog*, Wien: Passagen Verlag.

Kroker, Arthur/Michael A. Weinstein (1997), *Datenmüll. Die Theorie der virtuellen Klasse*, Wien: Passagen Verlag.

Luhmann, Niklas (1996), *Die Realität der Massenmedien*, 2., erweiterte Auflage, Opladen: Westdeutscher Verlag.

Marcinkowski, Frank (1993), *Publizistik als autopoietisches System. Politik und Massenmedien. Eine systemtheoretische Analyse*, Opladen: Westdeutscher Verlag.

– (1996), »Die Massenmedien der Gesellschaft als soziales System?«, in: *Soziale Systeme* 2, S. 429-440.

Mitterer, Josef (1992), *Das Jenseits der Philosophie. Wider das dualistische Erkenntnisprinzip*, Wien: Passagen Verlag.

Ruhrmann, Georg/Matthias Kohring/Alexander Görke (1997), »Medienberichterstattung über Umweltthemen«, in: *Medien Journal* 3, S. 11-19.

Schmidt, Siegfried J. (1992), »Medien, Kultur: Medienkultur. Ein konstruktivistisches Gesprächsangebot«, in: Siegfried J. Schmidt (Hg.), *Kognition und Gesellschaft. Der Diskurs des Radikalen Konstruktivismus 2*, Frankfurt am Main: Suhrkamp, S. 425-450.

Stocker, Gerfried/Christine Schöpf (Hg.) (1997), *FleshFactor – Informationsmaschine Mensch*, Wien/New York: Springer.

Weber, Stefan (1995), *Nachrichtenkonstruktion im Boulevardmedium. Die Wirklichkeit der »Kronen Zeitung«*, Wien: Passagen Verlag.

– (1996), *Die Dualisierung des Erkennens. Zu Konstruktivismus, Neurophilosophie und Medientheorie*, Wien: Passagen Verlag.

– (1997), »Die Beobachtung neuer Medien«, in: *Medien Impulse* 21, S. 11-15.

Zielinski, Siegfried (1991), »Medien/Krieg. Ein kybernetischer Kurzschluß«, in: *Medien Journal* 1, S. 12-20.

Martin Schweizer

WEIA WEIA ROSA ROSA

....

....

16.12 Uhr, Violinkonz.

& rausch ab er ab..

...in 'allerley versunken rausch ab in GEDANKEN weit weg les mains mais maintenent Martin - torero completo...

:... allerdings ging sei vorausgegangen sey freylich zumut wie frischoper., zumal durch die Blume sie sagen: gross wie Suppenteller so gross waren Augen zum Stein erweichen.

Item diktier er das Auf-, Aus-, das Abräumen, Abschlecken, Absitzen, das Abstehen, Abziehen und schaunse nur jetzt kein nur jetzt doch am liebsten -

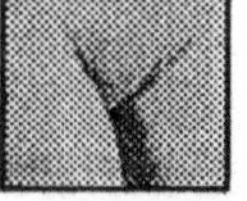
Fr. am Spiel

liebsten! - nur warum nur warum warum sie warum er am liebsten und gantz eindeutig vor Gesichtsfeld vor ihrem.
AQUI, AQUI!
Vom Mund es absparen ablesen am Mund.............

TIB. TO.BU. Kap.
(-).

Schirm zu Knopf auf -.
(.......Bewölkt)
((...um einem befreundeten
Jäger fukks anzulocken!))
....

Und Übel sei ihm! Und nie u. nimmer könnt er dies oder jenes item sie hätten ja würden! GÖTTERGATTE. ZINSGURU. SCHRITTMACHER.

::::::::::::::::::::::::::::::::::

1 Sonnenpriester, Frutis

bitte schrei(b)en bitte nicht bitte schrei(b)en. Doch trotzdem und dennoch ja gänzlich: ans Herz.........................ge wachsen sei ihm natürlich es auch kombinier: Blösse. Blöckn. Das Kalb in den Brunnen gefallen das Kalb sei kombinier ER: sie müsst endlich es *anteigen* müsst ihn unter Vertrag ihn, Steinschneider, an die Hand nehmen ihn.........! Wol hab Hinzu vorzügl. gedanckt und beynah gesafft es doch verlier er:::::::: - O
RIEN
TIER
UNG. Halt Wirbl halt

[3] Tolle lege

Das Alphabet:

A B C D E F
G H I J K L
M N O P Q R
S T U V W X
Y Z Ä Ö Ü AU
ÄU EU EI CH SCH IE

Satzzeichen:

, ; : . ? !
() „ " • —

Ziffern:

Nr. (?)

Westwind item looKING same looping the ears!!! & sollt so, sollt kommen wärs nicht über Kamm noch gesoren. Und eh draussen erwart er Verständnis da draussen! Denn nicht jedjeder Vorfall jedjeder darf dürfe so.... werden sein scandalös SCANNER so als wär wenn sie siehe oben auf Holzweg - DIA

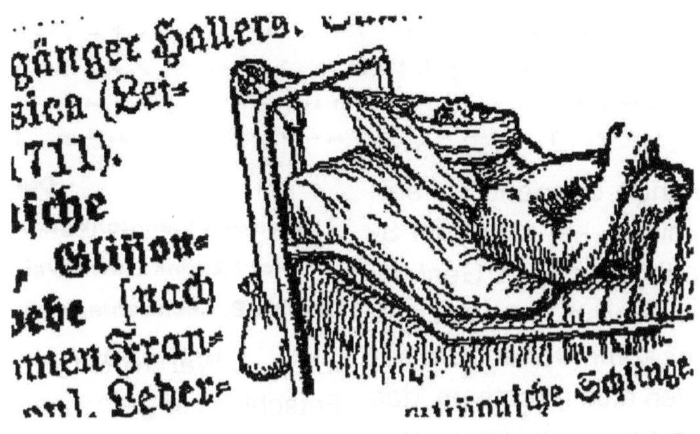

Hand mit Kind bzw. multiple P.

in de Dasch. ALBTRÄUM ja ernstgnumme........ WASCHZWANG.
SEUFZRSERVICE CATH. AUCH.
(Wörtr zamm Gulasch Grandma:::::::::::::::::::::::::. Verhältnisz).
Lai, lac, lake wie überall & Hinzu war schaunse wie JUMPFER Z. KIND schaunse die wie da: überall Echo das **Echo** so der Herr seyn Gescherr sein: reglmäszig schaunse verkehrtn so sie im K.st.l. Eh war das schaunse die Zeit die rennen die Zeiten & wissens was wissen bedrückt würcklich bedrückt:

1 Ex fata!

← ↑ ← ↓ ↔ ↑ ← ↑ ← ↓ ↑ ← ↑ ← ↓ ↔ ↑ ← ↑ ← ← ↑ ← ↓ ↔ ↑
↙ ↕ ↑ — ↓ ← ↕ ↑ ↙ ↕ ↑ — ↓ ↙ ↕ ↑ –
← ↑ ↔ ↑ ← ↖ → ← ↑ ↔ ↑ ← ↖ ← ↑ ↔ ↑ ←
↑ ↔ — ↙ ↑ — ↑ · ↔ — ↙ ↑ — ↑ ↔ — ↙ 1
· · ·

hände-dringend arm Leit ---------- Und der S-pringbrunnen i. Genf sei *sauber* sei Untrwäsch alles komm vor auch in besten also forchtsam das thier.

......**komme das vor also vor in der Familie. Nicht *fry* nicht mal - *fründa*, nein:: frömd gar die Freunde (!!!).**

(((Schlief sief aber tief in der Regel: ruhig wenn lang auch))) - Ruhe wweg! Doch obers nun will odr nicht obers kann - wir werdn es sehen werdns. [123]

Damals ebn vielleicht ganz leicht Augnkatarrh, vgl. auch z.B. *Lachschlag* o. ä.

..............War 16 & fasst Entschluss er gefasst er. Konnts abr nicht ahnen schaunse wusst wedr sie noch ich wusste davon. Hiess also hiess halt

RUNTRSCHLUCKN.

Hiess Mann stelln den Mann übrigens wie war doch die Frage übrigens wie bring ers in Einklang wie.

Rein vielleicht so: Kohlen aufs Haupt! Man schrieb welches Jahr

Rolf Großmann
Konstruktiv(istisch)e Gedanken zur ›Medienmusik‹*

> Ganz zu schweigen von diesen Musikern,
> die sich in Konzertsälen einnisten wollen
> auf unsere Kosten, wo doch ein jeder weiß,
> daß Musik in den Radio gehört
> und umsonst ist.
> Gerhard Polt

Daß ›Musik verstehen‹ immer mehr auch »Understanding Media« bedeutet, ist angesichts der Omnipräsenz des medialen Musikangebots und seiner Nutzung leicht nachvollziehbar. Musik im öffentlichen und privaten Raum des täglichen Lebens heißt konkret (in beliebiger Reihenfolge): Umgang mit Radio, TV, Video, Disko, CD, Kassettenrekorder, Walkman etc. Allerdings – und auf den ersten Blick ist das ein Widerspruch – nehmen heute mehr Menschen an Konzerten (E) bzw. Live-Musik (U) teil als je zuvor, der Besuch von Musikschulen und Instrumentalunterricht erreicht wie auch die Umsätze im Instrumenten- und Musikalienhandel neue Rekordmarken. Dieser Scheinwiderspruch läßt sich mit zwei medienwissenschaftlichen Gemeinplätzen, die beide auf den Medienvisionär Marshall McLuhan zurückgehen,[1] auflösen:

Den Inhalt eines neuen Mediums bildet immer auch das alte Medium. Diese Regel wird nicht nur durch die Anzahl von Neuauflagen alter Klassik- und Pop-Einspielungen als Audio-CD belegt, sie erklärt auch die gegenseitige Belebung scheinbar konkurrierender Bereiche wie Printmedien (inkl. Noten) und elektronische Medien.

Die zweite Regel schließt daran an: Medienwandel vollzieht sich

* Veröffentlicht im Tagungsband: »Konstruktiv(istisch)e Gedanken zur ›Medienmusik‹«, in: Thomas Hemker/Thomas, Daniel Müllensiefen (Hg.), *Medien – Musik – Mensch. Neue Medien und Musikwissenschaft*, Hamburg 1997, S. 61-78.

1 Marshall McLuhan, *Die magischen Kanäle – Understanding Media*, Düsseldorf 1968 (amerik. Original 1964).

nicht in der Ablösung des alten durch das neue Medium, sondern als Repositionierung. Im neuen, erweiterten Medienverbund wird das alte Medium ›zurechtgerückt‹.

Medialisierung[2] in der musikwissenschaftlichen Konzeption

Der Ausgangspunkt für die Musikwissenschaft, die Medialisierung von Musik in Gegenstand und Methode in einem Theoriekonzept umzusetzen, ergibt sich daher keineswegs aus der Verdrängung herkömmlicher Musikpraxis und alter Musiktradition durch die elektronischen Medien, sondern aus der Veränderung der Rahmenbedingungen des Gesamtsystems. Eine musikalische Praxis jenseits der Medien, außerhalb der »Elektrosphäre«,[3] mit einem spezifischen Potential an sensueller und motorischer Qualität und der direkten ›Aura‹ der Face-to-Face-Kommunikation bleibt dabei erhalten und wird auch weiterhin bestehen. Als scheinbar unberührtes Refugium (etwa beim Spiel eines akustischen Instruments) reicht dieses jedoch nicht weiter als bis zu dieser spezifischen Differenz, schon das ›Wie‹ und ›Was‹ des Spiels finden vor dem Hintergrund der durch die Medien mitgeformten individuellen Wirklichkeit (Gestaltwahrnehmung, Klangvorstellung etc.) statt. Selbst die Abgrenzung des vermeintlichen Refugiums ist von den Medien mitgeneriert und kann von ihnen – unter dem Etikett »unplugged« – assimiliert werden. Nicht nur die »Ästhetik des Maschinellen bestimmt rückwirkend die Ästhetik

2 Im angloamerikanisch geprägten Diskurs auch ›Mediation‹ oder ›Mediatisierung‹. ›Medialisierung‹ und ›Medien‹ beziehen sich im folgenden – wenn nicht näher bezeichnet – auf *elektronische Medien.* Diese wiederum sind im Ensemble der technischen Medien des 20. Jahrhunderts (Printmedien, Photographie, Film etc.) in der Differenz zu elektromechanischen (›elektrischen‹) Medien zu verstehen. Dieser hier verwendete technische Medienbegriff sollte keinesfalls mit allgemeinen Begriffen wie ›Kommunikationsmedium‹ o. ä. verwechselt werden.

3 Dieser Zeitgeist-Begriff (»Electrosphere« heißt eine Rubrik im amerikanischen High-Tech-Lifestyle Magazin »WIRED«) gibt m. E. einen wichtigen Hinweis auf Veränderungen der Wahrnehmung von medialer ›Realität‹. Agentur Bilwet (Medien-Archiv, Bensheim 1992) verwenden den Begriff im medientheoretischen Kontext.

des musikalischen Spiels«,[4] sondern die bereits vor jeder Ästhetik liegende durch digitale Produktion und Produkte ›trainierte‹ Kognition und Motorik.

Die Erweiterung der Sinnesorgane durch technische Medien – eine weitere These McLuhans aus dem medientheoretischen Standardrepertoire – findet auf zweifache Weise statt: in der raumzeitlichen Ausdehnung der Wahrnehmung einerseits sowie der Veränderung der kognitiven Schemata des ›Medienmenschen‹ andererseits. »Die Platten laufen und laufen, bis die phonographische Einschreibung auch noch in eine hirnphysiologische umschlägt.«[5] Dieser ironische Satz Friedrich Kittlers offenbart seine ernsten Konsequenzen dann, wenn es nicht mehr nur um eine Melodie oder einen Schlagertext geht, die uns ›nicht mehr aus dem Kopf gehen‹, sondern um Mikrostrukturen medientechnischer Produktionsverfahren. So sind Systematisierung und motorisches Training von rhythmischer Struktur im Millisekundenbereich, z. B. das Spielen von beats als ›vorgezogen‹, ›straight‹ oder ›laid back‹, ohne Tonaufzeichnung und digitale Zeitreferenz undenkbar; ein Klang ohne das Durchlaufen von Enhancing- bzw. Exciting-Prozessoren klingt matt und ›unecht‹.

Überlegungen zur musikwissenschaftlichen Methodik haben also in dieser Hinsicht eine neue Differenzierung auf der Basis einer (ebenfalls veränderten) übergreifenden Sicht zu berücksichtigen, eine Situation, die m. E. folgende Konsequenzen nach sich zieht:

- Versuche sind notwendig, die Differenz zwischen medialer und nicht-medialer Musikpraxis auf den verschiedenen Ebenen zu benennen und systematisch zu beschreiben. Sollte sich dies als wenig sinnvoll erweisen, sind die Transformationsprozesse des Übergangs von alter zu neuer Praxis zu beschreiben.
- Es bedarf einer übergreifenden Theoriekonzeption, die es ermöglicht, den medialen Einfluß auf die Konstruktion musikalischer Wirklichkeit für den gesamten Bereich musikalischen Handelns zu erfassen. Übergreifend soll diese Theorie nicht im Sinne alleiniger Gültigkeit oder omnipotenter Zuständigkeit, sondern in der grenzüberschreitenden Anwendbarkeit auf vorher disparate Bereiche sein.

4 Peter Bickel, *Musik aus der Maschine. Computervermittelte Musik zwischen synthetischer Produktion und Reproduktion*, Berlin 1992, S. 41.
5 Friedrich Kittler, *Grammophon – Film – Typewriter*, Berlin 1986, S. 126.

Von einer Einlösung dieser Desiderate sind wir derzeit weit entfernt. Der erste Punkt setzt neben der Selbstreflexion traditioneller Musikpraxis in einer veränderten Lebenswelt eine adäquate Annäherung an die Konstituenten einer eigenständigen medienmusikalischen Praxis voraus. Solange medienmusikalische Prozesse primär unter dem Blickwinkel des ›Vermittelns‹ bzw. ›Abbildens‹, der Manipulation, der Täuschung oder Simulation betrachtet werden (s. u.), bleibt Musik in den Medien lediglich als Reproduktion oder Substitut akzidentiell zu einer unabhängig von ihren Mitteln existenten ›wahren‹ Musik. Die zu beschreibende Differenz liegt m. E. gerade nicht auf dichotomischen Ebenen wie ›reales Objekt‹ vs. ›mediales Abbild‹ oder ›Wahrheit‹ vs. ›Schein‹, sondern vermutlich in einer spezifischen Materialität der Medien und der Herausbildung spezifischer Handlungszusammenhänge. In diesem Sinne wird unten versucht, Musik in den Medien als *Medienmusik* im Sinne eines technikkulturellen Begriffs zu beschreiben, als eine Musik, der die elektronischen Medien nicht nur äußerlich bleiben.

Die zweite Frage nach einem Theoriekonzept, das seinen primären Ansatzpunkt weder in der Geschichte des ›klingenden Objekts‹ noch in Strukturprinzipien von ›Komposition‹ sucht, berührt – nach den Diskussionen der letzten Jahrzehnte um »Kommunikation«, »Lebenswelt«, »Subkulturen« etc. – einmal mehr das Selbstverständnis der Musikwissenschaft. Ihre traditionellen, an Werk, Gattung, Stil, Musikerbiographie und historisch-hermeneutischer Methode ausgerichteten[6] und durch Bindestrich-Disziplinen wie Musik-Psychologie und Musik-Soziologie erweiterten Forschungsfelder führen hier kaum weiter.

Um zumindest an einem Beispiel die notwendige Auseinandersetzung mit der Musikwissenschaft als Disziplin, die hier nur am Rande zur Sprache kommen kann,[7] zu skizzieren, beziehe ich mich

6 »Der Werkbegriff... bildet gewissermaßen die systematische Mitte, von der aus die wesentlichen Momente einer auf die artifizielle Musik der Neuzeit bezogenen Systematischen Musikwissenschaft entwickelt werden können, ...« Carl Dahlhaus, »Musikwissenschaft und Systematische Musikwissenschaft«, in: ders. und Helga de la Motte-Haber (Hg.), *Systematische Musikwissenschaft. Neues Handbuch der Musikwissenschaft* Bd. 10, Wiesbaden 1982, S. 38.

7 Siehe dazu Heinz-Wilfried Burow, *Beiträge zur Theorie und Methode der Musikwissenschaft*, Hamburg 1979, und Torsten Casimir, *Musik-*

auf einen entsprechenden Beitrag des bereits erwähnten »Neuen Handbuchs der Musikwissenschaft«,[8] der einige Hinweise zu den Aufgaben und zum Selbstverständnis der systematischen Musikwissenschaft gibt. Bezeichnenderweise ist es dort der interdisziplinäre und speziell der musikpädagogische Bereich, der – als ›angewandte Wissenschaft‹ – wissenschaftlicher Legitimation als Leitlinie für die Unterrichtspraxis bedarf und so den fortgeschrittensten wissenschaftstheoretischen Diskurs initiiert. Der Praxisbezug ergibt sich dabei aus dem Desiderat, alltägliche Erfahrung und wissenschaftliches Verstehen avancierter Musikformen zusammenzubringen. Bemüht wird dazu die »Idee der Aufklärung«, deren kritisches Potential zum »Verstehen des Musikverstehens« genutzt werden soll.[9] Dieses Programm korrespondiert aus systemtheoretischer Sicht mit der »Soziologischen Aufklärung« Niklas Luhmanns, für die ebenfalls Interdisziplinarität und Reflexivität zentrale Anliegen sind.[10] Für die Musikwissenschaft jedoch werden Anspruch und Gültigkeitsbereich zunehmend zurechtgestutzt, in den weiteren Ausführungen der Autoren gilt die Systematik im wesentlichen dem Hörer. Danach hat die Musik im 20. Jahrhundert selbst Wissenschaftscharakter; ihre Theorie ist – als »Musiktheorie« – ein Kanon von Kompositionsregeln, der sich in diversen Facetten aus dem musikalischen Material selbst zu ergeben scheint sowie wiederum neue Strukturen hervorbringt und mit Bedeutung auflädt.

Macht sich Musikwissenschaft dieses Wissenschaftsverständnis zu eigen, so gerät sie in einen Abgrenzungskonflikt zum ›Künstlerwissenschaftler‹, dessen spekulative Theorie als Regel, Kommentar, Erklärung etc. Bestandteil seines Werks und seiner künstlerischen Originalität ist. In dieser Konkurrenzsituation bleibt der Musikwissenschaft lediglich eine Zuträgerrolle: Sie erklärt dem staunenden Publikum die Systeme der Codes, deren Verständnis für den hörenden bzw. in erster Linie intellektuellen Nachvollzug

kommunikation und ihre Wirkungen. Eine systemtheoretische Kritik, Wiesbaden 1991.

8 Günter Kleinen/Helga de la Motte-Haber, »Wissenschaft und Praxis«, in: Carl Dahlhaus/Helga de la Motte-Haber (Hg.), *Systematische Musikwissenschaft. Neues Handbuch der Musikwissenschaft* Bd. 10. Wiesbaden 1982, S. 309-341.

9 Ebd., S. 335 ff.

10 Niklas Luhmann, *Soziologische Aufklärung 3*. Opladen 1981, S. 6.

sich avanciert gebender Musikpraxis erforderlich ist. Dem damit verbundenen Distanzverlust zum Gegenstand folgt konsequenterweise eine Reduktion des Erkenntnisvermögens. Er- oder aufklärbar sind nicht mehr die Bedingungen des Gesamtsystems ›Musik‹, in dem Produzenten, Vermittler, Rezipienten und Verarbeiter mit musikalischen Strukturen umgehen, sondern bestenfalls das ungleichgewichtige Verhältnis von ›Musiktheorie-geleiteter Komposition‹ und unwissendem Hörer.[11]
Auch dieses reduzierte Programm gerät mit der zunehmenden Vielfalt und Unübersichtlichkeit und der damit einhergehenden gegenseitigen Relativierung von ›Produzententheorien‹ in Schwierigkeiten. Hinzu kommt die Krise des Materialbegriffs, von dessen systematischer Entfaltung solche Theoriebildung abhängt.

»Nicht mehr das Material (d. h. sein jeweiliger Stand, wie man in den fünfziger Jahren sagte) bestimmt das Komponieren und die Komposition, vielmehr definiert umgekehrt die Komposition in ihrem Anspruch auf Unmittelbarkeit des musikalischen Ausdrucks das musikalische Material. Das bedeutet, daß das musikalische Material, das in den fünfziger und frühen sechziger Jahren Gegenstand des kompositorischen Fortschritts war, dem musikalischen Vermittlungsprozeß untergeordnet wird; der Begriff ›musikalisches Material‹ verliert zunehmend an Bedeutung«.[12]

Schließlich bewirkt der grundlegende Wandel in der Relation zwischen Theorie der Komposition und musikalischer Praxis,[13] daß »Hörer und Theoretiker« – bei entsprechendem Theorieverständnis – den Verfall vertrauter Kriterien erleben müssen und »die bittere Erfahrung machen, daß sie (im Hinblick auf wissenschaftlich vermittelte Sinnkriterien, R. G.) immer mit leeren Händen dagestanden haben«.[14]
Gerade für ein Verständnis, für systematische Beschreibung und Analyse von medienmusikalischen Vorgängen führt eine allein auf

11 Natürlich ist anzunehmen, daß die Autoren des Handbuch-Beitrags um diese Probleme wissen, sie zeigen dort allerdings keine der gebotenen weiterführenden Perspektiven auf.

12 Elmar Budde, »Der Pluralismus der Moderne und/oder die Postmoderne«, in: Otto Kolleritsch (Hg.), *Wiederaneignung und Neubestimmung. Der Fall »Postmoderne« in der Musik*, Graz 1993, S. 58.

13 »Die Selbstreflexivität der DJ-Musik etwa ist keine Angelegenheit intellektueller Auseinandersetzung, sondern Resultat der Produktionsmethode«, Ulf Poschardt, *DJ-Culture*, Hamburg 1995, S. 383.

14 Elmar Budde, a.a.O., S. 59.

Klangstrukturen oder deren kompositorische Regeln ausgerichtete Theoriebildung in eine Sackgasse. Klangstrukturen müssen zwar auch dort untersucht werden, ein neuer Fokus kann jedoch erst dann sinnvoll auf diese gerichtet werden, wenn zumindest die Grundbedingungen ihrer spezifischen Existenz in der »Elektrosphäre« bzw. ›Medienrealität‹ geklärt sind.
Daten der empirischen Sozialforschung liegen nach entsprechenden Forschungen der letzten Jahrzehnte in Fülle vor, problematisch bleibt dagegen der Bezug zu den ästhetischen Prozessen innerhalb eines erweiterten Musikbegriffs. Um einen inneren Zusammenhang zwischen spezifisch medialen Musikformen und ihren Rahmenbedingungen herzustellen, ist m. E. eine Veränderung der erkenntnistheoretischen Perspektive notwendig, die es erlaubt, das Konzept strukturimmanenter Bedeutung zu überschreiten.[15] Hilfreich können hier konstruktivistische Modelle insofern sein, als sie – über die Rezeptionsästhetik hinausgehend – schon im Ansatz Handlung, Wirklichkeitskonstruktion und Bedeutung verknüpfen. Meine »Gedanken zur Medienmusik« sind nicht nur (hoffentlich) konstruktiv, sondern auch konstruktivistisch, da hier davon ausgegangen wird, daß die Strukturen eines musikalischen Phänomens (zusammen mit ›Wirklichkeit‹ und ›Bedeutung‹) im Kognitionsprozeß von einem sozialen System erzeugt werden und auch nur dort (›systemintern‹) existieren. Natürlich ist eine solche Grundannahme im Forschungsalltag nur begrenzt handhabbar, und ihre Reichweite schmilzt sehr schnell zusammen, wenn sie notwendigerweise durch Hilfskonstrukte wie Intersubjektivität, Invarianten der Kognition, kulturelle Programme der Wirklichkeitskonstruktion etc. wieder auf den ›Boden der Realität‹ gebracht wird (der bekanntlich für alle Beteiligten gleich hart ist). Es bleibt jedoch ein wertvoller ›Bodensatz‹: Die gesamte Matrix des Bedingungsgeflechts der Handlungen sozialer Systeme läßt sich von den anthropologischen Grundlagen über situative Faktoren, personale Voraussetzungen bis zum individuellen Kommunikat (dem auf dem Wahrnehmungsangebot aufgebauten system-

15 Dieses Anliegen hat – mit einem anderen Akzent – auch die Rezeptionsästhetik. S. dazu Siegfried Mauser, »Rezeptionsästhetik als Paradigma postmoderner Theoriebildung«, in: Otto Kolleritsch (Hg.), *Wiederaneignung und Neubestimmung. Der Fall »Postmoderne« in der Musik*, Graz 1993, S. 14-22.

internen Konstrukt) verfolgen und demonstriert nebenbei die Vielfalt der verdeckten Unterschlagungen und Reduktionen einer ›interpretierenden‹ Wissenschaft. Zusammen mit einer um wissenschaftstheoretische Präzision bemühten Terminologie, die zwischen Wahrnehmungsangebot, Kommunikationsbasis und Kommunikat unterscheidet sowie Voraussetzungssystem, Situation und Strategie der handelnden Person aufschlüsselt, besteht hier ein Potential, das für musikwissenschaftliche Theoriebildung genutzt werden sollte.[16]

Medienmaterial – die Medien-Black-Box

Verliert der Materialbegriff der fünfziger und sechziger Jahre zusammen mit den daran orientierten Künstlertheorien an Gewicht, so gewinnt er indessen im medientheoretischen Diskurs um ›Material‹ und ›Materialität‹ neue Aufmerksamkeit.[17] ›Material‹ expandiert zugleich in zwei Richtungen: in das ›harte‹ Material der Speichermedien und ihrer ›Schreib-‹ und ›Lesevorgänge‹ einerseits und die Auflösung des Materials der ›Werke‹ in die Möglichkeitsfelder ›ästhetischer Prozesse‹ andererseits. Wie komplex der Sachverhalt sein kann, verdeutlicht folgendes Beispiel: Die Aufzeichnung einer Aufführung des Cage-Stücks »Imaginary Landscape No. 4« (1951) kann in der nächsten Aufführung als temporäre Einstellung des Frequenzreglers eines Radioempfängers oder als akustische Folie einer beliebigen ›undeterminierten‹ Klangwelt (etwa der »Variations I-IV«) wiederkehren. Das im Medienkontext gespeicherte ›harte‹ physikalische Material modifiziert sich so in einer unendlich verlängerbaren Recyclingkette nach Maßgabe des ›weichen‹ konzeptuellen Materials der Handlungsanweisungen und ihrer prozessualen Ausgestaltung.
Ein genauerer Blick auf den medialen Transformationsprozeß des ›harten‹ Materials führt direkt zur Kritik des Abbild- und Vermittlungscharakters von Medien. Bleiben zunächst die Vorgänge

16 Zur detaillierten Beschreibung von Konzeption und Terminologie s. Siegfried J. Schmidt, *Grundriß der empirischen Literaturwissenschaft*, Frankfurt am Main 1991; im musikwissenschaftlichen Kontext s. Rolf Großmann, *Musik als ›Kommunikation‹*, Braunschweig 1991.

17 Siehe auch Hans Ulrich Gumbrecht/Karl Ludwig Pfeiffer (Hg.), *Materialität der Kommunikation*, Frankfurt am Main 1988.

im Innern einer angenommenen Medien-Black-Box (also die Materialität des ›Signals‹ und des ›Kanals‹ im Shannonschen Modell) unberücksichtigt, so läßt sich mediale Übertragung und Aufzeichnung durch ein aufeinander bezogenes ›In‹ und ›Out‹ an den Außenwänden der Box oder genauer durch eine *Eingangsselektion*, einen *technischen Prozeß* und eine *Ausgangs-Oberfläche* beschreiben. Einfache musikalische Medien (Grammophon, Magnetbandspeicherung, Hörfunk etc.) sind durch diese drei Elemente charakterisierbar.

Die übliche *technische* Betrachtung des Transformationsprozesses beschränkt sich auf den internen Vorgang des medialen Systems, auf das Verhältnis von ›In-‹ und ›Out-Oberfläche‹. Diese Relation kann korrekterweise als ›Abbildung‹ im mathematisch-physikalischen Sinne beschrieben werden. Abtastrate und ›Auflösung‹ in digitalen Systemen, die Debatte um 16- oder 24-bit vs. analoge Musikübertragung etc. beschäftigen sich mit solchen Abbildungsqualitäten. Dabei können durchaus systemexterne Kriterien herangezogen werden, wie etwa psychophysiologisch abgeleitete Vorgaben als Grundlage für die Abbildung von Audiosignalen mittels eines Kompressionsalgorithmus auf das Speichermedium DCC (Digital Compact Disc) oder MD (Mini Disc) bzw. das Übertragungsmedium DAB (Digital Audio Broadcasting).

Das technische Abbildmodell wird allerdings gern – mit ähnlich fatalen Folgen wie beim Shannonschen Kommunikationsmodell[18] – auf den Gesamtvorgang des menschlichen Handelns mit Medien übertragen. Unberücksichtigt bleiben dabei leicht die Materialität und die Situationsparameter des medialen Apparats im Verhältnis zur Systemumgebung und zu den kognitiven Prozessen der dort agierenden Personen. Hinzu kommen Mißverständnisse über technische Selektions- und Abbildungsmechanismen des Mediums selbst. So scheint der Abbildungsprozeß der »technischen Mittler«[19] oder der »computervermittelten Musik«[20] zwischen

18 S. dazu auch Siegfried J. Schmidt, *Kognitive Autonomie und soziale Orientierung*, Frankfurt am Main 1994, S. 51 f.

19 S. Klaus Jungk, *Musik im technischen Zeitalter*, Berlin 1971.

20 Vgl. den Titel des Buchs von Peter Bickel, a.a.O. Auch im internationalen Diskurs um Datennetze und den »Cyberspace« erhält der Vermittlungsbegriff als »Computer Mediated Communication« (CMC) neue Aktualität. Der Akzent liegt allerdings auf dem Grenzbereich zwischen Individuum und Medienrealität, dem spezifischen ›Dazwi-

Musikproduzent oder Musikstück auf der einen und Hörer auf der anderen Seite stattzufinden. Der technische Prozeß im strengen Sinne reicht dagegen nicht über die ›Außenwände‹ des Mediums hinaus.

Auf einem solchen Mißverständnis beruht der Mythos der ›Bilder, die nicht lügen‹, der auf der Möglichkeit der Photographie beruht, daß dort »natürliche Gegenstände dazu gebracht werden können, ohne Dazutun des Stiftes eines Künstlers sich selbst abzuzeichnen.«[21] Er korrespondiert mit dem Mythos der authentischen Tonaufzeichnung, der die Entwicklung, die sich von der Edisonschen Walze, in die ebenfalls ›der Schall selbst‹ sich über Membran und Stift einschreibt, zur »klangtreuen Wiedergabe« des stereophonen HiFi-Geräts vollzieht, begleitet.

Vergessen scheint heute, daß bereits um die Jahrhundertwende nicht nur ›Reales‹, sondern Seelen und Gespenster auf photographischen Platten ›abgebildet‹ wurden,[22] und daß – wie ebenfalls Friedrich Kittler wiederentdeckt hat – Edison im Jahre 1878 selbst die Kurbel des Phonographen »beim Abspielen schneller als beim Aufnehmen (drehte), um ganz New York in den sensationellen Genuß frequenzversetzter Musikstücke zu bringen.«[23]

Wie wenig ›naturgetreue‹ Aufzeichnung selbst unter Anwendung modernster Techniken vom Standpunkt alltäglicher Wahrnehmung her ›realistisch‹ abbildet, ist etwa bei den ›Klangphotographien‹ Luc Ferraris oder der aktuellen »musique concrète« Pierre Henrys (»La Ville«) zu hören. Ganz im Sinne des als ›Hyperrealismus‹ debattierten Phänomens eröffnet sich dem Hörer eine *so* nie gehörte Realität, deren Gestaltung wie bei der künstlerischen (optischen) Photographie dem Künstler zuzuschreiben ist. Genau in dieser Hinsicht ist die Warnung Peter Bickels stichhaltig, »daß es eine ›realistische‹ Aufzeichnung und Wiedergabe von Schallereignissen nicht geben kann«. Es ist allerdings weniger der Makel, daß sich Vorbild und Abbild nur »asymptotisch nähern« können, der

schen‹ der digitalen Medien. S. dazu u. a. Steven G. Jones, *Cybersociety. Computer-Mediated Communication and Community*, Thousand Oaks 1995.

21 Zit. aus dem Titel einer Abhandlung von William Henry Talbot 1839, nach Marshall McLuhan, a.a.O., S. 290.

22 Friedrich Kittler, a.a.O., S. 22f.

23 Ebd., S. 57. Kittler faßt zusammen: »Technische Medien machen Zaubern alltäglich«, S. 58.

als minimaler Fehler die Einmaligkeit des Ereignisses sichert.[24] Denken wir statt an Schallereignisse an die Speicherung eines Klavierkonzertes über MIDI-Daten, die es ermöglicht, daß dieses auf demselben Instrument ohne den ›ausführenden‹ (!) Künstler wieder reproduziert wird. In diesem Fall haben wir einen identischen Klangraum mit einem mechanischen Klavier als perfekter Spieluhr. Gibt es dabei eine Differenz zwischen Aufführung und Medien-Aufführung, so besteht sie nicht in einem wahrnehmbaren klanglichen Unterschied. Eher signifikant für den Unterschied von medial und nicht-medial ist die unterschiedlich wahrgenommene *Gesamtsituation*, die mit Materialität und Dispositivität des Mediums die ›Medienrealität‹ *als integralen Teil* enthält.

›Medienrealität‹

Ein genauer Blick auf ›Realität‹, ›Original‹ und ›Abbild‹ des Medienprozesses im Unterschied zur Kommunikation sozialer Systeme zeigt die Differenzen. ›Realität‹ ist vom konstruktivistischen Standpunkt her grundsätzlich als Konstruktion eines operational geschlossenen autopoietischen Systems (nach Humberto Maturana), als Teil individueller ›Wirklichkeit‹ zu denken. Vor diesem Hintergrund haben Systemtheorie (»Die Unwahrscheinlichkeit der Kommunikation«[25]) und Konstruktivismus u. a. darauf aufmerksam gemacht, daß autopoietische Systeme aufgrund ihrer Systemgrenzen keine Botschaften o. ä. ›austauschen‹, sondern lediglich die Bedingungen ihrer Autopoiesis modifizieren können. Ein Abbilden oder Vermitteln von musikalischer oder klanglicher ›Realität‹ als Teil eines systemeigenen Wirklichkeitskonstrukts zwischen den beteiligten Personen kann daher den Abbildungsmechanismen technisch-medialer Übertragung und Speicherung nicht entsprechen. In diesem Sinne unterscheidet sich auch das ›Urbild‹ oder ›Original‹ der Medien vom ›Original‹ des Hörers oder Spielers. Dieser im konstruktivistischen Diskurs trivial erscheinende Gedanke ist im musikalischen Alltag keineswegs selbstverständlich, für den beschriebenen Zusammenhang jedoch

24 Peter Bickel, a.a.O., S. 28 f.
25 Niklas Luhmann, a.a.O., S. 25 ff.

zentral, so daß einige Beispiele und Anschlußüberlegungen sinnvoll erscheinen.[26]
Das Medien-›Original‹ ist nichts anderes als der durch technische Eigenschaften und Ausrichtung selektierte ›Input‹ des Mediums, etwa eine Folge akustischer Schwingungen, eine Sequenz von Anschlagdaten eines MIDI-Keyboards oder komplexer – eine gescannte Partiturseite, die mittels OCR (Optical Character Recognition) auf Datenfolgen abgebildet wurde etc. Es ist dagegen nicht: »der zauberhafte Augenblick, in dem Horowitz den ersten Anschlag der Berceuse in D-Dur zelebriert.« Selbst wenn dieser »zauberhafte Augenblick« beim Hören der Horowitz-CD wieder ›Realität‹ wird, dann nicht als Abbildung durch das Medium, sondern durch das ›Vorwissen‹ des bedeutungsgenerierenden Systems.
Sind solche Backgroundfolien ›realer‹ Erfahrung nicht vorhanden oder lassen sie sich durch die begrenzte Oberfläche des Mediums nicht ›ankoppeln‹, so verweigert sich das ›Original‹ der Abbildung. Virtuose Passagen können zum ›nervtötenden Geklimper‹ werden, dessen Sinn sich nur demjenigen erschließt, der in der Lage ist, den außermedialen Rückbezug auf die Ebene der Inszenierung motorischer Performanz zu leisten. Ohne das situative Erlebnis von Interaktion zwischen Musikern untereinander sowie zwischen Musikern und Publikum werden manche Musikformen (etwa Formen des Free Jazz) zum eindimensionalen akustischen Klangteppich, die mediale Übertragung geht das Risiko ein, das ›Wesentliche‹ zu unterschlagen. Entsprechend problematisch ist die TV-Übertragung von Musiktheateraufführungen, die – soweit sie nicht auf ein durch die Inszenierung als »Medienereignis« eingestimmtes Publikum treffen – als Quotenkiller von den Sendeanstalten gefürchtet werden. Für die Widerständigkeit gegen den Eintritt ins Medienuniversum sind dabei weniger Merkmale der oft avancierten musikalischen Struktur zuständig, sondern eine nicht auflösbare Verknüpfung gleichwertiger Situationsparameter der Aufführung, die nicht entsprechend in die Materialität bzw. situative Umgebung des Mediums überführbar sind.

26 Das Begriffspaar ›akustisch‹ vs. ›auditiv‹ bewegt sich in einem ähnlichen Kontext.

Das Bewußtsein der Schieflage von technischer Abbildung und Abbildmetaphorik in der medialen Kommunikation ist allerdings nur ein erster Schritt der Reflexion von ›Medienmusik‹. Neben der Selektion von Ausschnitten aus der physikalischen ›Realität‹ und der spezifischen Materialität der Oberfläche sind elektronische Medien durch den technischen Prozeß um ›Signal‹ und ›Kanal‹ bestimmt. Daneben ist die Positionierung des technischen Apparates als Ganzem und nicht nur als ›Oberfläche‹ im Bereich menschlichen Handelns zu berücksichtigen. Die Elemente der ›Oberfläche‹ – also in den erwähnten Beispielen die schwingende Lautsprechermembran oder die Saiten des MIDI-Flügels – sind als mechanische ›Wandler‹ Teil bzw. Endpunkt eines Konstruktionsvorgangs, der damit selbst physikalische Realität erlangt. Dieses Konstrukt kann sowohl als ›Abbild‹, ›Übertragung‹ oder auch als eigene Medienrealität wahrgenommen werden. Dies gilt besonders dann, wenn der Konstruktionsaspekt neben der Oberfläche in den Vordergrund der Präsentation rückt (etwa als ›technisches Design‹ des Apparats, als ›Lautsprechermusik‹ bei der Präsentation elektronischer Musik oder durch Robotermarionetten der Computerpop-Pioniere »Kraftwerk«). Forderungen, Übertragung und Speicherung *in ihrer eigenen Materialität* ›zweckentfremdet‹ zur Produktion einzusetzen, finden sich von Moholy-Nagys Grammophon-Experimenten über Brechts »Radiotheorie« und Stockhausens »radiophonischer Musik« auf vielen Ebenen musikalischer Ästhetik. Ein in seinen ästhetische Konsequenzen weitreichendes und gleichzeitig einfaches Beispiel ist John Cages »33 1/3«:

> »Als wir es das erste Mal präsentierten, hatten wir ein Dutzend Phonographen und fast zweihundertfünfzig Platten zur Hand. Als das Publikum den Saal betrat, konnte es keine Sitzgelegenheiten vorfinden. Rings um den Raum gab es nur Tische mit Bergen von Schallplatten und Lautsprechern, die überall im Raum verteilt waren. Jedem Mitglied des Publikums wurde sehr schnell klar, daß sie, wenn sie Musik wollten, sie sich selber produzieren mußten. Ich habe eine lange Zeit nach Mitteln gesucht, um eine sogenannte Publikumsteilnahme zustandezubringen. Aber ich möchte nicht, daß die Leute am Klavier sitzen, wenn sie es nicht erlernt haben. Andererseits kann man jeden einen Phonographen bedienen lassen.«[27]

27 John Cage, *Für die Vögel*, Berlin 1984 (franz. Original Paris 1976), S. 212 f.

Cage hatte bereits 1939 in »Imaginary Landscape No. 1« Plattenspieler zusammen mit herkömmlichen Instrumenten zur Klangerzeugung verwendet. Auch das schon erwähnte »Imaginary Landscape No. 4« behandelt das Radio nicht primär als Übertragungsmedium, sondern als ›Instrument‹. Der Akzent bei »33 1/3« liegt jedoch in der Beteiligung des Publikums, das sein vertrautes Mediendispositiv ›Plattenspieler‹ als Ensembleinstrument eines ›Medienorchesters‹ wiederfindet. Die für die kompositorische Haltung Cages zentrale ›Befreiung des Klangs‹ durch einen Bruch mit vertrauten Regeln[28] findet hier nicht nur auf der Strukturebene sich »unbestimmt« überlagernder Klänge statt, sondern vollzieht sich in der Konfrontation der im Wirklichkeitsmodell des Rezipienten verankerten Abbildfunktion des Mediums mit der geforderten Aktion im Sinne eines Musikinstruments.
Wenn Cage Klavier und Plattenspieler auf einer gemeinsamen Ebene, derjenigen der *musikalischen Instrumente*, betrachtet, nimmt er Tendenzen voraus, die heutige Musikpraxis (»DJ Music«) kennzeichnen. Das vormalige Reproduktionsmedium »Plattenspieler« ist in »33 1/3« nicht manipulierbarer Klangerzeuger in der Hand des Komponisten, sondern wird dem ›normalen‹ Benutzer in einer anderen Funktion zurückgegeben. Eine naheliegende, aber für den traditionellen Musiker schwer zu akzeptierende Konsequenz wäre es, das Einschalten eines Radiogeräts und das Auflegen einer Platte als »Musik machen« zu bezeichnen.[29]
Die Beispiele belegen, daß das Vermittlungsmodell nicht erst mit einer wachsenden Bedeutung von Manipulation, Simulation, interaktiver Bearbeitung etc. durch andere Nutzungsmodelle ergänzt wird. ›Vermittlung‹ bzw. ›Abbild‹ ist nur *eine der Optionen*, die Medien aufgrund der oben beschriebenen Merkmale anbieten. Medienkunst spielt mit diesen Optionen. Eine der bekanntesten Closed-Circuit-Installationen, Nam June Paiks »TV-Buddha«, zeigt schon in der Anordnung ihrer Elemente exemplarisch die veränderte Gewichtung von ›Realität‹ vs. ›Medienrealität‹. Paik stellt eine ›reale‹ Buddha-Figur ihrer medienmaterialen Abbildung

28 Ebd., S. 267.
29 S. a. Rolf Großmann, »Xtended Sampling«, in: Hans-Ulrich Reck/Mathias Fuchs (Hg.), *Sampling. Arbeitsberichte der Lehrkanzel für Kommunikationstheorie.* Heft 4, Wien: Hochschule f. angewandte Kunst 1995, S. 38-43.

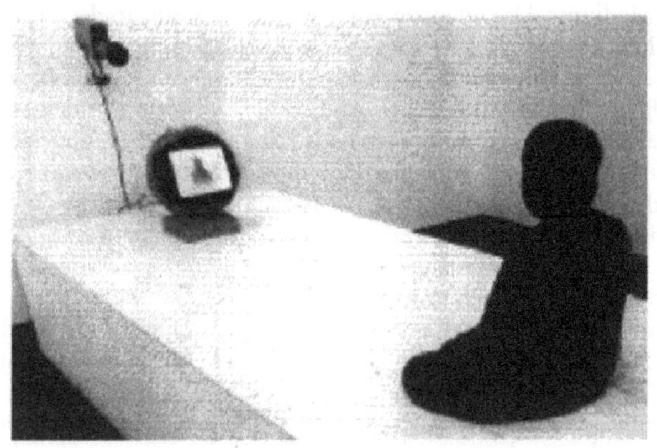

»TV-Buddha« (1974), Nam June Paik

mittels Videokamera und Bildschirm gegenüber. Je nach Standort des Beobachters kann der Buddha, der Apparat mit dem abgebildeten Buddha auf dem Bildschirm oder auch *beides* fokussiert werden. Der mediale ›Wahrnehmungsapparat‹, der mit unendlichem ›Gleichmut‹ die Statue ›beobachtet‹, verliert seine Mittlerfunktion, wenn er nicht *zwischen* Buddha und menschlichem Beobachter, sondern *neben* diesem und dem Buddha stehend wahrgenommen wird. Die Installation wird selbst zum Bild der medialen Abbildfunktion, der Rezipient beobachtet beide Realitäten, die auf der Medienseite die spezifische Konstruktivität und Materialität des Medienapparates hervortreten lassen. Noch vor jeder tieferen Deutung demonstriert bereits die aufeinander bezogene Anordnung von ›realem‹ Gegenstand, medialem Apparat inklusive Medienbild des Gegenstandes und menschlichem Beobachter die oben beschriebenen *Optionen* von Mediennutzung und Sinnkonstruktion.

Die Konstruktivität des Signalwegs

Die Verwendung von Materialität bzw. Dispositivität als ›Medienrealität‹ neben und in der Alltagsrealität wurde als eine weitere Option beschrieben. Es bleibt eine detaillierte Betrachtung der Optionen des technischen Prozesses, des internen Signalwegs eines Mediums. Das »Fenster zur Welt«, das als Slogan der Frühzeit des Massenmediums ›Fernsehen‹ das Abbildparadigma kennzeichnet, läßt sich nicht öffnen. Massenmediale Kommunikation ist nach der üblichen medientheoretischen Definition interaktionsfreie Kommunikation, die weder direkte Interaktion mit der abgebildeten Realität noch mit den internen Strukturen des Konstruktionsprozesses der wahrnehmbaren ›Oberflächen‹ zuläßt. Dennoch öffnet sich das Fenster, allerdings nicht zur Welt, sondern zur Medienwelt, wenn der interne technische Prozeß der Black-Box selbst in Form einer weiteren In-Oberfläche zugänglich wird. Damit wird eine weitere Materialebene mit ihren spezifischen Distinktionen Gegenstand der menschlichen Aktion, diejenige des Signals und des Kanals. Lázló Moholy-Nagys Ritzschrift für Grammophonplatten oder Oskar Fischingers Lichttonexperimente gehören ebenso zu den Eingriffen in den internen Signalweg des Mediums wie die Regler der VCAs und VCFs[30] des Moog-Synthesizers oder die Balkengraphiken der Sequenzerprogramme.[31]

Die ›Zweckentfremdung‹ der Übertragungs- und Speichermedien in den zwanziger Jahren findet in einer Phase der noch nicht vollständig konventionalisierten Mediennutzung statt, die experimentelle Situationen zuläßt. Sie korrespondiert mit der Videokunst der sechziger Jahre (»Participation TV«) und dem »Out of Control«[32] der Neuen Medien. Ob allerdings der gestalterische Umgang mit dem ›Signal‹ auch als eigenes Artefakt wahrgenommen wird, entscheidet das Nutzungsmodell des Rezipienten. Erfolgt der Eingriff in die Black-Box vor dem Rezeptionsmodell ›Abbild‹, so trägt er das negative Etikett der ›Manipulation‹. Im

30 VCA = Voltage Controlled Amplifier; VCF = Voltage Controlled Filter. Auch ein Synthesizer, der scheinbar aus sich selbst heraus Musik produziert, kann mit dem Abbildmodell beschrieben werden. So ist etwa eine Ausgangs-Sägezahn-Schwingung selbst Abbild einer mathematisch-technischen Implementation, die bei der subtraktiven Synthese im Signalweg ›verzerrt‹ wird.

31 Die funktionale Verbindung der Materialebene des ›Kanals‹ und der Oberfläche des Mediensystems führt besonders bei Audiomedien zu einer vom technischen Dispositiv vorgegebenen »funktionalen Synästhesie« des Mediums, deren Konsequenzen für Medienprodukte und ihre Ästhetik bisher kaum untersucht sind.

32 Motto des Ars Electronica Festival 1991, Linz (Österreich).

Hinblick auf die Nutzung als selbständiges mediales Artefakt wird der Eingriff als Konstruktion eines Medienprodukts bzw. als künstlerische Produktion, etwa als medienspezifische Collage, Montage etc. verstanden.

Gegen Ende der achtziger Jahre vollzieht sich in breiter Front und nicht nur für künstlerische Avantgarden – in Verbindung mit der Programmsteuerung der Neuen Medien – ein Umbruch der Nutzungsmodelle in Produktion und Rezeption vom *Abbild*medium zum *Konstruktions*medium.[33] Die Windows der graphischen Benutzeroberflächen erlauben den Zugriff auf die Programmsteuerung der Maschine,[34] während die physikalische Materialität des Signalwegs unzugänglich bleibt.[35] Eine weitere mediale Abbildung, diejenige des ›Interfaces‹ auf Programmsteuerung und Signal, findet statt. In der Praxis ist die Trennung von Input und Steuerungsinterface allerdings nur per Analyse der Signalwege möglich, da Tastatur und Bildschirm zur universellen Eingabe- (und Ausgabe-)Oberfläche geworden sind. Das ›Einschreiben‹ von Eingaben in den Speicher und das ›Modifizieren› dieses Inputs spielen sich z. B. bei Zeichenprogrammen und Textverarbeitung per Tastatur und Maus auf der Oberfläche eines Fensters ab, in dem sich Repräsentationen beider Vorgänge *vermischen*. Im Midi-Studio der digitalen Musikproduktion bleibt zwar das Keyboard noch der zentrale Sensor für den Bewegungsinput der Abbildung, Tastaturbereiche werden jedoch auch als »remote-control« genutzt, oder es werden mit der Maus ‹Noten gemalt›.

Das Potential der Neuen Medien zur ‹Konstruktion› von Medienprodukten bis hin zu ‹virtuellen Welten› verdeckt im Diskurs der letzten Jahre ihren spezifischen Abbildaspekt. Fast paradox erscheint es, daß auf der Seite der traditionellen elektronischen Massenmedien Hörfunk, TV, Audio-CD etc. die Abbildoption vorherrscht, während gleichzeitig der *technische* Abbildprozeß auch der Neuen Medien in Vergessenheit gerät. Nicht nur das auratische Benjaminsche Original scheint zu verschwinden, son-

33 S. dazu Rolf Großmann, »Abbild, Simulation, Aktion – Paradigmen der Medienmusik«, in: Bernd Flessner (Hg.), *Welt im Bild. Wirklichkeit im Zeitalter der Virtualität*, Freiburg 1997, S. 239-257.

34 Wenn die Rede von einer neuen Qualität der Neuen Medien (und damit dem großen ›N‹) Sinn macht, dann ist diese m. E. hier zu finden.

35 Eine Vinyl-LP kann direkt ›gescracht‹ werden, eine Festplatte nur mit Hilfe komplexer Programme und Interfaces.

dern auch der in der nicht-medialen Realität zu suchende Ausgangspunkt (der ‹Input› im Black-Box-Modell) der programmgesteuerten digitalen Medienkonstruktion.[36] Die Untersuchung der ‹handfesten› technischen Abbildfunktion digitaler Produktion könnte zu aufschlußreichen Erkenntnissen über das medienexterne ‹Resthandeln› führen bzw. zu einer Innen/außen-Differenzierung medienapparativen Handelns beitragen.
Bei hinreichend komplexen Programmen und Interfaces entsteht für digitale technische Systeme noch eine weitere Handlungsoption: die des Medienapparats als sozialem ‹Gegenüber› bzw. als ‹sozialem System›. Die Struktur der Maschine wird in Verbindung mit einer spezifischen Gestalt und Materialität der Oberfläche für *Interaktionen* zugänglich. Sie bietet eine veränderte Qualität von ‹Als-ob-Kommunikation›: Anders als bei der »para-sozialen Interaktion« der Massenmedien[37] bezieht sich diese hier nicht auf die ‹hinter› dem Medium liegende Welt der Abbildung sozialer Gefüge, sondern auf den Apparat selbst als reagierendes Objekt. Statt einer illusionären Überwindung der televisionären Grenze von Bild und Welt bezieht sich diese ‹Medien-Interaktion› auf ‹reale› Aktion mit einem neuen Typ von Medienartefakt: der *hybriden Oberfläche* von Speicher *und* Programmsteuerung. Inwieweit auch diese Nutzungsoption als »para-soziale Interaktion« die begrenzte Dauer einer konkreten Medienhandlung überschreiten und zu Veränderungen der ‹realen› sozialen Interaktion führen kann, ist zwar Gegenstand aktueller Diskurse,[38] jedoch kaum geklärt. Für den musikalischen Bereich sind dabei nicht nur die vielbeschworenen ›Computer-Kids‹ bzw. ›Atari-Kids‹ zu erwähnen, sondern auch die Illusionswelt des Heimstudio-›Users‹, der – in einer doppelten Bindung an die Medienrealität – nach der Vorgabe der Charts massentaugliche Hits produziert, deren Rezipient lediglich er selbst mit vielleicht einigen Kollegen bleibt. Dieses Heimstudio-Szenario bildet das Medienpendant zur Welt des Hobbymusikanten, der seine wenigen nach langem Training mühsam beherrschten Beethoven-Sonaten lediglich in seiner Vor-

36 S. a. Bickel a.a.O., S. 110f.
37 Donald Horton/R. Richard Wohl, »Mass Communication and Para-Social Interaction«, in: *Psychiatry*, 1956, S. 215-229.
38 S. dazu etwa Dieter Baacke/Franz Josef Röll (Hg.), *Weltbilder – Wahrnehmung – Wirklichkeit*, Opladen 1995.

stellung einem Konzertpublikum (oder gar in einer TV-Übertragung!) darbietet.
Antworten auf die eingangs gestellten Fragen nach dem Unterschied zwischen medialer und nicht-medialer Musikpraxis sowie nach einer übergreifenden Theoriekonzeption sind damit zwar kaum gegeben, dennoch lassen sich einige grundsätzliche Überlegungen zusammenfassen:

1. Als Differenzkategorie medial vs. nicht-medial ist die Trennung in eine ›Urbild‹- bzw. ›Original-‹ und ›Abbild‹-Ebene, etwa in ›klingende Objekte‹ und ihre ›Wiedergabe‹, wenig geeignet. Abbildung bzw. Übertragung sind zwar Grundfunktionen der elektronischen Medien. Sie betreffen dort interne Vorgänge, deren präzise Beschreibung für das Verständnis von Medienmusik durchaus sinnvoll sein kann, jedoch keine direkten Parallelen zu ihrer Nutzung durch soziale Systeme zulassen. Im Rahmen der Bildung musikalischer Kommunikate sind Abbildung bzw. Übertragung dagegen lediglich *Optionen* konventionalisierten Umgangs mit medialen Wahrnehmungsangeboten.
2. Die Materialität der ›Oberfläche‹ des Mediums (aus der Sicht des Rezipienten das »Wahrnehmungsangebot«) bestimmt zwar das Spektrum möglicher Handlungsoptionen mit, ist aber als zentrale Differenzkategorie ebenso ungeeignet wie die ›Abbildfunktion‹. Medienoberflächen können einerseits sowohl in Face-to-face-Kommunikationen nicht-medial eingesetzt werden (z. B. Lautsprecher elektromechanischer Instrumente) oder andererseits die Gestalt traditioneller Instrumente (›remote-control‹, z. B. MIDI-Flügel, s. o.) annehmen.[39]
3. Es bleibt als zentrale Differenz die Situativität des Mediums oder, anders gesagt, die medienspezifische Konstellation von kopräsenten Objekten, anderen Handlungen und Individuen sowie des Wahrnehmungsangebots (s. Punkt 2).[40]

Die Differenz von realer und ›medienrealer‹ Musik ist demnach eine systeminterne Konstruktion, die sowohl von Interdependen-

39 S. a. Rolf Großmann, »Vom Klavier zum Hyperinstrument? Rationalisierung, Interaktion und Synästhesie als Prinzipien digitaler Musikproduktion«, in: Martin Warnke/Wolfgang Coy/Christoph Tholen (Hg.), *HyperKult. Geschichte, Theorie und Kontext digitaler Medien*, Basel 1997, S. 393-410.

40 Zur Konzeption und Terminologie der Kommunikationssituation s. Rolf Großmann, »Musik als Kommunikation«, a.a.O., S. 117f.

zen musikalischer und sozialer Erfahrungen auf der Systemseite wie durch spezifische Merkmale der jeweiligen Situation auf der Seite der konkreten Bedingungen außerhalb des Systems gebildet wird.

Bemerkenswerte Folgerung dieser Aussage ist es, daß die Unterschiede von medial und nicht-medial sowie in Sinn bzw. Bedeutung verschiedener ›Musiken‹ nicht primär durch strukturelle Merkmale des ›klingenden Objekts‹ gegeben sind, sondern durch seine Situativität im Zusammenspiel mit konventionellen Erwartungen in Merkmale der Handlungssituation. Bestehen für eine Person oder einen Personenkreis keine unterschiedlichen Erwartungen für mediale und nicht-mediale Situationen, so entfallen für diese Gruppe Unterschiede zwischen ›Musik‹ und ›Medienmusik‹.

Im Rahmen der »Modalisierung von Wirklichkeitskonstruktionen« und mit ihr der Veränderung von Referenzmechanismen kann sowohl eine solche Nivellierung von Referenzen wie auch eine Ausdifferenzierung von Wirklichkeitsmodellen im Sinne einer Reihe von Levels zwischen ›Realität‹ und ›Medienrealität‹ erfolgen.[41]

Als weitere These ist hinzuzufügen: Während früher mediale Artefakte eher als traditionelle Musik – und damit als oftmals unbemerkte Simulation – gehört wurden, beginnt sich heute die Erwartung (und Sinnzuordnung) umzukehren: Musikalische Face-to-face-Kommunikation wird mehr und mehr vor der Erwartung medialer Artefakte gehört und produziert (s. o.).

4. Medienmusikalisches Handeln ist durch die in den oben beschriebenen ›Optionen‹ gekennzeichnete Varianz der Nutzung gekennzeichnet. Medien eröffnen ein Spektrum möglicher Nutzungsformen wie Abbildung, Übertragung, Konstruktion mit einer entsprechenden Bandbreite von Kommunikationsqualitäten, d. h. mit spezifischen Strukturen und Strategien der Organisation von Kommunikation durch Medien bzw. der Inszenierung von Kommunikation in Medien.[42]

41 S. dazu Siegfried J. Schmidt, *Kognitive Autonomie und soziale Orientierung*, Frankfurt am Main 1994, S. 278 ff., 284.

42 Ähnlich formuliert P. M. Spangenberg »Kommunikationsqualitäten« systematisch in Anlehnung an Niklas Luhmanns »symbolisch generalisierte Kommunikationsmedien«. S. dazu Peter M. Spangenberg, »Sta-

5. Eine übergreifende Theoriekonzeption könnte auf einem konstruktivistischen Ansatz aufbauen. Was Siegfried J. Schmidt im Kontext der Computeranimation konstatiert, gilt nicht nur für das Bild, es bezeichnet den Kern des Umbruchs unseres Umgangs mit Medien im allgemeinen:

»Aus dem Bild der Wirklichkeit ist die Wirklichkeit des Bildes geworden ... Für konstruktivistische Erkenntnistheoretiker ist das kein Problem; denn sie gehen von vornherein davon aus, daß Bilder nicht objektiv abbilden und Wahrnehmung konstruktiv und nicht mimetisch operiert.«[43]

Ein konstruktivistischer Ansatz betrachtet entsprechend von vornherein ›Musik‹ und ›Medienmusik‹ mit *einer* übergreifenden erkenntnistheoretischen Perspektive.

Wenn oben von der selbständigen Existenz von »Medienmusik« und »Medienrealität« die Rede ist, obwohl vom konstruktivistischen Standpunkt ›Musik‹ ausschließlich im Kopf des handelnden Individuums existiert, so geht es dort im wesentlichen um eine veränderte Perspektive, die Materialität, Situativität und spezifische Handlungsoptionen musikalischer Wahrnehmungsangebote in den elektronischen Medien als Sinnkonstituenten *gleichberechtigt* neben die entsprechenden Konstituenten nicht-medialer Musik stellt. Die konstruktivistische Sicht zwingt m. E. nicht zum Blick in das Gehirn jedes konkreten ›Aktanten‹, sondern dazu, die genannten Sinnkonstituenten ernst zu nehmen; mit anderen Worten: etwa darüber nachzudenken, welche ›Musik‹ eine Aufführung im Gegensatz zum aufgezeichneten Medienprodukt *erzeugt*.

bilität und Entgrenzung von Wirklichkeiten«, in: Siegfried J. Schmidt, *Literaturwissenschaft und Systemtheorie*, Opladen 1993, S. 66-100.

43 Siegfried J. Schmidt, a.a.O., S. 280.

Jochen Gerz
Das Lebende Monument von Biron

Interview von Guillaume Hillairet, Jan Kopp und Véronique Loock (März 1996)

Wer erteilte den Auftrag für die Ersetzung des Gefallenendenkmals von Biron?
Das ursprüngliche Projekt, das Denkmal von Biron zu restaurieren, geht von Biron selbst aus. Der Bürgermeister Marc Mattéra hat davon zunächst dem Zuständigen des Staates für die bildende Kunst der Region Aquitaine, Joël Savaray, erzählt. Die Idee einer einfachen Restaurierung entwickelte sich zu einem größeren Eingriff: ein Tabu wurde verändert, vielleicht das größte des öffentlichen Raums im Hinblick auf seine Aussage und seine Form. Im Pariser Kultusministerium machte man daraus einen staatlichen Auftrag für den öffentlichen Raum, der zum Ziel hatte, das bestehende Denkmal für die Gefallenen Birons zu ersetzen. Man hatte sich schon vor der Auftragserteilung für den Künstler entschieden. Der Auftrag hat sich vielleicht auch deshalb verändert: man wollte, daß ich auch in Frankreich eine Skulptur »parallel« zu denen in Deutschland realisierte.

Hatte die Anzahl der Einwohner des Dorfs einen Einfluß auf Ihr Konzept? Wären Sie in einer Stadt auch so vorgegangen?
Mein Projekt besteht zunächst darin, das Denkmal unberührt zu lassen, was mir selbstverständlich erscheint. Das vorhandene Objekt wird in einen aktuellen Kontext gestellt, um einen anderen Sinn zu geben. Beides ist wichtig: es formal nicht zu verändern und ihm gleichzeitig einen neuen Sinn zu geben. Das dient vielleicht als Hinweis darauf, daß die Dekonstruktion, das Zitat und selbst das Neue oft eine zu materielle Richtung nehmen. Der Großteil der existierenden Architektur befindet sich in unseren Köpfen, in unseren Überlegungen und in unserer kulturellen Infrastruktur. Wir können, ohne Mauern einzureißen, auf unsere mentale Struktur, die andere Hälfte der Architektur einwirken, um Materielles zu verändern oder neu zu schaffen. Ähnlich wie

auf dem Schloßplatz in Saarbrücken, wo der verändernde Eingriff und das Fehlen von Sichtbarkeit der Kern des Mahnmals gegen Rassismus sind.
Die rein physische Erfahrung eines Ortes ist nicht alles. Ich habe Statistiken, Informationen und Karten der Dordogne gelesen. All das sind physische Erfahrungen. Die Vergangenheit, die Geschichte und die Vorgeschichte, Dinge die nicht anfaßbar sind, bilden einen Teil dieser von einem Ort gelebten und geprägten Erfahrung. Das Projekt geht natürlich davon aus, daß das Dorf Biron 134 volljährige Einwohner hat. Die Herausforderung ist es, mit jedem einzelnen zu tun zu haben. Ich bin in alle Häuser des Dorfs und die umliegenden Bauernhöfe gegangen, um eine Frage zu stellen, die den Wert und den Preis des Lebens heute betrifft. Diese Frage wird unveröffentlicht bleiben, während die Antworten auf Emailletafeln eingebrannt ihren Platz auf dem Lebenden Monument finden sollen. Die Veröffentlichung der Antworten der Einwohner Birons bilden den visuellen Eingriff. Es ist aber auch der Versuch, alle und alles, oder wie es im Märchen heißt: Steine und Bäume, zum Sprechen zu bringen.

War das Geheimnis der Frage Bürge für die Aufrichtigkeit der Antworten?
Es ermöglichte die Spontaneität, Aufrichtigkeit und Originalität der Antworten. Die Einwohner Birons werden von ihren Antworten überrascht sein.

Warum wurde das Gespräch schriftlich festgehalten und nicht mit einem Aufnahmegerät?
Die Menschen haben mich Zeile für Zeile, Seite für Seite meine Kladde vollschreiben sehen. Manchmal hatte ich Mühe, dem Gesprochenen zu folgen, und ich bat sie, auf mich zu warten. Sie sahen, was ich schrieb und wie ich schrieb. Manchmal war es eher ein Dialog als ein Interview.
Während der zwei Wochen war ich acht Stunden pro Tag unterwegs.

Warum richtet sich die Frage nur an die volljährigen Bewohner?
Die Antworten beziehen sich auf eine Erfahrung, man muß zurückblicken können. Die Achtzehnjährigen und die neuen Einwohner können auch noch nach der Einweihung die Frage beant-

worten. Ihre Antwort wird sich eben später auf dem Monument befinden. Die Frage wird von einer Person aus dem Ort gestellt, die das Projekt fortführt, wenn ich nicht mehr da bin. *Das Lebende Monument von Biron* ist ein »work in progress«.

Unter welchen Gesichtspunkten wird diese Person ausgewählt?
Mir gefällt die Idee, daß nicht nur der Künstler der Autor ist. Man kann nicht das, was von Künstlern im Laufe des 20. Jahrhunderts immer wieder zur Kunst gesagt wurde, in die Realität übersetzen – es wird immer totes Papier bleiben –, wenn man nicht den Begriff des Autors verändert. Es gefällt mir, daß es die Menschen von Biron sind, die sich ihr Monument machen, die sich ausdrücken. Sie sind der Adressat, sie sind die ersten Leser. Es ist also notwendig, daß ich das Projekt aufgebe, bevor es beendet ist.

Sind die Antworten auf den Schildern anonym?
Sie sind anonym. Eine Person von außerhalb kann die Autoren der Texte nicht identifizieren. Für die Einwohner des Dorfs ist es vielleicht anders. Sie brauchen sicher keine Unterschrift.

Können Sie die Echtheit der Antworten auf den Emailletafeln garantieren?
Es liegt im Interesse der Arbeit, daß jeder Text seine Eigenart bewahrt. Dabei stehen mir nur die Schilder zur Verfügung, auf denen die Antworten gedruckt sind, nicht die Einwohner selbst, der Klang ihrer Stimmen oder ihre Bilder. Deshalb handelt es sich notgedrungen um eine Übersetzung. Natürlich bin ich auch in dieser Arbeit zu finden. Ich möchte nicht verheimlichen, wer ich bin, oder behaupten, es sei unwichtig, daß ich ein Künstler oder Deutscher bin. Jede Antwort soll so wahr wie möglich sein, aber es ist auch eine autobiographische Arbeit.

Wenn es keinen Platz mehr auf dem Monument gibt, was wird mit den künftigen Schildern geschehen?
Jedes Schild zeigt eine Antwort, einen Text von bis zu sieben Zeilen. Es ist wichtig, daß jede Antwort eine kleine Welt für sich ist. Die Schilder sind auf der Oberfläche des original rekonstruierten Monuments beliebig verteilt. Sollte die Oberfläche nicht ausreichen, wird der umgebende Raum, der Sockel und der Boden, gebraucht. Ich fühle mich der Skulptur als Objekt nicht verpflich-

tet. Die Schilder dürfen auch den Boden »squatten«. Es liegt in der Natur der Energie, sich ihren Weg zu suchen.

Warum arbeiten Sie mit Studenten?
Das ist eine alte Geschichte. Ich versuche durch meinen Kontakt zu Studenten vielleicht eine Notwendigkeit und Dringlichkeit im Hinblick auf Zukunft zu leben. Seit 1972 mache ich Projekte mit Studenten in Frankreich und im Ausland. Es waren die ersten Schritte in Richtung Interaktivität und Änderung des Autorenbegriffs. Heute arbeite ich regelmäßig mit Esther Shalev-Gerz zusammen.

Wider das Vergessen oder Schaffung von Erinnerung: um was handelt es sich?
Ich habe einerseits sicherlich den Wunsch, die Vergangenheit zu provozieren, andererseits lerne ich aber auch, das Gegenteil zu tun. Die Intimität des Wiedergefundenen: man kann das, was man verliert, aber nicht das, was man vergißt, wiederfinden. Die Begriffe wie Vergangenheit und Gedächtnis sind für mich legitim. Jedes Kind hat ein Anrecht auf seine Vergangenheit wie auf Nahrung. Eine Gesellschaft ist es sich schuldig, ihre Vergangenheit zu überliefern.

Wie erklären Sie diesmal die Sichtbarkeit des Lebenden Monuments?
In Hamburg und in Saarbrücken mußte ich die Sichtbarkeit der Skulptur opfern, damit die Leute sie fordern. Es ist das erste Mal, daß sie sagen: wir sehen nichts, während sie ihr Leben lang sagten: wir haben nichts gesehen, wir waren nicht dabei. Das war notwendig an dem Ort. Die Sichtbarkeit des *Lebenden Monuments von Biron* ergibt sich aus der Tatsache, daß die Vergangenheit als Tradition so sichtbar ist in Frankreich. Es geht einfach um die Störung dieser Tradition, um Magrittes: »Ceci n'est pas une pipe«.

Das Leben ist unglaublich. Die Kriege haben uns nichts gebracht. Für mich ist das, was man in diesem Jahrhundert erlebt hat, eine Schande. Mein Bruder wurde verhaftet: am Montag ist er in den Knast gekommen, am Dienstag war er exekutiert. Bestimmte Dinge haben sich seither eingerenkt. Aber ich bedaure die Jungen. Sie müssen vandalisieren, hier und da einen Schein mitgehen lassen. Zu sagen, was sich letztlich lohnt, ist delikat. Ich kenne die Zukunft nicht. Wir leben in einer unsicheren Zeit.

Wegen der Kinder ist es schade, sein Leben herzugeben; das wäre sehr hart. Um sein Land in Betrieb zu halten? Es muß andere Methoden geben. Man ist stolz auf die Kinder: man fordert etwas von ihnen, man erzieht sie gut, damit auch sie das Leben schenken können. Wissen Sie, mein Mann kam am Morgen, ich war noch nicht ganz wach. Er sagte: »Es ist ein Mädchen, was für ein Glück, sie muß nicht in den Krieg.« Er wollte keinen Jungen, um in den Krieg zu ziehen.

Unser Weg auf der Erde ist nicht groß. Ich sehe keinen Sinn darin, sein Leben zu verschenken, es sei denn für ein Kind. Es soll ja in jedem Fall nach mir leben. Ich lebe in einer Kultur der Erinnerung. Das läßt mich einen Bürgerkrieg voraussehen. Die Vergangenheit ist die Vergangenheit, sie macht bitter. Wenn die Großmutter mir etwas erzählt, höre ich hin: »Als sie hier die Kreuzungen sprengten, holten wir unsere Möbel, um die Krater zu füllen. Auch ein Klavier. Jedesmal, wenn ich heute Straßenarbeiten sehe, suchen meine Augen nach diesen Dingen.« Und wissen Sie, ich auch.

Das Leben ist schön, wir haben es selbst geschaffen, es wäre zu einfach, es zu verschenken. Wir sind einen Weg gemeinsam gegangen, wir sind ihn aber auch einzeln gegangen, jeder für sich, um so weit zu kommen. Leben opfern ist immer sinnlos, gleich zu welcher Zeit. Man darf nichts wiederholen, vor allem nicht die Grausamkeit, auch nicht die gleichen Schrecken. Das Leben eines Soldaten ist ebenso wichtig wie das Leben dessen, der darüber entscheidet, das Leben des Soldaten aufs Spiel zu setzen. Ich fühle mich nicht schuldig, wenn ich mein Leben nicht hergeben will. Im Gegenteil, ich würde mich schuldig fühlen, wenn ich es verschenken wollte.

Das Leben macht Sinn. Zu töten oder sein Leben zu verschenken ist dasselbe und immer gleich unsinnig, heute wie gestern. Das Leben ist alles: die Freude, das Glück, die Pflicht. Man darf es nicht in Gefahr bringen. Ich verstehe aber, daß die Leute, die den Krieg erlebt haben, das mit anderen

Augen sehen. Trotzdem glaube ich nicht, daß ich meine Meinung ändern werde. Es stört mich überhaupt nicht, daß andere hier wissen, was ich denke.

Mein Vetter wurde von Biron nach Dachau gebracht. Sie haben ihn gezwungen, bei den Hinrichtungen auf der Violine zu spielen; das hat ihm das Leben gerettet. Seither hat er die Violine nicht mehr angefaßt. Es ist sicher unsinnig, sein Leben zu geben, doch wenn noch einmal ein Krieg über uns hereinbricht, ja, dann muß es sein: um die Heimat zu verteidigen, die Seinen, die Ländereien, so wie unsere Großeltern, wie unsere Eltern. Ohne Politiker gäbe es keine Kriege. Man müßte auf die Leute vom Land hören.

Ich glaube, daß das Leben mehr wert ist als Ideen. Es ist unersetzlich. Aber ohne Ideale hat das Leben keinen Sinn, es ist also eine schwierige Frage. Wir haben Wurzeln, wir haben Eltern, man wird geprägt, es ist normal, daß es Denkmale gibt. Aber der nächste Frühling kommt bestimmt, komme was wolle. Ich war Arzt in Algerien, ich wurde nicht eingezogen. Wir haben die Araber genauso versorgt wie die Franzosen, wir haben keinen Krieg gemacht. Der Krieg ist entsetzlich, Punkt. Alle Kriege sind gleich. Und alle Völker, die einen Krieg machen, begehen Verbrechen. Der Krieg ist immer die billigste Lösung.

Ich habe Lust zu leben. Das Leben ist sehr kurz. Ich würde meins für niemanden verschenken. Es vergeht schon so zu schnell. Ich habe keine Kinder; vielleicht könnte man sich für ein Kind ändern. Ich fände es verrückt, nicht stupid, nur verrückt, sein Leben zu geben. Für mich ist der Krieg weit weg. Zum Glück hat es Leute gegeben, die ihn mitgemacht haben, sonst wären wir nicht mehr französisch. Ich bin gern Französin. Wenn man ihn nicht gekannt hat, kann man fast nicht sprechen davon, glücklicherweise.

In Holland spricht man noch vom Krieg. Man sagt, er kann wiederkommen. Ich selbst kann es mir nicht vorstellen. Alles ist so modernisiert. Man kann sich das Schlimmste wohl nicht vorstellen. Ich bin eine Frau: ich würde mich in einem Schrank verstecken. In Frankreich hat man lange den Krieg versteckt, man spricht erst seit kurzem davon. Daß des Ersten Weltkriegs feierlich gedacht wird, verstehe ich nicht. Hier in der Gegend hat man viele Leute verschleppt, es ist eine Region, die einiges durchgemacht hat. Man denkt, man sei hier sicher, doch der Widerstand war da.

Ich wäre bereit, mein Leben aufs Spiel zu setzen. Ich weiß noch nicht einmal, ob man dazu gute Gründe braucht. Man tut es, ohne nachzudenken; man weiß, daß man es tun muß. Es von anderen zu verlangen? Ich verfüge über mein eigenes Leben. Um auf den Krieg zurückzukommen: wir sind es, die die Verantwortlichen wählen. Auf dieser Basis versuche ich, Vertrauen zu haben. Sonst lebe ich nicht in einer Demokratie.

Man muß alles riskieren, besonders für politische Meinungen. Für die Politiker, nein. Kriege zwischen Franzosen und Deutschen, oder selbst zwischen Europäern, nein, ich glaube nicht, daß das wiederkommt. Es sei denn in anderer Form: Die Krankheit, gleich ob pervers oder heimtückisch, befällt uns trotzdem.

Die ganze Jugend lang habe ich meine Großmutter weinen sehen um ihre Söhne. Sie hat zwei verloren, der dritte hatte nur noch ein Bein, und der vierte mußte ins Feld. Sie hat fast den Verstand verloren, die arme Frau. Sie weinte aus Trauer, aus Wut, aus Angst. Während des Zweiten Weltkrieges erwartete ich ein Kind, und wir schliefen im Wald, aus Angst, daß die Deutschen uns finden. Aber später waren die Deutschen so gut zu meinem Sohn, der bei Bayer gearbeitet hat und nierenkrank war. Sie haben alles für ihn getan, bevor er starb.

Es gab während des Zweiten Weltkriegs einen Völkermord, den am jüdischen Volk. Ich finde es pervers und ekelhaft, daß ein Verrückter eines morgens aufwacht und beschließt, ein Volk zu vernichten. Man hat es wegen seiner Religion getötet. Man hat nicht das Recht, ein Volk deshalb zu verurteilen. Das ist sie, die große Wunde des Krieges. Also, sein Leben geben? Für humanitäre Fragen, ja, das macht trotz allem Sinn.

Wenn es das neue Denkmal für die Gefallenen gibt, wird das ganze Dorf etwas davon haben. Das wird ein einzigartiges Monument, das von Biron, und das ist gut so. Es ist so viel besser, etwas zu tun, anstatt alles verfallen zu lassen. Die Kriege hat es immer gegeben, aber man darf sich nicht daran gewöhnen. Man muß sagen, daß es Zeit ist, daß das aufhört. Heutzutage ist es die Arbeitslosigkeit, die die Leute mehr beschäftigt. Die armen Jugendlichen haben keine Arbeit mehr.

Jeder hat das Recht, zu denken und tun, was er will. Der Frieden ist dazu die notwendige Voraussetzung. Kriege entstehen oft, weil die Mehrheit der Idee eines einzelnen folgt. Anders zu denken als die anderen ist möglich, doch wenn ich das sage, hält man mich für marginal. Es gibt keinen Grund zu sterben, es sei denn, alle sind sicher, die gleiche Wahrheit zu besitzen.

Wenn jeder verschieden ist, gibt es viele verschiedene Wahrheiten – und keinen Grund zu sterben.

Man muß kämpfen für das, was man erreichen will. Wenn man einen Streik macht, greift man zur Gewalt, um etwas durchzusetzen. Zum Krieg kommt es aus dem gleichen Grund. Der Wirtschaftskrieg ist auch ein Krieg, der bakteriologische ist vielleicht der nächste. Die Welt verändert sich, der Mensch auch. Das Verhältnis zwischen Mensch und Umwelt nimmt vielleicht den Platz ein, den das zwischen Mensch und Mensch eingenommen hat. Der soziale Ausschluß ist wie ein Krieg ohne Feind, er ist fast noch schlimmer.

Es scheint mir normal, Kindern Leben zu schenken. Der Rest zählt nicht für mich. Ich spreche nur vom Frieden; miteinander auskommen ist besser als aufeinander schießen. Die Gabe des Lebens ist im Frieden wichtiger als im Krieg. Sein Leben zu verschenken ist die Arbeit des Mannes, Leben zu schenken ist die Arbeit der Frau.

Jeden Tag stirbt man ein wenig. Jede Gabe ist ein Aufgeben. Wir haben keine Wahl. Es gibt eine genetische und kulturelle Programmierung. Wir reagieren wie Automaten. Man darf deshalb niemandem böse sein. All die Menschen, die gestorben sind, hatten keine Wahl, nicht mal die, den Krieg zu beenden. Man beschützt, was man zu besitzen glaubt, daher die Dramen, die Kriege. Das Leben ist Zerstörung, darauf basiert alles. Auch das Erhabene verdankt sich der Zerstörung. Das Allerschönste verdankt sich dem Verbrechen.

Wir werden nach Jugoslawien einberufen, in eine Kampfeinheit, um zu kämpfen. Sicher, wir verteidigen dort nicht französisches Gebiet, sondern die armen Leute, die vom Krieg umzingelt sind. Vorher schickt man uns zum Training nach Polen. Das Ziel ist es, den Krieg zu beenden. Wir kämpfen nicht gegen einen Feind, sondern gegen den Krieg. Es reicht nicht mehr aus, das Land zu verteidigen, man muß auch seine Werte verteidigen.

Es muß möglich sein, die Freiheit zu verteidigen. Und den dafür verlangten Preis bezahlen. Die Freiheit ist heute Gegenstand von versteckteren Konflikten als früher. Die Zeit der Schlachtordnungen ist vorbei: Der Fundamentalismus ist dafür ein Beispiel. Was das Monument betrifft, ist es wichtig, darin ein Monument für das Leben zu sehen. Es gibt keinen Bruch zwischen gestern, heute und morgen. Die Erinnerung ist ein roter Faden, der über den einzelnen hinausreicht, der Namen, Leben und Leiden transzendiert und sich schließlich auf die Zukunft projiziert.

Es gelingt mir fast nicht, vom Krieg zu sprechen, es macht mich unendlich traurig. Man müßte mit Worten kämpfen anstatt mit Kanonen. Probleme miteinander haben doch nur die Staatschefs. Was ich am meisten verabscheue: die Menschen töten sich gegenseitig, und der Haß richtet sich zwischen ihnen ein für lange Zeit. Das Denkmal gedenkt der Gefallenen, aber die haben den Krieg ebensowenig geliebt wie ich. Das Denkmal ist wie ein Grab, es kann keinen Haß entfachen. Allen Jugendlichen sage ich: »Helft, daß wir nie mehr wieder damit anfangen, uns zu töten.«

Bernhard J. Dotzler
Medienwissen

Sieben Gelegenheitsstücke

»Was wir über unsere Gesellschaft, ja über die Welt, in der wir leben, wissen, wissen wir durch die Massenmedien.« So wußte es Luhmann zuletzt über *Die Realität der Massenmedien* zu berichten. »Das gilt nicht nur für unsere Kenntnis der Gesellschaft und der Geschichte, sondern auch für unsere Kenntnis der Natur.« Und das Wissen von den Medien selber? Die Antwort ist trivial. Um sie gleichwohl zu konkretisieren – und immerhin ein wenig zu konterkarieren – im folgenden einige Schlaglichter.[1]

Kommunikation, die an Kommunikation anschließt: Multimedia 1

Zwei Erfindungen dieses Jahrhunderts haben die Menschen der sogenannten westlichen Welt auf die Couch gebannt. Die erste stammt von 1900 und nennt sich Psychoanalyse. Die zweite etablierte sich in den sechziger Jahren und heißt Fernsehen. Seitdem ist tendenziell jeder ein Leben lang Neurotiker und potentiell für wenigstens fünf Minuten eine Berühmtheit.

Neurotiker bringt man zum Plaudern im Namen der Kur. Die meisten berühmten Leute plaudern von alleine gern. Wie auch umgekehrt: Als versierter Plauderer wird man – noch – leichter berühmt. Das ist das ganze Erfolgsrezept des überall rasch bis in die Verkaufsstände auf Bahnhöfen und Flughäfen vorgerückten Ratgebers zur Vorbereitung auf die kommende Multimedia -Welt. *being digital*.[2] Sein Autor, Nicholas Negroponte, war immerhin einmal gebeten, »bei einem Mittagessen vor einem Großteil des

1 Erstfassungen der folgenden Artikel erschienen zuerst in *Die Zeit*, 15.9.95, und *Frankfurter Allgemeine Zeitung*, 8.3.95, 4.10.94, 5.7.96, 25.3.96, 30.6.95, 17.4.96. – Alle Texte wurden für die Zusammenstellung hier neu bearbeitet.

2 Nicholas Negroponte, *being digital*, New York 1995; dt: *Total digital*.

französischen Kabinetts unter Präsident François Mitterand« zu reden. Das imponiert. Ebenso die Tatsache, daß Negroponte als Direktor des Media Lab am Massachusetts Institute of Technology, dieser Kaderschmiede US-amerikanischer Hochtechnologie, firmiert. Ferner ist er Mitherausgeber und Kolumnist des jungen Computerkultmagazins *Wired* sowie natürlich Berater verschiedener Regierungsorgane und Konzerne in den USA, in Europa und Japan.

Die Plauderei beim Mittagessen in Paris, 1991, handelte von der Zukunft des digitalen Fernsehens: Aber Negroponte konnte keinen »der anwesenden Herren« von seinen Ideen überzeugen. So rächt er sich nun am breiten Publikum. »Bei einem Fernsehgerät der Zukunft«, posaunt er ihm vor, »werden Sie zwischen Sex, Gewalt und verschiedenen politischen Tendenzen hin und her schalten können.« Es wird auch kein Fernsehgerät mehr sein, sondern ein Computer »mit Tonnen von Speicher- und Rechenkapazität« nebst einem Bildschirm, der »nicht mehr bloß 45 Zentimeter, sondern drei Meter Durchmesser aufweisen« wird. Die Ausstrahlung und der Empfang der Programme werden nicht mehr gebunden sein an feste Zeiten und Abläufe. Wer will, mag sich die *Tagesthemen*, statt pünktlich um 22.30 Uhr einzuschalten, genausogut erst um 23.47 Uhr ins Wohn- oder Arbeits-, jedenfalls Multimedia-Zimmer holen. Überhaupt wird die Tendenz dahin gehen, daß die Vielfalt der Fernsehmöglichkeiten nicht allein durch immer mehr Sender sich potenziert, sondern durch individuelle Abrufbarkeit beliebiger Sendungen aus einem immensen, jederzeit verfügbaren Angebot.

Jedem sein eigenes Fernsehprogramm, lautet die Devise. Bis hin zum Wetterbericht:

»Anstatt den Wettermann und seine sprichwörtlichen Karten und Tabellen zu senden, könnte man einfach ein Computermodell des Wetters übermitteln. Diese Bits werden in Ihr Computer-TV-Gerät übertragen, wonach Sie als Empfänger implizit oder explizit die Intelligenz Ihres Computers dazu benutzen, die empfangenen Daten in eine Sprachausgabe, einen Kartenausdruck oder einen Zeichentrickfilm mit Ihrer Lieblingstrickfigur umzuwandeln. Ihr schlaues Fernsehgerät wird diese Aufgaben in jeder Art und Weise bewältigen können, eventuell sogar je nach Ihrer momentanen persönlichen Stimmung.«

Die Welt zischen 0 und 1 oder Die Zukunft der Kommunikation, München 1995.

Allerdings ist das Wetter ja immer ein geeignetes Thema. Woher jedoch soll man darüber hinaus die vielen Stoffe nehmen, die es braucht, um die bald offenstehenden zahllosen Möglichkeiten überhaupt gewinnbringend mit Inhalt zu füllen? Das, glaubt Negroponte, ist die jetzt brennende Frage. Über die technischen Aspekte sei mehr als genug debattiert worden. Die Alternative von Satelliten- oder Kabelempfang; der Kampf um die anzustrebende Bildqualität; der Streit um die Normierung des künftigen Bildformats – alles schön und gut. Aber: »Die neuen Informations- und Unterhaltungsangebote warten nicht auf das Glasfaserkabel in jedem Haushalt; sie warten auf unseren Einfallsreichtum.«

Das ist bei Negroponte als Ansporn gemeint. Als Vorbehalt war dergleichen schon mehrfach zu hören. Die neuen Technologien beliefern uns immer mehr mit Lösungen für Probleme, die man zuvor gar nicht hatte. Die technischen Möglichkeiten wachsen ins Unermeßliche, nun käme es auf Ideen an, sie auch sinnvoll zu nutzen. Negroponte erzählt damit wenig Neues – damit nicht, und auch sonst nicht mit seiner ganzen »Quintessenz aus der jahrelangen Arbeit an neuen Systemen für Computergraphik, menschliche Kommunikation und interaktive Multimedia-Anwendungen«. Aber sein Buch ist so ungetrübt dahingeplaudert, daß es doch aus der Flut der fortlaufend zum gleichen Thema auf den Markt gespülten Titel herausragt.

Allein schon, wie es seinen Auftritt als *Buch* begründet. Mit Büchern ist es doch vorbei, wenn alles *total digital* geworden sein wird, umgestellt auf Elektronik und binär codierte Information. »Warum also dieses altmodische Buch hier, noch dazu ohne eine einzige Illustration?« Einfache Antwort, erster Teil: Bücher bieten immer noch die bequemste Lektüre. Einfache Antwort, zweiter Teil: Es wollte die monatliche Kolumne in *Wired* noch einmal verwertet sein. In ihrer medienkritischen Kostümierung fast originelle Antwort, dritter Teil:

> »Interaktive Medien lassen der Phantasie kaum noch Spielraum [...]. Im Gegensatz dazu löst das geschriebene Wort Bilder aus und ruft Metaphern hervor, die ihre Bedeutung zum großen Teil aus der Phantasie und den Erfahrungen des Lesers erhalten. [...] Ich glaube, daß Sie genau diese Art von persönlicher Ausweitung benötigen, um nachzuvollziehen, was der Anbruch der Digitalzeit für Ihr Leben bedeutet.«

Auch das freilich ist nichts als gängige Münze. Aber perfekt in Umlauf gebracht. Immer zuerst etwas Eigenwerbung, und sei es als Eigenreklame eines Buches, das im übrigen rein für das elektronische Universalmedium Computer Reklame macht. So kann man erstens verkaufen, was man will. So hat man zweitens an beiden Seiten der Kehre teil, die man zur Zeit sich vollziehen sieht: die Kehre »vom Atom zum Bit – wie ich es nenne«.
Diese, »unwiderruflich und nicht mehr aufzuhalten«, steht im Zentrum von *being digital.* Denn daß wir im Informationszeitalter angelangt sind, hat zwar so mancher schon postuliert. Nur, was das bedeutet, dazu weiß erst Negroponte eigentlich Rat. Also: Wir leben im Informationszeitalter, und der Umgang mit seinen Maschinen, der »Umgang mit dem Computer« – »er ist ein Lebensstil geworden«.
Eben deshalb aber, weil es um *lifestyle* geht, geht es zugleich um den Beweis seiner permanenten Aktualisierbarkeit in Talkshow-Manier. Und eben deshalb hat das Buch symptomatischen Wert. Es gelte, so hat ein jüngst zur *Magna Charta des Informationszeitalters* erklärtes Manifest es formuliert, den »amerikanischen Traum und seine Verheißungen zu erneuern«. Negropontes Prophezeiungen leisten genau dies. »Die Digitalzeit ist eine Zeit des Wachstums«, »die digitale Welt ist in sich entwicklungsfähig wie die amerikanische Verfassung«, so verkünden sie mit derselben Unablässigkeit, mit der immer wieder das Fernsehen zur Illustration ihrer Versprechungen herhalten muß:

»Irgendwann im nächsten Jahrtausend werden unsere Enkel oder Urenkel sich ein Footballspiel ansehen [...], indem sie den Couchtisch auf die Seite schieben [...] und zwanzig Zentimeter große Spieler in ihrem Wohnzimmer herumlaufen lassen [...], die sich einen ein Zentimeter großen Ball zuwerfen.«

Fröhliche Zeiten also scheinen angesagt – fast wie auf den Holodecks des neuen Raumschiffs Enterprise. Doch kann man auf dergleichen Futurologie und somit auf den Inhalt dieses Buches geben so viel oder wenig man will. Allein schon sein *Erscheinen* (in jedem Wortsinn) ist jedenfalls für den heutigen Stand der Dinge aufschlußreich genug. Es soll – und kann bestenfalls – nur vergessen machen, wie klassisch seine wirklichen Weisheiten doch seit langem schon sind. Denn à propos »Wechsel vom Atom zum Bit – wie ich es nenne«: »Information ist Information, weder Materie noch Energie. Kein Materialismus, der dies nicht berücksichtigt, kann den heutigen Tag überleben«, schrieb bereits Norbert Wiener. Genauso wie Alan Turing längst wußte, daß Bücher in Kürze überholt sein dürften und nur, »wenn sie vom menschlichen Auge gelesen werden sollen, sicherlich genau das richtige« sind. Aber Wiener und Turing haben ihren Ruhm schon davongetragen. Jetzt sollen auch andere einmal berühmt sein. Für wie lang oder kurz auch immer. In wie versierter Weise auch immer. Hauptsache gesprächig.

Keine Bibliothek, nirgends: Internet 1

Aber das alles in Buchform? Die Frage insistiert wie die Frage nach Büchern – und darum auch: Bibliotheken – überhaupt. Die entsprechende Wissenschaft jedenfalls, so kann man aus Musils *Mann ohne Eigenschaften* lernen, »ist eine Wissenschaft auch allein und für sich«. Der rechte Bibliothekar, erfährt man nämlich weiter, lese alle Kataloge, aber die Bücher nie. Und so, hat Umberto Eco ergänzt, als er 1981 den Festvortrag zum fünfundzwanzigjährigen Bestehen der Mailänder Stadtbibliothek hielt, so also sind »Bibliotheken entstanden, die eher den Zweck verfolgten, das Lesen *nicht* zu ermöglichen, die Bücher unter Verschluß zu halten, sie zu verbergen.«

Es gibt Dinge, deren Wichtigkeit man erst bemerkt, entweder wenn sie einem fehlen oder wenn man einmal darauf achtet, wie toll sie geschmält werden. Bibliotheken fallen unter beide Kategorien. Ein Glanzstück von übler Nachrede findet sich in Jacques Roubauds Roman *Die schöne Hortense.* Die Bibliothek, heißt es darin, sei »durch Gesetz und Gewohnheit verpflichtet, den Benutzern das Nachschlagen in jenen Büchern zu gestatten, die ihr Eigentum sind, ihr Ruhm, ihre Mitgift und ihr Schatz, und die sie in der düsteren Stille der Magazine unaufhörlich liebkost, betrachtet und bewundert«. Aber Verpflichtung hin oder her, ihr ganzes Sinnen und Trachten gelte trotzdem oder deshalb »Verteidigungsstrategien«, die es ermöglichen sollen, die Bücher nicht herausgeben zu müssen, um sie vielmehr vor den »entwürdigenden Blicken« aller »Unwissenden« zu bewahren, von denen sich ohnehin nur argwöhnen ließe, »daß es ihre geheime Absicht sei, sie zu besudeln, zu zerfetzen, zu verkratzen, zu beschädigen oder ganz einfach zu stehlen«.

Also gestaltet die Bibliothek es so schwer wie nur irgend möglich, ihre Bücher überhaupt erst einmal ausfindig zu machen. Statt den gesamten Bestand in einem einheitlichen Katalog zu verzeichnen, teilt sie diesen auf in etwa einen Alten und einen Neuen Katalog; und was sie in allerjüngster Zeit erst erworben hat, ist womöglich weder hier noch dort zu ermitteln, sondern allein am Terminal aus der Datenbank zu erfragen, mit deren – langfristig, versteht sich, auch auf die rückläufige Erfassung der Bestände abgezweckter – Einrichtung gerade begonnen worden ist. Hinzu kommt das Verwirrsystem, daß manche Signaturen nicht unmittelbar auf das Buch verweisen, das man freudig schon gefunden zu haben glaubte, sondern auf wieder einen anderen Katalog, den es zu konsultieren gilt, sei es, um dort zu überprüfen, ob der gesuchte Titel wirklich noch zu den existierenden Beständen rechnet, sei es, um dann erst die tatsächliche Signatur zu erhalten, denn – könnte ja sein: »die erste Nummer war eine alte Nummer, die bei irgendeinem Herrschaftswechsel, innerhalb des Bibliothekreichs zugunsten einer anderen, moderneren aufgegeben worden war«.
Das ist die erste Schwierigkeit: »die sorgfältig verborgene Signatur des gesuchten Buches ausfindig zu machen«. Ist einem das aber endlich gelungen, stößt man sogleich auf eine zweite Schwierigkeit. Die Bibliothek bleibt eine eifersüchtige Hüterin ihrer Schätze auch, wenn es an die Buchbestellung geht. Sagen wir, der Bestellzettel ist seinen Weg gegangen und sogar schon die manchmal schier endlose Wartezeit verstrichen. Selbst dann wird man den erwarteten Band nicht gleich bekommen, um vielmehr durch eine von vielen möglichen Enttäuschungen auf die Probe gestellt zu werden. Statt der *Grundzüge der Bibliotheksgeschichte* von Joris Vorstius und Siegfried Joost, 8. Auflage, Wiesbaden 1980, erhält man etwa eine kleine Broschüre vom Institut für bakterielle Tierseuchenforschung Jena: *Jahresbericht 1990 mit einem historischen Rückblick,* Erlangen 1991, und erst ein Gang zur zuständigen Reklamationsstelle löst das Rätsel, meist jedenfalls und in jedem Fall nur um den Preis, noch einmal auf das Ergebnis des nun neuerdings angezettelten Bestellvorgangs warten zu müssen. Oder man bekommt gar nichts ausgehändigt. Mit der Bestellung hatte alles seine Richtigkeit, aber das angeforderte Buch ist gerade irgendwo im Labyrinth bibliothekarischer Arbeitsgänge in Bearbeitung. Oder es ist schon entliehen – für eine Vormerkung bitte hier dieses Formular – oder gar nicht entleihbar, sondern nur im

Sonderlesesaal zu benutzen, wofür jedoch wieder ein ganz anderer Vordruck hätte ausgefüllt werden müssen...

Kurzum, es gibt, mit Cortázar zu reden, »eine ganze Ordnung von Dingen, über die man nicht selbst entscheiden kann«, und das gilt ausgerechnet immer für die lästigsten Dinge. Freilich hat Cortázar auch hinzugefügt, es seien das nicht unbedingt »die wichtigsten Dinge«, was zweifellos zutrifft, soweit man nur das Wort der Grimms über die Bücher als »Mittelpunkt der Gelehrtenwelt« assoziiert. Entsprechend hat eine Studie über *Wissenschaftliche Bibliotheken im Spiegel der deutschen Tagespresse* einst ergeben, daß diese vom Schicksal jener kaum Notiz nimmt. Und doch scheint nicht auszudenken, wie es zugehen sollte, wenn Bibliotheken überhaupt von der Bildfläche verschwänden. Auch hat sich die Lage dahingehend geändert, daß erstaunlich viel über dergleichen Belange berichtet wird.

Denn immerhin – so etwa kann man zugleich den Wert und die Desiderate des Bibliothekswesens in den Blick nehmen –, Bibliotheken sind die Antwort auf die erkenntnistheoretische Grundfrage aller Philosophie, nur nicht transzendental, sondern historisch-positivistisch gewendet. »Was kann ich wissen? Was soll ich tun? Was darf ich hoffen?« So hatte Kant einst die Kernbereiche philosophischen Denkens zur Trias zusammengefaßt. Bibliotheken verkörpern den jeweiligen Stand der Dinge mit Bezug auf die erste Frage. »Schatzkammern des menschlichen Geistes«, »Gedächtnis der Menschheit« zu sein, das ist oder war ihr unbestreitbarer Wert. Was aber soll man tun, worauf hoffen, damit den Bibliotheken diese ihre Bedeutung auch heute und zumal in Zukunft noch zukommen wird?

Leicht wie die Karikatur der Mißstände fällt auch die Zeichnung eines Idealbildes, gemessen am Stand des heute technisch Möglichen. Nehmen wir an, es bleibe zumindest die eine der beiden kulturellen Hauptaufgaben der Bibliotheken unverändert bestehen: »Aufbewahrung und Erhaltung des Schrifttums«. Was dann zu wünschen übrig läßt, betrifft die andere Aufgabe, in der klassischen Formulierung von Vorstius und Joost wie folgt zusammengefaßt: »zweitens stellen sie das Schrifttum zur Verfügung und erschließen es durch zweckdienliche Einrichtungen. Sie dienen damit der Höherentwicklung der Menschheit.«

Nach wie vor ist oder wäre das Schönste, wenn diese Erschließung jene höhere, wenn nicht gar höchste Zweckmäßigkeit erreichen könnte, die darin besteht, daß der Benutzer unmittelbaren Zugang zu allen Bücherschätzen selbst bekommt. Das ist utopisch, keine Frage. Immer wird neben Lesesälen und Freihandmagazinen auch jenes – um die Mitte des vorigen Jahrhunderts erstmals im British Museum eingeführte – »strenge Magazinsystem« existieren, in dem die Bestände im selben Maß platzsparend aufbewahrt werden können, wie sie dabei eben unzugänglich werden, Buchausgabe nur nach Bestellung. Aber das Warburg-Prinzip, daß die inspirierendste Lektüre häufig genug neben dem durch gezielte Recherche ermittelten Band sich findet, hat zu viel für sich, als daß man leichtfertig davon Abschied nehmen sollte.

Auch artikuliert sich am Ideal ein Aspekt, der nicht nur das Spannungsfeld zwischen Wunschtraum und Praktikabilität in Sachen Buchaufstellung, sondern die Frage der »zweckdienlichen Einrichtung« von Bibliotheken überhaupt betrifft. Es geht um den Zugang überhaupt zu Büchern und Titeln, den Bibliotheken eröffnen oder versperren. Welche Eingänge haben sie – abgesehen von den Pforten, deren Öffnungszeiten hierzulande auch fast ausnahmslos eher ein Trauerspiel darstellen als Idealzustände? Das Entree, zweifellos, bilden die Kataloge, und hier setzt ebenso zweifellos an, was an EDV-Modernisierung im Gange ist. Die Stichworte heißen online-verfügbare Kataloge und Vernetzung. Statt zwischen Katalogbänden, Zettelkästen und Mikrofiche-Lesegeräten herumirren zu müssen, will man am Computer sitzen, will dem Computer (fast) alle Sucharbeit übertragen, und das möglichst nicht nur an den Terminals in der Bibliothek, sondern genauso vom eigenen Schreibtisch aus, am eigenen PC.

Deutschland, weiß die jüngst erschienene *Kleine Bibliotheksgeschichte* von Uwe Jochum, sei einmal führend gewesen »in der Anwendung der EDV zu Bibliothekszwecken«. Das war Ende der sechziger, Anfang der siebziger Jahre, nachdem man nicht mehr vorrangig Kriegsschäden zu reparieren hatte, als Neugründungen wie die Universitätsbibliotheken in Bielefeld, Bochum und Konstanz die Szene bestimmten. Inzwischen jedoch häufen sich zwar *auch* die euphorisch-euphorisierenden Ankündigungen, daß die jetzt anstehende EDV-Anwendung, die Vernetzung, der Online-Bibliotheksbetrieb bald ebenfalls Standard sein werde. Daneben mehren sich aber genauso die enttäuschenden Signale. Als die Hessische Landesbibliothek ihren Jahresbericht 1994 präsentierte, waren es nicht nur das Recht und die Macht der Gewohnheit, wenn aus diesem Anlaß einmal mehr ein Mangel an Platz, Personal und sonstigen Mitteln beklagt wurde, der die Umstrukturierung der Bibliothek in ein ebenso effizientes wie und weil modernes »Literatur- und Informationszentrum« wo nicht verhindere, so doch zumindest verlangsame. Auf der Jahrespressekonferenz der Bundesvereinigung Deutscher Bibliotheksverbände wurde gar das große »Bibliotheken-Sterben« ausgerufen. Eine Sparpolitik, deren Kurzsichtigkeit auf keiner Ebene haltmache, untergrabe – so hieß es da – schon allein den traditionellen Auftrag zur »Sammlung von Literaturdenkmälern«, sprich: die systematische Pflege der Bestände durch Neuanschaffungen und die Fortführung bestehender Abonnements auf Publikationsreihen und Zeitschriften. Wie wäre da noch an Investitionen für den Zugang zu den Datennetzen der Gegenwart und Zukunft zu denken? Womit man wieder beim Thema wäre. Aber auch, das war die Provokation zum gegebenen Anlaß, bei der Gegenfrage, wie es denn käme, daß ausgerechnet jetzt erst, zu Zeiten solcher Finanznot, dergleichen Begehren allgemein wird. Warum hat man die technologische Umstellung nicht längst vollzogen, als die Mittel noch ausreichend flossen?

Die Antwort liegt auf der Hand. Man will die Selbstverwandlung in moderne Serviceeinrichtungen des Informationsmanagements, und man will sie auch wieder nicht – und dieser Zwiespalt, ernst genommen, gibt den Blick frei auf eine symptomatische Lesart der Situation, die *sine ira et studio* nicht diesen oder jenen Schuldigen bezichtigt, sondern entziffert, worin eigentlich das Dilemma liegt: Um fortzubestehen auf der Höhe der Zeit, müßten die Bibliotheken alles tun, sich selbst abzuschaffen. Am Horizont technischer Machbarkeit steht nicht allein, daß man die Bibliothek nicht eher zu betreten braucht, als bis man das gewünschte Buch in Empfang nehmen kann, sondern daß man überhaupt nicht mehr hingehen muß.

Denn es soll und wird nicht dabei bleiben, daß lediglich der leidige Papierkram – Zettelkataloge, Leihscheine, Vormerkformulare: alles, wie gesagt, elektrifizierbar – abgeschafft werden wird. Immerhin war die Einführung der Karteikarte *die* Innovation, die die ganze Moderne des Bibliothekswesens trug, seit 1877 die bis heute gültige Kartennorm von 75 x 125 mm festgelegt worden war. Damit war man beim Optimum der Verwaltbarkeit von Papieren durch Papiere angekommen. Mit der Umstellung auf elektronische Schaltkreise dagegen – sollte nicht zu erwarten sein, daß diese auch darauf hinstreben, primär ihresgleichen zu verwalten?

Hinzu kommt ein Aspekt, auf den Heinz von Foerster bereits 1970 einmal hingewiesen hat, als er nämlich am Library Institute der University of Wisconsin laut über das Problem nachdachte: »Technology – What Will it Mean to Librarians?« Sie bedeutet, so Heinz von Foerster wörtlich, die Infragestellung der »Idee des Buches – bzw. der mit ihm verwandten Formen der Dokumentation – als des grundlegenden Vehikels der Wissensgewinnung«, weil mit der Verwandlung der Bibliotheken in moderne Informationssysteme immer weniger danach gefragt werden wird, wo die Antwort auf eine bestimmte Frage zu finden sei. Vielmehr wird man gleich wissen wollen: »Wie lautet die Antwort auf meine Frage?« Anders gesagt, auch die Bibliothek der Zukunft wird sich ins Nirgendwo des vielberedeten Cyberspace verflüchtigen. Statt konkreter Bücher wird sie deren Inhalte elektronisch bereithalten.

Daß aber dies einen denkbar folgenschweren Umbruch für alle Bibliothekswissenschaft bedeutet, ist leicht zu ermessen. Es würden ja – Musil zum Trotz – die Bibliothekare mit einem Mal doch die Bücher lesen müssen, um sie der virtuellen Bibliothek einverleiben zu können. Auch wären eben immer weniger die Bücher und immer mehr die elektronischen Dateien zu pflegen, was zweifellos soviel hieße wie, daß der rechte Bibliothekar an seiner Selbstaufhebung arbeiten müßte. Andererseits, und so vielleicht erklärt sich die gleichwohl bestehende Begehrlichkeit, ginge der sehnsüchtigste aller Bibliothekarsträume endlich voll und ganz in Erfüllung. Die virtuelle Bibliothek darf und soll ihre Schätze hüten, ohne je auch nur ein Buch herausrücken zu müssen.

Electronic Publishing: CD-ROM 1

Und wertvoll genug sind oder waren die Bücher ja auch. Es gab eine Zeit, da wurden Wörterbücher sogar für schiere Denkmaschinen gehalten. Der Entwurf zur automatischen Sprachübersetzung etwa, den Johann Joachim Becher 1661 publizierte, war nicht nur dazu gedacht, von einer Sprache in eine andere wechseln zu können, sondern er sollte dem Rätsel der Sprache und damit der Menschenvernunft überhaupt auf die Spur kommen. Und seine Basisapparatur war eben die von Wörterbüchern.

Inzwischen haben die Wörterbücher diesen Nimbus eingebüßt – und die Denkmaschinen, die statt dessen heraufgekommen sind, nicht anders. Kaum jemand bezeichnet Computer noch ernsthaft als Elektronengehirne. Mag sein, daß bei der Masse der büroalltäglichen Benutzer die Mystifikation noch immer keine geringe ist; doch die Erwartungshaltung richtet sich in erster Linie auf praktische Anwendungen: Texte schreiben, Tabellen kalkulieren, Versandlisten führen – »kleinerer, aber leistungsfähiger Computer, der bes. für den kaufmännischen Bereich u. zur Textverarbeitung geeignet ist«, erklärt nicht umsonst unter »Personalcomputer« der Duden. Mit dessen Aufrüstung zur elektrifizierten Form der *PC-Bibliothek* auf CD-ROM[3] scheint nun der Pragmatismus, wie er Nachschlagewerken entgegengebracht wird, mit dem, der die einst vielbewunderten Universalmaschinen zur selbstverständlichen Arbeitsplatzausstattung hat werden lassen, vereint.

Wenig genug scheint vonnöten (ein 386er Prozessor und 2 MB Hauptspeicher reichen schon aus), um davon profitieren zu können. Ja, wie das zugehörige, schmale Handbuch ohne allzugroße Übertreibung verspricht, genügt sogar eine jener wenigen Fähigkeiten, die seit Anbruch des Computerzeitalters zu den Reservaten des Menschlichen zählen – Intuition:

»Die *PC-Bibliothek* ist eine Windows-Anwendung, die es Ihnen erlaubt, Lexika und Wörterbücher so renommierter Häuser wie Duden, Meyer oder Langenscheidt direkt auf dem PC zu nutzen. *Die PC-Bibliothek* wurde so konzipiert, daß die Bedienung dem Verwenden gedruckter Nachschlagewerke möglichst ähnlich ist und die Anwenderinnen und Anwender ohne großen Übungsaufwand gleichsam intuitiv damit arbeiten können... «

Also ans Werk! Suggestionsgetreu der Intuition gehorchend, was ja nur heißt: vorab noch der alten Gewohnheit hörig, die im Umgang mit wirklichen Wörterbüchern sich antrainiert hat, ist wohl die erste Idee, unter irgendeinem Stichwort nachsehen zu wollen. Aber da wird schon der Unterschied merklich. Wie nämlich soll man – geliebtes Beschnuppern neu begegnender Lexika jeglicher Art – diesen Schatz ungeahnter Wortfreuden nun einfach einmal aufs Geratewohl aufschlagen? Aber auch gut, ziehen wir eben das zur Probe heran. In bewährter Duden-Manier verrät uns das auf dem Bildschirm eingeblendete Textfenster, es gebe *Gerate-*

3 PC-Bibliothek: *Duden Deutsches Universalwörterbuch A-Z*, *Duden Oxford Großwörterbuch Englisch* (CD-ROM-Version), Mannheim/Leipzig/Wien/Zürich 1994.

wohl, nur »in der Wendung *aufs Geratewohl«*, es sei diese Wendung ein umgangssprachlicher Ausdruck, und sie bedeute soviel wie »ohne zu wissen, was sich daraus ergibt; auf gut Glück«. Und weil wir gleichzeitig auch das mitgelieferte Englisch-Wörterbuch aufgeschlagen oder (weniger am Jargon der eigentlichen Bücherwelt haftend) aktiviert haben, liefert die Maschine uns außerdem gleich den darin befindlichen Eintrag mit. Knopfdruck genügt, und wir erfahren, daß der Engländer statt dessen etwa »at random« oder »on the off-chance« sagt.

Dem Wunsch, die so gefundenen Einträge auszudrucken, ist ebenso leicht Genüge getan. Rechts oben am Textfenster befindet sich die Windows-obligatorische Bildleiste mit dem Druckersymbol, und wieder muß man nur anklicken, und der begehrte Text erscheint in gedrucktem Schwarz auf dem weißen Papier. »Intuition«, informiert dazu das Universal-Wörterbuch, sei »das unmittelbare, nicht diskursive, nicht auf Reflexion beruhende Erkennen« – es ist, heißt das im Kontext, ein Sich-leiten-Lassen von den Menüs und Bildsymbolen, ohne die im Hintergrund ablaufenden Befehle und Funktionen noch zu durchdringen.

Will man freilich mehr mit der *PC-Bibliothek* anfangen können, kommt man allerdings nicht mehr so ganz ohne Anleitung aus, sei es mittels des Handbuchs, sei es über die Hilfe-Funktion. Dafür, versteht sich, kommen dann auch die Vorteile der elektronischen Publikationsform zum Tragen. So kann man natürlich die gewonnenen Informationen nicht bloß als *outprint* fixieren. Genausogut läßt sich ein Eintrag oder lassen sich Teile daraus kopieren, so daß Zitate unmittelbar in eigene Texte übernommen werden können. Zudem – sonst wäre es einfacher, das Lexikon doch in Buchform neben sich liegen zu haben – kann man *die PC-Bibliothek* aus anderen Windows-Anwendungen heraus aufrufen, dort eines Wortes sich versichern und direkt zum aktuellen – in der Regel wohl: – Schriftstück zurückkehren. Und auch die Suche nach bestimmten Auskünften ist nicht bloß auf Stichwörter beschränkt. Man kann das Programm vielmehr im Volltext aller Einträge suchen lassen. Möchte man beispielsweise etwas über das herangezogene Wörterbuch selber erfahren, bleibt die Suche unter dem Stichwort »Duden« vergebens. Mit Hilfe der Volltextsuche dagegen findet man unter »Seismograph« die Eigenreklame: »der Duden zeigt wie ein S. jede sprachliche Veränderung an«.

Gerade mit Blick auf die CD-ROM-Version des Dudens erweist

sich diese Behauptung indessen als stark übertrieben. Gewiß wären noch manche Vorteile und Möglichkeiten, die sie bietet, zu nennen. Worin aber, lautet die wichtigere Frage, besteht deren seismographische Funktion, wenn eben die der Registratur sprachlicher Veränderungen nicht mehr ganz überzeugend erfüllt wird? Eine schöne Sache ist die sogenannte »schreibungstolerante Suche«. Schreibt man, zum Beispiel, »Albtraum« oder »Alptraum«? Statt lange – und vergeblich – nach dem Stichwort in der einen Schreibweise zu suchen, um dann erst bei der anderen Schreibweise fündig zu werden, wählt man kurzerhand die bewußte Option, gibt »Albtraum« ein und erhält das Stichwort samt Eintrag in gültiger Rechtschreibung: »Alptraum«. Wendet dasselbe Verfahren jedoch auf »CD-ROM« an, weil unter genau dieser Buchstabenfolge auf Stichwortebene nichts zu finden war, und erweitert es aus demselben Grund womöglich noch bis zur Volltextsuche, werden die Dinge obskur. Zwar stößt man auf »CD«, »CD-Platte« und »CD-Player«, nur zur CD-ROM ist im »Universalwörterbuch« partout nichts zu kriegen. Deshalb versuchen wir es wieder mit etwas mehr Intuition und probieren es, wenigstens über den ersten Wortteil schon aufgeklärt, mit »R. O. M.«, »Rom« in übler Ahnung lieber gleich überspringend. Aber das Ergebnis ist desaströs, 683 Einträge werden angeboten, darunter natürlich doch auch alle die, die irgendwie »Rom« in sich enthalten, und darunter wiederum die abstrusesten, »Haute Couture«, »Adam« oder »Kurswagen«, da das Wortverwendungsexempel ausgerechnet »ein D-Zug mit K. nach Rom« heißen muß.

Kurzum, über sein eigenes Medium schweigt der CD-ROM-Duden sich aus. Im Maß, in dem er dadurch den Sprachwandel zu registrieren versäumt, den die zugehörigen Erläuterungen ihrerseits mitbetreiben, nährt er eher den Verdacht, ob nicht vielleicht doch in ihm unversöhnliche Welten, die der Bücher und die des Computers, aufeinanderstoßen. Immerhin führt das Beispiel neben dem pragmatischen Versagen unterderhand eine andere Möglichkeit vor, aufs Geratewohl das Wortlabyrinth zu durchstreifen. Der dritte Aspekt, den die eingangs beschworene Intuition somit umfaßt, ist der Spieltrieb. »Friedhofsspiele« hat Julio Cortázar einst eine seiner möglichen Ausdrucksformen genannt. Man schlägt ein Wörterbuch an einer beliebigen Stelle auf und erfindet eine Geschichte aus den Wörtern der betreffenden Seite:

»Da sie des Klienten und seiner Klinozephalie überdrüssig waren, nahmen sie ihm die Klivie und den Klusil weg und ließen ihn eine Klobasse schlukken. Dann verpaßten sie ihm ein klinisches Klistier auf der Kloake, obwohl er kleptophobisch klagte wegen des so klystronisch durch die Klüse jagenden Wassers, während die Klystonen in der Klimax wie auf einem Klavizitherium revoltierten.«

Mit dem Wörterbuch auf CD-ROM ist dieses Spiel fast beliebig variierbar. »Hyperlink« (und wieder sucht man vergeblich) oder »aktive Verweisverfolgung« heißt das zugrundeliegende Geheimnis, nämlich die Möglichkeit, jedes in einem Eintrag vorkommende Wort anzuklicken und so eine neue Stichwortsuche auszulösen – ganz in der Art, wie Paul Lorenzen einmal zu schildern versuchte, was passiert, wenn man nach der Bedeutung von »Bedeutung« fragt. Man wird von »Bedeutung« zu »Inhalt« geschickt, von »Inhalt« zu »Gedanke«, von »Gedanke« zu »Idee« und so immer weiter, bis man in einen Zirkel oder auf Abwege gerät. Der Duden, eingegangen in elektronische Schaltkreise, automatisiert solche Verweisungen. Seismographisch indiziert er nicht nur, wie fremd die Computer der Bücherwörterwelt sind. Mehr noch vollendet er gerade aus dieser Distanz, was die Wörterwelt ihrem innersten Wesen nach *ist*: Irrsal ohne Ende.

Mikrochips

Habent sua fata ... – Bücher wie Menschen und so auch jüngere Populationen. Lange Zeit war die Frage, ob oder wie man Menschen und ihre maschinellen Simulationen auseinanderhalten könne, nicht nur eines der Lieblingsthemen von Phantasten, sondern ein durchaus mit großem philosophischen Ernst diskutiertes Problem. Als sich die Lage mit der Erfindung des Computers erstmals bis zur technisch möglichen Probe aufs Exempel zuspitzte, gab Alan Turing als einfaches Unterscheidungskriterium die Geburtsweise an. »Menschen«, so definierte er, »die auf die übliche Weise zur Welt kamen«, seien eben Menschen und keine Maschinen.

Natürlich – so hatte Turing es mit Bedacht konzipiert – war das im Grunde nur eine Ausflucht. Sie umgeht das philosophische Geltungsproblem, indem sie auf die Faktenlage einer Genese verweist, durch die alles schon entschieden ist. Trotzdem oder deshalb lohnt es, die Frage aufzugreifen: Auf welche »*un*übliche Weise« kommen Maschinen zur Welt? Oder was, um überhaupt vergleichen zu können, soll man beispielsweise dem Mikroprozessor als seine Geburtsstunde ins Stammbuch schreiben? Sein unmittelbarer Vorfahre ist der integrierte Schaltkreis, entwickelt von Jack Kilby bei Texas Instruments und Robert Noyce, Mitbegründer der Intel Corporation. Diese war es denn auch, die den ersten »Vielzweck-Mikroprozessor« erfand: den 4-Bit-Prozessor Intel 4004. In einer ersten Phase (1969/70) entwarfen Ted Hoff und Stan Mazor die Schaltkreislogik des Prozessors. In einem zweiten Schritt dann (ab April 1970) steuerte Federico Faggin das nötige Halbleiterwissen bei und übersetzte den abstrakten Entwurf in konkrete Siliziumtechnologie. Damit war es soweit: Ab Oktober 1970 konnte die Produktion des Prototyps beginnen – aber nur, um in einem Desaster zu enden. Kurz vor Neujahr stellte sich heraus, daß der Chip gar nicht funktionstüchtig war. So dauerte es noch weitere zwei Monate, bis die Fehler beseitigt werden konnten, und als dann im März 1971 endlich die ersten Exemplare ausgeliefert wurden, da war schon die nächste Entwicklung im Gang. Noch im selben Jahr kündigte die Intel-Broschüre *The Alternative* einen neuen, von vier auf acht Bit erweiterten Prozessor an. Der 8008, wie er im April 1972 auf den Markt kam, gilt seitdem als der erste *ganze* Computer auf *einem* Chip.

Daß Maschinen nicht »auf die übliche Weise« zur Welt kommen, bedeutet also nicht zuletzt, daß sie selbst anfängliche Totgeburten überstehen können – um nachher um so unaufhaltsamer heranzuwachsen. Gerade das macht es indessen so schwierig, ihre genaue Geburtszeit anzugeben. Aber ist das wirklich so wichtig? Genügt es nicht, von der Einführung des Intel 4004 im Jahr 1971 zu sprechen und so die Geburtsmetaphorik einfach zu umgehen? Nicht, wenn man – nach Turing – dem Technik- und Wirtschaftsjournalisten Michael S. Malone folgt, der seine Geschichte des Mikroprozessors provokativ als dessen *Biographie* betitelt hat.[4] Kann denn, so sein begründender Appell, noch irgend jemand leugnen, »daß dieses winzige Gerät längst begonnen hat, ein Eigenleben zu führen?« Immerhin, so sein erstes weiterführendes Argument, fanden die Errungenschaften der Mikroelektronik zunächst nur in den Spezialzeitschriften Aufmerksamkeit. Heute

4 Michael S. Malone, *The Microprocessor. A Biography*, New York 1995.

machen neue Prozessor-Generationen Schlagzeilen in der großen Presse. Sie werden begrüßt wie Sprößlinge eines Adelsgeschlechts – »like royal births«, wie es wörtlich heißt.
Was Malone demgemäß präsentiert, ist vorab der Wirbel, für den die rasante Entwicklung der Mikrochips sorgte und sorgt: Es ist, soweit, einmal mehr die Story von Silicon Valley als der neuen Goldgrube im Westen Amerikas, die neue Ansiedlungen wie Pilze aus dem Boden schießen und vielfach ebenso schnell auch wieder von der Bildfläche verschwinden ließ. Selbst Intel stand nie ungefährdet da. Noch die »Intel inside«-Kampagne aus jüngster Zeit bezeugt, wieviel Marketing dazu gehört, seinen Platz zu behaupten, und zumal in den ersten Jahren war es ein durchaus offenes Rennen, in dem sogar Größen wie Motorola, Texas Instruments und Zilog keineswegs sicher sein konnten, ob sie – neben Intel – als die Marktführer daraus hervorgehen würden, als die sie Ende der Siebziger aufatmen konnten. Und auch das nicht unbedingt für lange, wie die Geschichte der Firma Zilog beweist. Sie wurde gegründet von eben jenem Federico Faggin, der Intel den technischen Durchbruch bescherte. Also kam er mit Zilog in die paradoxe Lage, seinem eigenen Einfallsreichtum Konkurrenz machen zu müssen – vergeblich, wie sich ab der Entwicklung von 16-Bit Prozessoren herausstellte. Nur der Anfang war ein großer Erfolg: Zilogs Z80 ist und bleibt eine Berühmtheit unter den Mikroprozessoren der 8-Bit-Generation.
Hinter all den Turbulenzen, die derart ganze Firmenschicksale besiegeln, verbirgt sich jedoch eine erstaunlich gleichmäßige technische Erfolgsgeschichte – und ebenso wie in das Marktgeschehen gewährt Malones *Biographie* des Mikroprozessors auch einen Einblick in seine Chemie einerseits, seine immer komplexer werdenden Schaltpläne andererseits. Alle zwei Jahre verdoppelt sich die Kapazität der Computerchips, so in etwa besagt eine Hochrechnung der zurückliegenden Entwicklung, bekannt geworden als »Mooresches Gesetz«. Ähnlich explosionsartig verlief das Wachstum der Chips nach Stückzahlen. Grob geschätzt soll es im nächsten Vierteljahrhundert zwei Mikroprozessoren pro Kopf der Weltbevölkerung geben, einer für jedes menschliche Lebewesen, das je existiert hat.
Es ist, als ob eine neue Population sich angeschickt hätte, über der Erde sich auszubreiten. Hinzu kommt, daß längst die Chips einer nächsten Generation nur noch mit Hilfe der ihr vorhergehenden

konstruiert werden können. Wer, um Malones somit rhetorische Frage zu wiederholen, wollte da dem Mikroprozessor ein Eigenleben und daher das Recht auf eine *Biographie* noch absprechen? Denn Verdächtiges, weiß Malone zu berichten, geschah schon am Anfang. Als nämlich Intel den 8008 vorgestellt hatte, war der Enthusiasmus so groß wie der Verkauf dennoch gering. Nicht der Prozessor, sondern »die Entwicklungsgeräte und Testvorrichtungen, die Intel dafür erfunden hatte, gingen weg wie die warmen Semmeln. *Jemand* da draußen hatte ein Auge auf den Mikroprozessor geworfen«: »*Somebody* out there...«, schreibt Malone und läßt wohlweislich offen, wer oder was dieser Jemand wohl war.

Medienkunst: CD-ROM II

Eine junge Frau, eine Großstadtszene, Geäst. Wie die erste Ausgabe von *artintact* birgt das *CD-ROMagazin interaktiver Kunst* auch in seiner zweiten Nummer[5] eine (wie Heinrich Klotz im Vorwort schreibt) »kleine Galerie der Medienkunst«, bestehend aus drei Arbeiten: »Die üblicherweise dem Kontext von Ausstellungen oder Festivals vorbehaltene öffentliche Präsentation und Auseinandersetzung mit Medienkunst wird hier als intimes Einzelereignis privatisiert und gleichzeitig für jedermann zugänglich gemacht.« Das Konzept also ist leicht zu begreifen: Die Kunst auf CD-ROM, die CD-ROM im Deckel des Katalogbandes, der sie »als Kommentar und kritische Reflexion« begleitet.

Die junge Frau - *Portrait One* von Luc Courchesne – verwickelt den Betrachter in ein Gespräch. »Verzeihung ... Darf ich Sie etwas fragen?« »Schießen Sie los ... Das hängt davon ab!« So bekommt die eingangs gepriesene Intimisierung durch das Medium CD-ROM etwas unfreiwillig Komisches, zumal der Begleitband es durchaus ernst zu meinen scheint: »Die Kommunikation mit dem hinterhältig freundlichen Mädchen Luc Courchesnes ist vielleicht alleine am Computer sogar angenehmer als in einer Ausstellungssituation. Womöglich – die eigenen Antworten können jeweils per Mausklick aus einem Set von Angeboten ausgewählt werden – fällt es ja, umgeben von nachdrängelnden Zuschauern,

5 *artintact 2. CD-ROMagazin interaktiver Kunst,* hg. vom Zentrum für Kunst und Medientechnologie Karlsruhe, Ostfildern 1995.

tatsächlich schwerer, auf die direkte Frage »Interessiere ich Sie?« ebenso direkt mit »Ja« zu antworten. Andererseits ist die Fangfrage nur zu durchschaubar. Kalkulierte Anzüglichkeiten münden in ebenso kalkulierbare Ausflüchte – »Es lebe die unmögliche Liebe!« –, die schlicht die Wahrheit sagen: »Weil ich ein Porträt bin. Mein wirkliches Dasein ist anderswo.«

Die Straßenszene – *Lovers Leap* von Miroslaw Rogala – spielt zwischen den Hochhäusern Chicagos. Schwarzweißphotographie oder Standbild, zeigt sie im Hintergrund vorbeifahrende Autos. Vorne sieht man eine Passantin, die fast schon die Bildmitte erreicht hat. Von der Seite, stark angeschnitten, tritt ein Mann ins Bild. Interaktiv ist die Präsentation dadurch, daß man – wie immer per Maus und begleitet vom Geräusch eines Kameraverschlusses – den Blickwinkel verändern kann, horizontal wie vertikal. Drehung nach links, klick, und der Mann ist besser ins Bild gerückt. Von jeder Position aus läßt sich zudem eine Animation starten, so daß die bis dahin festgefrorenen Autos und Menschen in Bewegung geraten; die ablaufende Filmsequenz vermittelt den Eindruck, als ob man sich – einigermaßen hektisch – um die eigene Achse drehte.

Das Geäst – *Der Wald* von Tamàs Waliczky –, nicht sehr dicht, aber endlos, kommt dem Betrachter eher in *slow motion* entgegen. Das monotone Geräusch ratternder Eisenbahnwaggons intensiviert den meditativen Sog dieser Kamerafahrt durch winterlich-kahle Baumwipfel. Dabei muß und kann sich der Betrachter dem wiederum nicht überlassen, ohne zuvor selber (inter-)aktiv gewesen zu sein. Nach Aufrufen des Programms erscheint zuerst eine abstrahierte Form des Geästs, ein Pfeildiagramm. »Stellen Sie die Reise durch den Wald zusammen, indem Sie die Pfeile anklikken in beliebiger Reihenfolge und so oft Sie möchten«, lautet die Anweisung dazu.

Medienkunst, weiß der Begleitband, sei »die Forschungsabteilung für das Massenprodukt und die neue Kunstform CD-ROM«, die ihrerseits das ideale Medium sei, die »Vielfalt interaktiver Kunstwerke individuell erlebbar und gleichzeitig multiplizierbar zu machen«. So ganz die vorderste Front wird dabei freilich nicht erreicht. *Portrait One* beispielsweise befindet sich gerade einmal auf halber Strecke zwischen Bioy Casares‹ alias Morels Erfindung einerseits und Gibsons Erfindung namens Idoru oder deren realirreale Schwester Kyoko Dáte andererseits. Was die drei Arbeiten in oder auf *artintact 2* durchspielen, ist nicht mehr und nicht

weniger als eine Art Typologie der Grundweisen unseres Umgangs mit dem Computer, der verschiedenen Gesichter seiner sogenannten Benutzeroberfläche, als da wären: der Mensch-Maschine-Dialog, wie man in den Anfängen unserer Computerkultur gerne sagte; das Navigieren, wie es mit dem Überhandnehmen graphischer Benutzeroberflächen modisch wurde; schließlich, wie es für die Wirklichkeit des Mediums Computer am genausten zutrifft, das Auswählen im virtuellen Raum verschiedener Optionen.
Und daß dergleichen via CD-ROM zum Intimerlebnis geraten soll, rückt gleichfalls eine Grundtendenz ins Licht. Als die ersten »intelligenten Maschinen« beobachtet wurden und man nicht wußte, ob ihnen darum ein Bewußtsein zuzuschreiben sei oder nicht, machte rasch das Schlagwort vom Solipsismus die Runde. Mit der Gewichtsverlagerung auf den Aspekt der Interaktivität verschieben sich die Symptome – hin zum Autismus. »Es stimmt, daß ich unerreichbar bin«, belehrt *Portrait One* zwischendurch: »Einige glauben, daß es unmöglich ist, mit jemand anderem in Verbindung zu treten...«

Internet II: Noch mehr Kunst – und noch mehr Oberfläche

Das sehen die Betreiber der Netzwelt freilich anders. Und nehmen jede Gelegenheit wahr, weitere *user* in ebendieses Netz zu locken. Als alles sich um das große Verpackungsereignis des Jahres 1995 drehte, konnte es nicht ausbleiben, daß auch der Cyberspace danach ausgriff. Parallel zur Reichstagsverhüllung hoffte das Berliner Haus der Kulturen der Welt einen Teil des Pilgerstroms ab- und in einen *Global Village Market* hineinzulenken. Ein »Rendevouz der Nomaden« sollte sich dabei ereignen. Denn daß uns mit den weltumspannenden Kommunikationsnetzen irgendwie die festen Räume und Zeiten abhanden gekommen sind, hat sich herumgesprochen. Und so gehörte zu den Attraktionen unter dem Dach der ehemaligen Kongreßhalle nicht zuletzt »Berlins erstes Cybercafé«, *das Café X-Ess*, in dem man das Nomadisieren im Internet einmal sollte erproben können.
Es war eine Offerte vor allem an Neulinge. Wer dank eigener Zugangsmöglichkeiten im Internet schon bewandert war, brauchte naturgemäß nicht hinzugehen: Er konnte ja per Netzanschluß den

Global Village Market auch aus der Ferne aufsuchen (http://www.gvm.de). Wer indes hinging, fand mehrere Terminals vor und darauf schon voreingestellt die Homepage und ihre Piktogramme, über die man in die verschiedenen Bereiche des *Global Village Market* hineingelangte. Das Bild – so fing es schon an – des Reichstags war hier vertreten, ebenso das Logo vom Haus der Kulturen der Welt, das als Veranstaltungsort die Gelegenheit nicht ungenutzt ließ, über sein weiteres Programm zu informieren. Ferner, etwas Stadtinformation schadet nie, ein luftbildähnliches Symbol für Berlin. Oder schließlich der *Internationale Stadt e. V.*, der sein Projekt eines örtlichen Rechnernetzes hier schon allein deshalb ins Rampenlicht rücken durfte, weil seine Architekten zu den Mitgestaltern dieses Internet-Cafés gehörten.
Aber wo man sich auch hineinklicken mochte, wie bereits auf der Homepage fungierte als Blickfang immer wieder der Reichstag, der verhüllte natürlich, und selbst wenn die momentane Neugier nicht ohnehin ganz auf ihn fixiert war, womit nur allzu offensichtlich gerechnet wurde, irgendwann erlag noch jeder dem Sog. Und warum auch nicht? Viele der multimedialen Möglichkeiten von Internet und WWW ließen sich auch in dieser Nutzanwendung durchspielen. Ob man den Verlauf von Christos Verpackungsaktion noch einmal in gespeicherten Videosequenzen sich ansehen wollte oder ob man nach Hintergrundinformationen über das Gebäude, zum verwendeten Verpackungsmaterial, zu den Kosten suchte; ob man interessiert war, die Bundestagsdebatte um das Christo-Projekt in einem »Virtuellen Parlament« fortzuführen oder ob man aktuelle Bilder des Reichstags von einer dort installierten Kamera abrufen wollte: Alles war möglich – alles das und noch einiges mehr, nicht zuletzt sich ein bißchen im *chatten* oder eben darin zu üben, miteinander »in Verbindung zu treten«. Passend zum Anlaß war nämlich auch eine »Ideenbörse« implementiert, und die Frage dazu hieß: »Wie verhüllt man das Internet?« Spaßige Texte waren da zu lesen. »In Ternet? Wo liegt das? Da, wo der interne Tee geerntet wird, und frisch verpackt.« Aber die zutreffendste Antwort lieferte das *Café X-Ess* mit seinem Benutzerentgegenkommen selber. Nicht umsonst war es gerade während der Reichstagsverhüllung und zudem ganz im Zeichen derselben eingerichtet worden. Der Zugang zum Internet, den es dergestalt bot, lenkte zugleich von ihm ab. Das Internet, mit anderen Worten, und so nicht nur hier – es war, es *ist* verhüllt.

Was aber, wenn dem so ist, enthüllt sich damit für unsere Gegenwart oder gar die Zukunft?
Die Geschichte der Vereinigten Staaten von Amerika, ist zunächst zu erinnern, begann mit einem »lapdesk« oder »Schoßpult«, wie es Reisende einst mit sich führten, um nicht bloß Feder und Tinte, sondern zugleich eine solide Schreibunterlage dabeizuhaben. Auf einer solchen, und nicht etwa am Schreibtisch Thomas Jeffersons, wurde die amerikanische Unabhängigkeitserklärung aufgesetzt.
Amerikas Gegenwart dagegen begann mit *Star Trek* alias *Raumschiff Enterprise.* Eins von dessen Expeditionszielen nämlich hieß Altair, und *Altair 8800* nannte sich auch der erste Personal Computer, der vor 20 Jahren auf den Markt kam. Mit dem PC aber, zumal seinen Weiterentwicklungen zu Laptop und Notebook als den elektrifizierten Spielarten des Schoßpults von einst, gewann die Computerrevolution der letzten Jahrzehnte erst wirklich Oberhand – genauso wie der Erfolg des Software-Unternehmens Microsoft unauflöslich damit verquickt ist. Allein schon der Hinweis auf DOS und Windows genügt, um sowohl diese Verquikkung als auch die Vorherrschaft zu bezeichnen, die es dem Unternehmen mit seinen Produkten zu erringen gelang.
Entsprechend groß war die Aufmerksamkeit, als der Gründer und Chef der Microsoft Corporation, Bill Gates, vor längerer Zeit ein Buch ankündigte, in dem er die weitere Entwicklung der Computertechnologie zu skizzieren beabsichtige. Zudem wurde die Spannung noch geschürt, indem zu hören war, daß das Buch gleichzeitig in mehrere Sprachen übersetzt, also von vornherein weltweit erscheinen sollte. Jedenfalls ließ in der Tat auch eine deutsche Ausgabe nicht lange auf sich warten. Dazu sorgte eine CD-ROM-Version, die neben dem Volltext des Buches auch den O-Ton Gatesscher Interviews sowie verschiedene Videosequenzen zur Verbildlichung des geschriebenen Worts bietet, außerdem für Akzeptanz in der Gemeinde: *The Road Ahead, Der Weg nach vorn* schien oder scheint aufgetan.[6]
Aber die Zukunft, wie Gates sie ausmalt, wird einfach weiterhin

6 Bill Gates, *Der Weg nach vorn. Die Zukunft der Informationsgesellschaft*, Hamburg 1995. – *The Road ahead* (CD-ROM), Penguin Books Deutschland 1995.

sein wie auf dem Raumschiff Enterprise, obschon dem neuen, aus *Star Trek: The Next Generation.* Wie dort der allgegenwärtige Bordcomputer schier jede Bitte erfüllt, so sollen auch die Computer im irdischen Alltag zu wahren Wunscherfüllungsmaschinen mutieren. Sie werden, so Gates in unmittelbarer Ansprache an seine Leser, »Ihnen den Eindruck vermitteln, als gäbe es zwischen Ihnen und dem Gegenstand Ihres Interesses überhaupt keine vermittelnden technischen Einrichtungen mehr. Sie teilen Ihren Wunsch mit, und sogleich geht er in Erfüllung.« Beispielsweise im »Cyber-Heim«, das nicht nur – wie er bereitwillig ausplaudert – Gates privates Glück als sein eigener Bauherr, sondern auch die Phantasiewelt seines Buches krönt.
In diesem hinter seiner Öko-Fassade natürlich aus reiner Informationstechnologie bestehenden Haus wird man etwa je nach Tageslaune gerade die Reproduktionen berühmter Gemälde sich an die Wände zaubern lassen können, die man im Augenblick bevorzugt. Auch wird man um Lichtschalter sich nicht mehr bekümmern müssen. Vielmehr wird man automatisch »von einer beweglichen Lichtzone durchs Haus begleitet werden«, während ungenutzte Räume »im Dunkeln bleiben«. Und selbst die Musik, wenn man welche hören will, auch sie

»wird sich mit Ihnen bewegen. Sie scheint überall zu sein, tatsächlich aber werden andere Menschen im Haus andere Musik oder gar nichts hören. Sogar Filme oder Nachrichten werden in der Lage sein, Ihnen durchs Haus zu folgen. Wenn Sie einen Telefonanruf bekommen, wird nur der Apparat klingeln, der Ihnen in dem Moment am nächsten ist.«

Wer nicht bereits an ihm leidet, wird Verfolgungswahn so wohl bekommen. Aber Gates meint es ernst, und immerhin dafür verdient sein Buch längerfristige Beachtung. Denn gewiß, es stellt eine Enttäuschung dar, indem es auf der ganzen Linie ist, wie zu erwarten war: erwartbar gerade auch als solchermaßen enttäuschendes Werk, das von E-mail und Teleshopping, von interaktiven Medien, elektronischem Geldverkehr und neuen Unterrichtsmethoden im Cyberspace – das von all dem wenig Neues verrät, um Neues nur immer in Aussicht zu stellen, Neues so neu, daß man es sich heute so wenig schon ausmalen kann, »wie ein Steinzeitmensch, der einen roh behauenen Faustkeil benutzte, eine Ahnung von Ghibertis Türen zum Baptisterium in Florenz haben konnte«. Wie die meisten Publikationen zum Thema ist also auch dieses, auf einen Nenner gebracht, ein *törichtes* Buch. Aber seine Torheit ist Absicht. Darum verschlägt es wenig, es kritisieren zu wollen. Statt dessen scheint eher einmal gerade die Enttäuschung genauerer Betrachtung wert, auf die es – mit seinem ganzen Enthusiasmus, den es selbstverständlich vor sich her trägt – regelrecht angelegt ist.

Gerade dazu auch ist es nicht unwichtig, an die Kampagne zu erinnern, die dem Buch im Vorfeld bereits zuteil wurde. Es machte von sich reden so früh und so lange wie das seinerzeit groß angekündigte Produkt von Microsoft, Windows 95, und wie dessen Auslieferung von Termin zu Termin sich verzögerte (bis eben die ihm jetzt anhaftende Jahreszahl appliziert werden mußte), so kursierte bereits der Witz, Bill Gates schreibe an seinem Werk wie seine Firma an ihrer Software: großspurig in der Propaganda, zäh in der Verwirklichung, ernüchternd im Ergebnis. Dabei diente vielleicht sogar dieser Spott noch dem Marketing. »Die Arbeit an *Der Weg nach vorn* hat länger gedauert, als ursprünglich angenommen. Die Abschätzung des erforderlichen Zeitaufwands war ebenso schwierig wie die Planung des Entwicklungsfahrplans für ein größeres Softwareprojekt«, räumt Gates im Vorwort ein und bescheinigt damit dem Witz, wie genau er ins Schwarze traf – zu genau, um bloß ein Witz zu sein. Das neue Betriebssystem und *The Road Ahead* ziehen tatsächlich am gleichen Strang.

Denn Windows 95 hat bekanntlich seinen Vorgängerversionen nicht zuletzt das voraus, daß es zum einen seine Benutzeroberfläche fürs Internet gleich mitliefert und zum anderen dazu verlockt, dem firmeneigenen Microsoft Net – eben: – ins Netz zu gehen. »Connect«, ergeht auch die Aufforderung aus dem Hauptmenü der CD-ROM heraus, die selbstredend ihrerseits nur unter Windows zum Laufen gebracht werden kann, und ganz dasselbe verkündet unermüdlich das Buch: Das Netz ist die Botschaft. Und das Internet ist erst der Anfang. Laut Gates »die wichtigste Entwicklung in der Computerwelt seit der Einführung des IBM-PC im Jahre 1981«, weist es doch nur die Richtung auf dem Weg zu einer noch viel größeren Errungenschaft der »kommenden Kommunikationsrevolution«, und das ist der *Information Highway*, die vielberedete »Datenautobahn«.

Schlicht gesagt, handelt es sich also einfach um ein Buch, das einerseits resümiert, wie der PC und wie Microsoft durch den PC seine Erfolge feierte, um andererseits zu verkünden, wie auf

dieser Basis »die vielfältigen digitalen Informationsnetze ihre Macht durchsetzen (und den klassischen PC schließlich wieder abschaffen) werden, »die die USA und die ganze Welt umspannen«. Bezeichnend wie die Jefferson-Anekdote zum Anfang der USA ist darum der Blick auf die eigenen Anfänge. Der Altair 8800 mag nämlich seinen Platz als erster »persönlicher« Computer in der Geschichte durchaus behaupten. Nur darf man darüber nicht vergessen, was für ein krudes technisches Ding er doch war, ein Elektronikbausatz ohne Tastatur und Bildschirm, nur mit einigen Kippschaltern und Lämpchen an der Vorderseite, ein Gerät für Tüftler und nicht schon den vorab auf »Benutzerfreundlichkeit« erpichten »Benutzer«. Genau der war die eigentliche Erfindung von Microsoft. Gemeinsam mit Paul Allen entwickelte Gates die erste Software für den Altair 8800. Unaufhörlich arbeitete Microsoft dann immer weiter daran, die Hardware für PC-Besitzer hinter der Oberfläche ihrer Nutzanwendungen unsichtbar werden zu lassen. Und ungebrochen soll dieses Erfolgsgeheimnis auch den *Weg nach vorn* bestimmen. »Bei Microsoft sprechen wir von ›Information auf Knopfdruck‹ – da steht mehr der Nutzen und weniger das Netzwerk selbst im Mittelpunkt.«
So geht es um die Technologie der Zukunft – und doch auch wieder nicht. »Die Idee, alle Haushalte und Büros an ein Hochgeschwindigkeitsnetzwerk anzuschließen, hat die Phantasie Amerikas entflammt wie sonst nichts anderes seit dem Raumfahrtproramm.« Derart bestimmt sich statt dessen das Überredungsniveau, auf dem Gates' Eigenreklame agiert. Mit den PCs seien Unabhängigkeit und Individualität mit High-Tech-Glanz den Leuten beschert worden. Mit dem *Information Highway* biete nun ein neues, virtuelles Land der unbegrenzten Möglichkeiten zur Eroberung sich an. Worauf es nur wiederum ankommen soll, wird die Software sein. Auch sie sich erneuernd für noch größere Anwenderfreuden. Auch sie im nächsten Schritt quasi unsichtbar werdend, indem – so die Parole »bei Microsoft« – sie sich »bis zu einem gewissen Grad wie ein Mensch verhält«. Statt von ihrem Benutzer zu erwarten, daß er sich aneignet, wie mit ihr umzugehen ist, lernt sie umgekehrt den Umgang mit ihm. Sie paßt sich an seine »Verwendungsmuster« an und weiß damit mehr über ihn als er über sie. So ihm überlegen, kann sie ihm leicht und gern wie ein »Berater« dienstbar erscheinen. »Diese geschmeidigere Software«, erklärt Gates, »nenne ich *Softer Software.*«

Wäre es nicht gar zu unhöflich, und wäre dieser Titel nicht längst vergeben, würde sich daher der Vorschlag anbieten, Gates hätte sein Buch auch *Die Zukunft einer Illusion* nennen können. »Wir heißen«, schrieb Freud unter diesem Titel, »einen Glauben eine Illusion, wenn sich in seiner Motivierung die Wunscherfüllung vordrängt, und sehen dabei von seinem Verhältnis zur Wirklichkeit ab.« Nichts anderes befördert der Software-Markt, befördert und leistet Gates' Buch – und macht es zum exemplarischen Fall der Kehrseite aller Illusion: der Enttäuschung, die es darstellt.

Denn nicht, daß es gehörig die Werbetrommel rührt, ist enttäuschend. Wenn doch als Autor der Chef des Software-Unternehmens der Gegenwart firmiert, was hätte man da schon anderes erwarten wollen? Auch nicht, daß Gates im großen und ganzen nur visioniert, was das Gros der anderen gleichfalls zu prophezeien weiß, ist der Grund. Von Informationsrevolution und Cyberspace, vom Netz und von den Wundern seiner Virtual Realities reden derzeit ja alle. Der Grund ist zugleich einfacher und tiefergehend. Die Erwartung richtete sich, seit das Buch angekündigt worden war, auf die Wortmeldung eines Mannes, der aus Erfahrung kompetent ist, weil er wie wenige andere über die real existierende Computerwelt mitentschieden hat. Aber gerade davon ist im Buch nichts zu merken, gerade solche Wirklichkeitsnähe bietet es nicht. Der Spürsinn, den es vor sich herträgt, sowohl was den einstigen Einstieg ins PC-Geschäft angeht als auch mit Blick auf die kommende Netz-Welt, bezeugt nichts als die Kunst, auf den fahrenden Zug aufzuspringen. Und nicht einmal diese Kunst wird richtig erklärt. Nur den fahrenden Zug malt das Buch aus.

Es ist, mit anderen Worten, gar nicht wirklich ein zukunftsträchtiges Buch. Vieles wird kommen, wie Gates es beschreibt. Aber seine Beschreibung will das Kommende einfach nur schmackhaft machen, will weniger durchschauen lassen, wie es ist und wie es sein wird, als vielmehr die Zukunft selber schon repräsentieren. Aufschlußreich, keine Frage, ist auch das. Doch wiederum nicht zuletzt, was eine Art von Enttäuschung betrifft. Als nämlich vor einem halben Jahrhundert überhaupt die ersten Computer von sich reden machten, war fast gleichzeitig auch die Euphorie einer sogenannten Künstlichen Intelligenz geboren, deren Versprechen die Phantasien der Leute in Bann zogen. Heute gilt aller Enthusiasmus – pragmatischer und viel mehr auf Illusionen beruhend zugleich – dem Vorstoß in eine schöne bunte Multimedia-Welt.

Der Traum von den Denkmaschinen hat, wie es aussieht, getrogen. Die statt dessen gleichwohl in den elektronischen Schaltkreisen hausende Intelligenz konnte um so ungehinderter in Betrieb gehen. Das Faszinosum einer dem Menschen ebenbürtigen wie abgrundtief fremden Geistigkeit von der Art des Bordcomputers HAL in Stanley Kubricks *Odyssee 2001* ist Geschichte. Geblieben ist *Raumschiff Enterprise*.

Literatur

artintact 2. CD-ROMagazin interaktiver Kunst, hsg. vom Zentrum für Kunst und Medientechnologie Karlsruhe, Ostfildern 1995.

Bioy Casares, Adolfo: *Morels Erfindung*, Frankfurt am Main 1984.

Cortázar, Julio, *Rayuela. Himmel und Hölle*, Frankfurt am Main 1987.

»Cyberspace und der amerikanische Traum. Auf dem Weg zur elektronischen Nachbarschaft. Eine Magna Charta für das Zeitalter des Wissens«, in: *FAZ*, 26. 8. 1995.

Eco, Umberto, *Die Bibliothek*, München 1987.

Foerster, Heinz von, *Sicht und Einsicht. Versuche zu einer operativen Erkenntnistheorie*, Braunschweig/Wiesbaden 1985.

Freud, Sigmund, *Massenpsychologie und Ich-Analyse. Die Zukunft einer Illusion*, Frankfurt am Main 1984.

Gates, Bill, *Der Weg nach vorn. Die Zukunft der Informationsgesellschaft*, Hamburg 1995.

Gibson, William, *Idoru*, Hamburg 1997.

Jochum, Uwe, *Kleine Bibliotheksgeschichte*, Stuttgart 1993.

Kittler, Friedrich, »Der Kopf schrumpft. Herren und Knechte im Cyberspace«, in: *FAZ*, 9. 9. 1995.

Lorenzen, Paul, »Mephistophelische Logik«, in: *Der Reiz der Wörter*, Stuttgart 1978.

Luhmann, Niklas, *Die Realität der Massenmedien*, 2., erweiterte Auflage, Opladen 1996.

Malone, Michael S., *The Microprocessor. A Biography*, New York 1995.

Musil, Robert, *Der Mann ohne Eigenschaften*, Reinbek 1978.

Negroponte, Nicholas, *Total digital. Die Welt zwischen 0 und 1 oder Die Zukunft der Kommunikation*, München 1995.

PC-Bibliothek, *Duden Deutsches Universalwörterbuch A-Z, Duden Oxford Großwörterbuch Englisch* (CD-ROM-Version), Mannheim/Leipzig/Wien/Zürich 1994.

Roubaud, Jacques, *Die schöne Hortense*, München 1989.

Turing, Alan, *Intelligence Service. Schriften*, Berlin 1987.

Vorstius, Joris/Siegfried Joost, *Grundzüge der Bibliotheksgeschichte*, Wiesbaden 1980.
Wiener, Norbert, *Cybernetics or Control and communication in the animal and the machine*, Cambridge, Mass. 1985.
Zaks, Rodnay, *Chip und System. Einführung in die Mikroprozessoren-Technik*, Düsseldorf/Berkeley/Paris 1985.

Hans Geißlinger
Feuer im Kopf[1]

> »Man kann«, meint ein älterer Herr, nach den Eindrücken der vergangenen Nacht gefragt, »was man hier erlebt hat, keinem Menschen wirklich vermitteln. Wenn ich nach Hause komme und meinen Bekannten, Freunden oder meiner Familie darüber berichten soll, was hier abgegangen ist... wenn ich anfange und sage, paß auf, da war so ein Ereignis mit einem Kopf... Nein. Ich glaube, ich laß' es lieber!«

Irgendwo im Nordosten Deutschlands, nahe der polnischen Grenze, weit weg von jeder Großstadt liegt ein halbverfallenes ehemaliges Rittergut: *Bröllin.* Das Herz der Anlage bildet eine alte Schloßruine. Der daran angegliederte Landwirtschaftsbetrieb beherbergte zu DDR-Zeiten eine große LPG und davor einen Gutshof. In den mächtigen, aus Natursteinquadern gebauten Scheunen und Siloanlagen befindet sich allerdings weder Korn noch Mais. Die um einen zentralen Innenplatz gelagerten Gebäude haben Künstler und Theatermacher aus der Berliner Szene nach dem Fall der Mauer zweckentfremdet: Hier wird vor den Augen der bäuerlichen Nachbarn Kunst produziert. Ein ideales Umfeld, um neue Formen von Theater, Musik und Malerei zu suchen und zu finden.

In der größten Halle des Gutes gastiert z. Zt. eine dreiköpfige Künstlergruppe aus Berlin, die ein Bild zum Leben erwecken will. Für die Umsetzung dieser ungewöhnlichen Idee sind ein Maler, ein Metall- und ein Feuerkünstler vor zwei Tagen mit einem LKW

1 Eine Aktion der STORY DEALER A. G. BERLIN. Der Text basiert auf der dokumentarischen Verfilmung »Feuer im Kopf«, von E. Handl, J. Surek und R. Kleine. Sämtliche in Anführungsstriche gesetzten Erklärungen bzw. Dialoge sind authentische Zitate aus Interviews, die vom Kamerateam vor Ort aufgezeichnet wurden. Die Geschichte wurde im Sommer 1994 im Auftrag von »H. F. & Ph. F. Reemtsma GmbH & Co.« und der »Stein Promotion Management Group« entwickelt und realisiert.

angereist. Die Größe ihres Fahrzeugs resultiert aus der Größe der Utensilien, die sie mitgebracht und in der Halle installiert haben: ein mehrere Meter hohes Bild (Öl auf Holz) und ein aus Rundstahl geschmiedeter ebensogroßer menschlicher Kopf »Wir haben die Halle hier«, erklärt Ernesto, der Initiator der Gruppe, »für sieben Tage gemietet, um in dieser Zeit ein mehrdimensionales Bild fertigzustellen. Bröllin ist für uns ein mit künstlerischer Energie aufgeladener Platz, fernab vom Lärm moderner Zeiten – genau das, was wir brauchen.«
Im Zentrum des Innenhofes steht ein zum Halbkreis gebogenes, gewaltiges Stahlgerippe – ehemalige Kulisse einer Berliner Theateranstalt. Die Skulptur markiert zugleich den Platz um die zentrale Feuerstelle. So es das Wetter zuläßt, trifft man sich hier zum allabendlichen Palaver. Dann entfaltet das idyllische Gemäuer seine nächtlichen Reize, und die Phantasie eines jeden kann in das Spiel von Licht und Schatten eintauchen.

An diesem Abend jedoch, dem Beginn unserer Erzählung, geschieht etwas Unerwartetes. Kurz nach Mitternacht biegt ein Reisebus auf das abgelegene Gelände und bleibt unmittelbar neben der Feuerstätte stehen. Die Türen des Busses öffnen sich, vierzig Leute, nebst Reiseleitung, drücken ihre Nasen an die Fensterscheiben – doch niemand steigt aus. Während die Brölliner, wie vom Blitz getroffen, mit offenen Mündern auf das Fahrzeug starren, wagen es die Insassen des Busses nicht, diesen zu verlassen. Zu obskur, zu fremd, zu feindlich erscheint ihnen die um das Feuer sitzende, zum Teil glatzköpfige, mit zerrissenen Lederjacken bekleidete Gesellschaft da draußen – am Ende der Welt. Erst als der Busfahrer die seitlich angebrachten Gepäckklappen öffnet und Dutzende sauber gestapelter Lederkoffer auf das Pflaster des Hofes purzeln, kommt Bewegung in die Szene. Minuten später springt der Motor an, der Bus dreht, taucht erneut in die Dunkelheit ein und verschwindet. Zurück bleibt ein Berg aus Koffern und Taschen; daneben – eine völlig fassungslose Reisegruppe.

Die idyllische Ruhe von Bröllin ist schlagartig gestört. Die Reisenden verhalten sich widersprüchlich. Während den einen das nächtliche Schloß mit seinen Bewohnern immer noch unheimlich vorkommt, verhandeln andere bereits um ein Quartier für die Nacht. Bruchstückhaft ist zu erfahren, daß es sich um Werbeleute aus

Hamburg handelt. Mit der Organisation eines Meetings in der Nähe von Pasewalk ist irgend etwas schiefgelaufen, und nun sucht man ein Notquartier. Obwohl die Überraschung der Hofbewohner der ihrer Gäste in nichts nachsteht, erweisen sich die Bröllliner als gastfreundlich. Die von ihnen kurzerhand hervorgekramten Matratzen und Schlafsäcke reichen den Überraschungsgästen aus Hamburg für ein einfaches Nachtlager.

»Wir sind wurzellos! Vertriebene!« kommentiert eine knapp fünfzigjährige Hamburgerin die Situation, immer noch nicht fassend, in was sie da hineingeraten ist. »Eigentlich wollten wir...« Eigentlich, so stellt sich im weiteren Verlauf des Gespräches heraus, war ein über drei Tage gehendes Meeting geplant. Auf der Suche nach einem Tagungsort wurde ein Berliner Reisebüro damit beauftragt, ein Luxushotel im Osten Deutschlands ausfindig zu machen. Man fand und buchte ein Schloßhotel mit allem, was verlangt wurde: Südzimmer mit Balkonen, marmorierte Bäder mit vergoldeten Armaturen, Reit-, Golf- und Tennisplätze. Auch eine dreistündige Fahrt in einem Fesselballon war als Teil des obligatorischen Programms geplant. Kein Wunsch sollte offenbleiben.
»Wir sind dann etwa sechs bis sieben Stunden gefahren«, erklärt die Hamburger Werbefachfrau weiter, »viel länger als vorgesehen, bis wir schließlich in unserem Hotel ankamen. Eine wunderschöne Schloßanlage. Doch was stellte sich heraus?! Es lag keine Buchung vor!! Das muß man sich mal vorstellen! Wir kommen da an, fünfzig Leute mit ihrem ganzen Gepäck und – es liegt keine Buchung vor!!«[2]
Der Reisegruppe blieb zunächst nichts anderes übrig, als das Etablissement wieder zu verlassen. Damit waren sie erst einmal Reisende ohne Ziel. Auf der Suche nach einem Telefon machten sie schließlich bei einer etwas heruntergekommenen Kneipe halt – die einzige, die um diese Zeit noch offen hatte. Während die Reiseleitung telefonierte oder es zumindest versuchte, kamen einige Frauen aus der Gruppe mit zwei Gästen ins Gespräch. Die beiden Männer erklärten, daß sie nicht weit von hier in einer Art Künst-

2 Der Grund dafür war, wie später in Erfahrung gebracht werden konnte, eine versehentliche Doppelbuchung von seiten der Hotelverwaltung. Die Zimmer waren also bereits belegt, als die Hamburger Gruppe das Hotel erreichte.

lerkommune wohnten. Sie boten den Frauen (im weiteren Verlauf der Unterhaltung auch dem Rest der Gruppe) die Möglichkeit an, provisorisch bei ihnen für eine Nacht unterzukommen.
»Na ja«, erklärt die Hamburgerin achselzuckend »viel Wahl hatten wir ja nicht. Der Busfahrer mußte weiter, wollte uns so schnell wie möglich loswerden, und wir waren völlig erschöpft. Zudem war es schon sehr spät, weit über Mitternacht. Von dem Weg hierher will ich gar nicht reden. Eine einzige Katastrophe. Die Reiseleitung hat natürlich ganz schön was abbekommen. Ich meine, die Leute waren echt sauer, weil eben nichts, aber auch gar nichts geklappt hat.«

In dieser Nacht schlafen fünfzig Menschen, die eigentlich auf etwas ganz anderes eingestellt waren, in Schlafsäcke verpackt auf dem Boden eines ehemaligen Kornspeichers. In der gleichen Nacht spaltet sich die Gruppe der Hofbewohner in zwei Fraktionen: Während die einen die eingetretene Situation spannend oder zumindest interessant finden, fühlen sich die anderen durch die Anwesenheit der Gäste eher belästigt, vereinzelt sogar bedroht. »Ich komme mir vor«, meint ein auf dem Hof wohnender Designer, »wie im Zoo. Das ist genau das, wovor ich wahnsinnig Panik habe.«
Bei Tage betrachtet erweisen sich die sanitären Anlagen – zwei Plumpsklos und eine Dusche – für über achtzig Menschen als völlig unzulänglich und die eigentlich geplanten Workshops wie auch Reiten, Tennis oder Ballonfahren an diesem Ort als nicht durchführbar. Einige wollen daher lieber sofort als später das Gelände wieder verlassen und versuchen, dem lückenhaften ostdeutschen Funknetz zum Trotz, eine Verbindung zur Außenwelt herzustellen:
»Hallo!? Gerd? Kannst du mich hören? Jetzt?! O. K.?! Ich bin hier in... Hallo? Hallo!?«
Ob Gerd, Marianne oder Philipp, wen immer man nach endlosen Versuchen tatsächlich an die Funkstrippe bekommt, das Glück währt kurz. Die Verbindung aufrechtzuerhalten, bis eine plausible Erklärung abgegeben ist, erweist sich als undurchführbar.
Während einige Unermüdliche noch immer damit beschäftigt sind, die Antennen ihrer Funktelefone hilfesuchend in den Himmel zu strecken, biegt ein schwerer Sattelschlepper auf das Gelände ein: Bevor jemand begreift, was hier vor sich geht, wird ein großer Dusch- und Toilettencontainer vermittels eines Krans auf dem

Platz installiert. Der Fahrer läßt sich von einem der umstehenden Beobachter seine Lieferung quittieren und lenkt den Truck ohne weiteren Kommentar wieder vom Gelände auf die Landstraße zurück.
Eine Aktion mit doppelter Konsequenz, denn, in dem Maße, wie sich einige der Hamburger nun total überfahren fühlen – schließlich wollen sie abreisen und nicht bleiben –, sieht die Mehrheit der Brölliner in dem Container das Symbol einer Besetzung schlechthin.[3] Die Situation droht zu eskalieren. Umgehend berufen beide Seiten an verschiedenen Orten Vollversammlungen ein.

»Nehmen wir doch nur die Tatsache«, meint ein Hofbewohner sichtlich aufgebracht, »daß da jetzt quasi über Nacht, mitten auf unserem Gelände, so ein blöder Container steht. Hier wird von einer Sekunde auf die andere ein Zustand manifestiert und kontinuisiert. Aber keiner findet es wert, uns überhaupt zu fragen.«
»Wenn die Reiseleitung«, entgegnet ein anderer, »der Meinung ist, daß sie innerhalb von drei Stunden einen Wasch- und Toilettencontainer braucht, dann sind wir eben in diesem Punkt überrollt worden, aber...«
»Und jetzt«, fällt ein Dritter ins Wort, »wollen wir uns einkaufen lassen – oder?!«
»Es wäre doch total unbefriedigend«, erklärt zur gleichen Zeit auf der gegenüberliegenden Seite des Gutshofes ein etwas älterer Herr in Anzug und Krawatte, »wenn wir jetzt einfach abbrechen, in den Bus steigen und nach Hamburg zurückfahren würden. Da hätten wir doch ein absolut mieses Gefühl.«
»Ich habe von Anfang an gesagt«, widerspricht die neben ihm stehende Frau, »daß ich mich hier nicht wohl fühle. Ich würde die nächsten Tage hier nicht überstehen! Wir sollten wenigstens irgendwohin, wo man nicht ständig in der Sonne, also überall und nirgends ist. Ich für meinen Teil fühle mich hier tierisch unwohl.«
»Kannst du denn«, ruft jemand dazwischen, »dem Ganzen nichts abgewinnen?«

3 Der Container wurde, wie sich später herausstellte, von seiten der Hamburger Reiseleitung geordert – ohne Absprache mit der Gruppe. Die Reiseleiterin wollte mit dieser Aktion, nach dem erlebten Fiasko, bei ihrer Kundschaft einfach wieder an Boden gewinnen.

»Nein, das kann ich nicht!«
»Ich meine«, beschwichtigt ein Kollege, »wir sollten wenigstens versuchen, uns zu integrieren. Vielleicht ist das die einzige Möglichkeit, mit dieser Geschichte hier irgendwie fertig zu werden.«

Bis zu diesem Zeitpunkt gab es manchen Hamburger, der an der Echtheit der bisherigen Ereignisse so seine Zweifel hatte. Schließlich war man aus der Werbebranche und damit einiges gewöhnt. Doch allen bisherigen Verdachtsmomenten und Vermutungen zum Trotz, die Wut der Hofbewohner war echt – genauso echt wie der jetzt unmittelbar von ihnen angekündigte Rausschmiß. Daran gab es nicht den geringsten Zweifel. »Ich staune«, erklärt ein junger Hamburger kopfschüttelnd, »daß die Leute hier noch so ruhig sind. Ich hätte uns an ihrer Stelle längst rausgeworfen. Wir waren Asylsuchende! Dafür haben sich einige von uns, gelinde gesagt, nicht besonders benommen.«

Nach langen, intensiven und widersprüchlichen Debatten auf beiden Seiten entsenden die Gäste aus Hamburg einen Delegierten zum Plenum der Gastgeber: »Wir haben uns zusammengesetzt und von unserer Seite her nun klar Schiff gemacht: wir sind hier Gast, das ist kein Hotel, und es geht verdammt noch mal um Integration. Es wird von uns abgewaschen, aufgeräumt, nichts in Anspruch genommen, was nicht wieder bereinigt werden kann...«
»Die Ziele«, entgegnet daraufhin jemand aus den Reihen der Brölliner, »die ihr verfolgt, sind nicht unsere Ziele. Im Grunde seid ihr so etwas wie unsere ›natürlichen Feinde‹. Aber wir sehen auch eure Situation. Für uns kommen ein paar Mark in die Kasse, und dann ist es gut.«
Zu Gast sein auf Schloß Bröllin heißt, selbst Hand anlegen bei den Alltäglichkeiten. Hier wird unter einfachen Bedingungen gelebt, dafür abseits vom Großstadtlärm, in ländlicher Idylle. Die Hamburger Marketing- und Werbefachleute, die mit ganz anderen Erwartungen an ihr Meeting aufgebrochen waren, passen sich den Gegebenheiten des Hofes erstaunlich zügig an. Sogar die geplanten Workshops und Arbeitsgruppen können durchgeführt werden. Die Pausen, die zwischen dem leicht abgeänderten Tagungsprogramm freibleiben, werden von vielen genützt, um einen Blick in die umliegenden Ateliers zu werfen. Die Gelegenheit ist günstig,

arbeitenden Künstlern einmal direkt über die Schulter zu schauen.

Das in der großen Halle hängende Bild stößt bei vielen Gästen auf besonderes Interesse. Es zeigt eine riesige menschliche Gestalt, die entschlossen in eine Landschaft greift, um die Decke der Vegetation hochzureißen. Das dabei freigelegte, unterirdische Wurzelwerk läßt ein kopfähnliches Gebilde erkennen, in dem acht menschliche Gestalten hängend ein Gesicht ergeben.

»Ich kam einfach da rein«, meint eine Teilnehmerin der Hamburger Reisegruppe, »sah das Bild und hatte sofort ein beklemmendes Gefühl. Ich war total überrascht. Oft hat man ja das Gefühl, wenn einem jemand sagt, du siehst dem oder dem ähnlich«, sie zeigt auf eine im Wurzelgeflecht hängende Frau, »dann findet man das selbst überhaupt nicht. Aber ich kam heute nachmittag da rein... und habe mich irgendwo... selbst schon wiedererkannt. Das ist ja nicht so ganz alltäglich.«

Auch ein anderer Mitarbeiter stellt Ähnlichkeiten zwischen sich und einer Person auf dem Bild fest.

»Mittlerweile«, meint die Hamburgerin, »war ich zum zweiten Mal da und finde es einfach total schön.«

Während ein Teil der Hofbewohner den Gästen zunehmend näherkommt, wächst bei anderen auch Mißmut und Kritik. »Der Maler«, bemerkt ein Brölliner verärgert, »ist nahe daran, sein Projekt zu verschieben, weil er unter diesen Bedingungen einfach nicht arbeiten kann. Der fühlt sich massiv gestört. Da kommen alle fünf Minuten irgendwelche Leute in die Halle und fragen: Warum macht ihr das? Könnt ihr überhaupt davon leben? Wollt ihr kein Geld verdienen? Derart schwachsinnige Fragen! Anstatt auf den Inhalt zu gehen und das Bild zu betrachten. Nein, es geht um ganz banale Dinge, die diese Leute bewegen: Geld verdienen; Anerkennung; was für einen Eindruck mache ich – Schauspiel!«

Inzwischen ist es Abend geworden. Viele haben sich in der Mitte des Platzes in kleinen Gruppen um ein Feuer niedergelassen. Die Stimmung ist friedlich. Man unterhält sich, trinkt Wein.

»Es tut mir leid, aber unsere morgige Aktion kann so nicht durchgeführt werden.« Ernesto, der Maler, hat sich aus der Dunkelheit kommend auf eine Kiste neben dem Feuer gestellt: »Wir haben heute den ganzen Tag über das Atelier offengelassen. Natürlich kamen ständig Leute rein, die uns danach gefragt haben, was wir denn verdienen und ob man eigentlich so leben kann von der Kunst. Wir haben auch Antworten gegeben, in der Hoffnung, es würde sich beruhigen. Doch es beruhigt sich nicht, die Störungen gehen weiter. Ich ersuche euch deshalb jetzt, mit mir in die große Halle zu kommen – das wäre mein Angebot.« Ohne eine weitere Erklärung oder eine Antwort abzuwarten, verschwindet der Maler, wie er gekommen war.

Eine neugierige, langsam anwachsende Gruppe aus Hofbewohnern wie Gästen versammelt sich in der Halle.
»Ihr befindet euch«, beginnt der Künstler nun langsam, fast feierlich zu sprechen, »hier im Innenraum eines Laboratoriums. Wir haben die letzten Tage über eine Versuchsanordnung aufgebaut, um dieses Bild«, er deutet auf das große, einem Altarbild gleichende Gemälde, »morgen zum Leben zu erwecken.«
Das anfängliche, leise Getuschel der Zuhörer weicht konzentrierter Stille.
»Die unglaubliche auf uns einstürzende Bilderflut hat uns schon so weit von der ursprünglichen Bildmagie einer steinzeitlichen Höhlenmalerei entfernt, daß Bild und Dekoration beinahe dasselbe geworden sind. Nahezu nichts ist geblieben vom beschwörenden Zauber der Jagdbilder. Wer braucht heutzutage schon wirklich ein Bild? Wer wandert noch zwischen Bild und Wirklichkeit – wie Dorian Gray?«
Jetzt ist nur mehr die Stimme des Künstlers zu hören, sie schwebt im Raum, führt, gleich dem Stab eines Dirigenten, die lautlosen Gedanken der anderen: »Wenn das Bild, das im Kopf eines Malers entsteht, ein noch nicht geschehenes Ereignis voraussetzt, dann müßte es auch möglich sein, dieses Ereignis mit Hilfe des Bildes in die Wirklichkeit zu holen. Wir haben diese Skulptur hier gebaut«, der Künstler zeigt auf den eisernen Kopf, »um das auf dem Bild Dargestellte nachstellen zu können. Statt Wurzeln – Stahl. Ein Kopf als Stahlgerippe, das von einem Kran in die Höhe gezogen werden soll.« Sein Blick schweift über die Reihen der Zuhörer; dann, erneut zum Bild zurück: »Das aus dem Inneren der Erde emporgerissene Wurzelgeflecht bedarf der in ihm hängenden menschlichen Körper, um zu einem Gesicht zu werden. Genau diesen Moment wollen wir in die Wirklichkeit holen: Ist es möglich, aus acht Körpern ein Gesicht zu formen; ein Gesicht, dessen Ausdruck mit dem des Bildes – für einen Augenblick – zusammen-

fällt?« Der Maler macht eine Pause. Dann: »Die abschließende Frage an euch wäre: Wer ist bereit, morgen auf diesen Kopf zu steigen, seinen eigenen Körper mit sieben anderen zu einem einzigen Ausdruck zu verweben?«

In dieser Nacht finden die Gespräche am Feuer kein Ende. Alles Laute ist einem gedämpften Flüsterton gewichen. Wo ist man hier gelandet? Was geht hier vor? Hinter den fehlenden Annehmlichkeiten des Alltags verborgen, liegt eine Faszination auf diesem Hof, eine Magie, die jeden einzelnen spürbarer und entschlossener zu ergreifen beginnt.

Längst sind Tennis- und Golfschläger in irgendwelche Ecken gestellt und vergessen. Auch an die Schlafsäcke mit ihrem komplizierten Ein- und Ausstieg hat man sich gewöhnt. Die Batterien der Funktelefone sind leer, die Geräte liegen achtlos zwischen Kleidungsstücken am Boden. Auf den dicken, den Kornspeicher durchziehenden Tauen hängen Handtücher zum Trocknen. Während ein Teil der Gäste mit den Hofbewohnern das Frühstück vorbereitet, joggen andere durch den Wald. Um 10.00 Uhr beginnen die Workshops. Es ist fast so etwas wie Alltag eingekehrt – an einem ungewöhnlichen Ort, in ungewöhnlicher Gesellschaft.

Auch die Vorbereitungen für die abendliche Aktion haben begonnen. Acht Personen sind der Einladung des Malers nachgekommen; Hamburger wie Brölliner haben sich bereit erklärt, bei der Erarbeitung des dreidimensionalen Bildes mitzuwirken. Im Verlauf des Tages kommen weitere Vorbereitungsarbeiten außerhalb der Halle hinzu, greifen auf das Geschehen des Hofes über. Während einige den auf dem Gelände befindlichen Baukran wieder gangbar machen, um damit den Kopf in die Höhe ziehen zu können, kümmern sich andere um die Präparation der Feuerstelle, installieren Scheinwerfer oder helfen, den Stahlkopf mit petroleumgetränktem Leinen zu umwickeln. Ein alles und alle erfassender atmosphärischer Sog entsteht.
Da der Kran aus eigener Kraft nicht fahren kann, werden Schiffstaue geholt. Über hundert Leute ziehen (inzwischen sind auch Bauern aus dem nahen Dorf hinzugekommen) in einer »ägyptisch« anmutenden Aktion das vierzig Tonnen schwere Gerät mit gemeinsamer Kraft zum zentralen Feuerplatz.

Die Abenddämmerung bricht herein. Nur die Künstlercrew und die acht Personen, die das Gesicht des Kopfes darstellen werden, befinden sich im Raum. Die Flügeltore der großen Halle öffnen sich, warmes, weiches Licht fällt aus dem Inneren auf den inzwischen dunkel gewordenen Hof.
Während acht Leute den großen Kopf auf ihren Schultern zum Kran im Zentrum des Platzes tragen, schreiten alle anderen durch die stählerne Theaterkulisse hindurch zur Feuerstelle. Gregorianische Gesänge legen sich über die Landschaft

»Ich würde euch jetzt bitten, nach vorne zu kommen«, der Maler zeigt auf ein entfachtes Feuer, »und einen Gegenstand, der Euch persönlich etwas bedeutet, den Flammen zu übergeben.« Einige werfen ihre Uhren ins Feuer, andere ihre Jahresplaner mit den zurückliegenden und den kommenden Terminen. Talismänner, Geldscheine und Briefe gehen in den Flammen auf

Dann spannt sich das Seil. Der Kran zieht den Kopf mit acht darin verfangenen Menschen in den Nachthimmel. Das Bild verändert sich ... Die Körper beginnen miteinander in Beziehung zu treten, werden zu Lippen, zu Augen, zur Nase ... Je mehr der Stahlkopf an Höhe gewinnt, desto klarer erscheinen die Konturen eines Gesichts, dessen Ausdruck sich immer mehr dem des großen Gemäldes in der Halle nähert.

Langsam, kaum merklich, dreht sich der Kopf im Wind, zwingt jeden der Beobachter für einen Moment in sein Blickfeld, ergreift ihn, fängt ihn ein. Es liegt etwas Unsagbares in diesem Augen-Blick, etwas Dämonisches, dem sich keiner zu entziehen vermag. Schließlich ändert der Kran die Richtung, bringt seine menschliche Fracht langsam und behutsam wieder zur Erde zurück.

Der Feuerkünstler tritt nach vorne und bläst eine gewaltige Flamme durch den eisernen Mund. In Sekundenschnelle züngelt sich das Feuer am Stahlkopf empor, vereinigt sich zu einem einzigen, die gesamte Skulptur umhüllenden Flammenmeer. Vor dem Hintergrund des Nachthimmels gewinnen die Flammen an Gestalt, lassen ein Gesicht erkennen, ein archaisches Feuergesicht, dessen Ausdruck – jede Sekunde wechselnd – alles in seinen Bann schlägt.

Irgendwann brennen nur mehr Augen und Mund. Schließlich erlöschen auch sie, und dichter, weißer Rauch fällt schwer wie Regen zu Boden.

Die Menge löst sich auf. Die Menschen versickern in der Dunkelheit, wollen mit sich alleine sein. Viele haben Tränen in den Augen. Eine schwere Stille legt sich über den nun menschenleeren Platz. Nur der Wind ist zu hören, der sich in der noch qualmenden Skulptur verfängt.
Irgendwann kommen die ersten wieder zurück, lösen sich aus ihrer Vereinzelung, tauchen auf im Licht und liegen sich gegenseitig in den Armen. Alle Unterschiede, Gegensätze und Ideologien verblassen vor dem gemeinsam Erlebten. Später, weit über Mitternacht, beginnen die ersten zu tanzen, dann alle – vor dem großen Gemälde in der Halle; ein dionysischer Tanz, bis in die frühen Morgenstunden.

Zurück in den Alltäglichkeiten

Nach der Rückkehr aus Bröllin sind zwei Hamburger Firmen über Tage hinweg lahmgelegt. Die Schilderungen und Erzählungen ihrer Mitarbeiter nehmen kein Ende. Auch Fragen und Gerüchte machen die Runde. Indizien, daß die Sache vielleicht nicht so war, wie ursprünglich gedacht, häufen sich. Zwei kurz vor der Reise eingestellte Praktikantinnen tauchen nicht mehr auf. Man stellt fest, daß das ursprünglich gebuchte Hotel für die Gruppe viel zu klein gewesen wäre. Es hätte weder die nötige Zimmerkapazität gehabt noch einen entsprechenden Konferenzraum. Mehr Informationen fließen zusammen; der eine hört dies, der andere das…

Noch am gleichen Abend, unmittelbar nach der Abfahrt der Hamburger, erleben die Bewohner Bröllins einen »Realitätsschock«. Als die Gruppe um den Maler bekanntgibt, daß es sich bei den gesamten Vorkommnissen der letzten Tage – von der Ankunft des Busses bis zur Feuerperformance – um eine Inszenierung gehandelt hat, beginnt eine heftige, die ganze Nacht über bis zum Morgengrauen gehende Auseinandersetzung. Einige fühlen sich zutiefst verletzt, andere schwärmen von der Gewaltigkeit der

Aktion. Die Diskussion um Kunst und Wahrheit, Fälschung und Sinn droht die Gruppe zu zerreißen...

In Hamburg werden alle Beteiligten nach vier Tagen der echten und falschen Beweisaufnahme zu einem gemeinsamen Treffen gebeten. Klarheit soll her über die Frage nach Wahrheit und Zufall, Inszenierung und Realität, Kunst und Kommerz. Und vor allem – wozu das Ganze?

Auszüge aus der Versammlung/Tonbandprotokoll

»Wir können das alles nicht mehr nachvollziehen. Einige stellen jetzt einfach alles in Frage, haben jegliche Orientierung verloren...«

»... und jetzt erfahre ich plötzlich, daß gelogen wurde. Ich weiß überhaupt nicht mehr, was ich glauben soll!«

»Ich denke, daß es Situationen, in denen ich sage, ich bin Opfer gewesen, für mich einfach nicht mehr gibt. Jeder steht in seiner Verantwortung, hat seinen Anteil an der Sache.«

»Wenn ich jetzt weiß, daß alles inszeniert war, dann fühle ich mich derart verarscht! Ich habe eine Zehn-Dollar-Note in diesen Scheiterhaufen geworfen!«

»Jeder Mensch hat seine Grenzen, seine eigene Privatheit. Wenn ich die öffne, dann nur, weil ich dem anderen vertraue; wenn ich also sage, es ist so, weil es so hätte sein müssen.«

»Vielleicht habt ihr mein ganzes Leben durcheinandergebracht, und ich wollte es gar nicht!!«

»Ich habe gelernt, daß viel mehr im Menschen steckt, als sich oberflächlich zeigt. Die Frage ist, darf ich an solche Bereiche ran?«

»Ich für meinen Teil hätte keiner einzigen Intervention weniger bedurft, sonst hätte ich einfach wieder zugemacht. Ich brauchte das, in jedem einzelnen Punkt, um mich derart öffnen zu können.«

Wo fängt ein Bild an, wo hört es auf?

Ist es möglich, Menschen so in ein Bild mitzunehmen, daß es Teil ihrer Wirklichkeit wird? Daß sie das Dargestellte in einer übersetzten Form erleben und damit am Schaffensprozeß selbst beteiligt sind? Das war der Grundgedanke der Aktion, und nur eine Ausnahmesituation konnte den Boden dafür bereiten. Sie herzustellen bedurfte des Akts der Entführung aus der eigenen in eine fremde Welt. Es war ein Überfall auf zwei Wirklichkeiten, auf diejenige der Hamburger Werbefachleute und die der Bewohner Bröllins.

Um das zu bewerkstelligen, arbeiteten fünf Teams[4] an der Inszenierung dieses unsichtbaren Theaters; ein Theater, das weder vorgeschriebene Rollen noch Texte kannte; in dem es unmittelbar und ad hoc zu reagieren galt, zu manövrieren entlang einer Vielzahl von Möglichkeiten, und dies so gut und so lange, bis die in die Welt gesetzte Täuschung, im Augenblick ihres Höhepunktes, aufhörte, eine Fälschung zu sein.

4 Die Berliner Künstlergruppe um den Maler, zwei in die Hamburger Firmen eingeschleuste Praktikantinnen, drei Personen aus der Verwaltungsgruppe des Gutes, die beiden Damen von der Reiseleitung inklusive des Mannes an der Hotelrezeption und das vor Ort weilende Kamerateam.

Wolf-A. Konrad
Das Ich-Bewußtsein – Anmerkungen zur Konstruktion der Identität

Der Mensch, der Frosch und der Radikale Konstruktivismus

Gregory Bateson sagte im August 1968 in London auf der Konferenz über die Dialektik der Befreiung,[1] Dr. Laing habe »darauf hingewiesen, daß es den Menschen sehr schwer fallen kann, das Offensichtliche zu sehen. Der Grund liegt darin, daß Menschen selbstregulierende Systeme sind. Sie sind selbstregulierend mit Bezug auf Störungen, und wenn das Offensichtliche nicht so beschaffen ist, daß sie es leicht und ohne innere Störung assimilieren können, dann setzen ihre selbstregulierenden Mechanismen ein, um es beiseite zuschieben, zu verstecken, selbst die Augen zu verschließen, wenn notwendig, oder verschiedene Teile des Wahrnehmungsprozesses abzuschaffen«.

Eine solche offensichtliche Selbstverständlichkeit[2] scheint unser

1 Bateson, Gregory: *Ökologie des Geistes – Anthropologische, psychologische, biologische und epistemologische Perspektiven,* Frankfurt am Main: Suhrkamp, 3. Auflage 1990, S. 553.

2 Etwas ist dann »offensichtlich«, wenn es aus allgemeinem Konsens schlüssig folgt. Wenn hier von »offensichtlichen Selbstverständlichkeiten« die Rede ist und weiter unten von »offensichtlichen Tatsachen« gesprochen wird oder Aussagen gemacht werden wie »es gibt ein Nervensystem«, dann soll hierdurch nicht auf eine »real existierende Wirklichkeit« Bezug genommen werden. [Die Unterscheidung zwischen »Wirklichkeit« und »Realität«, wie sie etwa von Gerhard Roth (»Das konstruktive Gehirn«, in: Siegfried J. Schmidt (Hg.), *Kognition und Gesellschaft. Der Diskurs des Radikalen Konstruktivismus 2*, Frankfurt am Main: Suhrkamp 1992, S. 321 f.) getroffen wird, scheint mir nicht sinnvoll, da wir über das, was Roth unter *Realität* versteht, gar nichts aussagen können und somit auch der Begriff selbst überflüssig wird. Jedes sprachlich faßbare Wissen von der *Realität* ist ein kognitives Konstrukt und somit immer schon *Wirklichkeit* im Sinne Roths. Arno Ros macht dies in seiner Kritik deutlich. (A. Ros, »›Konstruktion‹ und ›Wirklichkeit‹. Bemerkungen zu den erkenntnistheoretischen Grund-

Menschsein zu sein. Was auch immer das sein mag, ein Mensch, wir sind es.

Ja, gut, wird man sagen, aber was soll man mit der Aussage, *daß* wir Menschen sind, auch anfangen? Interessant wäre es doch zu erfahren, *was* das denn ist: ein Mensch.

Und schon fangen wir an, in die Irre zu gehen. Denn diese Frage vergißt ja bereits, daß es der Mensch selbst ist, der da fragt. Wie soll ein organismisches System (Mensch) von einzelnen, in den Gesamtzusammenhang desselben Systems eingebundenen Teilen (neuronaler Apparat) überblickt, verstanden oder erklärt werden. Offensichtlich kann das nicht gehen.

Ebenso offensichtlich ist es, daß diese offensichtliche Tatsache hartnäckig ignoriert wird. Es steht, will man Gregory Bateson bzw. Ronald D. Laing folgen, zu vermuten, daß ihre Anerkennung eine Störung unseres Selbstverständnisses bedeuten würde, die wir nicht zulassen wollen, und wir scheinen im Verlauf unserer Kulturgeschichte eine ungeheure Fähigkeit entwickelt zu haben, viele Dinge zu diesem Zweck so verquer wie nur irgend möglich zu betrachten.[3]

annahmen des Radikalen Konstruktivismus«, in: Gebhard Rusch/Siegfried J. Schmidt, *Piaget und der Radikale Konstruktivismus, DELFIN 1994*, Frankfurt am Main: Suhrkamp 1994, S. 176 ff.)]
Auch wenn sich meine Ausdrucksweise an umgangssprachliche Konventionen anlehnt (denen ja traditionell eine »realistische« Vorstellung des Erkenntnisgewinns zugrunde liegt), so ist doch immer etwas anderes gemeint: Eine »offensichtliche Tatsache« etwa ist ein begriffliches Argument, das im Gesamtkontext der intendierten Theoriebildung »Sinn« macht, also funktional ist und keine Widersprüche produziert.

3 Zu jedem Zeitpunkt kann immer nur geschehen, was im Rahmen der jeweils gegebenen Situation möglich ist. Indem gehandelt wird (oder vielleicht auch nicht gehandelt wird, aber Zeit vergeht), wird eine Auswahl getroffen. Eine neue Situation entsteht, in der sich die Möglichkeiten verändert haben. Viele der in der alten Situation existierenden Handlungsalternativen bestehen nicht mehr, dafür haben sich vorher bestehende Optionen ausdifferenziert. Vergleichbar mit einem Schachspiel verringert sich die Anzahl der möglichen Handlungsalternativen [Spielzüge] mit jeder ausgeführten (oder verpaßten) Handlung [Spielzug]. Jedes neu entstehende kulturgeschichtliche Faktum grenzt, indem es dem Menschen eine *bestimmte* Wirklichkeit schafft, Möglichkeiten aus. Die ideengeschichtliche Entwicklung hat einen bestimmten, nicht mehr umkehrbaren Verlauf genommen. So wird auch, was gegenwärtig

Trotzdem führt kein Weg daran vorbei, daß wir als Menschen die Welt[4] erkennen und als Menschen über sie nachdenken. So wissen wir also nicht, was ein Mensch *an sich* ist, und werden es auch nie erfahren, es ist schon Unsinn, überhaupt danach zu fragen. Wie soll der Frosch erkennen, was er *an sich* ist?[5] Das einzige, was der Frosch jemals erkennen wird – und tatsächlich bereits erkannt hat – ist, was er für den Frosch ist.

Auch der Mensch erkennt den Frosch nicht *an sich*, sondern er erkennt das, was der Mensch erkennt, wenn er als Mensch den Frosch betrachtet. Ob der Frosch – aus seiner Innensicht – der Erkenntnis dessen, was ein Frosch *an sich* ist, näher steht als der Mensch – der die Innensicht des Frosches mit dem Messer erzwingt – bleibt unentschieden.

Ein Frosch ist für eine Fliege etwas ganz anderes als für einen Storch.[6] Erkenntnis setzt Frosch *und* Betrachter voraus. Es muß

und in Zukunft gedacht werden kann, von dem eingeschränkt, was bisher gedacht worden ist. Eigenartige Wissensstrukturen sind so entstanden, und viele unserer – bei genauem Betrachten völlig unhaltbaren – Selbstverständlichkeiten lassen sich nur verstehen, wenn man die historischen Bedingungen ihrer Genese betrachtet.

4 Die Begriffe *Wahrheit, Welt, Wirklichkeit, Realität* (vgl. Fußnote 2), *Weltkonstruktion* etc. werden im folgenden fast synonym verwendet. Ebenso kann man *deuten* oder *erkennen* durch *errechnen* ersetzen usw. Mit anderen Worten, die Begrifflichkeit lebt von der Hoffnung, vom Leser verstanden werden *zu wollen.*

5 Es soll hier nicht das Erkenntnisvermögen des Frosches diskutiert werden. Es ist evident, daß Frösche nicht einmal Autos auf einer nassen Landstraße erkennen und es also mit ihrem Erkenntnisvermögen nicht sehr weit her sein kann. Es soll nur gesagt werden, daß der Erkenntnisakt immer einen Standpunkt voraussetzt, von dem aus erkannt wird, und daß der Mensch von seinem Standpunkt ebensowenig abstrahieren kann wie der Frosch. Man komme nicht mit dem Einwand, der Mensch könne sich durchaus vorstellen, wie es sein mag, als Frosch auf der nassen Straße zu sitzen, wogegen der Frosch sich niemals wird vorstellen können, ein Auto zu steuern. Als Mensch kann ich mir natürlich vieles vorstellen, aber stimmt es dann auch? Wenn ich mir vorstelle, als Frosch auf der Straße zu sitzen, reicht meine Vorstellung dann aus, nicht mehr zu wissen, welche Gefahr von einem Auto ausgeht? Kann ich wirklich das Wohlgefühl des Frosches nachempfinden, der an einem kalten Regentag auf der Straße sitzt, während die Lastwagen über ihn wegbrettern. Die Welt des Frosches (oder der Fledermaus) ist mir so fremd wie ihm die meine.

eine Beziehung bestehen: Das betrachtende Subjekt ist Bestandteil der Betrachtung.

Der Radikale Konstruktivismus als Erkenntnistheorie stellt diese Subjekt-Objekt-Beziehung jederzeit her. Es ist der Zustand des neuronalen Systems, der für die Beschaffenheit der Erkenntnis verantwortlich ist. Durch diesen Selbstbezug erscheint der Radikale Konstruktivismus mitunter paradox und voller innerer Widersprüche, wie Münchhausen, der sich selbst und sein Pferd am Schopf aus dem Schlamm zieht. Aber warum auch nicht, »denn das Paradox ist des Gedankens Leidenschaft, und der Denker, der ohne das Paradox ist, er ist dem Liebenden gleich, der ohne Leidenschaft ist: ein mäßiger Patron«.[7] Zudem wird dieses Paradox nicht vom Radikalen Konstruktivismus geschaffen: Es gibt ein Nervensystem.[8] Das sagen nicht nur Humberto Maturana und Francisco Varela, das sagen alle, sogar die, die einem erkenntnistheoretischen Relativismus ablehnend gegenüberstehen. Wer aber dem Nervensystem Realität zugesteht, dem wird es schwerfallen, den Funktionen des Nervensystems diese Realität zu verweigern: Dieses menschliche Nervensystem produziert die *Vorstellung von einem Nervensystem* (also die Vorstellung von sich selbst) im Rahmen der strukturellen Koppelung mit seinem Milieu. All unser Wissen über das Nervensystem ist nichts anderes als ein Produkt eben dieses Nervensystems. Dieses Paradox besteht allemal und wird von einer »realistischen«, nicht-relativistischen Erkenntnistheorie eher ignoriert als gelöst.[9]

6 »Das Haus ist, was es ist – sicher; aber: *was* ist es? Verschiedene Dinge für verschiedene Menschen und wieder ganz Verschiedenes für den Haushund, die Ratte, die Bettwanze, den Storch auf dem Dach.« Paul Feyerabend, *Wissenschaft als Kunst,* Frankfurt am Main: Suhrkamp, 1. Auflage 1984, S. 81.

7 Sören Kierkegaard, *Gesammelte Werke* (hg. v. Emanuel Hirsch und Hayo Gerdes), 10. Abteilung: *Philosophische Brocken. De omnibus dubitandum est,* Köln: Eugen Diederichs Verlag, Lizenzausgaben des Gütersloher Verlagshauses Gerd Mohn, 1981, S. 35.

8 Wie jeder Begriff hat auch der des *Nervensystems* rein hypothetischen Charakter und will keineswegs ein real existierendes Etwas mit bestimmter angebbarer Beschaffenheit postulieren. (Vgl. Fußnote 2.)

9 »Erst anhand von zuverlässigen Kriterien der Geltung unserer Urteile können wir prüfen, ob wir unseres Wissens auch gewiß sein dürfen. Allein, wie könnte vor dem Erkennen das Erkenntnisvermögen kritisch untersucht werden, wenn doch auch diese Kritik selber Erkenntnis zu

Paul Feyerabend, der den Radikalen Konstruktivismus nicht ins Herz geschlossen zu haben scheint, meint, in einem »Labyrinth von Sinnesdaten« wären wir »unfähig, nur einen Gedanken zu fassen«.[10] Damit hat er zweifellos recht.
Es besteht die Notwendigkeit zu sortieren, Ordnung zu *schaffen*. Die Ordnung der Welt ist nicht sowieso, sie wird von uns in die Welt gebracht. Mit anderen Worten: Wir bringen die Welt in Ordnung, damit wir sie verstehen.
Paul Feyerabend schreibt weiter: »Auch würde uns die größte Kreativität nicht zu dem Schritt verhelfen, mit dem die Erkenntnis angeblich beginnt: gestellt in ein ›Labyrinth von Sinnesdaten‹ sind wir verwirrt und desorientiert, unfähig, nur einen Gedanken zu fassen, geschweige denn, durch schöpferische Handlungen eine ganze Welt zu konstruieren«.
In dieser Aussage wird nun eine eigenartig verquere Situation angenommen, und es stellt sich die Frage, *wer* oder *was* dieses »Wir« ist, das da steht, »unfähig, nur einen Gedanken zu fassen«? Wenn dieses »Wir« nicht bereits ein gerütteltes Maß an eigener

sein beanspruchen muß?« schreibt Jürgen Habermas (*Erkenntnis und Interesse*, Frankfurt am Main: Suhrkamp, 1973, S. 15), und er zitiert Hegels *Vorlesungen über die Geschichte der Philosophie* (Bd. III, Ausg. Glockner, Bd. XIX, S. 555 f.): »Die Forderung ist also diese: Man soll das Erkenntnisvermögen erkennen, ehe man erkennt; es ist dasselbe wie mit dem Schwimmenwollen, ehe man ins Wasser geht. Die Untersuchung des Erkenntnisvermögens ist selbst erkennend, kann nicht zu dem kommen, zu was es kommen will, weil es selber dies ist«. Wie J. Habermas (ebd.) schreibt, verstrickt sich »jede konsequente Erkenntnistheorie (...) von Anbeginn in diesen Zirkel«.
Der Radikale Konstruktivismus löst dieses Problem, indem er auf den Anspruch verzichtet, *wahre* Erkenntnis über die Welt zu liefern: Der einzige Anspruch, den er haben kann, ist es, eine Theorie zu sein, die funktionale Erklärungen liefert, d. h. im Kontext menschlicher Erklärungsbedürfnisse nützlich ist. Er kann auch keineswegs mit dem Anspruch auftreten, die *einzige* Möglichkeit zu sein, wie die Welt sinnvoll kognitiv (re)konstruiert werden kann, aber er bietet sich an, als *eine* sehr weitreichende Erklärungszusammenhänge integrierende und in sich konsistente *Variante* (wobei er aber – aus bekannten Gründen – darauf verzichten muß, diese innere Konsistenz zu beweisen).
10 Paul Feyerabend: *Wissenschaft als Kunst*, a.a.O., S. 112.

kognitiver Struktur mitbringt, die ihm bei der Verarbeitung von Sinnesdaten zur Hand geht, dann wird es allerdings »verwirrt und desorientiert« dastehen. Kreativität – um die es Feyerabend in diesem Zusammenhang geht – bedeutet, das »Labyrinth von Sinnesdaten« im Rahmen vorhandener Sinnstrukturen zu deuten und es damit zu *systematisieren* – dem kognitiven System nutzbar zu machen – im Sinne einer Integration dieser Sinnesdaten in das bereits Bestehende. Solange überhaupt keine Sinnstrukturen vorhanden sind, gibt es kein »Ich« und also auch kein »Wir« und entsprechend auch keine Möglichkeit, Neues zu integrieren, und ein völlig strukturloses Etwas wird immer »unfähig (sein), nur einen Gedanken zu fassen«, egal wohin man es stellt.

Einstürmende Sinnesdaten werden vor dem Hintergrund vorhandener kognitiver Sinnstrukturen gedeutet, durch Denken systematisiert, i. e. dem System angegliedert und nutzbar gemacht. »Kreativität« und »schöpferische Handlungen«, von denen Paul Feyerabend spricht, scheinen in diesem Zusammenhang auch nicht die richtigen Begriffe zu sein: Es ist m. E. ein Mißverständnis, wenn da geglaubt wird, Radikaler Konstruktivismus müsse bedeuten, daß jeder sich nach eigenem Belieben seine Welt zurechtzimmern kann. Es besteht keine Freiheit, Sinnesdaten so oder anders zu deuten. Die vorhandene Struktur determiniert die Deutung oder schränkt zumindest die Anzahl der Deutungsmöglichkeiten stark ein.

Neu entstehende Ordnung ist nicht beliebig, sondern modifiziert die bereits bestehende Ordnung bestenfalls. Die Welt muß immer in genau *die* Ordnung gebracht werden, die *Sinn* macht und also *verstanden* werden kann.

Die Wahrheit *soll* logischen bzw. die Realität *soll* kausalen Gesetzen folgen.[11] Das Konzept einer derart theoretisierbaren Welt hat sich bewährt, es erfüllt seinen Zweck. Die Ordnung die produziert wird, dient dem Zweck, handeln zu können. Um eine ganze Welt zu ordnen, braucht man ein Ordnungssystem, das Raum, Zeit und Kausalität in die Welt bringt; Dinge wie oben–unten, schwer–leicht, groß–klein usw. sind hierfür unverzichtbar. (Menschliches)

11 »Andererseits aber ist alle Kausalität nur im Verstande und für den Verstand; jene ganz wirkliche, d. i. wirkende Welt, ist also als solche immer durch den Verstand bedingt und ohne ihn nichts«. Arthur Schopenhauer, *Die Welt als Wille und Vorstellung*, Sämtliche Werke, Band 1, Darmstadt: Wiss. Buchgesellschaft 1961, Stuttgart und Frankfurt am Main: Cotta-Insel, S. 46 [§ 5].

Denken beruht auf (menschlicher) Existenz, wie sie erfahren wird. Nichts ist wirklich schwer oder leicht, solange man nicht weiß, für wen es schwer oder leicht ist: Ist es für die Ameise schwer, für den 200-Tonnen-Kran leicht? Der Denkende bringt die Dinge in einen Bezug zu sich selbst, ohne diesen Bezug sind die Dinge gar nicht (denkbar).[12]

Der Radikale Konstruktivismus integriert diesen Subjekt-Objekt-Bezug in seine Sichtweise. Die Faszination dieses Ansatzes liegt ja gerade darin, daß es nicht hier den Konstrukteur und dort das konstruierte Produkt, die Konstruktion, gibt. Subjekt und Objekt der Handlung fallen zusammen. Der Konstrukteur (das zentrale Nervensystem) sitzt nicht am Reißbrett, um eine Konstruktion zu erstellen, die seinen Vorstellungen – oder besser gesagt: einer gegebenen Problemstellung – genügen soll; es hat keine Distanz zu seiner Konstruktion, es steht seiner Konstruktion nicht gegenüber: es *ist* seine Konstruktion.[13]

Der Mensch hat mithin auch keinen Überblick und keine Kontrolle über die Konstruktionsleistung seines eigenen Nervensystems. Unfähig, sich aus dem Kontext zu lösen, in dem er steckt, kann er niemals frei sein, sich selbst zu erkennen[14] – dieser Kontext

12 »Aber nicht nur dieserhalb, sondern schon weil überhaupt kein Objekt ohne Subjekt sich ohne Widerspruch denken läßt, müssen wir dem Dogmatiker, der die Realität der Außenwelt als ihre Unabhängigkeit vom Subjekt erklärt, eine solche Realität derselben schlechthin ableugnen. Die ganze Welt der Objekte ist und bleibt Vorstellung und eben deswegen durchaus und in alle Ewigkeit durch das Subjekt bedingt: d.h. sie hat transzendentale Idealität«. Schopenhauer: *Die Welt als Wille und Vorstellung*, a.a.O., S. 46 [§ 5].

13 Die Rede vom *Konstruieren* kann m. E. hier nicht »im üblichen Sinne dieses Ausdrucks« als planvoll aufeinander abgestimmtes Tun, das »etwas Bestimmtes hervorbringen« will, wie Arno Ros (a.a.O., S. 202) fordert, verstanden werden. Dem Konstruktionsbegriff liegt hier vielmehr ein Versuchs- und Irrtumsprozeß zugrunde: alles, was da neu ist, wird so lange vor dem bestehenden Hintergrund hin- und hergeschoben, bis eine Stelle gefunden ist, an der es »paßt«.

14 Umgekehrt bedeutet das: Wenn es der gedanklichen Struktur gelingt, sich als Ganzes zu begreifen, dann hat sie ihre eigene Struktur verlassen und sich gleichsam außerhalb ihrer selbst gestellt. Ich-Bewußtsein und Identität lösen sich auf. Genau das scheint ja der Trick mit der Selbsterkenntnis zu sein: Erst wenn das konventionelle Menschsein als Nicht-Ich erkannt ist, wenn menschliche durch nicht-menschliche

macht ja seine gesamte Existenz überhaupt aus: er (bzw. *sein*[15] Nervensystem) *ist* dieser Kontext. Was auch immer ich als Ganzes erkennen will, muß ich mir gegenüberstellen können. Eine ge-

Kontexte ersetzt sind, erkennt der Mensch sich selbst. Ein schönes Paradox, denn das, was er jetzt erkennt, das ist er ja nicht mehr. Der *Erlöste* erkennt, daß die Kontexte eben nur Kontexte sind, und *erfährt*, daß es eine Existenz außerhalb dieser Kontexte gibt. Schopenhauer (a.a.O., S. 246) schreibt über die Möglichkeit solcher Erkenntnis: »Während die Individuen, in denen sie (*die Idee* im Sinne Platons, W. K.) sich darstellt, unzählige sind und unaufhaltsam werden und vergehn, bleibt sie unverändert als die eine und selbe stehen, und der Satz vom Grunde hat für sie keine Bedeutung. Da dieser nun aber die Form ist, unter der alle Erkenntnis des Subjekts steht, sofern dieses als *Individuum* erkennt; so werden die Ideen auch ganz außerhalb der Erkenntnissphäre desselben als solchen liegen. Wenn daher die Ideen Objekt der Erkenntnis werden sollen; so wird dies nur unter Aufhebung der Individualität im erkennenden Subjekt geschehen können«. Bei Kierkegaard (aus seiner christlichen Sicht) ebenso wie bei zahlreichen Religionen der Naturvölker (Vgl. z. B. Mircea Eliade: *Schamanismus und archaische Ekstasetechnik*, Frankfurt am Main: Suhrkamp 1975) stellt sich dieses Verlassen der Kontexte, die das eigene Sein ausmachen, oft als *Tod* dar, als *absterben.* »Mithin zuerst der Tod, zuerst mußt du absterben allem bloß irdischen Hoffen und allem bloß menschlichen Vertrauen, du mußt absterben deinem selbstischen Wesen [...], oder der Welt; denn nur vermöge deines selbstischen Wesens hat die Welt über dich Macht; bist du deinem selbstischen Wesen abgestorben, so bist du auch abgestorben der Welt. Aber natürlich ist da nichts, daran der Mensch so fest haftet – ja mit seinem ganzen Selbst haftet – wie an seinem selbstischen Wesen! O, wenn in des Todes Stunde Seele und Leib sich scheiden, keineswegs ist dies so schmerzlich als sich scheiden sollen von seiner Seele bei lebendigem Leibe. Und keineswegs haftet ein Mensch so fest an diesem sinnlichen Leben, wie das selbstische Wesen eines Menschen haftet an seinem selbstischen Wesen«. (Sören Kierkegaard, *Gesammelte Werke*, Hg. Emanuel Hirsch und Hayo Gerdes, 27., 28. und 29. Abteilung: *Erbauliche Reden 1850/51*, Eugen Diederichs Verlag, Köln, Lizenzausgaben des Gütersloher Verlagshauses Gerd Mohn, 1981, S. 110.) Der letzte Satz in obigem Zitat könnte auch gelesen werden :»Das selbstische Wesen haftet an sich selbst«. Es ist also nur, weil und insofern es an sich selbst haftet. Indem es losläßt, ist es nicht mehr. Es ist, da es denkt, es sei. So könnte man sagen: ich denke mich, also bin ich.

15 *Wer* ist es denn, der dieses Nervensystem *hat*, das das Ichbewußtsein produziert?!

dankliche Struktur kann, in Selbstreflexion versunken, bestenfalls Schleifen bilden, aber keine Perspektive einnehmen, die es erlauben würde, die eigene Gesamtstruktur zu *über*blicken. Dieser Mangel, niemals die *wirkliche Pracht der ganzen Wahrheit* erblikken zu können, der dem Radikalen Konstruktivismus vorgeworfen werden kann, wird wiedergutgemacht durch den archimedischen Punkt, den es in der Welt seiner Kritiker nicht geben kann, in einer subjektiven Konstruktion aber durchaus gibt: Das *Ich* ist der Punkt. Wenn es weh tut, werde *ich* die Hand aus dem Feuer nehmen. (»Es gibt keine privatere Manifestation der Wirklichkeit als den Schmerz.«[16]) Und das ist eine Handlung, die nicht weiter hinterfragt werden muß. *Ich* habe keine Alternative. Und es erübrigt sich auch die Überlegung, ob es wirklich sinnvoll ist bzw. innerhalb welchen Bezugsrahmens es sinnvoll ist, die Hand aus dem Feuer zu nehmen. *Ich* bin da, wo es weh tut (oder wo es sich schön anfühlt). Das Wissen von der Welt ist eine Konstruktion, deren Zentrum die Identität[17], die Vorstellungen über die eigene Existenz bildet.

Demgegenüber möchte ich hier unter *Ich-Bewußtsein* etwas anderes verstehen, und zwar jedes (noch so dumpfe und unbestimmte) Wissen eines Individuums davon, daß es angesichts einer fremden Welt existiert. *Identität* ist die kognitive Struktur, die sich auf der Basis dieses Wissens aufbaut und ausdifferenziert. Trotz dieser begrifflichen Bedeutungsunterschiede möchte ich behaupten, daß die Aussage, Ich-Bewußtsein als Ordnungsprinzip beginne immer da aufzutreten, wo Vernetzungen eine Komplexität erreichen, die Bewußtsein entstehen läßt, insgesamt durchaus verträglich ist mit G. H. Meads Auffassungen zu diesem Thema.

16 Vincent, Jean-Didier: *Biologie des Begehrens,* Reinbek bei Hamburg: Rowohlt; Taschenbuchausgabe Dezember 1992, S. 239.

17 Die Begriffe *Ich-Bewußtsein* und *Identität* sind sicher nicht unproblematisch. Für George H. Mead etwa haben Tiere, da sie sich selbst nicht zum Objekt werden können, keine Identität. (George H. Mead, *Geist, Identität und Gesellschaft,* Frankfurt am Main: Suhrkamp, [10]1995, S. 177). Identität bildet sich auch beim Menschen nur durch den Umgang mit anderen Menschen, sie ist »im Grunde eine gesellschaftliche Struktur und erwächst aus der gesellschaftlichen Erfahrung«. (Ebd., S. 182) »Zu seinen Zahnschmerzen hat – glücklicher- oder unglücklicherweise – nur der Betroffene selbst Zugang, aber das ist nicht das, was wir Selbst-Bewußtsein (Identitätsbewußtsein) nennen«. (Ebd., S. 206).

In einem »Metalog«[18] mit seiner Tochter sagt Gregory Bateson zu ihr, er meine, »daß alles Wissen irgendwie miteinander verstrickt ist oder verwoben, wie Stoff, und jedes Stück Wissen hat nur Sinn und Nutzen durch die anderen Stücke«. In dem Gespräch, in dem es dann auch um die Frage der Beziehung, die Wissensinhalte zueinander haben, geht, fragt die Tochter: »Haben wir dann *in Wirklichkeit* nur einen großen Gedanken, der aus vielen kleinen Verzweigungen besteht – vielen, vielen Verzweigungen?« Vater Bateson: »Ja, ich glaube, aber ich weiß es nicht. Jedenfalls halte ich das für eine klarere Ausdrucksweise«.
Wenn das Wissen über die Welt wie ein bunter Teppich oder ein Stoff ist, so daß alles »irgendwie miteinander verstrickt oder verwoben« ist, so ist da doch ein Gedanke der – wie die Kette den Teppich – alles zusammenhält und eine fundamentale Ordnung schafft: der Gedanke, selbst etwas Eigenes, Ganzes zu sein, das der Welt gegenübersteht. Der Kristallisationspunkt des ganzen Kategoriensystems, das Zentrum der Welt ist das Konstrukt *Ich*.

Ich und *Nicht-Ich*

Da ist, so möchte man meinen, zunächst einmal die unmittelbare Gewißheit der Existenz.[19] Die Frage ist jetzt, weiß jedes Individuum deshalb auch, daß es getrennt von dieser Welt lebt, in dem Sinne, daß es zwar Teil dieser Welt, aber nicht selbst diese ganze Welt ist? Die Antwort muß m. E. sein: Ja! Wenn das Bewußtsein dem Individuum den Zweck der Handlungsorientierung in einer

18 »Wieviel weißt du?« (G. Bateson, a.a.O., S. 53-59.). G. Batesons Definition eines Metalogs: »Ein *Metalog* ist ein Gespräch über ein problematisches Thema. In diesem Gespräch sollten die Teilnehmer nicht nur das Problem diskutieren, sondern die Struktur des Gesprächs als Ganzes sollte auch für eben dieses Thema relevant sein«. (Ebd., S. 31.).

19 »Ich bin, ich existiere, das ist gewiß«. So schrieb René Descartes (*Meditationen über die Erste Philosophie, in der die Existenz Gottes und die Unsterblichkeit der Seele bewiesen wird*, Stuttgart: Reclam 1986, S. 83), und es ist ihm insoweit zuzustimmen, als es sich um Gewißheit darüber handelt, daß da Etwas existiert. Gewiß existiert auch der *Gedanke*, »ich« sei dieses Etwas. Ob *dieser Gedanke* aber, um in Descartes' Sprechweise zu bleiben, nicht nur der *Traum eines bösen Dämonen* ist, dafür gibt es keine Garantie.

mehr oder weniger komplexen Umwelt leisten soll, dann muß es doch zumindest eine vage Idee davon haben, daß es irgend so etwas wie eine Umwelt da draußen gibt. Die Gewißheit der eigenen Existenz, verknüpft mit der Vorstellung, daß es etwas gibt, das nicht unmittelbar zu dieser eigenen Existenz gehört, ist aber schon Ich-Bewußtsein. Ich-Bewußtsein ist die Gewißheit des Individuums, daß es als Individuum in und gegenüber einer Welt lebt.[20]
Wenn alle mit Bewußtsein ausgestatteten Individuen eine Identität haben, bedeutet das dann auch, daß sie wissen, daß sie eine Identität haben? Und vor allem (so würde die analytische Philosophie vielleicht fragen), wissen die Individuen, die wissen, daß sie eine Identität haben, auch, daß es ihre *eigene* Identität ist? Kann *ich* ich sein, ohne zu wissen, daß *ich* ich bin?
Jede *Inter*aktion setzt voraus, daß mindestens zwei Einheiten existieren, da es sonst nichts gibt, *zwischen* dem agiert werden kann. Die Existenz eines Individuums setzt immer voraus, daß es mindestens eine Unterscheidung gibt auf der Welt, die die Grenze zwischen diesem Individuum und dem Rest der Welt markiert. Muß das umgekehrt auch bedeuten, daß, angenommen, die Welt wiese *genau eine* Grenze auf, daß diese Grenze zwei Individuen gegeneinander oder ein Individuum gegen die Welt abgrenzt? Sie

20 Selbstbewußtsein könnte jetzt definiert werden als das Wissen dieses Wissens. Die Vorsilbe *selbst-* läßt sich im allgemeinen durch Verdoppelung des Wortes, auf die sich dieses *selbst-* bezieht, ersetzen. (»Die semantische Struktur von Hauptwörtern mit der Vorsilbe «Selbst-» (wird) einsichtiger, wenn man diese Vorsilbe durch das Hauptwort ersetzt (...)«. Heinz v. Foerster, »Das Konstruieren einer Wirklichkeit«, in: Paul Watzlawick, (Hg.), *Die erfundene Wirklichkeit,* München/Zürich: Piper [6]1990, S. 58.) Selbstbewußtsein wäre in diesem Sinne also Bewußtsein vom eigenen (Ich-)Bewußtsein. Ich bin mir aber nicht im klaren, wie bzw. ob sich zwischen dem Wissen um die eigene Identität und dem Wissen dieses Wissens sinnvoll unterscheiden läßt, denn letzteres würde ja bedeuten, Gewißheit zu haben, daß man Gewißheit hat, in und gegenüber der Welt zu existieren. Kann man das ewig weiter treiben? Kann man darüber Gewißheit haben, daß man Gewißheit hat, Gewißheit zu haben usw., oder hat man einfach nur Gewißheit und hat sie eben? Kann *ich* sein, ohne zu wissen, daß *ich* bin? (Wenn sich das Tier nicht im Spiegel erkennt, so deutet das darauf hin, daß es seine äußere Erscheinung nicht mit seiner Vorstellung von sich selbst in Kongruenz bringen kann, nicht darauf, daß es keine Identität hat.)

könnte auch eine homogene Welt in zwei Teile teilen und so zwei Welten gegeneinander abgrenzen. Aber wo bliebe dann das Bewußtsein? Wenn eine dieser beiden Welten jetzt Bewußtsein entwickelt, dann wird das ein Bewußtsein sein von: diese Welt hier und jene Welt dort, von vor der Grenze und hinter der Grenze, von innen und außen, von Ich und Nicht-Ich. Das sich von der Welt abgrenzende Ding wird zum Individuum, indem es Bewußtsein entwickelt – Bewußtsein, das notwendig Ich-Bewußtsein sein muß. Ich-Bewußtsein ist also zunächst einmal nichts anderes als die Feststellung (Unterscheidung), jetzt hier zu sein und nicht dort. Wo immer im Tierreich das zentrale Nervensystem eine Komplexitätsstufe erreicht, die Bewußtsein entstehen läßt, wird es sinnvollerweise diese Unterscheidung treffen, und Bewußtsein wird als Ich-Bewußtsein auftreten. So ist es auch zu verstehen, wenn Roth vermutet, daß das *Ich* »ein spezifisch hervorgehobener komplexer Zustand des Gehirns (ist), der in komplexen, selbstreferentiell organisierten kognitiven Systemen notwendig auftritt«.[21]

Denken als *Funktion* des Körpers

Das Geißeltierchen, das da im Tümpel sein Wesen treibt, es überprüft die Beschaffenheit des Wassers in seiner Umgebung und, wenn es unzufrieden ist, wird es mit Hilfe seiner Geißel die Position verändern, dann wieder das Wasser prüfen usw.[22] Es besteht ein geschlossener Regelkreislauf, der zwischen innerem und äußerem Zustand vermittelt.

Der Mensch ist durch einen ähnlichen kybernetischen Kreislauf an seine Umwelt gekoppelt, einen Kreislauf, der allerdings ungleich

21 G. Roth, »Erkenntnis und Realität. Das reale Gehirn und seine Wirklichkeit«, in: G. Pasternack (Hg.): *Erklären, Verstehen, Begründen.* Bremen: Zentrum philosophische Grundlagen der Wissenschaften, 87-109, S. 105, zitiert von: S. J. Schmidt: »Der Radikale Konstruktivismus: Ein neues Paradigma im interdisziplinären Diskurs«, in: Siegfried J. Schmidt (Hg.), *Der Diskurs des Radikalen Konstruktivismus,* Frankfurt am Main: Suhrkamp [3]1990, S. 11-88, hier S. 20.

22 Vgl.: Humberto Maturana/Francisco Varela, *Der Baum der Erkenntnis – Die biologischen Wurzeln des menschlichen Erkennens,* Bern/München/Wien: Scherz Verlag 1987, S. 164.

verwickelter ist, da er Eingabewerte anders verarbeitet als das Geißeltierchen. Trotzdem, das Prinzip ist insofern das gleiche, als unser gesamtes Wissen nur die *Funktion*, die *Formel* ist, mit der Umwelt und Verhalten errechnet werden.[23]
Das Denken schwebt nicht im leeren Raum, sondern ist Teil unseres Menschseins. Die Säfte, die da fließen, die Empfindungen, alles, was da in uns lebt, wird nicht erdacht, sondern ist Grundlage und Ursache des Denkens. Das Denken ordnet diese gefühlte Wirklichkeit und gibt ihr Struktur.
Indem der Geist vom Körper abgetrennt wird, sich verselbständigt, verliert unser Denken seine Wurzeln, denn der Wert, den die Welt für das lebendige Subjekt hat, läßt sich nicht durch Denken erzeugen. Die Verselbständigung des Denkens (und der Sprache), die Vorstellung, das Denken stehe nicht im Dienst physiologischer Vorgänge, sondern sei ein selbständiges Etwas, hat in eine Situation geführt, in der vergessen scheint, weshalb überhaupt gedacht wird. Denken, losgelöst von seiner Bestimmung, wuchert in alle Richtungen. Aber es ist etwas anderes, etwas außerhalb des Denkens Liegendes, das Denken hervorbringt. Denken ist nicht Selbstzweck, sondern Mittel zu Zwecken, die vorgegeben sind.[24]
Die Vitalität der Affekte, die Begierde oder das Begehren, wie Jean-Didier Vincent[25] es nennt, muß etwas sein, das dem Denken vorausgeht. Die kognitive Konstruktion als solche ist leer und blutlos. Sie stellt lediglich Kontexte her, innerhalb deren Leben und Welt (was auch immer das sein mag) für den Organismus Sinn machen, deutet gelebtes Geschehen und produziert so Erfahrung.

23 Alfred N. Whitehead meint, »die Funktion der Vernunft besteh(e) darin, daß sie die Kunst zu leben fördert«. *Die Funktion der Vernunft*, Stuttgart: Reclam 1974, S. 6.

24 »Die Erkenntnis überhaupt, vernünftige sowohl als bloß anschauliche, geht also ursprünglich aus dem Willen selbst hervor, gehört zum Wesen der höheren Stufen seiner Objektivation als (...) ein bloßes Mittel zur Erhaltung des Individuums und der Art so gut wie jedes Organ des Leibes«. Schopenhauer, a.a.O., S. 225 [§ 27].

25 »Ich möchte (...) zeigen, daß die höheren geistigen Aktivitäten immer auch an den sogenannten elementaren Verhaltensweisen, wie etwa Essen, Trinken und Koitus, beteiligt sind und daß die leidenschaftlichen und kognitiven Aspekte des Verhaltens durchaus nicht zwei getrennten Gehirnen angehören, sondern immer eine Koexistenz führen«. J.-D. Vincent, a.a.O., S. 153.

Das Denken schafft Ordnung in einem brausenden, tobenden Durcheinander, indem es eine erste Unterscheidung trifft: Ich-Welt (Nicht-Ich). Durch diesen einen Unterschied schafft es die eigene Identität als Folie, die über alle zukünftige Erfahrung gelegt wird.

Die weiteren Details menschlicher Identitäts- und Weltkonstruktion, die genaue Markierung der Grenzlinie zwischen innen und außen generiert sich im Rahmen der Autopoiese des zentralen Nervensystems. Es ist ein induktiver Prozeß, der die Identitätsgrenzen nach rein funktionalen Gesichtspunkten festlegt. So verwundert es nicht, daß die topographischen Grenzen des die kognitive Identität konstruierenden autopoietischen Systems (Gehirn, Rückenmark etc.) von den topographischen Grenzen der als *Ich* konstruierten Identität (Mensch mit Haut und Haaren) erheblich abweichen.

»Wahrheitskriterium« für kognitive Weltkonstruktion ist Zweckorientiertheit und Funktionalität für die Einheit, die als Individuum aus der Welt ausgegrenzt wird.

Nicht der Mensch als Gesamtorganismus, sondern das zentrale Nervensystem ist es, das als »autopoietisches Wesen« seine Welt konstruiert. Diese Unterscheidung ist deshalb so wichtig, weil die Umwelt des Menschen etwas ganz anderes ist als die Umwelt des zentralen Nervensystems. *Umwelt* ist für das Gehirn (über das sensorische und motorische System) nicht nur die Umwelt des Menschen, sondern auch der gesamte menschliche Körper selbst, mit dem es strukturell gekoppelt ist. Diese strukturelle Koppelung mit dem Körper erlaubt dem zentralen Nervensystem Einflußnahme auf Drüsen-, Organ-, Muskel- und Fasziengewebe, deren Zustände wiederum für Wahrnehmung relevant sind. Wahrnehmung von Welt kann so durch somatische Manipulationen verändert werden.

Worauf es hinausläuft ...

Die Chaostheorie steht in voller Blüte, Luhmann behauptet die Autopoiesis sozialer Systeme, und der Laplacesche Dämon wird aus immer mehr Bereichen der Wissenschaft vertrieben. Unversehens sieht man sich mit der Frage konfrontiert, ob denn der Mensch auch ein chaotisches System sei – in dem Sinne, daß die

Entstehung von Identität und Wissen einer fraktalen Strukturbildung folgt?
Das Wissen von der Welt und der eigenen Identität wächst weiter auf einer schon vorhandenen Struktur. Dieses Wachstum kann durch winzig kleine Einflüsse in vollkommen unvorhersehbare Richtungen driften.[26]
Aber das Gebilde, das da als autopoietisches System beschrieben wird, ist *nicht* der ganze Mensch, sondern nur ein Teilsystem des Menschen, eben das zentrale Nervensystem, dasjenige Teilsystem, in dem sich das kognitive Geschehen abspielt. Diese Unterscheidung ist wichtig.
Das zentrale Nervensystem ist ein geschlossenes, seine inneren Zustände selbst erzeugendes System, das auch unser Ich-Bewußtsein generiert, ein Bewußtsein, das die außerhalb des neuronalen Netzes liegenden Teilsysteme (aus denen der *ganze Mensch* besteht) mit in die kognitive Vorstellung der Identität aufnimmt. *Die Vorstellung vom ganzen Menschen wird in einem Teilsystem dieses ganzen Menschen produziert.* Andererseits verhält sich das autopoietische Nervensystem zu den anderen Teilsystemen wie zu einem fremden Medium.
Ein autopoietisches System ist immer bemüht, einen bestimmten inneren Zustand herzustellen. Den »Eigenwerten« (*Attraktoren*) entsprechend existieren Zustände, auf die das System beständig zustrebt. Man könnte einen dieser inneren Präferenzzustände z. B. *Lust* nennen.
Ist ein Zustand der Lust, also ein vom zentralen Nervensystem positiv bewerteter Zustand neuronaler Aktivität nicht herzustellen, so wird das autopoietische System versucht sein, sich auf einem niedrigeren »Präferenzniveau« zu organisieren. Unter allen Umständen aber wird das System versuchen zu vermeiden, in Bereiche abzugleiten, in denen sein innerer Zustand mit Angst oder Schmerz etc. einhergeht. Das Instrumentarium, das ihm hierbei zur Verfügung steht, ist der Körper: unangenehm empfundene Nervenerregung wird blockiert oder umgeleitet. Die somatischen

26 Vielleicht hätte die schlechte Laune eines Physiklehrers am ersten Schultag nach den Ferien dem jungen Einstein für alle Zeiten klarmachen können, daß er dieses Fach nicht leiden kann. Das wäre ein »Schmetterlingseffekt« der Erziehung gewesen.

Veränderungen, die das zentrale Nervensystem erreichen kann, sind groß in ihrer Vielfalt und Komplexität.
Der das neurologische Netz umschließende biologische Organismus bildet einen wesentlichen Teil der unmittelbaren Umwelt dieses Netzes, einen Teil, der allerdings in der kognitiven Ich- und Weltkonstruktion dieses Netzes nicht als Umwelt konfiguriert. Durch Veränderung und Einflußnahme auf Zustände dieses Zwischenbereichs, nennen wir ihn einmal Soma (auch wenn dieser Begriff das Nervensystem substantiell miteinschließt und also nicht ganz stimmt), können innere neuronale Zustände erreicht werden, die durch Einflußnahme auf die das Soma umgebende Umwelt alleine nicht herstellbar wären. So kann das neuronale Netz beispielsweise unangenehme Nervenerregung dadurch zu vermeiden versuchen, daß es die Atemfrequenz reduziert oder bestimmte Skelettmuskeln kontrahiert. Die Perturbation, die zu einem inneren Zustand führt, der etwa als *Angst* beschrieben werden kann, wird zu einer Strukturänderung führen, die die Situation, in der die unangenehme Perturbation aufgetreten ist, zu vermeiden sucht, oder aber, wenn das nicht gelingt, zu einer Strukturänderung, die hilft, bei einer Wiederholung der gleichen Situation die Wirkung der Perturbation (*Angst*) nicht mehr oder zumindest nur noch in geringerem Maße zu empfinden. Eine Strukturänderung kann sich also auf den Organismus beziehen oder auf die diesen umgebende Außenwelt. Wo die zukünftige Vermeidung der Situation mißlingt (das wird einem Kind, da es Erziehungsprinzipien unterworfen ist, sehr häufig passieren), muß eine somatische Manipulation bewirken, daß die unangenehme Situation dennoch immer besser bewältigt werden kann.
Was wird ein kleines Kind tun, wenn es eine unangenehme Empfindung hat? Nehmen wir an, es sei das Gefühl, das es später *Hunger* nennen wird. Es könnte anfangen zu schreien, seinem Unwohlsein Ausdruck geben. Vielleicht käme dann jemand, um es zu stillen oder aber, wie der große Erzieher des 19. Jahrhunderts und Erfinder der gleichnamigen Gärten, D. G. M. Schreber, empfiehlt, um an die Wiege zu klopfen und mit strenger Stimme zur Ruhe zu gemahnen, weil seines Erachtens bestimmte Essenszeiten einzuhalten sind.[27] Im beiden Fällen würde es, je öfter sich die

27 Die genaue Stelle der Empfehlung dieser Erziehungsmaßnahme ist mir nicht gewärtig, aber da das ganze Werk den Geist dieses Satzes atmet

Situation wiederholt, etwas lernen: entweder, daß Schreien ein Mittel ist, um Unwohlsein zu beseitigen, oder aber, daß es zu einer Situation führt, die angst macht. Was macht dieses Kind jetzt, das Hunger hat und von D. G. M. Schreber erzogen wird? Es wird lernen müssen, mit seinen Gefühlen zu leben. Es wird sich Tricks einfallen lassen, um (besser) damit leben zu können. Es wird flacher atmen oder das Zwerchfell anspannen etc. Der Organismus wird in Anspruch genommen, um die Wahrnehmung der Welt zu beeinflussen, wenn die Welt selbst nicht zu beeinflussen ist.[28]

und sich ähnliche Ratschläge überall finden, kann auch ohne großen Verlust darauf verzichtet werden. (D. G. M. Schrebers Hauptwerke sind: *Kallipädie oder Erziehung zur Schönheit durch naturgetreue und gleichmäßige Förderung normaler Körperbildung, lebenstüchtiger Gesundheit und geistiger Veredelung und insbesondere durch möglichste Benutzung spezieller Erziehungsmittel. Für Eltern, Erzieher und Lehrer*, Leipzig 1858. Und: *Die planmäßige Schärfung der Sinnesorgane als Grundlage und leicht zu erfüllende Aufgabe der Erziehung, besonders durch Schulbildung*, Leipzig 1895.)

28 »Unsere Patienten berichten ausnahmslos, daß sie Perioden in der Kindheit durchmachten, in denen sie es durch bestimmte Übungen im vegetativen Verhalten (Atem, Bauchpresse etc.) lernen, ihre Haß-, Angst- und Liebesregungen zu unterdrücken. Die analytische Psychologie hat bisher nur beachtet, *was* die Kinder unterdrücken und von welchen Anlässen getrieben sie ihre Affekte zu beherrschen lernen. Die *Art*, in der Kinder gegen Affektregungen anzukämpfen pflegen, blieb unbeachtet. Gerade der *physiologische* Vorgang der Verdrängung verdient unsere schärfste Aufmerksamkeit. Es überrascht immer wieder, wie die Lösung einer muskulären Verkrampfung nicht nur vegetative Energie entbindet, sondern darüber hinaus diejenige Situation in der Erinnerung reproduziert, in der die Triebunterdrückung sich durchgesetzt hatte. Wir dürfen sagen: *Jede muskuläre Verkrampfung enthält die Geschichte und den Sinn ihrer Entstehung*. Nicht in der Weise, als ob wir nun aus Träumen oder Einfällen erschließen müßten, in welcher Weise die muskuläre Panzerung entstand; sie ist vielmehr die Form, in der sich das infantile Erlebnis als Schädigung erhält. Die Neurose ist nicht etwa nur Ausdruck einer Störung des psychischen Gleichgewichts, sondern in einem weit berechtigteren und tieferen Sinne noch der *Ausdruck einer chronischen Störung des vegetativen Gleichgewichts und der natürlichen Beweglichkeit.* (...) Die *psychische Struktur ist somit gleichzeitig eine bestimmte biophysikalische Struktur*; sie stellt einen bestimmten Zustand des vegetativen Kräftespiels der Person dar. Es ist nicht daran zu zweifeln, daß das meiste davon, was man

Grundlage für jede Identitäts- und Weltkonstruktion ist die Wahrnehmung der Welt. Somatische Manipulationen von seiten des zentralen Nervensystems beeinflussen die Art und Qualität von Erleben und Wahrnehmung: *Der Körper »puffert« das unangenehme Erleben der Außenwelt.* Jedes spätere Fühlen und Empfinden der Welt, also bereits die unmittelbare Wahrnehmung, nicht erst das Nachdenken bzw. Verarbeiten der Wahrnehmung, wird durch die Art dieser »Pufferung« modifiziert. *Identität* und *Welt* werden so konstruiert, daß Ansprüche des biologischen Organismus gegenüber der Welt – wenn möglich – durchgesetzt werden können. Wenn dies nicht gelingt, müssen die Ansprüche selbst umgeleitet oder beseitigt werden. Von hier läßt sich jetzt leicht eine Brücke zu all denen schlagen, die schon lange sagen, daß Charakterstruktur immer körperlich manifest wird.[29]

als ›Veranlagung‹ oder ›Triebkonstitution‹ zu bezeichnen pflegt, sich als *erworbenes, vegetatives* Verhalten entpuppen wird«. Wilhelm Reich, *Die Entdeckung des Orgon / Die Funktion des Orgasmus*, Frankfurt am Main: Fischer Verlag, 1975, S. 226 f.

29 Im Anschluß an Wilhelm Reich haben sich in den letzten Jahrzehnten eine ständig wachsende Anzahl an körperorientierten Psychotherapieformen entwickelt, die im weitesten Sinne die Hypothese teilen, daß das psychische Geschehen in seiner Dynamik im Soma wurzelt. (Vgl. z. B.: David Boadella, *Befreite Lebensenergie*, München: Kösel Verlag 1981; Gerda Boyesen, *Biodynamik des Lebens*, Essen: Synthesis Verlag 1987; Ken Dychtwald, *Körperbewußtsein*, Essen: Synthesis Verlag 1981; Stephen Johnson, *Charaktertransformation*, Oldenburg: Transform Verlag Werner Lange ²1994; Ron Kurtz, *Körperzentrierte Psychotherapie*, Essen: Synthesis Verlag ³1988, Alexander Lowen, *Körperausdruck und Persönlichkeit. Grundlagen und Praxis der Bioenergetik*, Grune & Stratton, Inc. 1958, München: Kösel-Verlag 1981.) Und es läßt sich eine Brücke schlagen zu Norbert Elias (*Über den Prozeß der Zivilisation. Soziogenetische und psychogenetische Untersuchungen*, Frankfurt am Main: Suhrkamp 1976, 2 Bände), der eine Veränderung der Affektstruktur der Menschen in den vergangenen Jahrhunderten behauptet, verknüpft mit einer zunehmenden Kontrolle über eigene Körperfunktionen. Fraglos hat diese Fähigkeit zu einer automatisierten Kontrolle über somatische Vorgänge des eigenen Körpers und die damit einhergehende Affektbeherrschung noch nie in der Geschichte der Menschheit ein Ausmaß wie in diesen letzten Jahrhunderten erreicht.

»Im allgemeinen haben die Menschen wegen chronischer Verspannungen im Rücken nur wenig Gefühl«, schreibt Alexander Lowen (A.

Worauf also läuft es hinaus? Keinesfalls auf eine neue Theorie der Identität. Meine Absicht war es vielmehr nur, die Bedeutung einer im radikal-konstruktivistischen Ansatz schon immer enthaltenen anthropologischen Implikation noch einmal zu betonen: Die bekannte (aber nicht allen Autoren zu allen Zeiten gewärtige) Tatsache, daß *nicht* der Mensch als Ganzes, sondern das Nervensystem das autopoietische System bildet. Dies impliziert einen Umweltbegriff, in dem der biologische Organismus (der menschliche Körper) selbst zur Systemumwelt wird.
Soweit kein Problem. Die Sache verkompliziert sich allerdings, wenn man bedenkt, daß diese Umwelt des Nervensystems innerhalb der konventionellen kognitiven Identitätskonstruktion des Nervensystems keineswegs als Umwelt konfiguriert, sondern vielmehr integraler Bestandteil eines Ichs ist, das ganz andere, umfassendere Konturen aufweist. So wird deutlich, daß die Unterscheidung *innen–außen* eine Ordnungskategorie des kognitiven Systems ist, die das *Ich* generiert, indem sie es nach rein funktionalen Gesichtspunkten von der Welt absetzt.

Lowen, *Lust*, Wilhelm Goldmann Verlag, 1983, S. 57), es »fehlt die Fähigkeit, seine Wut unmittelbar auszudrücken«. Was hier als fehlende Fähigkeit beschrieben wird, kann positiv gewendet als Fähigkeit gewertet werden, stoisch Situationen zu ertragen, in denen andere unter ihren Affekten zu leiden hätten. In einer Kultur, in der der Mensch nicht als Jäger und Sammler die Wälder und Auen durchstreift, sondern statt dessen vielleicht täglich in einem Kaufhaus unzähligen schlecht gelaunten und gestressten Zeitgenossen Hosenknöpfe oder Krawatten verkaufen muß, mag diese fehlende Fähigkeit, »seine Wut unmittelbar auszudrücken«, zum wichtigen Kulturgut werden.

Christine Huber
Fährtenstellen*

sein könnte der gemessen
am erfolg der tage noch in
zu schuhenden abständen
ungezaubert aber schließlich
reine schikane

von natur aus also in
üblicher manier
sozusagen zugezogen
also als bild
aber gewöhnlich in seinen
happen
freischwebend gegliedert

denn aber sei
einer unterkunft lang
ein gemächlich wohnen
in reihenfolgen als stätten
unbekümmert überhübscht
einer die anzahl
ungebeten gewöhnlich
straßezuflirren und umschauen

bebändert mit der spieße frist
zugelaufen der achse hört münden
was sich hält spult ab besitzen
als logik der folge kehrt um
vermeinen lebt schweigen vernarrt
und unterstand kühlen glosen
kästen ereiteln bescheiden und
seidenerfahrung beschwichtigter kranz

* Der Abdruck der Texte aus dem Gedichtband *fährtenstellen* erfolgt mit freundlicher Genehmigung des tende-Verlags, Dülmen-Hiddingsel 1996.

handwurzel zweigt schelten flach
farbig garant
rohe begeisterung auf
treppen zu tassen manteln
schönlagen wo planken auf
aufwind dem lose beigemeng
fräst absatz anteil rauh

schonungsvoll spenden schließen aus wangen und
pfunden
kurzgeschoren blättert halt oder weiß
und der umflor bemerkengerangel

säuberlich geraten unter traufen
über bückenbrücken gegrenzt
zur anspielung sauberes schieben untenan reifen

ohrgedröhntes zeiten der trüben blau
spannt sich wie auf
stolz oder geräusch passungsvoll geradegerede

dem taumel zugelassen
stellungstauben
biskottenweise sinn
mundmal einverharrt
händisch spurwandbänder
einzelkopf gedeckgeplänkel

Jürgen Hatzenbichler
raving society?

Über die Konstruktion von Spaß

> »Die Stadt war mit wachen Schlafenden bevölkert, die ihrem Schicksal nur die seltenen Male entgingen, wenn nachts ihre scheinbar geschlossene Wunde jäh wieder aufbrach. Und aus dem Schlaf geschreckt, tasteten sie dann mit einer Art Zerstreutheit deren gereizte Ränder ab und fanden blitzartig ihr plötzlich erneutes Leid und mit ihm das verstörte Gesicht ihrer Liebe wieder.«
>
> Albert Camus

Wir wollen im folgenden versuchen, mit unseren bescheidenen Mitteln auf den Spuren des Phänomens »Techno«[1] zu wandeln. Wir bedienen uns dabei konstruktivistischer Methoden, um diese kulturelle Erscheinung faßbarer zu machen. Wesentlich scheint uns dabei: Wie erlebt der Beobachter ein Rave? Welche Wirklichkeiten können daraus konstruiert werden? Welchen Einfluß haben Drogen auf diese neue Wirklichkeitskonstruktion? Kann die »raving society« unter einem Identitätsbegriff gefaßt werden, oder geht es hier nicht vielmehr um eine Definition über Differenzen?

Letztendlich wollen wir die Frage stellen, welchen kulturellen Stellenwert die Techno-Kultur entwickelt hat, gerade vor dem Hintergrund ihrer rasanten Veränderung – teils Auflösung und teils Umbau –, die zu einer neuen Ausdifferenzierung der Szene führt.

1 Auf die musikgeschichtliche Entwicklung wollen wir dabei nicht eingehen. Guter Überblick in dem Sinn: Patrick Walder und Philipp Anz, »Die Geschichte von Techno«, in: *techno*, herausgegeben von Philipp Anz und Patrick Walder (Zürich 1995) S. 8 ff.

Identitäten werden heutzutage über sehr schnell sich abwechselnde Moden definiert. Vor allem sind es Musikströmungen, die die Definitionsarbeit übernehmen, allerdings nicht auf der Ebene der Reflexion, sondern über das Gefühl. Die diversen Szenen vermitteln »Lebensgefühl«. Sie prägen damit ihre Vertreter genauso, wie sie Gesellschaft konstituieren – und zwar ganz deutlich als Konstruktion. Es ist ein spielerisches Moment dabei, wenn über das Gefühl die jeweilige Identität konstruiert wird. Man paßt sich einer Rolle an, die man gleichzeitig selbst schafft. Gerade am Beispiel »Techno« läßt sich dieses Spiel deutlich zeigen, weil die jeweilige Selbstkonstruktion stark oszilliert: Die Identität des »Ravers« besteht in seiner Differenz zum »normalen« Leben, das aber gleichzeitig Teil seines Lebens ist. Das Springen zwischen den Rollen bereitet aber keine Probleme – es ist Teil des Spiels, das selbst den Ernst der Sache, für die man des Nachts oder des Tags steht, nicht so ernst nimmt.

Die zentrale Erfahrung Jugendlicher von heute dürfte die einer radikalen Individualisierung sein, wie sie in der Form in unserer Gesellschaft bisher unbekannt gewesen ist. Es brechen die traditionalen Identitäten: Familie wird zu einem rudimentären Restbegriff für eine Lebensgemeinschaft auf Zeit; »natürliche« Autoritäten werden respektlos demontiert; die ideologisch großen Begriffe wie »Volk«, »Nation«, aber auch »Klasse« etc. werden nicht mehr als Lebenswirklichkeiten begriffen. »Familie, Stamm und Nation sind Dinosaurier: unsympathisch und reaktionär«, schreibt Ulf Poschardt:

> »Jugendkulturen verhöhnen diese überkommenen Sozialisationsagenten und ersetzen sie durch gestylte Simulationen. Für diese zweckdienlich entworfenen Konstruktionen kann man sich entscheiden – man hat die Freiheit der Wahl und findet sich wieder unter Gleichgesinnten. Das macht nicht nur Spaß, sondern auch Sinn.«[2]

Während sich klassische Identitäten vor allem über Geschichte definieren, findet hier eine Ablösung von Geschichtlichkeit statt. Was übrig bleibt, sind eben »Simulationen«, die, angereichert

2 Ulf Poschardt, »Warum die Rave Nation eigentlich mehr so etwas ist wie eine Internation«, in: *Spiegel special* 11 (1994), S. 24.

durch historische Zitate – die aber bar jeden Kontextes sind –, »temporär autonome Zonen«[3] öffnen, in denen Einzelne oder ein Kollektiv sich »ver-wirklichen«, also Wirklichkeit schaffen. Das prägt das Wesen einer Gesellschaft, die man als »postmodern«[4] bezeichnen kann.

Es findet ein Kulturbruch statt. Zentral dürfte dafür sein: Kultur besteht nun nicht mehr aus einem monolithischen Block, der in einem klaren Zusammenhang überliefert wird. Der identitäre Mainstream wird immer schmaler, während die Ränder zunehmen. Minderheitenpositionen setzen sich gegen die Mitte immer aggressiver durch: hier liegt auch der Zauber dessen begraben, was sich dann hinter dem moralinsauren Begriff der *political correctness* versteckt.

Wie kulturell konstruktivistisch die Techno-Kultur ist, zeigt schon eine Aussage von *frontpage*-Herausgeber Jürgen Laarmann, der in seinem Aufsatz »Jetzt neu: techno« schreibt: »Technoid ist, Zustände zu schaffen, die der eigenen Vision am nächsten kommen – und zwar mit allen zur Verfügung stehenden Mitteln.«[5] Sowohl die Betonung des »Schaffens« als auch die der »eigenen Vision«, also die Hervorhebung des Individuellen, zeigen, was wesentlich ist: Der Beobachter als gleichzeitig Agierender, der das umsetzt, was seine Konstruktion ist. Wirklichkeitskonstruktion passiert hier entsprechend der Definition von Siegfried J. Schmidt »als ein empirisch hoch konditionierter sozialer Prozeß, in dem sich Modelle *für* (nicht *von*) ökologisch validen Erfahrungswirklichkeiten/Umwelten im sozialisierten Individuum als empirischem Ort der Sinnproduktion herausbilden«.[6]

3 Vgl. Hakim Bey, *TAZ. Die Temporär Autonome Zone*, Berlin und Amsterdam 1994.

4 Wir finden dieses Muster in vielen kulturellen Beispielen: In der Architektur ebenso wie in der Literatur (z.B. Umberto Eco, Christoph Ransmayr) oder eben in der modernen Musik. Neben Techno scheint gerade die Gothic- oder Dark-Wave-Szene zu reüssieren. Es sind vor allem Zitate aus der Romantik, die diese Szene prägen.

5 Jürgen Laarmann, »Jetzt neu: techno«, in: *frontpage* 2 (1997), S. 18.

6 Siegfried J. Schmidt, »Sprache, Kultur und Wirklichkeitskonstruktion(en)«, in: Hans Rudi Fischer (Hg.), *Die Wirklichkeit des Konstruktivismus. Zur Auseinandersetzung um ein neues Paradigma*, Heidelberg 1995, S. 240.

In der Kultur werden, so Schmidt, »einmal gefundene Problemlösungen über Sozialisation, Riten und Feiern, Mythen, Tabus usw.«[7] reproduziert:

»Kultur kontrolliert die Handlungsmöglichkeiten der Individuen und ermöglicht damit ihre soziale Integration – oder eben auch ihren Ausschluß aus sozialen Systemen. Insofern ist *der* Mensch Schöpfer aller Kulturen, aber *jeder* Mensch Geschöpf einer spezifischen Kultur.«[8]

Techno wäre in diesem Sinne als »Subprogramm«[9] zu verstehen, und zwar als avantgardistisches, gerade unter dem Blickwinkel, daß in der Gegenwart »bisher verbindliche Ordnungen zusammengebrochen, ideologische Orientierungen kontingent geworden sind und neue Orientierungsangebote nur als kontingent, als eines unter vielen, erfahren werden«.[10] Diese Gegebenheit wird in der Techno-Szene vollständig akzeptiert, ist geradezu eine Grundlage für das Funktionieren dieses Subprogramms. Besonders wesentlich erscheint uns jedoch, daß bei allem Systemcharakter der Techno-Szene der Schwerpunkt ganz besonders auf dem Einzelnen liegt. Aus dem kollektiven Rahmen »Rave«, der Großparty, und den damit verbundenen Erlebniswerten fertigt er, auf der Suche nach dem Ekstatischen, einen eigenen Erlebnisraum, der höchst individuell ist, weil er in Bereiche geht, die nicht mehr dem Rationalen zurechenbar sind. »Jede Regung, jeder Gedanke, jeder Triebimpuls nimmt Form an auf seinem Weg von innen nach außen – als Geste, als Wort, als gegenständliches Tun«,[11] schreibt Hermann Pfütze: »Sie haben zunächst eine Form, aber noch keine bestimmte Gestalt. Sie sind ohne Zweck und Absicht einfach da, aus Lust an sich selbst.«[12] So sind »totale Entwirklichung und totale Verwirklichung«[13] gerade für Raves zentrale Erfahrungen, wie sie von Pfütze als Beispiele für die »Unerschöpflichkeit (...) der Beziehung zwischen Kunst und Wirklichkeit« genannt wer-

7 Ebd., S. 245.
8 Ebd.
9 Ebd., S. 246.
10 Ebd.
11 Hermann Pfütze, »Kunst und Wirklichkeit. Zur Unerschöpflichkeit ihres Verhältnisses«, in: Hans Rudi Fischer (Hg.), *Die Wirklichkeit des Konstruktivismus. Zur Auseinandersetzung um ein neues Paradigma*, Heidelberg 1995, S. 377.
12 Ebd., S. 378.
13 Ebd., S. 377.

den. Und was sind die Partys der »raving society« anderes als Massenkunstwerke?

Techno-Kultur: Einzelner und Masse

Wenn aber gesellschaftliche Normen verblassen, so entsteht dadurch trotzdem kein Vakuum, zumindest keines, das wirkliche Leere bedeuten würde. In den Raum einer nicht bestimmten Werteordnung dringt um so stärker die individuelle Lebensvorstellung ein, die sich aber an hedonistischen Begriffen orientiert: Das Individuum fordert sein Recht. Am deutlichsten finden wir diese Tendenz eben in der Techno-Kultur. Denn was sich auf einem Rave bewegt, das ist ein unstrukturierter Stamm von Ameisen auf der Suche nach Intensität, nach *élan vitale*. Gefunden wird das in einer Musik, die im Marschtritt-Rhythmus mit elektronischem Getrommel die Tänzer in einem Lichtermeer versinken läßt. Ekstase wird gesucht. Wie bezeichnend ist, daß sie im chemischen Hilfsmittel, vornehmlich in der Droge »Ecstasy«, gefunden wird. Es handelt sich um eine ästhetisch-totalitäre Erfahrung. Das Ästhetische daran bedeutet jedoch nur ein Spielen mit dem Totalitären: In dem Fall die ganzheitliche Hingabe an das Erlebnis einer Nacht und der Nachparty, der Afterhour. Es nimmt dem Ganzen den Ernst, verschiebt es hin in Richtung Geste. Der Raver akzeptiert die tödliche Konsequenz höchstens für den Einzelnen, kalkuliert sie aber nicht mit ein. Er hat etwas Dandyhaftes an sich. Die »Ästhetisierung« der eigenen Konstruktion bedeutet gleichzeitig ihre Ablösung von ethischen Verhaltensmustern. Genau dadurch wird auch der Absolutheitsanspruch der eigenen Geste gebrochen. Spaß und Sinn finden sich in der Konstruktion des Einzelnen, die eingebettet ist in die Form »Rave«, also in das organisatorische Ambiente, den Musikstil, die Veranstaltung etc.

Dazu kommt die bewußte Beeinflussung der Wirklichkeitswahrnehmung durch Drogen, üblicherweise durch Ecstasy. Die chemische Lösung in Form der Droge bringt zumindest die Existenzsteigerung für ein Wochenende. Die Freiheit lacht das Individuum scheinbar an, das dann die Gesellschaft vergessen kann und seine Rettung für ein Wochenende zelebriert. Und: Nichts ist individueller als das tausendfache Ecstasy-Kollektiv, das sich dem Rhythmus hingibt. Das, was passiert, wird simuliert, doch das macht es nicht weniger real. Die »Simulation«[14] ist ein Konstruktionsverfahren, das der Einzelne zur Anwendung bringt. Durch sie kann er alles sein, was er sein will – ohne einen Trennstrich zwischen Wirklichkeit und Realität ziehen zu müssen.

Die Vereinzelung zeigt aber ihre Zweischneidigkeit: Denn dem Erlebnis, das auf der einen Seite Freiheit bedeutet, fehlt andererseits jedweder »emanzipatorische« Charakter. Nichts sei für die Rave-Community wichtiger als ihre eigene Größe, kritisiert Annette Weber von links her:

»Aber obwohl Rave-Kultur Offenheit demonstriert und ein neuer Mainstream sein will, organisiert sie sich weiter wie eine Minderheit und beschreibt sich mit ausschließenden Begriffen: Nation, Tribe und Family. Die scheinbare Offenheit gegenüber dem Spiel mit Geschlechterstereotypen wird konterkariert durch eine ›Girlie‹-Ikonographie, die eher neue Grenzen verlegt. Und auch die Befreiung der Körper erweist sich zunehmend als die Verwirklichung von neuen Fitneßansprüchen. Was aussehen möchte wie eine Jugendrevolte, entpuppt sich als Anpassung an kontrollgesellschaftliche Regeln.«[15]

Wochenend-Freiheit kann wohl nicht das ersetzen, was als politischer Begriff in die ideologisch-kulturellen Debatten einzubringen wäre. Doch solch einen Anspruch erhebt ein absolutiertes Individuum längst nicht mehr. Es wankt weiter über alle Grenzen, um einfach *Spaß* zu haben, die persönliche Situation zu verschärfen, Auswege zu finden, die es sonst nicht gibt, auf der Suche nach einer ästhetischen Befriedigung in einer ansonsten häßlichen Realität. Warum also nicht das konstruieren, was einen glücklich macht? Wer zahlt die Rechnung, außer man selbst? Und wen geht das etwas an, außer einen selbst?

Die neue Geborgenheit findet sich wiederum in einer Bewegung: In der Subkultur, der man sich zuordnet, deren Habitus und Moden man übernimmt, deren Spielregeln die für einen wesentlichen, weil akzeptierten, werden, die man aber auch mit dem

14 Der Begriff der Simulation als zentrales Element der heutigen Wirklichkeit wurde von Jean Baudrillard umfassend dargestellt. Vgl. Jean Baudrillard, *Transparenz des Bösen. Ein Essay über extreme Phänomene*, Berlin 1992.

15 Annette Weber, »Miniaturstaat Rave-Nation. Konservatismus im Kontext der Techno-Community«, in: Tom Holert/Mark Terkessidis (Hg.), *Mainstream der Minderheiten. Pop in der Kontrollgesellschaft*, Berlin 1996, S. 41.

eigenen Habitus mitkonstruiert. Der nicht reflektierten Erfahrung einer prinzipiellen Heimatlosigkeit und Einsamkeit steht die Sucht nach Geborgenheit entgegen, die man im kollektiven Musik- und Rauscherlebnis sucht. Tanzende Sekundärgemeinschaften werden zur zentralen Absicherung des Einzelnen, der sich ansonsten für keine gesellschaftlichen Normen wirklich interessiert – außer für sich selbst. Anpassung findet so lange statt, wie man sich nicht an der Gesellschaft beteiligen muß und sie nicht die eigene Freiheit tangiert. Das Individuum ist wieder in einer Bewegung: Unmittelbar und ganz, emotional, Kopf weg.

Das Nicht-einordnen-Können des Massenphänomens »Techno« irritiert viele Interpreten. Die Ignoranz hat dabei viele Chancen. Sie kann vom Argument, daß das alles ja »nur Lärm« sei, über die Aussage, daß es sich um »Fascho-Gehopse«[16] handle, bis hin zur Überdeckung mit diversen »love, peace and unity«-Parolen[17] reichen. Alles das sind Indikatoren dafür, daß etwas nicht verstanden wird. Es gibt hier aber keine »klassische« Botschaft, die vermittelt werden soll, es ist halt die erste postmoderne Revolution, die abgeführt wird und die vor allem politische Interpreten verzweifeln läßt. Angesichts einer hedonistischen Generation, die neue Rituale entdeckt, die High-Tech mit primitivster Liebe zum Rhythmus verschmilzt, herrscht beredte Sprachlosigkeit. Aus der Szene antwortet man da humorvoll, z. B. DJ Westbam:

»Was würde Westbam machen, wenn er König von Deutschland wäre? Erst mal die ravende Gesellschaft ausrufen und dann die Dinge sich selbst überlassen. Ich bin ein traditioneller Freund alles Anti-Autoritären, ich bin ja selbst ein Pionier-Kind dieser Erziehungsmethode.«[18]

16 Als Techno in neurechten Publikationen teilweise recht positiv behandelt wurde, gab es halbpanische Reaktionen: Die Wiener Kulturstadträtin Ursula Pasterk warnte gar davor, daß »Rechte die Techno-Szene unterwandern« würden. Ihr Urteil zeigt nur, daß sie nie auf einem Rave war und von Techno keine Ahnung hat. Interessant zu untersuchen wäre aber, wie die konstruierende politische Belegung von kulturellen Feldern funktioniert und welche Auswirkungen sie hat.

17 Poschardt verweist auf die linke Kritik am Techno und repliziert: »Wieder einmal kann es eine Jugendkultur der Erwachsenenwelt nicht recht machen. Diesmal lautet das Urteil: nicht rebellisch und radikal genug.« Poschardt, a.a.O., S. 24.

18 Westbam, in: *House Attack* 3 (1994), zit. n. Anz/Walder, a.a.O., S. 76.

Der sich hier zeigende Vitalismus ist einer aufgeklärten, rationalen und kalten Gesellschaft fremd. Daß sich der Computer zum Musikinstrument entwickelt hat, will von vielen nicht so recht verstanden werden. Daß hierbei eben etwas geboren wurde, das auf uralte Wurzeln verweist, kann nur mehr irritieren. Ablehnung oder Vereinnahmung: Beides sind falsche Reaktionen, die von der Hilflosigkeit derjenigen zeugen, die bei solchen Entwicklungen nicht mehr mitkommen, weil sie noch an die Verbindlichkeit ihrer Konstruktionen glauben. Doch diese unterschwellige und doch feste Forderung nach Identität arbeitet dort nicht mehr, wo Differenzen das wesentliche Ordnungsmuster ausmachen.

Doch die Raver brauchen derlei »verbindliche« Interpretationen nicht: Was auf einem Techno-Fest, einem Rave, passiert, passiert für den Einzelnen. Er fertigt sich die Interpretation dessen, was sich ihm in stundenlangem musikalischen Trommelfeuer »offenbart«. Diese Offenbarung ist jedoch eine persönliche. Sie konstituiert die Differenz zu allen anderen Anwesenden. Selbst der organisatorische Rahmen zwängt den Einzelnen nicht in ein bestimmtes Muster. Er verabsolutiert seine Differenz, die ihn dynamisch durch die Nacht treibt. Wenn z. B. am gewölbten Boden des Wiener Gasometers Bewegung in die Massen kommt, tut sich ein neuer Erlebnisraum auf. Hämmernde, schnelle Musik verschmilzt mit pulsierendem Licht, das nicht stark genug sein kann. Die Massen folgen ihren DJs[19]. Wer die Platten auflegt, bestimmt, wie es abgeht. Wer am besten den Geschmack trifft, die Steigerung des Rhythmus im Masseninteresse schafft, der wird der neue Star. Der DJ ist der, der die Musik macht. Aber er konstruiert sie, indem er Platten miteinander mischt. Die Musik entsteht durch Musik: die einzelnen Musiknummern werden immer neu miteinander verschränkt, die Übergänge werden gemixt, und so entsteht etwas ganz Neues, eine durchlaufende Nummer, deren Kunst darin besteht, den Geschmack der Leute auf der Tanzfläche zu treffen, sie anzutreiben. Und sosehr es einen Kult um einzelne DJs gibt, so unwichtig sind sie im Moment der Handlung. Es zählt das musikalische Produkt. Der Mensch, der auflegt, verschwindet, während er die Massen befriedigt.

19 Vgl. Ulf Poschardt, *DJ Culture. Diskjockeys und Popkultur*, Reinbek 1997.

Für die Techno-Kultur ist dabei die Rolle, die Drogen[20] als Erlebnis-Katalysatoren spielen, von nicht geringer Bedeutung. Dies herunterspielen zu wollen wäre eine Verharmlosung. Die Techno-Erfahrung bekommt einen Gutteil ihrer umwerfenden Wirkung über Rauschzustände, die über das gesellschaftlich legale Maß hinausgehen. Hier trifft sich die Techno- mit der Woodstock-Generation, nur daß erstere die Welt nicht mehr verbessern will. Sie schafft sie sich neu. Daß man mit Drogen ein Problem hat, wird längst auch schon in der Szene reflektiert: »Geht doch nur mal Sonntagsmorgens wohlgenährt und ausgeschlafen zur nächsten Location, seht euch all die verstrahlten After-Hour-Eulen mal bei Tageslicht an, und ihr wißt, was Mitleid ist. Ist es das, was Techno wollte?«[21] Doch nicht minder eingängig ist die Erklärung, die der DJ Westbam liefert:

»(...) die Leute reiben sich da ja auch auf. Die wollen irgendwo dann da auch für was gekämpft haben. Die Afterhour, das sind für die auch ihre Schützengräben bei Verdun, vielleicht. Also diese Afterhour: man gibt das letzte, für seine Überzeugung. Und das will man nicht einfach nur so gemacht haben.«[22]

Es sei, so Westbam, auch das Stalingrad für diese Leute, »sie haben eben nichts anderes«.[23] Seine Analyse ist dabei recht zynisch und bösartig: »Das ganze Leben ein bißchen Gift, dann läßt es sich leichter leben. Und zum Schluß ein bißchen mehr Gift, dann läßt es sich leichter sterben.«[24]

Daß jeder Gang über Grenzen, hin zu den verbotenen Gärten, seinen Preis hat, wird allzu gerne vergessen. Doch die Erfahrung und die Logik der Sucht, die darin lauert, wird in einem Inserat im Technomagazin *raveline* sehr gut geschildert:

20 Als Überblick dazu: Klaus Nowoczyn, »Das Spektrum der Party- und Designerdrogen«, in: Manfred Rabes/Wolfgang Harm (Hg.), *XTC und XXL Ecstasy*, Hamburg 1997, S. 25 ff.

21 »Drogen – Zwischen Erleuchtung und Absturz«, in: *raveline* 4 (1997), S. 16.

22 Westbam, *Mix, Cuts & Scratches*, Berlin 1997, S. 92.

23 Ebd.

24 Ebd., S. 93.

»Farben explodieren vor Deinen Augen. Der Raum ist in ein gleißendes Licht getaucht. Hunderte von Scheinwerfern verschmelzen zu einer einzigen Lichtquelle. Um Dich herum tanzen die Leute. Alle lachen. Die Musik ist in Deinem ganzen Körper. Sie hat Dich gepackt. Ist ja mit zwei Pillen überhaupt kein Ding. Du fühlst die Musik. (...) Ein Lächeln. Glück. Dann geht die Musik aus. Und Dein Feeling. Der Film ist vorbei. Du wirst wieder vom Hauptdarsteller zum Statisten. Jetzt hast Du die Wahl: nachlegen oder nach Hause gehen. Und wie wird die nächste Woche? Der Montag wie im Vakuum. Am Dienstag wird es ein bißchen besser sein. Und dann ist ja auch schon wieder Wochenende.«[25]

Katrin Krollpfeifer nennt die wesentlichen Faktoren des Ecstasy-Konsums bei »recreational users«,[26] also Leuten, die die Droge aus »hedonistischen Zwecken, z. B. Erholung und Entspannung« anwenden: »gesteigerte Kommunikationsfähigkeit, gesteigerte Selbstakzeptanz, starke Glücksgefühle, Gefühle allumfassender Liebe«.[27] Wie diese Gefühle erlebt würden, so Krollpfeiffer, hänge »wahrscheinlich auch mit den an die Droge gestellten Erwartungen und der Atmosphäre des Settings zusammen«.[28] In der Raveszene verschiebe sich das aber, die oben erwähnten Gefühle scheinen, »wenn überhaupt, eher als undifferenziertes ›gutes Gefühl‹ sich selbst und anderen gegenüber erlebt zu werden«.[29] Verstärktes Gefühl für Musik und Rhythmus, so Krollpfeiffer, dürfte bei Ravern im Vordergrund stehen; mit Musik und exzessivem Tanzen entstehe ein »tranceähnlicher Zustand«.[30] Gerade in dem Zustand gebe es für den Körper enorme Belastungen.[31]

Die Verzerrung in der Wirklichkeitskonstruktion macht aber den wesentlichen Reiz des Drogenkonsums aus. Dadurch, daß das chemische Hilfsmittel die Wahrnehmung verändert, wobei Ecstasy, in »normalen« Dosen genommen, den Konsumenten nicht »wegtreten« läßt, sondern eben sein Erleben intensiviert. Die be-

25 »Hast Du auch das Licht gesehen«, in: *raveline* 4 (1997), S. 25.

26 Katrin Krollpfeiffer, *Auf der Suche nach ekstatischer Erfahrung. Erfahrungen mit Ecstasy*, Berlin 1995, S. 60.

27 Ebd.

28 Ebd.

29 Ebd., S. 60 f.

30 Nicolas Saunders, zit. n. Krollpfeiffer, ebd. S. 61.

31 Krollpfeiffer nennt dabei u. a.: erhöhte Herzrate, Appetitverlust, Schwitzen, Frösteln, Tremor, körperliche Unruhe, Schlaflosigkeit und depressive Verstimmungen an den Tagen danach ebenso wie Müdigkeit und Antriebslosigkeit.

wußte Zuführung der Droge wird zu einem Akt der Selbstmanipulation, der einem die Tür in andere, stärkere Erlebnisräume öffnen soll. Die Musik wird wie in einer »vierten Dimension« erfahren, das pulsierende Licht bekommt eine unwiderstehliche Wirkung, die Zeit wird unwichtig. Die Droge wird so zum Verstärker dessen, was der Rave an sich bietet, sie garantiert, daß der Konsument unmittelbar nach einer Stunde drinnen ist, für sich ist und radikal das erleben kann, was er erleben will. Gleichzeitig wird es »unheimlich amüsant«, die Rauschwirklichkeit mit ihren Verzerrungen mit der »wirklichen Wirklichkeit« zu vergleichen. Die verzerrte Wirklichkeitskonstruktion[32] als Wirkung der Droge intensiviert die Differenzerfahrung zur Realität.

Der Rausch wird als Ausnahmezustand gesehen, die Erschöpfung, das körperliche »Ausgepowert-sein«, wird billigend in Kauf genommen. Krollpfeifer spricht von einer »Sehnsucht nach ekstatischen Erfahrungen«, die Droge werde als Mittel zur mühelosen Erzeugung solcher Bewußtseinszustände benutzt:

»Der Mangel an kultureller Einbettung und ›konstruktiven Ritualen‹ für diese Art von Drogengebrauch (...) führt jedoch oft dazu, daß solche ekstatischen (oder Ekstase-ähnlichen) Erfahrungen beziehungslos, quasi ›im luftleeren Raum‹ stehen bleiben und nicht in den Alltag integriert bzw. mit dem eigenen Selbstkonzept und dem ›normalen‹ Lebensgefühl in Verbindung gebracht werden können.«[33]

Die Szene schafft sich allerdings ihren neuen Umgang, der gerade angesichts dessen, daß der Umgang mit Drogen ja illegal[34] ist, einen ganz anderen, hermetischeren Charakter hat, als wenn es sich um legale Stoffe handeln würde.

Die Suchtgefahr liegt nicht in der chemischen Logik der Droge, sondern vor allem in der Sucht nach der Verschärfung des Augenblicks. Der Einzelne verfällt der chemisch beeinflußten Konstruktion. Die Sucht ist psychisch, nicht physisch. Da in der Gesellschaft Abenteuer nur mehr simuliert werden, suchen manche den

32 Die Interpretation der Drogenanwendung als »Neo-Schamanismus« durch Böpple und Knüfer ist überzogen, hat aber unter Beachtung des Aspekts, daß eben die »Rituale« fehlen, auch etwas Richtiges an sich. Vgl. Friedhelm Böpple/Ralf Knüfer, *Generation XTC. Techno & Ekstase*, München 1998.

33 Ebd., S. 279 f.

34 Inwiefern diese Illegalität bei tausendfachem Drogenkonsum auf einem Rave noch nicht aufgehoben ist, ist eine andere Frage.

Grenzgang chemisch dort zu verschärfen, wo noch wirklich etwas passiert: Innen, im Menschen drinnen. Die Droge wird das scheinbar befreiende Hilfsmittel für außerordentliche Erfahrungen, denen man nachläuft, die aber von den meisten nicht reflektiert werden. Die Droge verkommt zum Konsummittel ohne ordnendes Ritual.

Die ständige Neukonstruktion der Szene

Während es schon Abgesänge auf Techno gibt, ist in Wahrheit noch nichts vorbei, auch wenn die Kritik, wie die von DJ Tanith, schon aus der Szene kommt: »Während früher Rave und Techno die offenste und spannendste Form des Ausgehens war, ist das heute die standardisierteste Form und die, wo am wenigsten Spannung herrscht.«[35] Daß heute jeder kleine Pop-Schlager seine »beats per minute« braucht, daß überall Raves stattfinden, daß sich die Szene aus dem Underground gelöst hat, daß der Kommerz[36] eingebrochen ist – und das mit aller Gewalt –, daß sich alles rund um Techno mit rapider Schnelligkeit in stilistisch unterschiedlichste Richtungen entwickelt: Alles das sind keine Argumente für das Ende dessen, was sich als Phänomen »Techno« auf den Weg gemacht hat. Daß es allerdings Verschiebungen geben wird, darauf weist auch *frontpage*-Herausgeber Laarmann hin:

> »Auch der kommerzielle Trend geht wieder hin zu kleinteiligeren Formaten, z. B. Clubs, Kneipen etc. (...) Das liegt unter anderem daran, daß sich die Party- und die Musikkultur in den letzten Jahren nicht parallel entwikkelt haben und daß gute, interessante Technomusik oftmals nicht Ravepartymucke ist. Musik war ohnehin immer nur ein Teil einer guten Party. Heute kommt es auf eine ganze Menge Dinge mehr an. Ein guter DJ oder ein gutes Line Up allein reichen nicht mehr. Auch Sound, Deko, Location sind nur Teilaspekte.«[37]

35 Zit.n. *frontpage* 2 (1997), S. 18.

36 Gerade daß Techno ein Wirtschaftsfaktor ist und daß er diese Kommerzialität als Teil seines Wesens sieht, scheint uns wichtig zu sein. Hier ist das Subprogramm »Techno« der Logik des gesellschaftlichen Hauptprogramms, der kapitalistischen Gesellschaft, unterworfen.

37 Jürgen Laarmann, »Jetzt neu: techno«, in: ebd.

Er verweist auf die Bedeutung des Individuellen, wenn er festhält, daß »das wichtigste für die Party nach wie vor die Leute, die da sind«,[38] seien. Techno sei heute nicht mehr als Spezialfall oder als Subkultur zu verstehen, meint Patrick Walder:

»Mit dem rasanten Wachstum der Szene und mit der breiten Ausdifferenzierung der Stile hat Techno längst andere kulturelle Strömungen integriert und infiltriert. Die Gesellschaft ist von Techno infiziert. Gleichzeitig hat sich Techno als abgegrenzte und definierbare Kultur aufgelöst.«[39]

Techno als Bewegung ist einer ständig neuen Selbstkonstruktion unterworfen. Die Verbreiterung der Techno-Bewegung hat also zum gleichzeitigen Ausbau neuer subkultureller Programme geführt, neue Stile und neue Formen wachsen nach, während anderes erodiert oder sich in die Gesellschaft integriert. Der neue Trend geht noch mehr in Richtung Vielfalt und Aufsplittung »der« Szene.

Am erstaunlichsten ist, daß selbst Szenemenschen am großen Diskursbegriff *raving society* festhalten wollen. Sogar Jürgen Laarmann, Herausgeber des inzwischen eingestellten Techno-Leitheftes *frontpage*, postuliert Techno als »Wertegemeinschaft und kulturelles Movement« und will ihn fest fassen:

»Die Gemeinschaft aller, die sich den Techno-Idealen verbunden gefühlt haben und ihren Alltag danach ausrichteten (...) hat in dieser Zeit tatsächlich zur Bildung von Netzwerken bis hin zu einer fast autarken Parallelgesellschaft geführt (...) That's what I called raving society.«[40]

Laarmann will damit die Technokultur gegen den Vorwurf verteidigen, daß sie »eine eskapistische, irrelevante Freizeitkultur«[41] sei.

Die »Wertegemeinschaft Techno« gibt es allerdings nicht. Wer sich an sowas festmachen will, hängt allemal an einem veralteten Kulturbegriff. Denn diese Bruchkultur zeichnet sich eben genau dadurch aus, daß *alles* in ihr möglich ist – allerdings auch die neue Uniformierung. Es ist eine ästhetische Erfahrung. Die ästhetischen Kriterien des einzelnen Individuums zählen, hier geht es vor allem um Schön-

38 Ebd.
39 Patrick Walder, »Sex mit Tic Tac Toe und Tamagotchis«, in: *Die Wochenzeitung* 1-2 (1998), S. 30.
40 Jürgen Laarmann, »Techno means a better world«, in: *SPEX* 2 (1997), S. 19.
41 Ebd.

heit. Techno hat (mit) einen neuen Körperkult[42] hervorgebracht, hat modische Grenzgänge frei sich verschärfen lassen. Und doch, bei aller Sexualisierung ist die Wirkung der asexuellen Komponente noch schärfer. Dieser Körperkult hat vor allem auch mit der Disziplinierung des Körpers zu tun, mit Fitneß. Das Individuum in der Masse ist allein, es feiert sich ab, präsentiert sich selbst dabei. Nach klassischen Begriffen ist das selbstverständlich Eskapismus. Nur eben, daß diese Begriffe nicht mehr ziehen, da man sich einer »vorgegebenen Verantwortung« entzieht: durch Selbstkonstruktion.

Es wird nicht die gesamte Gesellschaft technoid. Das ist der wesentliche Anspruchsunterschied zu anderen »Revolutionen«. Dafür gibt es innerhalb von Techno schon eine Pluralisierung, die das wesentliche Moment ist und Bewegung konstituiert. Der Bruch liegt darin, daß Techno gegenüber bisherigen Erscheinungen nicht einzuordnen ist. Die kulturelle Eigenartigkeit wiederum darin, daß hier ein Habitus entsteht, der den Einzelnen konsequent in den Vordergrund stellt und ihn archaische Erfahrungen suchen läßt. Techno ist ein lautes Gähnen als Antwort auf die Langeweile in einer schläfrigen Gesellschaft, gegen die er sich aber nicht stellt, weil er sie unwichtig macht. Die *raving society* will alles und nichts, und das für jeden einzelnen: sie konstruiert Spaß. Dieses Phänomen macht sie als Indikator gesellschaftlich relevant. Dabei geht es permanent weiter, denn der Halbzeitwert des Neuigkeitswerts ist ständig im Sinken begriffen: »Und dann war die Frage, was machen wir jetzt damit, daß etwas Neues passieren kann.«[43]

Literatur

Phillipp Anz/Patrick Walder (Hg.), *techno*, Zürich 1995.

Jean Baudrillard, *Transparenz des Bösen. Ein Essay über extreme Phänomene*, Berlin 1992.

42 Vgl. Walder, »Sex«, a.a.O., S. 31. Walder schreibt: »Die Gestaltung des Körpers durch Make-up, Tattoos, Piercing führt den Körper als Objekt vor, das dem eigenen Willen unterliegt. Das Doping mit Drogen verfolgt ein ähnliches Ziel: Der Körper wird zur leistungsstarken Maschine gestählt. Der Vorgang spiegelt die technologische Durchdringung des Körpers im Zeitalter der Gentechnologie.«

43 Westbam, *Mix*, a.a.O., S. 159.

Hakim Bey, *TAZ. Die Temporäre Autonome Zone*, Berlin und Amsterdam 1994.
Friedrich Böpple/Ralf Knüfer, *Generation XTC. Techno und Ekstase*, München 1998.
Tom Holert/Mark Terkessidis (Hg.), *Mainstream der Minderheiten. Pop in der Kontrollgesellschaft*, Berlin 1996.
Katrin Krollpfeiffer, *Auf der Suche nach ekstatischen Erfahrungen. Erfahrungen mit Ecstasy*, Berlin 1995.
Jürgen Laarmann, »Techno means a better world«, in: *SPEX* 2 (1997) S. 18-19.
– »Jetzt neu: techno«, in: *frontpage* 2 (1997), S. 14-20.
Hermann Pfütze, »Kunst und Wirklichkeit. Zur Unerschöpflichkeit ihres Verhältnisses«, in: Hans Rudi Fischer (Hg.), *Die Wirklichkeit des Konstruktivismus. Zur Auseinandersetzung um ein neues Paradigma*, Heidelberg 1995, 377-396.
Ulf Poschardt, *DJ Culture. Diskjockeys und Popkultur*, Reinbek 1997.
– »Warum die Rave Nation eigentlich mehr so etwas ist wie eine Internation«, in: *Spiegel special* 11 (1994).
Klaus Nowoczyn, »Das Spektrum der Party- und Designerdrogen«, in: Manfred Rabes/Wolfgang Harm (Hg.), *XTC und XXL Ecstasy*, Hamburg 1997.
Siegfried J. Schmidt, »Sprache, Kultur und Wirklichkeitskonstruktion(en)«, in: Hans Rudi Fischer (Hg.), *Die Wirklichkeit des Konstruktivismus. Zur Auseinandersetzung um ein neues Paradigma*, Heidelberg 1995, 239-252.
Alfred Steffen, *portrait of a generation. the love parade familiy book*, Köln 1997.
Patrick Walder, »Sex mit Tic Tac Toe und Tamagotchis. Körperkult und Sexualität in den neuen Jugendkulturen«, in: *Die Wochenzeitung* 1-2 (1998), S. 30-31.
Westbam (mit Rainald Goetz), *Mix, Cuts & Scratches*, Berlin 1997.

Suhrkamp Verlag GmbH
Torstraße 44, 10119 Berlin
info@suhrkamp.de
www.suhrkamp.de